z 59872

Paris
1868

Schiller, Friedrich von

*Oeuvres complètes*

*Poésies*

Tome 7

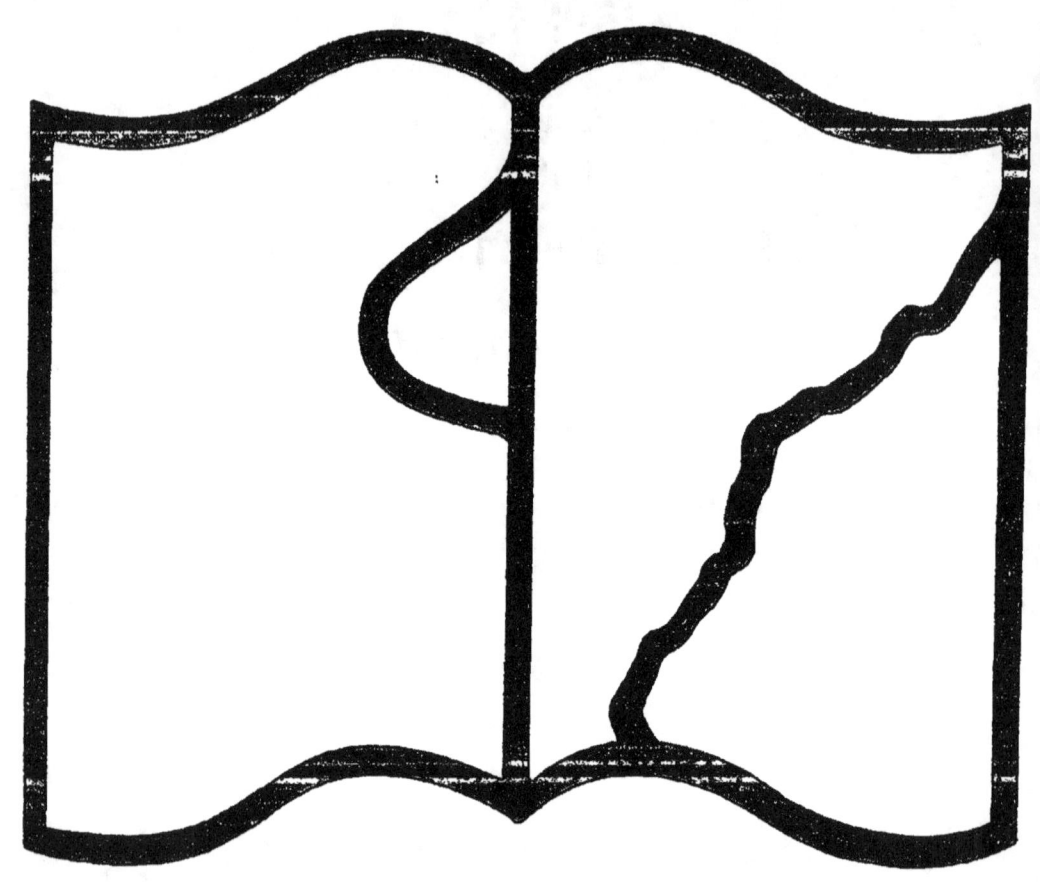

**Symbole applicable
pour tout, ou partie
des documents microfilmés**

Texte détérioré — reliure défectueuse

**NF Z 43**-120-11

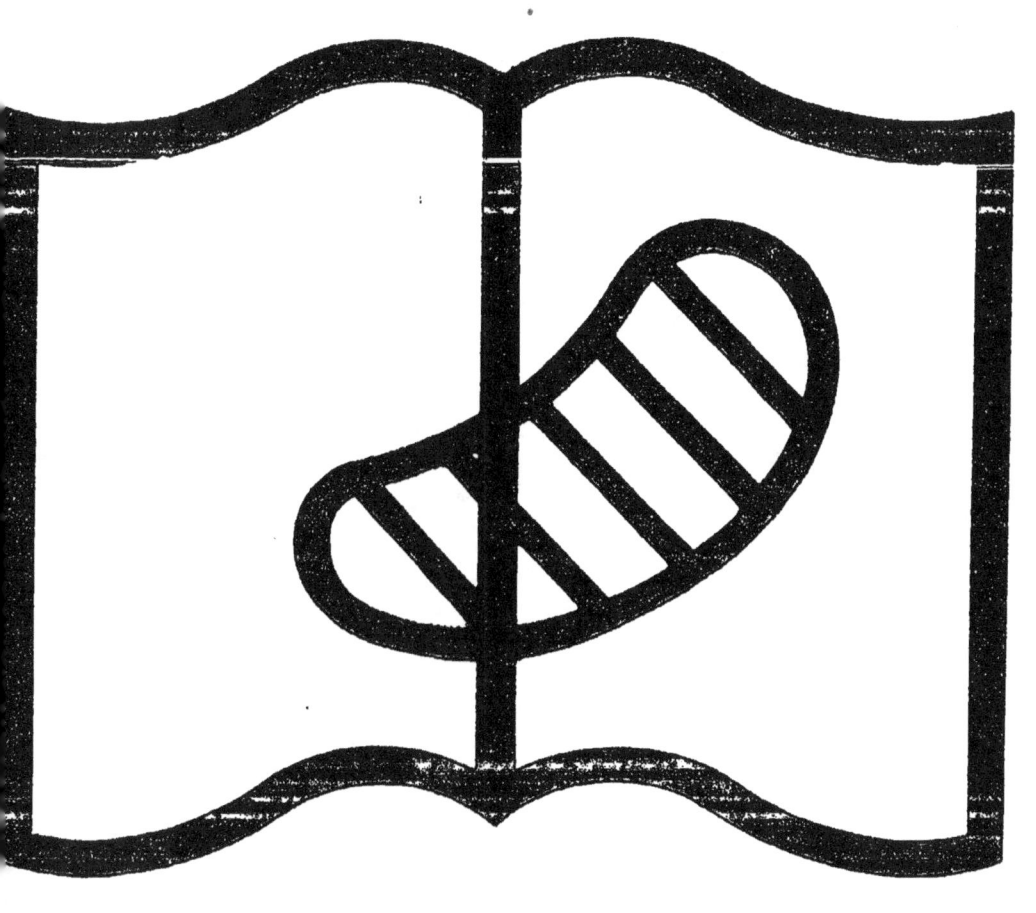

Symbole applicable
pour tout, ou partie
des documents microfilmés

Original illisible

**NF Z** 43-120-10

59872

# ŒUVRES
# DE SCHILLER

VII

COULOMMIERS. — TYPOGRAPHIE A. MOUSSIN.

# MÉLANGES

# DE SCHILLER

PRÉCÉDÉS DU *VISIONNAIRE*

TRADUCTION NOUVELLE

PAR AD. REGNIER

MEMBRE DE L'INSTITUT

PARIS

LIBRAIRIE HACHETTE ET Cie

79, BOULEVARD SAINT-GERMAIN, 79

1873

# LE VISIONNAIRE

# LE VISIONNAIRE[1].

TIRÉ DES PAPIERS DU COMTE D'O\*\*[2].

## LIVRE PREMIER.

Je raconte une aventure qui paraîtra incroyable à beaucoup de gens, et dont j'ai été moi-même, en grande partie, témoin oculaire. Le peu de personnes qui sont instruites d'un certain

---

1. *Le Visionnaire*, ou, plus littéralement, *l'(homme) qui voit des esprits*, parut d'abord, par articles successifs, dans les cahiers quatre à huit de la *Thalie*, de 1787 à 1789. Le septième cahier achevait la première partie du roman; le huitième contenait, sous le titre de *l'Adieu*, un fragment qui devait, d'après le plan primitif, appartenir à la seconde partie. Mais Schiller ne continua pas l'ouvrage. Lorsque, en 1789, il publia, réunis en un volume, les articles qui formaient la première partie, il se contenta d'y ajouter, pour clore le roman, la dernière Lettre du baron de F\*\*\* au comte d'O\*\*, et les informations sommaires qui la suivent. Dans une édition postérieure, il intercala, avec le titre de Lettre septième, entre la Lettre six et la suivante, le fragment inséré d'abord dans le huitième cahier de la *Thalie*. Au-dessous de la dernière ligne du roman, il laissa toujours, comme une sorte de promesse, qui ne fut pas tenue, les mots : *Fin de la première partie*. (Dans les notes, par les mots *la première édition*, nous désignons toujours la première édition en volume, non la *Thalie*, qui du reste a ordinairement le même texte que cette première édition. Nous ne mentionnerons les variantes propres à la *Thalie* que lorsqu'elles auront quelque importance.)

2. Dans la première édition la page de titre portait : « *Le Visionnaire. Histoire tirée des Mémoires du comte d'O\*\*.* » Au faux titre et au haut de la première page, il y avait, comme ici : « *Le Visionnaire. Tiré des papiers du comte d'O\*\*.* » — Dans la *Thalie*, le roman n'est pas divisé en livres, et il n'est pas précédé d'une introduction; il commence par les premiers mots de notre second alinéa : « Ce fut lors de mon retour, etc. »

événement politique, auront la satisfaction d'en trouver la clef dans mon récit, si toutefois ces feuilles les rencontrent encore parmi les vivants. Même pour les autres lecteurs qui n'y chercheront pas cette clef, il aura peut-être de l'intérêt comme une addition à l'histoire de la tromperie et des égarements de l'esprit humain. On s'étonnera de l'audace du but que la méchanceté est capable de se proposer et de poursuivre; on s'étonnera de la singularité des moyens[1] qu'elle peut employer, pour être sûre d'atteindre ce but. La vérité, pure et sévère, guidera ma plume; car, lorsque ces feuilles paraîtront aux yeux du monde, je ne serai plus, et je n'aurai rien à gagner ni rien à perdre au récit que je vais faire[2].

Ce fut lors de mon retour en Courlande, l'an 17\*\*, au temps du carnaval, que je visitai le prince de \*\*\* à Venise. Nous nous étions connus à l'armée, au service de \*\*, et nous renouvelâmes dans cette ville une liaison que la paix avait interrompue. Comme je souhaitais d'ailleurs de voir ce qu'il y a de remarquable à Venise, et que le prince n'attendait plus que des lettres de change pour retourner à \*\*, il me persuada facilement de lui tenir compagnie, et de différer mon départ jusqu'au sien. Nous convînmes de ne pas nous séparer, aussi longtemps que durerait notre séjour à Venise, et le prince fut assez aimable pour m'offrir de loger avec lui à l'hôtel du More.

Il y vivait dans le plus strict incognito, parce qu'il voulait vivre pour lui-même, et que d'ailleurs son modique apanage ne lui eût pas permis de soutenir l'éclat de son rang[3]. Deux cavaliers, sur la discrétion desquels il pouvait compter parfaitement, formaient toute sa suite, avec quelques fidèles serviteurs. Il évitait la dépense plus par inclination naturelle que par économie. Il fuyait les plaisirs : à l'âge de trente-cinq ans, il avait résisté à toutes les séductions de cette ville voluptueuse. Le beau sexe

---

1. Dans la première édition : « On s'étonnera des moyens. » La comparaison des divers textes fournit, surtout au commencement, un bon nombre de petites corrections et modifications de ce genre, que nous ne signalerons pas, parce qu'elles offrent bien peu d'intérêt dans une traduction.
2. Au lieu des mots : « Et je n'aurai rien à gagner, etc., » la première édition porte simplement : « Et je n'en saurai jamais la destinée. »
3. Dans la *Thalie* : « Il y vivait dans le plus strict incognito, parce que son modique apanage ne lui permettait pas, etc. »

lui avait été jusqu'alors indifférent[1]. Une profonde gravité et une mélancolie rêveuse dominaient dans son caractère. Ses inclinations étaient paisibles, mais tenaces jusqu'à l'excès ; son choix était lent et timide, son attachement chaud et éternel. Au milieu de la foule bruyante des hommes, il marchait seul. Renfermé dans le monde de ses rêves, il était bien souvent étranger dans le monde réel[2]. Personne n'était né plus que lui pour se laisser dominer, sans être faible. Avec cela, il était intrépide et confiant, aussitôt qu'il était une fois gagné[3], et possédait au même degré le courage de combattre un préjugé reconnu, et celui de mourir pour un autre qui n'en était pas un à ses yeux.

Comme troisième prince de sa maison, il n'avait aucune chance probable de régner un jour. Son ambition ne s'était jamais éveillée. Ses passions avaient pris une autre direction.

Satisfait de ne dépendre d'aucune volonté étrangère, il ne sentait nulle tentation de dominer sur les autres, et bornait tous ses désirs à la tranquille liberté de la vie privée et à la jouissance d'une société attrayante pour l'esprit[4]. Il lisait beaucoup, mais sans choix. Une éducation négligée et sa précoce entrée au service n'avaient pas laissé à son intelligence le temps de mûrir. Toutes les connaissances qu'il acquit dans la suite ne firent qu'augmenter la confusion de ses idées, parce que ce savoir ne reposait pas sur un premier fond solide.

Il était protestant, comme toute sa famille, par sa naissance, non par suite d'un examen, auquel il ne s'était jamais livré, bien qu'à une certaine époque de sa vie sa religion fût allée jusqu'à l'exaltation. Jamais, que je sache, il n'a été franc-maçon.

1. Dans la première édition : « Jusqu'à l'âge de trente-cinq ans, il avait, etc. Le beau sexe lui était indifférent. »
2. On lit de plus ici dans la première édition : « Et comme il savait à quel point il observait mal, il s'interdisait tout jugement et exagérait la justice envers ce qui lui était étranger. »
3. La première édition porte *überzeugt*, « convaincu, » au lieu de *gewonnen*, « gagné. »
4. La première phrase de cet alinéa manque dans la *Thalie*. Dans la première édition elle est ainsi conçue : « Satisfait de ne dépendre d'aucune volonté étrangère, il n'imposait la sienne comme loi à personne; le calme paisible d'une vie privée sans contrainte était son unique désir. »

Un soir que, selon notre habitude, nous nous promenions, bien masqués et seuls, sur la place Saint-Marc (il commençait à se faire tard, et la foule s'était écoulée), le prince remarqua un masque qui nous suivait partout. Ce masque était un Arménien, et il marchait seul. Nous hâtâmes le pas, et par de fréquents détours, nous cherchâmes à le dérouter : ce fut en vain ; le masque restait sans cesse tout près derrière nous. « Vous n'avez pas, je pense, eu ici quelque intrigue? me dit enfin le prince. Les maris sont dangereux à Venise. — Je n'ai de liaison avec aucune dame, lui répondis-je. — Asseyons-nous ici et parlons allemand, poursuivit-il. J'imagine qu'on nous prend pour d'autres. » Nous nous assîmes sur un banc de pierre, et nous comptions que le masque allait passer. Il vint droit à nous et s'assit tout à côté du prince. Celui-ci tira sa montre, et, se levant, me dit tout haut en français : « Neuf heures passées ! Venez, nous oublions qu'on nous attend au Louvre. » Il ne disait cela que pour éloigner et dérouter le masque. Mais lui répéta : « Neuf heures ! » dans la même langue, d'un ton expressif, et lentement. « Félicitez-vous, prince, ajouta-t-il en l'appelant par son vrai nom, il est mort à neuf heures. » A ces mots, il se leva et partit.

Nous nous regardâmes stupéfaits. « Qui est mort? dit enfin le prince après un long silence. — Suivons-le, repris-je, et demandons-lui une explication. » Nous parcourûmes tous les recoins de la place Saint-Marc : il nous fut impossible de trouver le masque. Nous retournâmes mécontents à notre hôtel. Le prince ne me dit pas un mot en chemin ; mais il marchait seul à l'écart, et semblait soutenir un violent combat, comme en effet il me l'a confessé depuis.

Quand nous fûmes chez nous, il reprit enfin la parole : « C'est pourtant, dit-il, une chose bien ridicule, qu'avec deux mots un fou puisse ainsi troubler le repos d'un homme. » Nous nous souhaitâmes une bonne nuit, et, aussitôt que je fus dans ma chambre, je notai sur mes tablettes le jour et l'heure où cela était arrivé. C'était un jeudi.

Le soir du jour suivant, le prince me dit : « Ne ferons-nous pas une promenade à la place Saint-Marc, pour chercher notre mystérieux Arménien? J'ai besoin de savoir le dénoûment de cette comédie. » J'acceptai la proposition. Nous restâmes sur la place jusqu'à onze heures. L'Arménien ne parut point. Nous fîmes la même chose les quatre soirs suivants, et chaque fois avec aussi peu de succès.

Le sixième soir, comme nous quittions notre hôtel, je m'avisai (avec ou sans dessein, je ne m'en souviens plus) de dire aux domestiques où l'on pourrait nous trouver si l'on nous demandait. Le prince remarqua ma précaution, et l'approuva par un sourire. Il y avait grande presse sur la place Saint-Marc quand nous y arrivâmes. Nous avions à peine fait trente pas, que je remarquai de nouveau l'Arménien, qui se frayait sa route, à pas rapides, à travers la foule, et semblait chercher quelqu'un des yeux. Nous étions justement sur le point de l'atteindre, quand le baron de F***, de la suite du prince, vint à nous, hors d'haleine, et lui remit une lettre. « Elle est cachetée de noir, ajouta-t-il, nous avons supposé qu'elle était pressée. » Cela me frappa comme un coup de tonnerre. Le prince s'était approché d'une lanterne[1], et se mit à lire. « Mon cousin est mort! s'écria-t-il. — Quand? » demandai-je vivement. Il regarda encore une fois la lettre. « Jeudi dernier, à neuf heures du soir. »

Nous n'avions pas eu le temps de revenir de notre surprise, que l'Arménien nous avait rejoints. « Vous êtes reconnu ici, monseigneur, dit-il au prince. Hâtez-vous de rentrer au More. Vous y trouverez les envoyés du sénat. Ne faites aucune difficulté d'accepter l'honneur qu'on veut vous rendre. Le baron de F*** a oublié de vous dire que vos lettres de change sont arrivées. » A ces mots, il se perdit dans la foule.

Nous courûmes à notre hôtel. Tout se trouva comme l'Arménien l'avait annoncé. Trois Nobili de la république étaient là pour complimenter le prince, et l'accompagner en cérémonie à l'assemblée, où l'attendait la haute noblesse de la ville. Il eut à peine le temps de me faire signe à la dérobée de veiller jusqu'à son retour.

Il revint vers onze heures de la nuit. Il entra dans la chambre, sérieux et pensif, et me saisit la main, après avoir éloigné

1. « D'un flambeau. » (Première édition.)

les domestiques. « Comte, me dit-il avec les paroles d'Hamlet [1], il y a plus de choses dans le ciel et sur la terre que nous n'en rêvons dans nos philosophies.

— Monseigneur, lui répondis-je, vous paraissez oublier que vous vous couchez aujourd'hui plus riche d'une grande espérance. (Le défunt était le prince héréditaire, le fils unique du *** régnant, et ce dernier était vieux, maladif et sans espoir de postérité. Un oncle de notre prince, également sans héritier, et sans espérance d'en avoir, restait seul maintenant entre lui et le trône. Je mentionne cette circonstance, parce qu'il en sera question dans la suite [2].)

— Ne m'en faites pas souvenir, dit le prince. Et, quand j'aurais gagné une couronne, j'aurais maintenant bien autre chose à faire que de m'occuper de cette bagatelle.... Si cet Arménien n'a pas simplement deviné....

— Comment se peut-il, prince?... m'écriai-je.

— Je vous abandonne pour un froc toutes mes espérances de souveraineté [3]! »

Le lendemain soir nous nous trouvâmes plus tôt que de coutume sur la place Saint-Marc. Une averse soudaine nous obligea d'entrer dans un café où l'on jouait. Le prince se plaça derrière le siége d'un Espagnol et observa le jeu. J'étais allé dans une chambre voisine, où je lisais des gazettes. Un moment après, j'entendis du vacarme. Avant l'arrivée du prince, l'Espagnol avait été constamment en perte, maintenant il gagnait sur toutes les cartes. Tout le jeu était changé d'une manière surprenante, et il était à craindre que le ponte, que cet heureux changement avait rendu plus hardi, ne fît sauter la banque. Un Vénitien, qui la tenait, dit au prince, d'un ton offensant, qu'il troublait la chance, et qu'il devait quitter la table. Le prince le regarda froidement, et resta. Il garda la même conte-

---

1. « There are more things in heaven and earth....
Than are dreamt of in your philosophy. »
(Shakspeare, *Hamlet*, act. I, sc. v.)

2. La première édition et la *Thalie* n'ont que les premiers mots de cette longue parenthèse : « Le défunt était le prince héréditaire. »

3. La première édition ajoute ici : « Je rapporte cela à dessein, comme pouvant, je crois, servir à prouver combien alors encore il était éloigné de toute vue ambitieuse. »

nance, quand le Vénitien répéta son offense en français. Cet homme crut que le prince n'entendait pas ces deux langues, et il se tourna vers les assistants avec un rire plein de mépris : « Dites-moi donc, messieurs, comment je dois me faire entendre de ce balourd? » En même temps il se leva, et voulut prendre le prince par le bras : celui-ci perdit alors patience ; il saisit le Vénitien d'une main vigoureuse, et le jeta rudement par terre. Cela produisit un grand trouble dans tout le café. J'accourus au bruit, et, sans y songer, j'appelai le prince par son nom. « Prenez garde, prince, ajoutai-je étourdiment, nous sommes à Venise. » Le nom du prince imposa un silence général, bientôt suivi d'un murmure, qui me parut dangereux. Tous les Italiens présents se réunirent par groupes, et se retirèrent à l'écart. Puis ils quittèrent la salle l'un après l'autre, jusqu'à ce que nous nous trouvâmes seuls avec l'Espagnol et quelques Français. « Vous êtes perdu, monseigneur, dirent-ils, si vous ne quittez la ville sur-le-champ. Le Vénitien que vous avez si maltraité est riche et considéré[1] : il ne lui en coûtera que cinquante sequins pour vous envoyer de ce monde dans l'autre. » L'Espagnol offrit d'aller chercher la garde pour la sûreté du prince, et de nous accompagner lui-même chez nous. Les Français en voulaient faire autant. Nous étions encore à réfléchir sur ce qu'il y avait à faire, quand la porte s'ouvrit, et quelques familiers de l'inquisition d'État entrèrent. Ils nous montrèrent un ordre du gouvernement, où il nous était commandé à tous deux de les suivre promptement. On nous conduisit sous bonne escorte jusqu'au canal. Là nous attendait une gondole, dans laquelle nous dûmes nous placer. Avant de débarquer, on nous banda les yeux. On nous fit monter un grand escalier de pierre, puis on nous mena par un long corridor sinueux, construit sur une voûte, comme je le conclus des échos répétés qui résonnaient sous nos pas. Enfin nous arrivâmes à un autre escalier, où nous descendîmes vingt-six marches. Là s'ouvrit une salle, où l'on nous débanda les yeux. Nous nous trouvâmes au milieu d'un cercle de vénérables vieillards, tous vêtus de noir ; toute la salle était tendue de drap

---

1. Dans la première édition : « Est assez riche pour solder un bravo. »

noir, et faiblement éclairée ; il régnait dans l'assemblée un silence de mort, qui produisait une impression terrible. Un des vieillards, probablement le grand inquisiteur d'État, s'approcha du prince, et lui demanda d'un air solennel, tandis qu'on lui présentait le Vénitien :

« Reconnaissez-vous cet homme pour le même qui vous a insulté ce matin au café?

— Oui, » répondit le prince.

Là-dessus l'inquisiteur se tourna vers le prisonnier : « Est-ce bien la personne que vous vouliez faire assassiner ce soir? »

Le prisonnier répondit affirmativement.

Aussitôt le cercle s'ouvrit, et nous vîmes avec horreur séparer du tronc la tête du Vénitien. « Êtes-vous content de cette satisfaction? » demanda l'inquisiteur d'État. Le prince était évanoui dans les bras de ceux qui l'avaient accompagné. « Allez, maintenant, poursuivit le juge d'une voix terrible, en se tournant de mon côté, et, à l'avenir, jugez avec moins de précipitation la justice de Venise. »

Quel était l'ami secret qui nous avait sauvés d'une mort certaine par le bras rapide de la justice, c'est ce que nous ne pûmes deviner. Glacés d'effroi, nous regagnâmes notre demeure. Il était passé minuit. Le chambellan de Z*** nous attendait avec impatience au bas de l'escalier.

« Que vous avez bien fait d'envoyer quelqu'un! dit-il au prince en nous éclairant. Une nouvelle, que le baron de F*** nous a apportée de la place Saint-Marc, un instant après votre message, nous aurait mis[1] à votre sujet dans une inquiétude mortelle.

— J'ai envoyé?... Quand?... Je ne sais rien de cela.

— Ce soir, après huit heures. Vous nous avez fait dire d'être sans inquiétude, si aujourd'hui vous rentriez plus tard à la maison. »

A ce moment, le prince me regarda. « Avez-vous peut-être pris cette précaution à mon insu? »

Je ne savais rien de la chose.

---

1. Nous avons suivi le texte de la *Thalie*. Les éditions suivantes ont : « Nous avait mis, » ce qui est beaucoup moins clair.

« Cependant il en doit bien être ainsi, Altesse, dit le gentilhomme, car voici votre montre à répétition, que vous avez envoyée en même temps pour plus de sûreté. » Le prince porta la main à son gousset : la montre en effet n'y était plus, et il reconnut celle-là pour la sienne. « Qui l'a apportée? dit-il avec saisissement.

— Un masque inconnu, en habit d'Arménien, qui s'est retiré aussitôt. »

Nous restâmes immobiles à nous regarder. « Qu'en pensez-vous? me dit enfin le prince après un long silence. J'ai ici, à Venise, un surveillant secret. »

L'affreuse scène de cette nuit avait donné au prince une fièvre, qui le força de garder la chambre huit jours. Pendant ce temps, notre hôtel fourmilla d'indigènes et d'étrangers, que la qualité du prince, maintenant connue, avait attirés. C'était à qui lui offrirait ses services[1]. Chacun tâchait, à sa manière, de se faire valoir. De toute l'affaire de l'inquisition d'État, il ne fut plus dit un mot. Comme la cour de *** souhaitait que le prince différât encore son départ, quelques banquiers de Venise reçurent l'ordre de lui compter des sommes considérables. Ainsi il fut mis contre sa volonté en mesure de prolonger son séjour à Venise[2], et, à sa prière, je résolus de retarder aussi mon départ.

Aussitôt que l'état de sa santé lui permit de quitter la chambre, le médecin lui conseilla de faire une promenade sur la Brenta, pour changer d'air. Le temps était beau et le conseil fut suivi. Comme nous étions sur le point de monter dans la gondole, le prince s'aperçut qu'il n'avait pas la clef d'une petite cassette qui renfermait des papiers très-importants. Nous retournâmes aussitôt la chercher. Il se souvenait parfaitement d'avoir fermé la cassette la veille encore, et depuis lors il n'était pas sorti de la chambre. Mais toutes les recherches furent inutiles; pour ne pas perdre le temps, il fallut renoncer à les poursuivre. Le prince, qui avait l'âme trop haute pour s'arrêter à des soupçons, déclara la clef perdue, et nous pria de n'en plus parler.

---

1. La première édition a de plus ce qui suit : « Nous nous amusâmes à remarquer que toujours le visiteur suivant rendait suspect celui qui l'avait précédé. Des billets doux et des messages mystérieux nous inondaient de tous côtés. »
2. « En Italie. » (Première édition.)

La promenade fut des plus agréables. Un paysage pittoresque qui, à chaque courbure du fleuve, semblait se surpasser lui-même en richesse et en beauté; le ciel le plus pur, qui au milieu de février offrait l'image d'un jour de mai; des jardins ravissants, et d'innombrables maisons de campagne du meilleur goût, qui décorent les deux rives de la Brenta; derrière nous la majestueuse Venise, avec des centaines de tours et de mâts, qui s'élèvent au-dessus de l'eau : tout cela nous présentait le plus magnifique spectacle du monde. Nous nous abandonnions entièrement à la magie[1] de cette belle nature; notre humeur était la plus sereine du monde; le prince lui-même perdait son sérieux, et rivalisait avec nous de gais propos. Une musique joyeuse vint frapper nos oreilles, quand nous débarquâmes à quelques milles italiens[2] de la ville. Elle venait d'un petit village, où se tenait justement une foire; il y avait grande affluence de gens de toute sorte. Une troupe de jeunes filles et de jeunes garçons, en costume de théâtre, nous souhaita la bienvenue par une danse pantomime. L'idée en était neuve; la légèreté et la grâce animaient tous les mouvements. Avant que la danse fût tout à fait achevée, celle qui la conduisait, et qui représentait une reine, parut subitement être arrêtée comme par un bras invisible. Elle demeura pétrifiée, et tous les autres avec elle. La musique se tut. On n'entendait pas un souffle dans toute l'assemblée, et la danseuse se tenait là, le regard fixé à terre, dans une stupeur profonde. Tout à coup elle se dressa avec la fureur de l'inspiration, regarda autour d'elle d'un air farouche. « Il y a un roi parmi nous! » s'écria-t-elle, puis elle arracha la couronne de sa tête, et la déposa aux pieds du prince. Tous les assistants dirigèrent leurs regards sur lui, longtemps incertains s'il y avait un sens dans cette jonglerie, tant l'émotion et le sérieux de cette danseuse avaient fait illusion. Un applaudissement général interrompit enfin ce silence. Mes yeux cherchèrent le prince : je remarquai qu'il n'était pas peu interdit, et qu'il s'efforçait d'échapper aux regards curieux des spectateurs. Il jeta de l'argent à ces enfants, et se hâta de sortir de la foule.

---

1. « A la bienfaisante magie. » (Première édition.)
2. « A deux milles italiens. » (Première édition).

Nous avions fait à peine quelques pas, quand un vénérable moine déchaussé fendit la presse, et barra le passage au prince : « Seigneur, lui dit le religieux, donne de ton argent à la Madone, tu auras besoin de ses prières. » Il nous dit cela d'un ton qui nous saisit. La foule l'entraîna.

Cependant notre suite s'était accrue. Un lord anglais, que le prince avait déjà vu à Nice, quelques négociants de Livourne, un chanoine allemand, un abbé français avec quelques dames, et un officier russe, se joignirent à nous. La physionomie du dernier avait quelque chose de tout à fait extraordinaire, qui attira notre attention. Jamais de ma vie je n'ai vu tant de traits marqués et si peu de caractère ; tant de bienveillance attrayante unie sur un visage d'homme avec tant de repoussante froideur. Toutes les passions semblaient l'avoir ravagé et ensuite abandonné. Il ne restait rien que le regard calme et pénétrant, effroi de tous les yeux qu'il rencontrait, le regard d'un parfait connaisseur du cœur humain. Cet homme singulier nous suivait de loin, mais il ne semblait prendre qu'un faible intérêt à tout ce qui se passait.

Nous vînmes à nous arrêter devant une boutique où l'on tirait à la loterie. Les dames prirent des billets ; nous suivîmes leur exemple, et le prince demanda aussi un numéro. Il gagna une tabatière. Quand il l'ouvrit, je le vis pâlir et reculer vivement.... La clef perdue se trouvait dedans.

« Qu'est-ce que cela ? me dit le prince, quand nous fûmes seuls un instant. Une puissance supérieure me poursuit. L'omniscience plane autour de moi. Un être invisible, auquel je ne puis échapper, surveille tous mes pas. Il faut que je cherche l'Arménien, et que j'aie de lui des éclaircissements. »

Le soleil était sur son déclin, quand nous arrivâmes devant la maison de plaisance où le souper était servi. Le nom du prince avait accru notre société jusqu'au nombre de seize personnes. Outre celles que j'ai mentionnées plus haut, un virtuose de Rome, quelques Suisses, et un aventurier de Palerme, qui portait l'uniforme et se disait capitaine, s'étaient joints à nous. Il fut décidé qu'on passerait là toute la soirée, et qu'on reviendrait à la maison en naviguant aux flambeaux. La conversation fut très-vive à table, et le prince ne put s'empêcher de raconter l'histoire de la clef, qui excita un étonnement général. On disputa vivement sur cette matière. La plus grande partie de la société soutint hardiment que tous les arts occultes aboutissaient à une jonglerie : l'abbé, qui avait déjà beaucoup bu, provoquait tout le royaume des esprits ; l'Anglais proférait des blasphèmes ; le musicien se signait devant le diable. Un petit nombre, et entre autres le prince, prétendait que sur ces sortes de choses, on devait suspendre son jugement. Pendant ce temps, l'officier russe s'entretenait avec les femmes, et paraissait ne prendre aucun intérêt à la conversation. Dans la chaleur du débat, on n'avait pas remarqué que le Sicilien était sorti. Au bout d'une petite demi-heure, il revint, enveloppé d'un manteau, et se plaça derrière le siége du Français. « Vous vous êtes vanté tout à l'heure de défier tous les esprits.... voulez-vous tenter l'épreuve contre un seul ?

— Tôpe ! dit l'abbé.... si vous voulez vous charger de m'en amener un.

— Je m'en charge, reprit le Sicilien en se tournant vers nous, quand ces messieurs et ces dames nous auront quittés.

— Pourquoi cela ? s'écria l'Anglais. Un esprit courageux n'a pas peur d'une joyeuse compagnie.

— Je ne réponds pas des conséquences, dit le Sicilien.

— Au nom du ciel, non ! s'écrièrent les dames qui étaient à table, et elles s'élancèrent de leurs siéges avec effroi.

— Faites venir votre esprit, dit l'abbé d'un air de défi, mais avertissez-le auparavant qu'il y a ici des lames pointues. » En disant ces mots, il demandait à l'un des convives son épée.

« Vous en ferez ce qu'il vous plaira, répondit froidement le Sicilien, si vous en avez encore envie. » Puis il se tourna vers le prince. « Monseigneur, lui dit-il, vous assurez que votre clef a été dans des mains étrangères : pouvez-vous supposer dans lesquelles ?

— Non.

— Ne devinez-vous personne ?

— J'avais bien une idée....

— Reconnaîtriez-vous la personne, si vous la voyiez devant vous ?

— Sans doute. »

Alors le Sicilien rejeta son manteau en arrière, et tira un miroir, qu'il tint devant les yeux du prince.

« Est-ce celle-ci ? »

Le prince recula avec effroi.

« Qu'avez-vous vu? lui demandai-je.

— L'Arménien. »

Le Sicilien cacha de nouveau son miroir sous le manteau.

« Était-ce la personne que vous pensiez? demanda au prince toute la compagnie.

— Elle-même. »

Alors toutes les figures changèrent; on cessa de rire. Tous les yeux étaient fixés avec curiosité sur le Sicilien.

« Monsieur l'abbé[1], la chose devient sérieuse, dit l'Anglais; je vous conseillerais de songer à la retraite.

— Le drôle a le diable au corps, » s'écria le Français, et il se sauva de la maison; les dames s'élancèrent hors de la salle avec des cris; le virtuose les suivit; le chanoine allemand ronflait sur un fauteuil; le Russe restait impassible comme auparavant.

« Votre seule intention a été peut-être de livrer un fanfaron à la risée, reprit le prince, quand ce monde fut sorti, ou bien auriez-vous envie de nous tenir parole?

— J'avoue, reprit le Sicilien, qu'avec l'abbé je ne parlais pas sérieusement; je lui ai fait la proposition uniquement parce que je savais bien que le poltron ne me prendrait pas au mot[2]…. Au reste, la chose même est trop sérieuse pour n'en faire qu'une plaisanterie.

— Alors vous convenez donc qu'elle est en votre pouvoir? »

Le magicien garda longtemps le silence, et il semblait observer le prince avec soin :

« Oui, » répondit-il enfin.

La curiosité du prince était déjà montée au plus haut point. Être en relation avec le monde des esprits avait été autrefois[3] son

---

1. En français dans le texte.
2. « Je l'ai pris au mot, parce que je savais bien que le poltron ne laisserait pas la chose aller si loin. » (Première édition.)
3. Au lieu des mots « Être en relation avec le monde des esprits, » la première édition a simplement dit, « cela », et au lieu d'« autrefois, » on y lit « de tout temps. »

rêve favori, et, depuis cette première apparition de l'Arménien, toutes les idées que sa raison plus mûre[1] avait jusque-là écartées s'étaient réveillées chez lui. Il prit le Sicilien à part, et je l'entendis conférer très-sérieusement avec lui.

« Vous avez devant vous, poursuivit-il, un homme qui brûle d'impatience d'arriver dans cette matière importante à une conviction. J'embrasserais comme mon bienfaiteur, comme mon meilleur ami, celui qui dissiperait mes doutes à ce sujet, et qui tirerait le voile de devant mes yeux.... Voulez-vous me rendre ce grand service?

— Que demandez-vous de moi? dit le magicien avec hésitation.

— Pour le moment, rien qu'une preuve de votre art. Faites-moi voir une apparition.

— A quoi cela mènera-t-il?

— Vous pourrez juger ensuite, quand vous me connaîtrez mieux, si je suis digne d'en apprendre davantage.

— Je vous estime par-dessus tout, très-auguste prince. Il y a dans votre physionomie une puissance secrète, que vous ne connaissez pas vous-même encore, et qui m'a lié à vous dès le premier moment. Vous êtes plus puissant que vous ne le savez vous-même[2]. Vous pouvez disposer absolument de tout mon pouvoir.... mais....

— Eh bien, faites-moi voir une apparition.

— Mais il faut d'abord que je sois sûr que vous ne me faites pas cette demande par curiosité. Quoique les puissances invisibles soient dans une certaine mesure à mes ordres, c'est sous la condition sacrée que je ne profanerai pas les saints secrets[3], que je n'abuserai pas de mon pouvoir.

— Mes intentions sont les plus pures. Je cherche la vérité. »

A ce moment, ils quittèrent leur place, et s'approchèrent d'une fenêtre éloignée, où je ne pus les entendre davantage. L'Anglais, qui avait écouté comme moi cette conversation, me prit à part.

---

1. La première édition ajoute : « Et de meilleures lectures. »
2. Au lieu de cette phrase et de la précédente, il y a seulement dans la *Thalie* : « Le premier regard m'a sur-le-champ lié à vous pour jamais. »
3. Les mots : « Que je ne profanerai pas les saints secrets » manquent dans la *Thalie* et dans la première édition.

« Votre prince est un noble cœur. Je suis affligé qu'il se commette avec un imposteur[1].

— Il faut voir d'abord, lui répondis-je, comment notre homme se tirera de cette affaire.

— Savez-vous? me dit l'Anglais. Le pauvre diable fait à présent le renchéri : il ne fera pas étalage de son art avant d'avoir entendu sonner l'argent. Nous sommes neuf : faisons une collecte, et séduisons-le par un beau prix[2]. Cela lui cassera le cou et ouvrira les yeux à votre prince.

— Je le veux bien. »

L'Anglais jeta six guinées sur une assiette, et fit une quête à la ronde. Chacun donna quelques louis; le Russe parut surtout s'intéresser extrêmement à notre proposition, il mit sur l'assiette une banknote de cent sequins, prodigalité dont l'Anglais fut surpris[3]. Nous portâmes la collecte au prince. « Ayez la bonté, dit l'Anglais, de parler en notre faveur à ce monsieur, afin qu'il nous fasse voir une preuve de son art, et qu'il accepte cette petite marque de notre reconnaissance. » Le prince mit encore sur l'assiette un anneau précieux, et la présenta au Sicilien, qui réfléchit quelques secondes. « Mes bienveillants seigneurs, dit-il ensuite, cette générosité me rend confus. Il paraît que vous me méconnaissez, mais je cède à votre désir[4]. Votre vœu sera rempli (à ces mots il tira le cordon d'une sonnette). Quant à cet or, auquel je n'ai moi-même aucun droit, vous me permettrez de le déposer pour œuvres pies dans le plus proche couvent de Bénédictins. Cet anneau, je le garde comme un précieux souvenir, qui me rappellera le plus digne des princes. »

A ce moment entra l'hôte, auquel il remit aussitôt l'argent.

« Et pourtant c'est un coquin, me dit l'Anglais à l'oreille. Il refuse l'argent parce que le prince est maintenant pour lui de plus grande conséquence.

---

1. « Votre prince est un noble cœur : je souffre pour lui. Je parie mon âme qu'il a affaire à un coquin. » (Première édition.)

2. « Et séduisons-le par un beau prix. » Ces mots manquent dans la première édition, qui a de plus « peut-être » après « ouvrira. »

3. « Dont l'Anglais s'effraya. » (Première édition.) — A la ligne précédente la *Thalie* a « cent cinquante sequins, » au lieu de « cent sequins. »

4. « Messieurs, dit-il ensuite, cette générosité m'humilie.... mais je cède à votre désir. » (Première édition.)

— Ou que l'hôte comprend sa commission, » dit un autre[1].

« Qui demandez-vous[2]? » dit alors au prince le magicien.

Le prince se recueillit un instant : « Plutôt un grand homme tout d'abord, s'écria le lord. Demandez le pape Ganganelli. Il n'en coûtera pas davantage à monsieur. »

Le Sicilien se mordit les lèvres. « Je ne puis évoquer une personne qui a reçu les ordres. »

— C'est fâcheux, dit l'Anglais. Peut-être aurions-nous appris de lui de quelle maladie il est mort.

— Le marquis de Lanoy, reprit alors le prince, brigadier français dans la dernière guerre[3], était mon plus intime ami. A la bataille d'Hastinbeck il reçut une blessure mortelle. On l'apporta dans ma tente, où il mourut bientôt après dans mes bras. Comme il luttait déjà avec la mort, il me fit signe d'approcher : « Prince, me dit-il, je ne reverrai pas ma patrie : apprenez donc « un secret dont personne que moi n'a connaissance. Dans « un couvent, à la frontière de Flandre, vit une..... » A ce mot il expira. La main de la mort coupa le fil de son discours : je voudrais le voir ici, et entendre la suite.

— C'est beaucoup demander, par Dieu! s'écria l'Anglais. Je vous proclame un autre Salomon[4], si vous résolvez ce problème. »

Nous admirâmes le choix ingénieux du prince, et nous y donnâmes tout d'une voix notre approbation. Cependant le magicien allait et venait à grands pas, et paraissait indécis et combattu en lui-même.

« Et c'est là tout ce que le mourant vous a confié ?

— Tout.

— Ne fîtes-vous aucune recherche à ce sujet dans sa patrie ?

— Elles furent toutes inutiles.

— Le marquis de Lanoy avait-il vécu sans reproches ?... Je ne puis évoquer toute sorte de morts.

— Il est mort avec le repentir des égarements de sa jeunesse.

— Portez-vous peut-être quelque souvenir de lui ?

---

1. Cette phrase manque dans la première édition.
2. « Que demandez-vous ? » (Première édition.)
3. « Dans la guerre de sept ans. » (*Thalie.*)
4. « Je vous proclame le plus grand artiste du globe. » (Première édition.)

— Oui. (Le prince portait en effet sur lui une tabatière, où se trouvait sur émail le portrait en miniature du marquis, et qui avait été posée sur la table à côté de lui.)

— Je ne demande pas de savoir ce que c'est.... Laissez-moi seul. Vous verrez le défunt. »

Nous fûmes priés de nous rendre dans l'autre pavillon jusqu'à ce qu'il nous appelât. Aussitôt il fit retirer tous les meubles de la salle, enlever les fenêtres, et fermer avec le plus grand soin les volets. Il ordonna à l'hôte, avec qui il paraissait être familier, d'apporter un vase avec des charbons ardents, et d'éteindre soigneusement avec de l'eau tous les feux de la maison. Avant notre sortie, il demanda à chacun de nous sa parole d'honneur de garder un éternel silence sur ce que nous allions voir et entendre. Derrière nous, toutes les chambres du pavillon furent verrouillées.

Il était plus de onze heures, et un profond silence[1] régnait dans toute la maison. Au moment où nous sortions, le Russe me demanda si nous avions sur nous des pistolets chargés. « A quoi bon ? lui dis-je. — C'est à tout hasard, reprit-il. Attendez un instant, je vais y pourvoir. » Il s'éloigna. Le baron de F***[2] et moi, nous ouvrîmes une fenêtre, qui donnait sur le pavillon en face, et il nous sembla entendre deux hommes chuchoter ensemble, et un bruit comme si l'on appuyait une échelle. Mais ce n'était qu'une supposition, et je n'oserais pas la donner pour fondée. Le Russe revint avec une paire de pistolets, après une demi-heure d'absence. Nous le vîmes les charger à balle. Il était environ deux heures, quand le magicien reparut, et nous annonça que le moment était venu. Avant d'entrer, nous fûmes invités à ôter nos souliers, et à ne garder que la chemise, les bas et les chausses. On tira les verrous derrière nous comme la première fois.

Quand nous rentrâmes dans la salle, nous y trouvâmes un grand cercle tracé au charbon, qui pouvait nous contenir aisément tous les dix. Tout autour, le long des quatre murs de la chambre, on avait enlevé le parquet, en sorte que nous étions comme dans une île. Un autel, couvert de drap noir, était

---

1 « Un silence de mort. » (Première édition.)
2. « Le chambellan de Z***. » (*Thalie.*)

dressé au milieu du cercle, et sous l'autel on avait étendu un tapis de satin rouge. Une bible chaldaïque était ouverte, auprès d'une tête de mort, sur l'autel, où était fixé un crucifix d'argent. Au lieu de cierges, de l'esprit-de-vin brûlait dans une capsule d'argent. Une épaisse fumée d'encens obscurcissait la salle et étouffait presque la lumière. Le conjurateur était déshabillé comme nous, mais nu-pieds; autour de son cou nu il portait une amulette suspendue à une chaîne de cheveux; autour de ses reins il avait attaché un tablier blanc, marqué de chiffres mystérieux et de figures symboliques. Il nous invita à nous donner la main les uns aux autres, et à garder un profond silence; il nous recommanda surtout de ne faire aucune question au fantôme. Il demanda à l'Anglais et à moi (c'était de nous deux qu'il paraissait le plus se défier) de tenir fixement deux épées nues en croix, à un pouce au-dessus de sa tête, aussi longtemps que durerait l'opération. Nous étions debout en demi-cercle autour de lui; l'officier russe était serré contre l'Anglais, et se trouvait le plus près de l'autel. Alors, le visage tourné vers l'orient, le magicien se plaça sur le tapis, fit des aspersions d'eau bénite vers les quatre points cardinaux, et s'inclina trois fois devant la Bible. La conjuration, à laquelle nous ne comprîmes rien, dura un demi-quart d'heure. Quand elle fut achevée, il fit signe à ceux qui étaient le plus près derrière lui de le tenir ferme par les cheveux. Au milieu des plus violentes convulsions, il appela trois fois le défunt par son nom, et la troisième fois il étendit la main vers le crucifix....

Tout à coup nous ressentîmes tous ensemble une secousse, comme d'un coup de foudre, en sorte que nos mains se séparèrent violemment; un éclat de tonnerre ébranla soudain la maison; toutes les serrures craquèrent, toutes les portes battirent, le couvercle de la capsule s'abattit, la lumière s'éteignit, et à la muraille vis-à-vis, au-dessus de la cheminée, se montra une figure humaine, pâle, en chemise sanglante, et avec le visage d'un mourant.

« Qui m'appelle? dit une voix sourde et qu'on entendait à peine.

— Ton ami, répondit le conjurateur, qui honore ta mémoire et qui prie pour ton âme. » En même temps, il articula le nom du prince.

Les réponses venaient toujours après un très-long intervalle.

« Que demande-t-il? » poursuivit la voix.

— Il veut entendre la fin de ta confidence, que tu as commencée dans ce monde et que tu n'as pas achevée.

« Dans un couvent, à la frontière de Flandre, vit.... »

Ici la maison trembla de nouveau. La porte s'ouvrit d'elle-même, sous un violent coup de tonnerre; un éclair illumina la chambre, et une autre figure, pâle comme la première, mais plus effrayante, un corps sanglant, parut sur le seuil. L'esprit-de-vin recommença de lui-même à brûler[1], et la salle fut éclairée comme auparavant.

« Qui est parmi nous? » s'écria le magicien effrayé, et il jeta un regard épouvanté sur l'assemblée.... « Je ne t'ai pas demandé! »

Le fantôme s'avança droit vers l'autel, d'une marche légère et majestueuse, se plaça sur le tapis vis-à-vis de nous, et saisit le crucifix. Nous ne vîmes plus la première figure[2].

« Qui m'appelle? » dit cette seconde apparition.

Le magicien commença à trembler violemment. L'effroi et l'étonnement nous tenaient enchaînés. Je saisis un pistolet : le magicien me l'arracha de la main et fit feu sur le fantôme. La balle roula lentement sur l'autel, et le spectre sortit de la fumée, tel qu'il était auparavant. Le magicien tomba évanoui.

« Qu'est-ce que cela? » s'écria l'Anglais plein d'étonnement, et il voulut porter au fantôme un coup d'épée : le fantôme lui toucha le bras et la lame tomba à terre. Alors une sueur d'angoisse me baigna le front. Le baron de F*** nous avoua depuis qu'il avait prié[3]. Pendant tout ce temps, le prince resta intrépide et tranquille, les yeux fixés sur l'apparition.

« Oui, je te reconnais, s'écria-t-il enfin, plein d'émotion; tu es Lanoy, tu es mon ami.... D'où viens-tu?

— L'éternité est muette, interroge-moi sur ma vie passée.

---

1. Nous avons suivi la première édition, qui porte : *Der Spiritus fing von selbst wieder an zu brennen*. L'omission de *wieder*, « de nouveau, » dans les éditions postérieures, est probablement une faute.
2. « La première figure n'était plus. » (*Thalie*.)
3. Au lieu de cette phrase et de la précédente, on lit simplement dans la *Thalie* : « A ce moment, le courage nous abandonna. »

— Qui vit dans le couvent que tu m'as désigné?
— Ma fille.
— Comment, tu as été père?
— Malheur à moi, de ne l'avoir pas été!
— N'es-tu pas heureux, Lanoy?
— Dieu a jugé.
— Puis-je encore te rendre quelque service dans ce monde?
— Aucun, si ce n'est de penser à toi-même.
— Comment dois-je faire?
— Tu l'apprendras à Rome. »

Ici éclata un nouveau coup de tonnerre; un nuage de fumée noire remplit la chambre : lorsqu'elle fut dissipée, nous ne trouvâmes plus de fantôme. Je poussai un volet : il faisait jour.

Alors le magicien revint aussi de son étourdissement. « Où sommes-nous ? » s'écria-t-il, en voyant la lumière du jour. L'officier russe se tenait tout près derrière lui, et le regarda par-dessus les épaules. « Jongleur, lui dit-il avec un regard terrible, tu n'évoqueras plus d'esprits. »

Le Sicilien se retourna, le regarda attentivement au visage, poussa un grand cri, et tomba à ses pieds.

Alors nous portâmes, tous, nos regards sur le Russe supposé. Le prince reconnut en lui sans peine les traits de son Arménien, et le mot qu'il voulut bégayer expira sur ses lèvres. La surprise et l'effroi nous avaient tous comme pétrifiés. Silencieux, immobiles, nous avions, tous, les yeux fixés sur cet être mystérieux, qui nous pénétrait avec un regard de tranquille puissance et de grandeur. Ce silence dura une minute.... et une minute encore. On n'entendait pas un souffle dans toute l'assemblée.

Quelques coups violents frappés à la porte nous rappelèrent enfin à nous-mêmes. La porte tomba en éclats dans la salle, et des sergents de justice pénétrèrent avec la garde. « Eh! nous les trouvons ici ensemble, » s'écria le chef, et il se tourna vers ceux qui l'accompagnaient. « Au nom du gouvernement, nous dit-il, je vous arrête. » Nous n'eûmes pas le temps de nous reconnaître : en peu d'instants nous fûmes entourés. L'officier russe, que j'appellerai maintenant l'Arménien, prit à part le chef des sergents et, autant que cette confusion me le permit, je remarquai qu'il lui dit secrètement quelques mots à l'oreille et lui présenta un écrit. Aussitôt le sergent le quitta avec une inclination muette et respectueuse, puis il se tourna vers nous et ôta son chapeau. « Pardonnez-moi, messieurs, dit-il, d'avoir pu vous confondre avec cet imposteur. Je ne veux pas demander qui vous êtes.... mais monsieur m'assure que j'ai devant moi des gens d'honneur. » En même temps, il fit signe à ses compagnons de nous laisser libres. Quant au Sicilien, il ordonna de le bien garder et de l'enchaîner. » Le drôle est plus que mûr, ajouta-t-il, il y a déjà sept mois que nous le guettons. »

Ce misérable était vraiment un objet de pitié. La double terreur de la deuxième apparition et de cette surprise inattendue lui avait troublé les sens. Il se laissa lier comme un enfant; ses yeux étaient tout grands ouverts et hagards, dans un visage cadavéreux; agitées de spasmes muets, ses lèvres tremblaient, sans proférer un seul son. A chaque instant nous attendions une crise de convulsions. Le prince eut pitié de son état, et entreprit d'obtenir sa liberté du sergent, auquel il se fit connaître.

« Monseigneur, dit celui-ci, savez-vous quel est l'homme pour lequel vous vous employez si généreusement? Le mauvais tour qu'il songeait à vous jouer est le moindre de ses crimes. Nous tenons ses complices. Ils disent de lui des choses horribles. Il peut s'estimer heureux, s'il en est quitte pour les galères. »

Cependant nous vîmes aussi l'hôte et ses gens que l'on menait à travers la cour, liés avec des cordes. « Et celui-là aussi ? s'écria le prince. Quel crime a-t-il donc commis ? — C'était son complice et son recéleur, répondit le chef des sergents, il l'aidait dans ses escamotages et ses vols, et partageait avec lui le butin. Vous en serez bientôt convaincu, monseigneur. » Puis, se tournant vers ses gens : « Qu'on visite toute la maison, et qu'on vienne aussitôt me rendre compte de ce qu'on aura trouvé. »

Alors le prince chercha des yeux l'Arménien, mais il n'était plus là. Dans la confusion générale que cette surprise avait causée, il avait trouvé moyen de s'éloigner sans être aperçu. Le prince était inconsolable; il voulait aussitôt envoyer tous ses gens après lui; il voulait lui-même le chercher et m'entraîner avec lui. Je courus à la fenêtre ; toute la maison était environnée de curieux, que le bruit de cette aventure avait attirés. Il était impossible de percer la foule. Je représentai au prince que, si cet Arménien avait sérieusement résolu de se cacher à nous, il connaissait sans doute mieux que nous les issues et les détours, et que nos recherches seraient vaines. « Restons ici plutôt, monseigneur. Peut-être cet officier de justice, auquel, si du moins j'ai bien vu, il s'est découvert, pourra-t-il nous donner quelque information à son sujet. »

Nous nous rappelâmes alors que nous étions encore déshabillés. Nous courûmes dans notre chambre remettre en toute hâte nos habits. Quand nous revînmes, la visite domiciliaire était terminée.

Après qu'on eut enlevé l'autel et brisé le parquet de la salle, on découvrit une voûte spacieuse où un homme pouvait commodément se tenir assis, sans se courber ; elle était pourvue d'une porte qui conduisait à la cave par un étroit escalier. Sous cette voûte on trouva une machine électrique, une horloge et une petite cloche d'argent, qui était, ainsi que la machine électrique, en communication avec l'autel et avec la croix fixée dessus. Un volet, qui se trouvait en face de la cheminée, était percé d'un trou et muni d'une coulisse, pour ajuster dans l'ouverture, comme nous l'apprîmes depuis, une lanterne magique, d'où la figure demandée était tombée sur la muraille, au-dessus de la cheminée. Du grenier et de la cave on apporta divers tambours, auxquels étaient attachées par des cordons de grosses balles de plomb, vraisemblablement pour imiter le bruit de tonnerre que nous avions entendu. En fouillant les vêtements du Sicilien, on trouva dans un étui différentes poudres, comme aussi du vif-argent dans des fioles et des boîtes, du phosphore dans une bouteille de verre, un anneau, que nous reconnûmes aussitôt pour magnétique, parce qu'il demeura suspendu à un bouton d'acier, dont on l'avait approché par hasard ; dans les poches de l'habit, un chapelet, une barbe de juif, des pistolets de poche et un poignard. « Voyons s'ils sont chargés, » dit un des sbires, en prenant un des pistolets, et il tira dans la cheminée. « Jésus Marie ! » s'écria une voix sourde, celle même que nous avions entendue à la première apparition, et dans le même instant nous vîmes tomber du tuyau un corps sanglant. « Pas encore rentré dans ton repos, pauvre esprit, » s'écria l'Anglais, tandis que nous autres nous reculions d'effroi. « Retourne dans ton sépulcre. Tu as paru ce que tu n'étais pas, et maintenant tu seras ce que tu paraissais.

— Jésus Marie! je suis blessé, » répéta l'homme dans la cheminée. La balle lui avait fracassé la jambe droite. On prit soin aussitôt de faire panser sa blessure.

« Mais qui es-tu donc, et quel mauvais génie t'amène ici?

— Je suis un pauvre moine déchaussé, répondit le blessé. Un étranger m'a donné un sequin pour....

— Pour réciter une formule?... Et pourquoi ne t'es-tu donc pas retiré de là aussitôt après?

— Il devait me donner un signal pour continuer; mais le signal n'est pas venu, et, quand j'ai voulu descendre pour m'en aller, l'échelle était enlevée.

— Et quelle était cette formule, qu'il t'avait apprise?... »

Ici l'homme s'évanouit, en sorte qu'on n'en put rien tirer davantage. En l'observant de plus près, nous le reconnûmes pour le même religieux qui s'était présenté la veille sur le passage du prince, et qui lui avait adressé la parole d'une manière si solennelle[1].

Cependant le prince s'était tourné vers le chef des sergents. « Vous nous avez sauvés des mains d'un imposteur, lui dit-il, en lui glissant quelques pièces d'or dans la main, et, sans nous connaître encore, vous nous avez rendu justice. Voulez-vous maintenant mettre le comble à votre obligeance, et nous apprendre qui était l'inconnu auquel deux mots ont suffi pour nous faire mettre en liberté?

— Qui voulez-vous dire? demanda le chef des sergents, d'un air qui montrait clairement combien la question était inutile.

— Je veux dire le seigneur en uniforme russe, qui vous a tout à l'heure pris à part, vous a montré un écrit, vous a dit quelques mots à l'oreille, après quoi vous nous avez aussitôt relâchés.

---

1. Cette phrase manque dans la première édition et dans la *Thalie*.

— Vous ne connaissez donc pas ce monsieur? reprit l'autre. Il n'était pas de votre compagnie?

— Non, répondit le prince, et, pour des raisons très-graves, je voudrais le mieux connaître.

— Je ne le connais pas mieux moi-même, répondit le sergent. Je ne sais pas même son nom, et je l'ai vu aujourd'hui pour la première fois de ma vie.

— Comment? Et en si peu de temps, avec deux mots, il a eu sur vous assez de pouvoir pour que vous l'ayez déclaré innocent lui-même, et nous tous avec lui?

— Assurément, avec un seul mot.

— Et ce mot?... J'avoue que j'aimerais à le savoir.

— Cet inconnu, monseigneur, dit l'officier de justice en pesant les sequins dans sa main.... vous avez été trop généreux avec moi pour que je vous en fasse plus longtemps un secret... Cet inconnu était.... un officier de l'inquisition d'État.

— De l'inquisition d'État!... lui!...

— Pas autre chose, monseigneur, et c'est de quoi m'a convaincu le papier qu'il m'a montré.

— Cet homme, dites-vous!... Ce n'est pas possible.

— Je vous dirai plus encore, monseigneur; c'est sur sa propre dénonciation que j'ai été envoyé ici, pour arrêter le nécromancien. »

Nous nous regardâmes avec plus d'étonnement encore.

« Eh! nous savons maintenant, s'écria enfin l'Anglais, pourquoi le pauvre diable de conjurateur a tressailli avec tant d'effroi quand il a regardé cet homme en face, de plus près. Il l'a reconnu pour un espion, et c'est pourquoi il a poussé ce cri et s'est jeté à ses pieds.

— Non, non, dit le prince; cet homme est tout ce qu'il veut être et tout ce que les circonstances veulent qu'il soit. Ce qu'il est réellement, aucun mortel[1] ne l'a encore appris. Avez-vous vu le Sicilien s'affaisser sur lui-même quand il lui a crié ces mots dans l'oreille : « Tu n'évoqueras plus d'esprits! » Il y a quelque chose de plus là-dessous. Qu'on puisse être tellement effrayé

---

1. Au lieu de *kein Sterblicher*, « aucun mortel. » il y a dans la première édition *keines Menschen Sohn*, « le fils de nul homme. »

de quelque chose d'humain, c'est ce qu'on ne me persuadera jamais.

— Le magicien lui-même, dit le lord, pourra nous donner là-dessus les meilleures explications, si monsieur, ajouta-t-il en se tournant vers l'officier de justice, veut nous procurer l'occasion de parler à son prisonnier. »

Le chef des sbires nous le promit, et nous convînmes avec l'Anglais de le visiter dès le lendemain matin. Puis nous retournâmes à Venise [1].

Lord Seymour (c'était le nom de l'Anglais) vint nous prendre de très-grand matin, et bientôt après parut une personne de confiance, que l'officier de justice avait envoyée pour nous conduire à la prison. J'ai oublié de raconter que, depuis quelques jours déjà, le prince s'apercevait de l'absence d'un de ses chasseurs, natif de Brême, qui l'avait servi honnêtement pendant beaucoup d'années et qui avait possédé toute sa confiance. S'il avait péri, s'il avait été enlevé ou s'il s'était enfui, nul ne le savait. La dernière supposition n'avait aucune vraisemblance, parce qu'il avait toujours été un homme tranquille, rangé, et qu'on n'avait jamais trouvé en lui rien à blâmer. Tout ce que ses camarades pouvaient se rappeler, c'est que, dans les derniers temps, il avait été fort mélancolique : dès qu'il pouvait saisir un moment, il visitait un certain couvent de minorites, dans la Giudecca, où il avait avec quelques frères de fréquents entretiens. Cela nous fit supposer qu'il était peut-être tombé dans les mains des moines [2], et s'était fait catholique. Et, comme alors le prince était encore très-indifférent [3] sur cet article,

---

1. Dans la *Thalie*, on lit ici en note, au bas de la page : « Le comte d'O**, dont jusqu'ici j'ai rapporté littéralement les paroles, s'étend avec beaucoup de détails sur les divers effets que cette aventure produisit dans l'âme du prince et de ses compagnons de route, et sur les histoires de revenants qu'elle donna lieu de raconter. J'épargne ces détails au lecteur, dont les dispositions seront sans doute semblables aux miennes : j'aime mieux me hâter de reprendre la suite des faits, montrer ces effets par les actions mêmes du prince, et je me contente de dire que la nuit suivante le prince ne ferma pas l'œil, et qu'il attendit avec impatience le jour, qui devait débrouiller ce mystère incompréhensible. »
2. Dans la première édition *der Pfaffen*, « des prêtres, » dans un sens ironique ou de mépris.
3. « Très-tolérant ou très-indifférent. » (Première édition.)

après quelques recherches infructueuses il ne s'en inquiéta plus. Cependant il regrettait d'avoir perdu cet homme, qu'il avait eu à ses côtés dans toutes ses campagnes, qui lui avait toujours été fidèlement attaché, et qu'il n'était pas si facile de remplacer dans un pays étranger. Ce jour-là, comme nous étions sur le point de sortir, on annonça le banquier du prince, qui avait été chargé de procurer un nouveau domestique. Il présenta au prince un homme bien fait et bien vêtu, de moyen âge, qui avait été longtemps au service d'un procurateur comme secrétaire, qui parlait le français et de plus un peu l'allemand, et était d'ailleurs pourvu des meilleurs certificats. Sa physionomie plut, et, comme du reste il déclara que ses gages dépendraient de la manière dont le prince serait satisfait de ses services, celui-ci l'accepta sans délai.

Nous trouvâmes le Sicilien dans une prison particulière, où, pour complaire au prince, comme nous le dit l'officier de justice, on l'avait placé provisoirement, avant de le transférer sous les plombs, où nul ne peut plus avoir accès. Ces plombs sont la plus affreuse prison de Venise, sous le toit du palais de Saint-Marc, où les malheureux criminels souffrent, souvent jusqu'au délire, de la chaleur torréfiante du soleil, qui se concentre sur cette surface métallique. Le Sicilien s'était remis de l'accident de la veille, et se leva respectueusement à la vue du prince. Il avait une jambe et une main enchaînées, mais il pouvait d'ailleurs marcher librement dans la chambre. A notre entrée, la sentinelle se retira et se plaça devant la porte.

« Je viens, dit le prince, après que nous eûmes pris place[1], vous demander une explication sur deux points : sur l'un, vous me la devez, et vous n'aurez pas à vous repentir de m'avoir satisfait sur l'autre.

— Mon rôle est fini, répondit le Sicilien ; mon sort est dans vos mains.

— Votre franchise, reprit le prince, peut seule l'adoucir.

— Interrogez-moi, monseigneur ; je suis prêt à répondre, car je n'ai plus rien à perdre.

---

1. Les mots : « Après que nous eûmes pris place » manquent dans la première édition.

— Vous avez fait paraître à mes yeux, dans votre miroir, le visage de l'Arménien. Comment avez-vous fait cela?

— Ce n'est pas un miroir que vous avez vu. Un simple portrait au pastel derrière un verre, et qui représentait un homme en habit d'Arménien, vous a trompé. Ma prestesse, le crépuscule, votre surprise, ont aidé à l'illusion. Le portrait se trouvera parmi les autres objets qu'on a saisis dans l'hôtel.

— Mais comment avez-vous pu savoir si bien mes pensées et deviner justement l'Arménien?

— Cela n'était nullement difficile, monseigneur. Vous vous êtes sans doute ouvert souvent à table, en présence de vos domestiques, sur ce qui s'est passé entre vous et l'Arménien. Un de mes gens a fait par hasard connaissance dans la Giudecca avec un chasseur, qui est à votre service[1], et il a su en tirer peu à peu tout ce que j'avais besoin de savoir.

— Où est ce chasseur? demanda le prince. Il me manque, et assurément vous savez ce qu'il en est de sa disparition.

— Je vous jure, monseigneur, que je n'en sais absolument rien. Je ne l'ai moi-même jamais vu, et je n'ai jamais eu sur lui d'autres vues que celle dont je viens de vous parler.

— Continuez, dit le prince[2].

— C'est aussi par cette voie que j'appris pour la première fois votre séjour et vos aventures à Venise, et je résolus aussitôt d'en faire mon profit. Vous voyez, monseigneur, que je suis sincère. Je connus votre projet de promenade sur la Brenta : je m'étais réglé là-dessus, et une clef, que vous laissâtes tomber par hasard, me fournit la première occasion d'essayer sur vous mon art.

— Comment? Je me serais donc trompé? Le tour de la clef était votre ouvrage, et non celui de l'Arménien? Cette clef, dites-vous, je l'aurais laissée tomber?

— En tirant votre bourse.... et je saisis le moment où personne ne m'observait, pour mettre vite le pied dessus. La personne auprès de qui vous prîtes les billets de loterie était d'intelligence avec moi. Elle vous fit tirer votre billet d'un vase où il n'y avait

---

1. Les mots : « Qui est à votre service » manquent aussi dans la première édition, et dans la *Thalie*.
2. Ce passage, depuis : « Où est ce chasseur ? » n'est point dans la *Thalie*.

point de billets blancs, et la clef était dans la tabatière longtemps avant que vous l'eussiez gagnée.

— A présent je conçois ; et le moine déchaussé, qui s'est présenté sur mon chemin, et qui m'a parlé d'un ton si solennel?...

— Était le même qui, à ce que j'entends, a été retiré blessé de la cheminée. C'est un de mes camarades, qui, sous ce déguisement, m'a déjà rendu plusieurs bons services.

— Mais pour quelle fin aviez-vous arrangé cela?

— Pour vous donner à réfléchir; pour préparer en vous une disposition d'esprit qui vous rendît accessible au merveilleux que j'avais dessein d'employer sur vous.

— Mais au moins la danse pantomime, qui prit un tour si surprenant et si étrange.... elle n'était pas de votre invention?

— La jeune fille qui représentait la reine était instruite par moi, et tout son rôle était mon ouvrage. Je présumais que Votre Altesse ne serait pas peu surprise d'être connue en ce lieu, et (pardonnez-moi, monseigneur) votre aventure avec l'Arménien me faisait espérer que vous seriez déjà disposé à dédaigner les explications naturelles et à chercher plus haut les sources de l'extraordinaire.

— Dans le fait, s'écria le prince, d'un air qui exprimait à la fois le mécontentement et l'admiration, et en m'adressant, à moi en particulier, un regard significatif : dans le fait, je ne m'attendais pas à cela[1] !

---

[1]. Ici, dans la première édition, se trouve la note suivante, avec ces mots : *Note de l'éditeur*, et dans la *Thalie* avec la signature S. : « Et vraisemblablement la plupart de nos lecteurs pas plus que le prince. Cette couronne déposée à ses pieds à l'improviste et si solennellement, rapprochée de la prophétie antérieure de l'Arménien, paraît tendre si naturellement, d'une manière si peu forcée, à un but certain, qu'à la première lecture de ces Mémoires je me suis rappelé involontairement l'apostrophe captieuse des sœurs sorcières de Macbeth : « Salut à toi, Thane de Glamis, qui seras roi ! » et plus d'un probablement a éprouvé la même chose. Lorsqu'une idée est entrée dans l'esprit d'une façon solennelle et extraordinaire, il arrive immanquablement que toutes celles qui viennent à la suite, pour peu qu'elles aient le moindre rapport avec la première, s'y rattachent et se mettent dans une certaine relation avec elle. Le Sicilien, qui, à ce qu'il paraît, ne voulait rien de moins ni rien de plus que surprendre le prince en lui faisant remarquer que son rang était connu, a préparé, sans s'en douter, les voies à l'Arménien ; mais, quoique la chose perde beaucoup de son intérêt quand on supprime ce but plus élevé auquel elle semblait tendre d'abord, je n'ai pas le droit de porter atteinte à la vérité, et je raconte le fait tel que je l'ai trouvé. »

— Mais, poursuivit-il après un long silence, comment avez-vous produit la figure qui a paru sur la muraille, au-dessus de la cheminée ?

— Par la lanterne magique, qui était adaptée au volet placé vis-à-vis, où vous avez dû remarquer aussi l'ouverture faite exprès.

— Mais comment s'est-il fait qu'aucun de nous ne l'ait remarquée ? demanda lord Seymour.

— Vous vous souvenez, monsieur, qu'une épaisse fumée[1] obscurcit toute la salle quand vous y fûtes revenus. J'avais eu en même temps la précaution de faire appuyer contre la fenêtre où était ajustée la lanterne magique, les planches du parquet qu'on avait enlevées : par là j'empêchai que ce volet n'attirât d'abord votre vue. D'ailleurs la lanterne resta couverte d'une coulisse jusqu'au moment où vous eûtes tous pris vos places, et où l'on n'eut plus à craindre que vous fissiez dans la chambre aucune recherche.

— Il me sembla, lui dis-je, que j'entendais poser une échelle dans le voisinage de la salle, tandis que je regardais par la fenêtre dans l'autre pavillon. Était-ce vrai ?

— Tout à fait. C'était justement l'échelle par laquelle mon camarade a grimpé à cette fenêtre, pour diriger la lanterne magique.

— La figure, poursuivit le prince, semblait réellement avoir une vague ressemblance avec mon défunt ami ; il se trouvait surtout qu'elle était très-blonde. Était-ce un simple hasard, ou bien où l'avez-vous prise ?

— Votre Altesse se souvient qu'elle avait eu pendant le repas une tabatière posée auprès d'elle, sur laquelle était le portrait sur émail d'un officier, en uniforme de \*\*. Je vous demandai si vous ne portiez point sur vous quelque souvenir de votre ami : à quoi vous répondîtes affirmativement, et j'en conclus que ce pouvait être la tabatière. J'avais observé attentivement le portrait pendant le repas, et, comme je suis très-exercé dans le dessin, et très-heureux pour attraper la ressemblance, il me fut aisé de donner à la figure cette conformité vague

---

1. « Une épaisse fumée d'encens. » (Première édition.)

que vous avez remarquée : d'autant plus que les traits du marquis sont très-frappants.

— Mais pourtant la figure semblait se mouvoir....

— Elle le semblait ; mais ce n'était pas la figure, c'était la fumée, éclairée par son reflet.

— Et l'homme qui est tombé du tuyau de la cheminée répondait donc pour le fantôme ?

— Lui-même, précisément.

— Mais il ne pouvait bien entendre les questions ?

— Il n'en avait pas besoin. Vous vous souvenez, très-auguste prince, que je vous avais interdit à tous, de la manière la plus absolue, d'adresser vous-mêmes aucune question au spectre. Ce que je devais lui demander et ce qu'il devait me répondre était convenu ; et, pour qu'il n'y eût aucune méprise, je lui faisais observer de longues pauses, qu'il devait calculer au battement d'une pendule.

— Vous ordonnâtes à l'hôte de faire éteindre soigneusement avec de l'eau tous les feux de la maison ; c'était sans doute....

— Pour préserver mon homme dans la cheminée du danger d'être étouffé, parce que les cheminées de la maison communiquent entre elles, et que je n'étais pas tout à fait sûr de votre suite.

— Mais comment s'est-il fait, demanda lord Seymour, que votre esprit n'ait été là ni plus tôt ni plus tard que vous n'en aviez besoin ?

— Mon esprit était depuis assez longtemps dans la chambre avant l'évocation ; mais, tant que l'esprit-de-vin brûlait, on ne pouvait voir cette faible lueur. Quand ma formule de conjuration fut achevée, je fis tomber le couvercle du vase où l'esprit-de-vin flambait : il fit nuit dans la salle, et alors seulement on remarqua sur la muraille la figure qui s'y réfléchissait depuis longtemps.

— Mais, à l'instant même où le spectre parut, nous ressentîmes tous une secousse électrique. Comment l'avez-vous produite ?

— Vous avez découvert la machine sous l'autel. Vous avez vu aussi que je me tenais sur un tapis de soie. Je vous fis ranger en demi-cercle autour de moi, et vous donner la main. Quand le moment approcha, je fis signe à un de vous de me prendre par les cheveux. Le crucifix d'argent était le conducteur, et vous reçûtes le coup quand je le touchai avec la main.

— Vous nous avez ordonné, au comte d'O\*\* et à moi, dit lord Seymour, de tenir sur notre tête deux épées nues en croix, tant que durerait la conjuration : pourquoi cela ?

— Uniquement pour vous occuper pendant toute l'opération, parce que c'était à vous deux que je me fiais le moins. Vous vous rappelez que je vous fixai expressément un pouce de hauteur ; par la nécessité d'observer toujours cette distance, vous étiez empêchés de porter vos regards où je ne voulais pas les avoir. Je n'avais pas du tout remarqué jusqu'alors mon plus dangereux ennemi.

— J'avoue, s'écria lord Seymour, que cela s'appelle agir avec précaution... mais pourquoi fallut-il nous déshabiller ?

— Seulement pour donner à l'acte plus de solennité, et exalter votre imagination par l'extraordinaire.

— La seconde apparition n'a pas permis à votre spectre de prendre la parole, dit le prince. Qu'aurions-nous appris de lui ?

— Presque les mêmes choses que vous avez ensuite entendues. Je demandai, non sans dessein, à Votre Altesse si vous m'aviez dit tout ce que le mourant vous avait confié, et si vous n'aviez fait aucune recherche ultérieure dans sa patrie. J'avais besoin de savoir cela pour ne pas heurter des faits qui auraient pu contredire le langage de mon fantôme. Je demandai, au sujet de certains péchés de jeunesse, si le défunt avait vécu sans reproche ; puis, sur votre réponse, je bâtis mon invention.

— Sur ce point, dit le prince après un moment de silence, vous m'avez donné des explications satisfaisantes ; mais il reste encore une circonstance essentielle, sur laquelle je vous demande des éclaircissements.

— Si c'est en mon pouvoir, et....

— Point de conditions ! La justice, dans les mains de laquelle vous êtes, ne vous interrogerait pas avec tant de ménagement. Qui était cet inconnu, devant lequel nous vous vîmes tomber à terre ? Que savez-vous de lui ? D'où le connaissez-vous ? Et quel rapport a-t-il avec cette seconde apparition ?

— Monseigneur....

— Quand vous l'avez regardé de plus près au visage, vous avez poussé un grand cri, et vous êtes tombé à ses pieds. Pourquoi cela? Qu'est-ce que cela signifiait?

— Cet inconnu, très-auguste prince.... » Le prisonnier s'arrêta; il devint visiblement plus inquiet, et nous regarda tous à la ronde avec embarras. « Oui, par le ciel! monseigneur, cet inconnu est un être épouvantable.

— Que savez-vous de lui? Comment est-il en relation avec vous?... N'espérez pas nous déguiser la vérité.

— Je m'en garderai bien.... car qui me répond qu'il n'est pas dans ce moment au milieu de nous?

— Où? Qui? nous écriâmes-nous tous ensemble; et, moitié riants, moitié effrayés [1], nous regardâmes autour de nous dans la chambre.... Eh! cela n'est pas possible!

— Oh! cet homme.... ou cet être, quel qu'il soit.... est capable de choses qui sont encore bien moins compréhensibles.

— Mais qui est-il donc? Quelle est son origine? Est-il Arménien ou Russe? Des qualités qu'il se donne, laquelle est véritable?

— Il n'est rien de ce qu'il paraît être. Il y a peu d'états, de caractères [2] et de nations dont il n'ait déjà porté le masque. Qui est-il? D'où est-il venu? Où va-t-il? Personne ne le sait. Qu'il ait longtemps vécu en Égypte, comme beaucoup de gens le prétendent, et qu'il y ait puisé, dans une pyramide [3], sa science occulte, je ne veux ni l'affirmer ni le nier. Chez nous on ne le connaît que sous le nom de l'*Impénétrable*. Quel âge, par exemple, lui donnez-vous?

— A en juger par l'apparence extérieure, il doit à peine avoir quarante ans.

— Et quel âge pensez-vous que j'aie?

— Pas loin de cinquante.

— Tout juste, et, si je vous dis maintenant que j'étais un garçon de dix-sept ans, quand mon grand-père me parlait de

---

1. Dans la *Thalie*, au lieu de « moitié riants, moitié effrayés, » il y a simplement : « effrayés. »
2. « De caractères » manque dans la première édition.
3. La première édition a *Katakombe*, au lieu de *Pyramide*.

ce thaumaturge, qu'il avait vu, à Famagouste, à peu près du même âge qu'il paraît avoir maintenant?...

— Cela est ridicule, incroyable, exagéré.

— Pas le moins du monde. Si ces fers ne me retenaient, je vous produirais des garants dont l'autorité respectable ne vous laisserait aucun doute. Il y a des gens dignes de foi qui se souviennent de l'avoir vu en même temps en différentes parties du monde. Il n'y a pas de pointe d'épée qui le puisse percer, de poison qui agisse sur lui, de feu qui le brûle, de vaisseau qui coule quand il est dessus. Le temps même semble perdre sa force sur lui, les années ne dessèchent pas sa sève, et l'âge ne peut blanchir ses cheveux. Personne ne l'a vu prendre de nourriture; il n'a jamais touché une femme; le sommeil ne visite point ses yeux. De toutes les heures du jour, on n'en connaît qu'une seule dont il n'est pas le maître, pendant laquelle personne ne l'a vu, pendant laquelle il n'accomplit pas d'acte humain.

— Vraiment? dit le prince. Et quelle est cette heure?

— Minuit. Aussitôt que la cloche frappe le douzième coup, il n'appartient plus aux vivants. En quelque lieu qu'il soit, il faut qu'il se retire; quelque affaire qu'il fasse, il faut qu'il l'interrompe. Ce terrible douzième coup de cloche l'arrache des bras de l'amitié, l'arrache du pied de l'autel, et le rappellerait même de l'agonie. Personne ne sait alors où il va, ni ce qu'il fait où il va. Personne n'ose le questionner là-dessus, moins encore le suivre; car, aussitôt que cette heure redoutée vient à sonner, ses traits se contractent soudain d'une manière si sombre et si terriblement sérieuse, que nul n'a plus le courage de le regarder en face ou de lui adresser la parole. Un profond silence de mort interrompt alors sur-le-champ le plus vif entretien, et tous ceux qui l'environnent attendent son retour avec une respectueuse terreur, sans oser seulement se lever de leur place ni ouvrir la porte par laquelle il est sorti.

— Mais, demanda l'un de nous, ne remarque-t-on rien d'extraordinaire en lui à son retour?

— Rien, si ce n'est qu'il paraît pâle et abattu, à peu près comme un homme qui a subi une douloureuse opération ou qui reçoit une affreuse nouvelle. Quelques-uns veulent avoir vu des gouttes de sang sur sa chemise; mais c'est ce que je ne puis affirmer.

— Et n'a-t-on jamais essayé tout au moins de lui cacher cette heure, ou de l'engager dans de telles distractions qu'il dût l'oublier?

— Une seule fois, dit-on, il passa le terme. La compagnie était nombreuse, on veilla fort avant dans la nuit; toutes les pendules étaient mal réglées à dessein, et le feu de la conversation l'entraîna. Quand l'heure fatale arriva, il devint muet tout à coup, et resta immobile; tous ses membres se roidirent dans la même position où cet accident les avait surpris; il avait les yeux fixes; son pouls ne battait plus; tous les moyens qu'on employa pour le réveiller furent inutiles, et cet état dura jusqu'à ce que l'heure fût écoulée. Alors il se ranima tout à coup de lui-même, ouvrit les yeux, et poursuivit son discours à la même syllabe où il avait été interrompu. La consternation générale lui décela ce qui était arrivé, et il déclara avec une gravité effrayante qu'on devait s'estimer heureux d'en avoir été quitte pour la peur. Mais il abandonna le même soir et pour jamais la ville où cela lui était arrivé. La croyance générale est que, dans cette heure mystérieuse, il a des entretiens avec son génie. Quelques-uns pensent même que c'est un trépassé, à qui il est permis de vivre parmi les hommes vingt-trois heures par jour, mais que, pendant la dernière, son âme doit retourner dans le monde souterrain pour y subir son jugement. Beaucoup de gens aussi le tiennent pour le fameux Apollonius de Tyane, et d'autres même pour l'apôtre saint Jean, dont il est dit qu'il doit rester ici-bas jusqu'au jugement dernier.

— Sur un homme si extraordinaire, dit le prince, les conjectures aventureuses ne peuvent manquer sans doute; mais tout ce que vous avez dit jusqu'à présent, vous le savez simplement par ouï-dire, et cependant sa conduite envers vous, et la vôtre envers lui, m'ont semblé indiquer une plus intime connaissance. N'y a-t-il pas là-dessous une histoire particulière, à laquelle vous avez été mêlé vous-même? Ne nous cachez rien. »

Le Sicilien nous regarda d'un air de doute et se tut.

« S'il s'agit, poursuivit le prince, d'une affaire que vous n'aimiez pas à ébruiter, je vous promets, au nom de ces deux messieurs, le plus inviolable silence. Mais parlez sincèrement et sans rien dissimuler.

— Si je peux espérer, dit le prisonnier après un long silence, que vous n'en ferez pas un témoignage contre moi, je vous raconterai sur cet Arménien une remarquable aventure, dont j'ai été témoin oculaire, et qui ne vous laissera aucun doute sur le pouvoir occulte de cet homme; mais il faut, ajouta-t-il, qu'il me soit permis de taire quelques noms.

— Ne pouvez-vous parler sans cette condition?

— Non, monseigneur : dans cette histoire se trouve mêlée une famille que j'ai sujet de ménager[1].

— Écoutons, dit le prince.

— Il peut y avoir cinq ans, dit le Sicilien, qu'étant à Naples, où j'exerçais mon art avec assez de succès, je fis la connaissance d'un certain Lorenzo del M\*\*nte, chevalier de l'ordre de Saint-Étienne, jeune et riche cavalier d'une des premières maisons du royaume, qui me comblait de prévenances, et paraissait avoir beaucoup d'estime pour mes secrets. Il me découvrit que son père, le marquis del M\*\*nte, était zélé partisan de la cabale, et s'estimerait heureux d'avoir sous son toit un philosophe, comme il se plaisait à me nommer. Le vieillard demeurait dans un de ses domaines, au bord de la mer, environ à sept milles de Naples, et là, presque entièrement séparé des hommes, il pleurait un fils chéri, qu'une affreuse destinée lui avait arraché. Le chevalier me fit entendre qu'il se pourrait bien qu'un jour lui et sa famille eussent besoin de moi, dans une affaire très-sérieuse, pour obtenir peut-être de ma science secrète la solution d'une question au sujet de laquelle on avait épuisé vainement tous les moyens naturels. Lui, particulièrement, ajouta-t-il d'un air très-significatif, il aurait lieu peut-être de me considérer comme l'auteur de son repos et de tout son bonheur terrestre. Je ne hasardai pas de lui demander des explications plus précises, et pour le moment nous en restâmes à cette déclaration[2]. Mais voici quelle était la chose :

« Lorenzo était le second fils du marquis, et par conséquent

---

1. Dans la première édition « d'honorer. »
2. Cette phrase manque dans la première édition.

destiné à l'état ecclésiastique ; les biens de la famille devaient échoir à son frère aîné. Geronimo, c'était le nom de ce frère, avait passé plusieurs années à voyager, et il revint dans sa patrie, environ sept ans avant l'aventure que je raconte, pour conclure, avec la fille unique du comte C\*\*\*tti, leur voisin, un mariage, sur lequel les deux familles s'étaient accordées dès la naissance de ces enfants, afin de réunir leurs biens considérables. Quoique cette alliance fût uniquement une affaire de convenance entre les parents, et que les cœurs des deux fiancés n'eussent pas été consultés pour ce choix, cependant ils l'avaient secrètement ratifié[1]. Geronimo del M\*\*nte et Antonia C\*\*\*tti avaient été élevés ensemble, et le peu de gêne imposé aux relations des deux enfants, qu'on était dès lors accoutumé à regarder comme un couple, avait fait naître de bonne heure entre eux une tendre intelligence, que fortifia encore l'harmonie des caractères, et qui, avec les années, devint aisément de l'amour. Une absence de quatre ans avait plutôt enflammé que refroidi ce sentiment, et Geronimo revenait dans les bras de sa fiancée, aussi fidèle, aussi ardent, que s'il ne s'en fût jamais arraché.

« Les enchantements du retour duraient encore, et l'on poussait de la manière la plus vive les préparatifs du mariage, quand le fiancé.... disparut. Il allait souvent passer des soirées entières dans une maison de campagne qui avait la vue de la mer, et s'y donnait quelquefois le plaisir d'une promenade sur l'eau. Après une de ces soirées, il arriva que son absence se prolongea d'une manière inaccoutumée. On envoya des messagers à la découverte ; des barques le cherchèrent sur la mer : personne ne l'avait vu. Aucun de ses domestiques ne manquait, aucun ne pouvait donc l'avoir suivi. La nuit vint, et il ne parut pas. Le matin.... midi.... le soir, point de Geronimo. Déjà l'on commençait à former les plus affreuses conjectures, quand la nouvelle arriva qu'un corsaire algérien avait abordé la veille à cette côte, et que divers habitants avaient été emmenés captifs. Aussitôt on équipe deux galères, qui se trouvaient prêtes à mettre à la voile ; le vieux marquis monte lui-même la première,

---

[1] « Cependant ils avaient déjà secrètement juré cette alliance. » (Première édition.)

résolu à délivrer son fils au péril de sa vie. Le matin du troisième jour, on aperçoit le corsaire, sur lequel on avait l'avantage du vent; on l'a bientôt atteint, et l'on s'en approche de si près, que Lorenzo, qui se trouve sur la première galère[1], croit reconnaître sur le pont ennemi les signaux de son frère, quand tout à coup une tempête sépare les deux navires. Les bâtiments avariés y résistent avec peine, mais la prise cependant a disparu, et ils sont forcés d'aborder à Malte. La douleur de la famille est sans bornes. Le vieux marquis, inconsolable, arrache ses cheveux blancs; on craint pour la vie de la jeune comtesse.

« Cinq années se passent en informations inutiles. On va aux renseignements sur toute la côte barbaresque; on offre un prix énorme pour la liberté du jeune marquis, mais personne ne se présente pour le gagner. Enfin on s'arrêta à la supposition vraisemblable, que la tempête qui avait séparé les deux vaisseaux avait englouti le corsaire, et que tout l'équipage avait péri dans les flots.

« Si plausible que fût cette supposition, elle était loin cependant d'être une certitude, et rien n'autorisait à rejeter complétement l'espérance que l'absent pût reparaître un jour. Mais, si l'on ne devait plus le revoir, la famille s'éteignait avec lui, à moins que le second frère ne renonçât à l'état ecclésiastique et ne succédât aux droits de l'aîné. Si hasardeux que fût ce parti, et si injuste qu'il parût en soi d'exclure de ses droits naturels ce frère peut-être encore vivant, on crut cependant qu'il ne fallait pas, en considération d'une chance si incertaine, risquer l'avenir d'une antique et brillante race, qui, sans cet arrangement, était exposée au danger de s'éteindre[2]. L'âge et le chagrin poussaient le vieux marquis vers la tombe; à chaque nouvelle tentative inutile s'affaiblissait chez lui l'espérance de retrouver le fils qui avait disparu : il voyait la ruine de sa maison, qu'il pouvait empêcher par une petite injustice, c'est-à-dire s'il voulait seulement se résoudre à favoriser le frère cadet aux dépens de l'aîné. Pour remplir ses engagements avec la famille du comte

1. Dans la *Thalie* : « Sur la seconde galère. »
2. Dans la première édition : « Si d'une part un devoir de justice envers ce dernier semblait s'opposer à cela, de l'autre on ne pouvait, par un scrupule exagéré, exposer la famille au danger de s'éteindre. »

C\*\*\*tti, il suffisait de changer un nom ; le but des deux familles était également atteint, que la comtesse Antonia fût la femme de Lorenzo ou de Geronimo. La faible possibilité que ce dernier reparût ne pouvait balancer un malheur certain et imminent, l'extinction totale de la famille ; et le vieux marquis, qui sentait plus fortement chaque jour l'approche de sa fin, désirait avec impatience mourir libre du moins de cette inquiétude.

« Celui qui retardait seul cet arrangement, et qui résistait avec le plus d'opiniâtreté, était celui même qui devait le plus y gagner, Lorenzo. Insensible à l'appât de biens immenses, indifférent même à la possession de la femme la plus aimable, qu'on voulait placer dans ses bras, il refusait, avec le plus généreux scrupule, de dépouiller un frère, qui vivait peut-être encore et pouvait redemander son bien. « Le sort de mon cher
« Geronimo n'est-il pas déjà assez affreux, disait-il, par cette
« longue captivité, sans que je l'aggrave encore par un vol
« qui lui ravit tout ce qu'il avait de plus cher ? De quel cœur
« prierais-je le Ciel pour son retour, quand sa femme serait dans
« mes bras ? De quel front courrais-je au-devant de lui, si un
« miracle nous le rendait à la fin ? Et, supposé qu'il nous soit
« enlevé pour toujours, comment pouvons-nous mieux honorer
« sa mémoire, qu'en laissant subsister à jamais le vide que sa
« mort a fait au milieu de nous, en sacrifiant sur sa tombe
« toutes nos espérances, et en gardant intact, comme un dépôt
« sacré, ce qui était à lui ? »

« Mais tous les motifs qu'imaginait la délicatesse fraternelle, ne pouvaient réconcilier le vieux marquis avec l'idée de voir s'éteindre une race qui avait fleuri pendant des siècles [1]. Tout ce que Lorenzo obtint de lui fut un nouveau délai de deux ans, avant de conduire à l'autel la fiancée de son frère. Dans l'intervalle, les recherches furent continuées avec la plus grande ardeur. Lorenzo lui-même fit plusieurs voyages sur mer, exposa sa personne à maint danger ; aucune peine, aucune dépense ne furent épargnées pour découvrir l'absent. Mais ces deux années s'écoulèrent inutilement, comme toutes les autres.

---

1. « Qui avait fleuri neuf siècles. » (Première édition.)

— Et la comtesse Antonia? demanda le prince. Vous ne nous dites rien de son état. Se serait-elle si tranquillement résignée à son sort? Je ne puis le croire.

— L'état d'Antonia était le plus affreux combat entre le devoir et la passion, l'éloignement et l'admiration. La générosité désintéressée de l'amour fraternel la touchait; elle se sentait entraînée à honorer l'homme qu'elle sentait ne pouvoir jamais aimer: déchiré par des sentiments contraires, son cœur saignait. Mais sa répugnance pour le chevalier semblait croître, à mesure qu'il acquérait plus de droits à son estime. Lui cependant observait avec une profonde douleur le chagrin muet qui consumait la jeunesse d'Antonia. Une tendre compassion succéda peu à peu à l'indifférence avec laquelle il l'avait jusqu'alors regardée; mais ce sentiment séducteur l'abusa, et bientôt une passion furieuse lui rendit plus difficile l'exercice d'une vertu restée jusque-là supérieure à toutes les tentations [1]. Toutefois, même aux dépens de son cœur, il écoutait encore les inspirations de sa générosité: lui seul, il protégeait la malheureuse victime contre la tyrannie de sa famille. Mais tous ses efforts échouèrent; chaque victoire qu'il remportait sur sa passion ne faisait que le montrer plus digne d'Antonia, et la générosité avec laquelle il la refusait ne servait qu'à ôter toute excuse à la résistance de la jeune fille.

« Les choses en étaient là quand le chevalier me persuada de l'aller voir à sa maison de campagne. La chaude recommandation de mon protecteur m'y prépara un accueil qui surpassa tous mes vœux. Je ne dois pas oublier d'ajouter ici que j'avais réussi, par quelques preuves remarquables de mon art, à rendre mon nom fameux dans les loges du pays, ce qui a pu contribuer à augmenter la confiance du vieux marquis, et à grandir les espérances qu'il fondait sur moi. Dispensez-moi de vous raconter jusqu'où j'en suis venu avec lui et quels chemins j'ai suivis pour cela. Des aveux que je vous ai déjà faits, vous pouvez conclure tout le reste. Comme j'étudiais tous les ouvrages mystiques qui se trouvaient dans la bibliothèque très-considérable du marquis, je réussis bientôt à lui parler son

---

1. « D'une vertu jusque-là sans exemple. » (Première édition.)

langage, et à mettre mon système du monde invisible en harmonie avec ses propres opinions[1]. Bientôt il crut ce que je voulus, et il aurait juré avec autant de confiance sur l'hymen des philosophes avec les salamandrines et les sylphides que sur un article du canon des Écritures. Comme il était d'ailleurs très-religieux, et qu'à l'école de la foi il avait développé à un haut degré ses dispositions à croire, mes contes trouvaient auprès de lui un accès d'autant plus facile; et à la fin je l'avais tellement enlacé et enveloppé de mysticité, que nulle chose n'avait plus de crédit auprès de lui dès qu'elle était naturelle. Bientôt je fus l'apôtre adoré de la maison. Le texte ordinaire de mes leçons était l'exaltation de la nature humaine et le commerce avec les êtres supérieurs; mon garant, l'infaillible comte de Gabalis. La jeune comtesse, qui d'ailleurs, depuis la perte de son amant, vivait dans le monde des esprits plus que dans le monde réel, et qui, par l'essor de son imagination enthousiaste, était emportée avec un intérêt passionné vers les objets de ce genre[2], accueillait avec une joie frissonnante les indications que je laissais échapper. Les domestiques eux-mêmes, pour attraper çà et là quelques-unes de mes paroles, cherchaient à se créer quelque occupation dans la chambre lorsque je discourais, et ils combinaient ensuite à leur façon ces fragments épars.

« Je pouvais avoir passé de cette manière deux mois environ dans ce château, lorsqu'un matin le chevalier entra dans ma chambre. Un profond chagrin se peignait sur son visage, tous ses traits étaient bouleversés; il se jeta sur un siége, avec tous les signes du désespoir.

« Capitaine, me dit-il, c'est fait de moi. Il faut que je parte. « Je ne peux durer ici plus longtemps.

« — Que vous arrive-t-il, chevalier? qu'avez-vous?

« — Oh! cette affreuse passion ! » Il se leva brusquement de son siége et se jeta dans mes bras. « Je l'ai combattue en « homme.... Maintenant je ne peux plus.

---

1. « Et à appuyer mon système du monde invisible sur les plus étranges inventions. » (Première édition.)
2. « Et qui en outre avait dans son caractère une forte dose de mélancolie. » (Première édition.)

« — « Mais de qui donc dépend la chose, sinon de vous seul, cher
« ami? Tout n'est-il pas en votre pouvoir? Le père, la famille....

« — Le père! la famille! Que me fait tout cela?... Veux-je une
« main contrainte ou une inclination volontaire?... N'ai-je pas
« un rival?... Ah! et quel rival!... Un rival peut-être parmi les
« morts.... Oh! laissez-moi, laissez-moi. Dussé-je aller au bout
« du monde, il faut que je retrouve mon frère.

« — Comment? Après tant de vaines tentatives, avez-vous
« encore l'espérance...?

« — L'espérance!... Elle est morte depuis longtemps dans
« mon cœur. Mais l'est-elle aussi dans son cœur à elle?...
« Qu'importe que moi, j'espère ou non?... Suis-je heureux,
« aussi longtemps qu'une lueur de cette espérance brille en-
« core dans le cœur d'Antonia?... Deux mots, cher ami, pour-
« raient terminer mon martyre.... Mais c'est en vain.... Mon
« sort restera misérable, jusqu'à ce que l'éternité rompe son
« long silence et que les tombeaux déposent pour moi.

« — Est-ce donc cette certitude qui peut vous rendre heu-
« reux?

« — Heureux! oh! je doute que je puisse jamais l'être en-
« core! Mais l'incertitude est le plus horrible supplice. « Après
un moment de silence, il se modéra, et poursuivit avec
tristesse. » S'il voyait mes douleurs!... Peut-elle le rendre
« heureux, cette fidélité qui fait le malheur de son frère?
« Faut-il qu'un vivant languisse à cause d'un mort, qui ne
« peut plus jouir?... S'il savait mon tourment!... ( Ici il se mit
à pleurer violemment, et pressa son visage sur ma poitrine)
« peut-être, oui peut-être, l'amènerait-il lui-même dans mes
« bras.

« — Mais ce vœu, serait-il donc absolument impossible qu'il
« s'accomplît?

« — Mon ami, que dites-vous?... » Il me regarda avec effroi.

« — Des motifs beaucoup moins graves, poursuivis-je, ont
fait intervenir les trépassés dans les destinées des vivants. Tout
le bonheur temporel d'un homme.... d'un frère....

« — Tout le bonheur temporel! Oh! je le sens! Combien
« vous avez dit vrai! Toute ma félicité!

« — Et le repos d'une famille en deuil, ne seraient-ils pas

« une raison légitime de réclamer le secours des puissances
« invisibles[1]? Certes, si jamais un intérêt d'ici-bas peut au-
« toriser à troubler le repos des bienheureux.... à faire usage
« d'un pouvoir....

« — Mon ami, au nom du ciel, s'écria-t-il en m'interrom-
« pant, plus un mot de cela. Autrefois, je l'avoue, j'ai nourri
« une telle pensée.... il me semble que je vous en ai parlé....
« mais je l'ai depuis longtemps rejetée comme impie et abomi-
« nable. »

« Vous voyez dès à présent, nous dit le Sicilien, poursuivant son récit, où cela nous a conduits. Je m'efforçai de dissiper les scrupules du chevalier, et cela me réussit à la fin. Il fut résolu qu'on évoquerait l'âme du défunt, et pour cela je ne demandai qu'un délai de quinze jours, sous prétexte de me préparer dignement. Après que ce terme fut écoulé et que mes machines furent convenablement dressées, je profitai d'une soirée lugubre, où la famille était, suivant l'usage, rassemblée autour de moi, pour lui dérober son consentement, ou plutôt pour l'amener insensiblement à me faire elle-même cette prière. Le plus difficile était de réussir auprès de la jeune comtesse, dont la présence était pourtant si essentielle ; mais l'essor enthousiaste de sa passion vint à notre aide, et peut-être plus encore une faible lueur d'espérance que celui qu'on croyait mort vivait toujours et ne répondrait pas à l'appel. La défiance au sujet de l'évocation même, le doute sur mon art, fut le seul obstacle que je n'eus pas à combattre.

« Aussitôt que la famille eut donné son consentement, on fixa l'opération au troisième jour. Des prières, qui durent être prolongées jusqu'à minuit, le jeûne, les veilles, la solitude et un enseignement mystique, joints à l'usage d'un certain instrument de musique encore inconnu, que je trouvais très-efficace en pareil cas[2], furent les préparatifs de cet acte solennel, et ils réussirent tellement à souhait, que l'enthousiasme fanatique de mes auditeurs échauffa ma propre imagination et

---

1. Dans la première édition, il y a simplement : « Ne seraient-ils pas une provocation légitime? ».
2. « Peut-être veut-il parler d'un harmonica. » (Note de la *Thalie*.)

n'augmenta pas peu l'illusion où devaient tendre en cette occurrence tous mes efforts. Enfin arriva l'heure attendue....

— Je devine, s'écria le prince, qui vous allez nous amener maintenant.... Mais poursuivez seulement.... poursuivez....

— Non, monseigneur, la conjuration réussit à souhait.

— Mais quoi ?... Où reste donc l'Arménien ?

— Ne craignez pas, répondit le Sicilien : l'Arménien ne paraîtra que trop tôt.

« Je ne m'engage pas dans la description de la jonglerie, ce qui d'ailleurs m'entraînerait trop loin. Il suffira de vous dire qu'elle remplit toute mon attente. Le vieux marquis, la jeune comtesse avec sa mère, le chevalier et quelques autres parents étaient présents. Vous l'imaginez sans peine, pendant le long séjour que j'avais fait dans cette maison, je n'avais pas manqué d'occasions pour recueillir les informations les plus exactes sur tout ce qui concernait le défunt. Plusieurs portraits de lui, que j'y trouvai, me mirent en état de donner à l'apparition la plus décevante ressemblance, et, comme je ne fis parler l'esprit que par signes, sa voix ne pouvait non plus éveiller aucun soupçon. Le mort apparut lui-même en habit d'esclave barbaresque, ayant au cou une profonde blessure. Vous remarquez, dit le Sicilien, qu'en ceci je m'écartai de la conjecture générale, qui le faisait périr dans les flots, parce que j'avais eu lieu d'espérer que ce tour inattendu n'augmenterait pas peu l'autorité de la vision, tout comme au contraire rien ne me paraissait plus dangereux que de me rapprocher trop scrupuleusement du naturel.

— Je crois que c'était fort bien juger, dit le prince, en se tournant vers nous[1]. Dans une série d'apparitions extraordinaires, la plus vraisemblable serait justement, je crois, celle qui choquerait. La facilité à comprendre la révélation obtenue n'aurait fait ici que déprécier le moyen par lequel on y était parvenu ; la facilité de l'invention aurait même rendu ce moyen suspect ; car à quoi bon déranger un fantôme, si l'on ne doit rien apprendre de lui que ce qu'on pouvait deviner sans lui,

---

1. Les mots « en se tournant vers nous » ne sont pas dans la première édition.

avec le secours du simple sens commun? Mais la nouveauté surprenante et la difficulté de la découverte est ici comme une garantie du prodige par lequel on l'a obtenue : en effet qui révoquera en doute le surnaturel d'une opération, si ce qui a été produit par elle ne pouvait l'être par les forces naturelles?... Je vous ai interrompu, ajouta le prince. Achevez votre récit.

— Je demandai à l'esprit, poursuivit le prisonnier, s'il n'y avait plus rien dans ce monde qu'il réclamât comme son bien, et s'il n'y avait rien laissé qui lui fût cher? L'esprit secoua trois fois la tête et leva une de ses mains vers le ciel. Avant de s'en aller, il ôta encore de son doigt un anneau, qu'on trouva à terre après sa disparition. Quand la comtesse l'eut considéré plus attentivement, elle reconnut son anneau de fiançailles.

— Son anneau de fiançailles! s'écria le prince avec étonnement. Son anneau! Mais comment étiez-vous parvenu à l'avoir?

— Je.... Ce n'était pas le véritable, monseigneur.... Je l'avais.... Ce n'était qu'une imitation.

— Une imitation! répéta le prince. Eh! pour imiter, vous aviez besoin du véritable, et comment l'avez-vous eu, puisque le défunt ne l'avait certainement jamais ôté de son doigt?

— C'est vrai, dit le Sicilien, non sans laisser voir quelque trouble.... mais par une description qu'on m'avait faite du véritable anneau....

— Qui vous l'avait faite?

— Il y avait déjà longtemps, dit le Sicilien.... C'était un anneau d'or très-simple, avec le nom de la jeune comtesse, je crois.... Mais vous m'avez fait perdre tout le fil de mon récit....

— Qu'arriva-t-il ensuite? dit le prince, d'un air très-mal satisfait et équivoque.

— Alors on se tint pour convaincu que Géronimo n'était plus en vie. Dès ce jour, la famille publia sa mort et prit formellement le deuil. La circonstance de l'anneau ne permettait plus aucun doute à Antonia elle-même, et appuya la recherche du chevalier. Mais l'impression violente que cette apparition avait faite sur elle lui causa une dangereuse maladie, qui faillit bientôt anéantir à jamais les espérances de son amant. Quand elle fut guérie, elle voulait absolument prendre le voile, et n'en put être détournée que par les plus pressantes représentations de son confesseur, en qui elle avait une confiance sans bornes. Enfin les efforts réunis de cet homme et de la famille réussirent à lui arracher son consentement. Le dernier jour du deuil devait être le jour heureux, que le vieux marquis se proposait de rendre encore plus solennel par la cession de tous ses biens à l'héritier légitime.

« Il parut ce jour, et Lorenzo reçut à l'autel sa fiancée tremblante. Le soir vint, un festin magnifique attendait les joyeux conviés dans la salle des noces brillamment illuminée, et une bruyante musique s'associait à la tumultueuse allégresse. L'heureux vieillard avait voulu que tout le monde prît part à sa joie ; toutes les entrées de son palais étaient ouvertes, et quiconque le félicitait était le bienvenu. Dans cette foule.... »

Ici le Sicilien s'arrêta, et le frisson de l'attente suspendit notre respiration....

« Dans cette foule, poursuivit-il, la personne qui était assise auprès de moi me fit remarquer un moine franciscain, qui était là debout, immobile comme une colonne, d'une taille longue et maigre, le visage gris cendré, le regard sérieux et triste, fixé sur les deux époux. La joie, qui riait alentour sur tous les visages, semblait fuir celui-là seulement ; sa face restait invariablement la même, comme un buste au milieu de figures vivantes. Cette vision extraordinaire, qui agit sur moi d'autant plus fortement qu'elle me surprit au milieu de la joie et qu'elle contrastait d'une manière si choquante avec tout ce qui m'entourait alors, laissa dans mon âme une impression ineffaçable, et c'est là uniquement ce qui m'a mis en état de reconnaître, chose absolument impossible sans cela, les traits du moine dans la physionomie du Russe ; car vous comprenez déjà sans aucun doute qu'il ne forme avec lui et votre Arménien qu'une seule et même personne. J'essayais souvent de détourner les yeux de cette effrayante figure, mais involontairement ils retombaient sur elle, et la trouvaient toujours immuable. Je poussai du coude mon voisin, celui-ci le sien : la même curiosité, la même surprise parcourut toute la table ; les conversations s'arrêtèrent ; il se fit tout à coup un silence général : le moine n'en fut point troublé. Le moine se tenait immobile et toujours le même, le regard sérieux et triste, fixé sur les deux époux. Cette apparition épouvantait tout le monde; la jeune comtesse, elle seule, retrouvait sa propre tristesse sur le visage de cet étranger, et s'arrêtait avec une secrète volupté au seul objet dans l'assemblée qui parût comprendre et partager[1] sa douleur. La foule s'écoula peu à peu; minuit était passé; les sons de la musique commençaient à s'affaiblir et à se perdre, les bougies à s'obscurcir et à ne brûler plus que çà et là, les entretiens à chuchoter plus bas, toujours plus bas.... et la salle des noces, lugubrement éclairée, devenait déserte, de plus en plus déserte; le moine restait immobile et toujours le même, avec son calme et triste regard, fixé sur les deux époux.

« La table est enlevée, les conviés se dispersent de côté et d'autre; la famille se réunit dans un cercle plus étroit; le moine demeure, sans y être invité, dans ce cercle plus étroit. Je ne sais d'où venait que personne ne voulait lui adresser la parole: personne ne la lui adressa. Déjà les amies se serrent autour de l'épouse tremblante, qui adresse au vénérable étranger un regard suppliant, comme pour invoquer son appui : l'étranger n'y répond point....

« Les hommes se rassemblent de leur côté autour de l'époux.... Il règne un silence d'angoisse et d'attente.... « Faut-il « que nous soyons si heureux ensemble, » s'écrie enfin le vieillard, qui seul de nous tous semblait ne pas remarquer l'inconnu ou du moins ne pas s'étonner à sa vue. « Faut-il que « nous soyons si heureux, dit-il, et que mon fils Géronimo nous « manque!

« — L'as-tu donc invité et a-t-il négligé de venir? » demanda le moine. C'était la première fois qu'il ouvrait la bouche. Nous le regardâmes avec terreur.

« — Ah! il est allé où l'on est sourd éternellement à toute in-« vitation, répliqua le vieillard. Vénérable Père, vous me com-« prenez mal : mon fils Géronimo est mort.

« — Peut-être aussi craint-il seulement de se montrer dans « une pareille société, poursuivit le moine. Qui sait quel air il « peut avoir, ton fils Géronimo?... Fais qu'il entende la voix

---

1. Les mots : « Et partager » manquent dans la T...

« qu'il a entendue la dernière !... Prie ton fils Lorenzo de
« l'appeler.

« — Que veut-il dire? » murmurait tout le monde. Lorenzo changea de couleur. Je ne nie pas que mes cheveux commençaient à se dresser sur ma tête.

« Cependant le moine s'était approché du buffet, où il prit un verre de vin et le porta à ses lèvres....

« A la mémoire de notre cher Géronimo! s'écria-t-il. Qui-
« conque aima le défunt fasse comme moi!

« — D'où que vous veniez, homme vénérable, s'écria enfin le
« marquis, vous avez prononcé un nom chéri. Soyez le bien-
« venu!... Venez, mes amis, ajouta-t-il en se tournant vers nous
« et faisant circuler les verres, qu'un étranger ne nous fasse pas
« rougir!... A la mémoire de mon fils Géronimo. »

« Jamais, je le crois, on ne but une santé dans de pires dispositions.

« Il reste là encore un verre plein.... Pourquoi mon fils Lo-
« renzo refuse-t-il de répondre à ce toast amical? »

« Lorenzo reçut en tremblant le verre de la main du franciscain, le porta en tremblant à ses lèvres : « A mon bien-aimé
« frère Géronimo! » bégaya-t-il, et il posa le verre en frissonnant.

« — C'est la voix de mon assassin! » cria un fantôme épouvantable, qui se dressa soudain au milieu de nous, en habits dégouttants de sang et défiguré par d'horribles blessures....

« Mais qu'on ne m'en demande pas davantage, dit le Sicilien, dont le visage portait tous les signes de la terreur. J'avais perdu connaissance dès le moment où j'avais jeté les yeux sur le spectre, ainsi que tous ceux qui étaient présents. Quand nous revînmes à nous, Lorenzo luttait avec la mort; le moine et le fantôme avaient disparu. On porta au lit le chevalier en proie à d'affreuses convulsions. Personne n'assista le mourant qu'un ecclésiastique, et l'infortuné vieillard, qui le suivit quelques semaines après dans la tombe. Ses aveux restèrent ensevelis dans le sein du prêtre qui entendit sa dernière confession, et aucun homme vivant ne les a connus.

« Peu de temps après cet événement, il arriva qu'on eut à curer un puits, qui se trouvait dans l'arrière-cour de la maison de campagne, caché sous des buissons touffus et comblé depuis beaucoup d'années : en fouillant les décombres, on découvrit un squelette. La maison où ces choses se passèrent n'existe plus ; la famille del M\*\*nte est éteinte, et dans un couvent non loin de Salerne on montre le tombeau d'Antonia.

« Vous savez maintenant, poursuivit le Sicilien, en nous voyant tous encore muets et troublés, sans que personne voulût prendre la parole, vous savez quelle est l'origine de mes rapports avec cet officier russe, ou ce moine franciscain, ou cet Arménien. Jugez maintenant si j'ai eu sujet de trembler devant un être qui s'est jeté deux fois, d'une façon si terrible, sur mon chemin.

— Répondez encore à une seule question, dit le prince en se levant. Avez-vous été sincère dans tout votre récit sur ce qui regardait le chevalier ?

— Je ne sache pas.... reprit le Sicilien.

— Vous l'avez donc tenu réellement pour un honnête homme ?

— Oui, par le ciel! oui, répondit-il.

— Même lorsqu'il vous donna l'anneau que vous savez ?

— Comment ?... Il ne m'a point donné d'anneau.... Eh! je n'ai pas dit que ce soit lui qui m'ait donné l'anneau.

— Fort bien, dit le prince en tirant le cordon de la sonnette et se disposant à se retirer. Et le spectre du marquis de Lanoy, demanda-t-il en revenant sur ses pas, que ce Russe a fait succéder hier au vôtre, vous le tenez donc pour un véritable et réel esprit ?

— .... Je ne puis le tenir pour autre chose, répondit-il.

— Venez, » nous dit le prince. Le geôlier entra. « Nous sommes prêts, » lui dit-il. Puis, se tournant vers le Sicilien, il ajouta : « Vous, monsieur, vous entendrez encore parler de moi.

— Monseigneur, dis-je au prince quand nous fûmes seuls, je vous ferais volontiers à vous-même la dernière question que vous avez adressée au jongleur. Pensez-vous que la seconde apparition soit réelle et véritable ?

— Moi ? Non vraiment, je ne le pense plus.

— Vous ne le pensez plus ? Vous l'avez donc pensé ?

— J'avoue que je me suis laissé entraîner un moment à voir dans ce prestige quelque chose de plus qu'une illusion.

— Et je voudrais bien voir, m'écriai-je, qui dans ces circonstances pourrait se défendre d'une pareille conjecture! Mais quels motifs avez-vous maintenant pour changer d'opinion? Après ce qu'on nous a raconté de cet Arménien, la croyance à son pouvoir magique devrait avoir augmenté plutôt que diminué.

— Ce qu'un misérable nous a raconté de lui? reprit vivement le prince d'un ton grave. Car vous ne doutez plus, maintenant, je l'espère, que nous n'ayons eu affaire à un misérable?

— Non, lui dis-je, mais son témoignage devrait-il pour cela....

— Le témoignage d'un misérable.... quand je n'aurais aucun autre motif de le révoquer en doute.... ne peut être pris en considération contre la vérité et la saine raison. Un homme qui m'a plusieurs fois trompé, qui a fait métier de la tromperie, mérite-t-il d'être écouté dans une affaire où la plus sincère véracité doit commencer elle-même par se laver de tout soupçon pour mériter la confiance¹? Un tel homme, qui n'a peut-être jamais dit une vérité pour elle-même, mérite-t-il la confiance lorsqu'il vient témoigner contre la raison humaine et l'ordre éternel de la nature? C'est justement comme si je voulais charger un scélérat flétri par le bourreau de porter plainte contre l'innocence pure et sans reproche.

— Mais quelles raisons pourrait-il avoir de rendre un si glorieux témoignage à un homme qu'il a tant de sujets de haïr ou de craindre du moins?

— De ce que je ne vois pas ces raisons, s'ensuit-il qu'il ne les ait pas? Sais-je qui l'a payé pour me tromper? J'avoue que je ne pénètre pas encore tout le tissu de son imposture; mais il a rendu à la cause pour laquelle il travaille un très-mauvais service, en se dévoilant à moi comme un fourbe.... et peut-être quelque chose de pire.

— La circonstance de l'anneau me semble en effet un peu suspecte.

— Elle est plus que cela, dit le prince, elle est décisive. Cet anneau (laissez-moi supposer provisoirement qu'il nous a ta-

---

1. Les mots : « Pour mériter la confiance » ne sont point dans la *Thalie*.

conté une aventure véritable¹), il l'a reçu de l'assassin, et, à l'instant même, il a dû être convaincu que cet homme était l'assassin. Quel autre que le meurtrier pouvait avoir enlevé au défunt un anneau qu'il n'ôtait assurément jamais de son doigt? Dans toute sa narration, il a cherché à nous persuader qu'il avait été lui-même trompé par le chevalier, et qu'il avait cru le tromper. Pourquoi ce subterfuge, s'il n'avait pas senti combien il perdait en avouant son intelligence avec le meurtrier? Tout son récit n'est manifestement qu'une suite d'inventions, pour lier ensemble le peu de vérité qu'il a trouvé bon de nous livrer. Et un misérable que j'ai surpris dix fois à mentir, je devrais me faire un plus grand scrupule de l'accuser d'un onzième mensonge, que de laisser interrompre l'ordre fondamental de la nature, où je n'ai encore observé aucune dissonance?

— A cela je ne puis rien vous répondre, lui dis-je; mais l'apparition que nous vîmes hier ne m'en reste pas moins incompréhensible.

— A moi aussi, répondit le prince, quoique j'éprouve la tentation d'en chercher la clef.

— Comment cela? lui dis-je.

— Ne vous rappelez-vous pas que le second fantôme, aussitôt qu'il fut entré, s'avança vers l'autel, prit le crucifix dans sa main et se tint sur le tapis?

— Oui, je l'ai remarqué.

— Et le crucifix, nous dit le Sicilien, était un conducteur. Vous voyez donc par là que le fantôme se hâta de s'électriser. Le coup que lord Seymour lui porta avec l'épée ne pouvait donc que rester sans effet, parce que la commotion électrique paralysa son bras.

— Ce serait bien pour l'épée; mais la balle que le Sicilien a tirée sur lui, et que nous avons entendue rouler lentement sur l'autel?

— Êtes-vous bien sûr aussi que ce soit la balle tirée que nous avons entendue rouler?... Je ne veux pas même m'arrêter à la supposition que le mannequin ou l'homme qui représentait le

---

1. Les mots qui sont entre parenthèses manquent dans la première édition et dans la *Thalie*.

fantôme, pouvait être si bien cuirassé, qu'il fût à l'épreuve de la balle et de l'épée.... mais songez donc un peu qui a chargé les pistolets !

— C'est vrai, » lui dis-je, et une soudaine lumière m'éclaira.... C'était le Russe qui les avait chargés. « Mais cela s'est fait sous nos yeux : comment pouvait-il y avoir de la fraude ?

— Pourquoi n'y en aurait-il pas eu ? Vous êtes-vous dès lors méfié de cet homme, si bien que vous ayez cru nécessaire de l'observer ? Avez-vous examiné la balle avant qu'il la mît dans le canon, et ne pouvait-elle pas être de mercure ou simplement d'argile peinte ? Avez-vous remarqué s'il la mettait réellement dans le canon du pistolet, ou s'il ne l'a pas laissée tomber à côté, dans sa main ? Qui vous prouve, à supposer même qu'il ait effectivement chargé les pistolets à balle, qu'il ait bien emporté les pistolets chargés dans l'autre pavillon, et qu'il n'y ait pas substitué une autre paire : ce qui était si facile, puisque personne n'avait l'idée de l'observer et que nous étions d'ailleurs occupés à nous déshabiller ? Et le fantôme ne pouvait-il, au moment où la fumée de la poudre nous le dérobait, laisser tomber sur l'autel une autre balle dont il était pourvu dans cette prévision ? De toutes ces choses laquelle est impossible ?

— Vous avez raison. Mais cette frappante ressemblance du spectre avec votre défunt ami ?... Je l'ai vu très-souvent chez vous, et je l'ai reconnu sur-le-champ dans le fantôme.

— Moi aussi, et je ne puis nier que l'illusion ne fût portée au plus haut point. Mais, si le Sicilien, après quelques regards jetés à la dérobée sur ma tabatière, a su donner à son image à lui une vague[1] ressemblance, qui nous a surpris vous et moi, pourquoi pas à plus forte raison le Russe, qui, pendant tout le repas, avait eu le libre usage de ma tabatière ; qui avait l'avantage de rester toujours et absolument inobservé, et à qui d'ailleurs j'avais dit familièrement quelle était la personne représentée sur la tabatière ?... Ajoutez encore, ce que le Sicilien a fait lui-même observer, que le type du marquis n'offrait que de ces traits de visage qui se laissent imiter même grossière-

---

1. Le mot « vague » n'est point dans la première édition ni dans la *Thalie*.

ment.... Qu'y a-t-il après cela d'inexplicable dans toute cette apparition?

— Mais le fond de ses paroles? L'éclaircissement au sujet de votre ami?

— Comment? Le Sicilien ne nous a-t-il pas dit qu'avec le peu que j'avais répondu à ses questions il avait arrangé une histoire semblable? Cela ne prouve-t-il pas combien il était naturel de tomber justement sur cette invention? D'ailleurs les réponses du spectre avaient tellement l'obscurité des oracles, qu'il ne pouvait nullement courir le risque d'être surpris en contradiction. Supposez que le compère du jongleur qui faisait le revenant eût de la pénétration et de la présence d'esprit, et qu'il fût instruit tant soit peu des circonstances.... jusqu'où cette farce ne pouvait-elle encore être poussée?

— Mais songez, monseigneur, combien les préparatifs de l'Arménien, pour une fourberie aussi compliquée, auraient dû être longs! Combien de temps il aurait fallu! Combien de temps seulement pour copier d'une manière si fidèle une tête humaine sur une autre, comme nous le supposons ici! Combien de temps pour instruire assez bien ce fantôme substitué, de sorte qu'on fût à l'abri d'une erreur grossière! Combien d'attention auraient exigé tous ces petits accessoires sans nom, qui devaient faciliter la chose, ou bien auxquels il fallait parer de quelque manière, parce qu'ils pouvaient venir à la traverse! Et maintenant considérez que le Russe n'a pas été absent plus d'une demi-heure. Pouvait-on bien, en une demi-heure au plus, disposer seulement tout ce qui était ici le plus indispensable?... En vérité, monseigneur, un auteur dramatique, ayant souci des trois impitoyables unités de son Aristote, n'aurait pas lui-même entassé tant d'action dans un entr'acte, ni supposé à son parterre une foi si robuste.

— Comment? Vous croyez donc absolument impossible que dans cette petite demi-heure on ait pu faire tous ces préparatifs?

— Oui, m'écriai-je, autant dire impossible.

— Je ne comprends pas ce langage. Répugne-t-il à toutes les conditions du temps, de l'espace et des effets physiques, qu'un esprit aussi habile que l'est incontestablement cet Arménien, avec l'aide de ses compères, peut-être aussi habiles, dans l'ombre de la nuit, n'étant observé de personne, pourvu de tous les moyens dont un homme de ce métier ne se sépare jamais : qu'un tel homme, favorisé par de telles circonstances, ait pu venir à bout, en si peu de temps, de ces préparatifs? Est-ce absolument inconcevable, est-ce absurde de croire qu'il puisse, avec peu de mots, d'ordres ou de signes, donner à ses compères des commissions détaillées ; décrire, avec peu de frais de parole, des opérations minutieuses et compliquées ?... Et peut-on opposer autre chose qu'une impossibilité évidente, aux lois éternelles de la nature? Aimez-vous mieux croire un prodige qu'admettre une invraisemblance? renverser les forces de la nature, que supposer une combinaison ingénieuse et peu ordinaire de ces forces?

— Si le fait ne justifie pas une conclusion si hardie, vous m'accorderez du moins qu'il dépasse de beaucoup notre conception?

— J'aurais presque envie de vous contester aussi cela, dit le prince avec une malicieuse gaieté. Comment, cher comte? s'il se trouvait, par exemple, qu'on eût travaillé pour cet Arménien non-seulement pendant cette demi-heure et après, non-seulement à la hâte et en passant, mais toute la soirée et toute la nuit? Songez que le Sicilien a employé près de trois heures pour ses préparatifs.

— Le Sicilien! monseigneur.

— Et comment me prouverez-vous donc que le Sicilien n'a pas eu autant de part au second fantôme qu'au premier?

— Comment? monseigneur.

— Qu'il n'était pas le principal complice de l'Arménien ; en un mot, qu'ils ne jouent pas le même jeu?

— Cela pourrait être difficile à prouver, m'écriai-je assez surpris.

— Pas si difficile que vous pouvez croire, mon cher comte. Comment? Ce serait par hasard que ces deux hommes se seraient rencontrés, en même temps et au même lieu, dans une entreprise si singulière et si compliquée, faite sur la même personne ; qu'il se trouverait entre leurs opérations respectives une si surprenante harmonie, un accord si bien concerté que l'un travaillait en quelque façon pour l'autre? Supposez que le Russe se soit servi de la jonglerie plus grossière, pour donner du relief à la plus subtile[1]. Supposez qu'il ait débuté par ce premier tour, pour découvrir le degré de crédulité sur lequel il pouvait compter avec moi; pour explorer les voies qui mènent à ma confiance; pour se familiariser avec son sujet par cette tentative, qui pouvait manquer sans nuire au reste de son plan; bref, pour essayer ainsi son instrument. Supposez qu'il ait fait cela pour exciter mon attention, et, la tenant à dessein éveillée sur un point, l'endormir par là même sur un autre, qui lui importait davantage. Supposez qu'il eût à recueillir quelques renseignements, et qu'il désirât, pour éloigner le soupçon de la piste véritable, que cette recherche parût être le fait de l'escamoteur....

— Comment l'entendez-vous?

— Admettons qu'il ait gagné un de mes domestiques, pour avoir par son moyen certaines informations secrètes.... peut-être même des documents.... qui servaient son dessein. Mon chasseur a disparu. Qui m'empêche de croire que l'Arménien soit pour quelque chose dans la disparition de cet homme? Mais le hasard peut faire que j'aie vent de cette intrigue : une lettre peut être surprise, un domestique peut jaser. Toute son autorité fait naufrage, si je découvre les sources de sa toute-science. Il interpose donc cet escamoteur, qui fera sur moi telle ou telle entreprise.... Il ne néglige pas de me signaler à temps l'existence et les vues de cet homme. Mes soupçons, quoi que je puisse découvrir, ne tomberont donc que sur ce jongleur; et le Sicilien prêtera son nom aux recherches dont lui, l'Arménien, profitera. C'est la poupée avec laquelle il me fait jouer, pendant que lui-même, sans être ni observé ni suspect, m'enveloppe de ses fils invisibles.

— Fort bien! Mais comment accorder avec ces vues, qu'il aide lui-même à détruire cette illusion, et livre aux yeux profanes les secrets de son art? Ne doit-il pas craindre qu'en démontrant la vanité d'une illusion portée à un aussi haut degré de vérité que l'était en effet l'opération du Sicilien, il n'affai-

---

1. La première édition ajoute : « Il s'est créé un Hector pour en être l'Achille. »

blisse en général votre confiance et ne se rende beaucoup plus difficile à lui-même l'exécution de ses plans futurs[1]?

— Quels sont les secrets qu'il me livre? Assurément aucun de ceux qu'il se propose de mettre en usage avec moi. Il n'a donc rien perdu en les profanant.... Mais combien n'a-t-il pas gagné au contraire, si ce prétendu triomphe sur la fourberie et la jonglerie me donne sécurité et confiance; s'il a réussi par ce moyen à diriger ma vigilance vers un point opposé, à fixer mes soupçons encore vagues et incertains sur des objets fort éloignés du véritable point d'attaque?... Il pouvait prévoir que tôt ou tard, par ma propre défiance ou par une impulsion étrangère, je chercherais dans l'escamotage la clef de ses prodiges.... Pouvait-il mieux faire que de placer lui-même côte à côte l'escamotage et ses prodiges; de me mettre en quelque sorte la mesure à la main, et, en posant à la jonglerie des limites artificielles, de rehausser ou d'égarer d'autant plus mes idées au sujet de ses miracles à lui? Combien de conjectures a-t-il d'un seul coup prévenues par cet artifice! Combien de sortes d'explications a-t-il d'avance réfutées, que j'aurais peut-être rencontrées dans la suite!

— Par là il a du moins agi fortement contre lui-même, en aiguisant la vue de ceux qu'il voulait tromper : il a affaibli leur foi à la puissance magique en général, en démasquant une si adroite fourberie[2]. Vous êtes vous-même, monseigneur, la meilleure réfutation de son plan, s'il faut admettre qu'il en avait un.

— Peut-être s'est-il trompé sur mon compte, mais il n'en a pas moins subtilement raisonné pour cela. Pouvait-il prévoir que je garderais précisément dans ma mémoire ce qui pouvait devenir la clef de ses prodiges? Entrait-il dans son plan que le compère dont il se servait me livrât des endroits si vulnérables? Savons-nous si le Sicilien n'a pas dépassé de beaucoup ses pouvoirs.... Au sujet de l'anneau, c'est une chose certaine.... Et cependant c'est surtout cette circonstance unique qui m'a porté à me défier

---

1. « Ne doit-il pas craindre, etc. » Cette phrase ne se trouve pas dans la première édition.
2. « Il a affaibli leur foi à la puissance magique en général par le déchiffrement d'une si adroite fourberie. » (Première édition.)

de cet homme. Comme un plan si finement tracé peut être aisément gâté par l'emploi d'un instrument trop grossier! Assurément ce n'était pas son intention que sa gloire nous fût trompetée d'un ton de charlatan par cet escamoteur; qu'il nous régalât de ces contes qui ne supportent pas le plus léger examen. Ainsi, par exemple.... de quel front cet imposteur peut-il avancer que son thaumaturge doive cesser au coup de minuit tout commerce avec les hommes? Ne l'avons-nous pas vu nous-mêmes à cette heure au milieu de nous?

— C'est vrai, m'écriai-je. Il faut qu'il l'ait oublié!

— Mais c'est dans le caractère des gens de cette sorte d'exagérer de pareilles commissions, et de gâter par l'excès tout ce qu'une fourberie discrète et mesurée aurait accompli à souhait.

— Je ne puis néanmoins, monseigneur, me résoudre encore à ne voir dans toute cette affaire qu'une ruse concertée. Comment? L'effroi du Sicilien, les convulsions, l'évanouissement, tout l'état lamentable de cet homme, qui nous faisait compassion à nous-mêmes : tout cela n'aurait été qu'un rôle étudié? En accordant même que le prestige théâtral puisse aller fort loin, le talent de l'acteur ne peut toutefois commander aux organes de la vie!

— Sur ce point, mon ami.... j'ai vu Garrick dans *Richard III*.... Et dans ce moment étions-nous assez froids et de loisir pour observer sans prévention? Pouvions-nous juger l'émotion de cet homme quand la nôtre nous maîtrisait? De plus, la crise décisive, même celle d'une imposture, est pour l'imposteur lui-même une affaire si grave, que chez lui l'attente peut aisément produire des symptômes aussi violents que la surprise chez celui que l'on trompe. Ajoutez encore à cela l'apparition inattendue des sbires....

— Précisément, monseigneur.... Je vous remercie de m'en faire souvenir. Aurait-il bien hasardé d'exposer un plan si dangereux à l'œil de la justice? De mettre à une épreuve si délicate la fidélité de son second?... Et pour quelle fin?

— Laissez-lui ce souci : il doit connaître ses gens. Savons-nous quels crimes secrets lui répondent du silence de cet homme?... Vous avez entendu quel emploi il exerçait à Venise.

Croyez-vous qu'il ait beaucoup de peine à sauver ce drôle, qui n'a pas d'autre accusateur que lui? »

(Et en effet l'événement n'a que trop justifié[1] le soupçon du prince. Quelques jours après, comme nous demandions des nouvelles de notre prisonnier, on nous répondit qu'il avait disparu.)

« Pour quelle fin, demandez-vous? Par quel autre moyen que par cette violence pouvait-il arracher au Sicilien une confession si invraisemblable, si honteuse, et pourtant si essentielle pour lui-même? Quel autre qu'un homme désespéré, qui n'a plus rien à perdre, pourra se résoudre à faire sur sa propre conduite des révélations si humiliantes? Dans quelle autre circonstance aurions-nous pu y croire?

— J'accorde tout, très-gracieux prince, lui dis-je enfin. Les deux apparitions étaient une comédie; le Sicilien nous a fait, je le veux bien, tout uniment un conte, que son maître lui avait dicté; tous deux agissent de concert en vue du même but, et c'est par ce concert qu'il faut expliquer tous ces incidents merveilleux qui nous ont frappés d'étonnement dans le cours de cette aventure. Cette prophétie de la place Saint-Marc, le premier prodige, qui a ouvert la porte à tous les autres, n'en reste pas moins inexpliquée; et que nous sert la clef de tous les autres, si nous désespérons d'avoir la solution de celui-là?

— Renversez plutôt la proposition, cher comte, me répondit là-dessus le prince. Dites : que prouvent tous ces prodiges, si je découvre qu'il y avait dans le nombre ne fût-ce qu'une jonglerie? Cette prophétie.... je vous le confesse.... passe ma conception. Si elle était seule, si l'Arménien avait terminé son rôle par elle, comme c'est par elle qu'il l'a commencé, j'avoue que je ne sais jusqu'où elle aurait pu me conduire. En si abjecte compagnie, elle m'est un peu suspecte.

— D'accord, monseigneur! Cependant elle reste incompréhensible, et je défie tous nos philosophes de m'en donner une explication.

— Mais serait-elle en effet tellement inexplicable? poursuivit le prince, après avoir réfléchi quelques moments. Je suis bien

---

1. La première édition ajoute : « Sur ce point. »

loin de prétendre au titre de philosophe, et pourtant je pourrais me sentir la tentation de chercher aussi à ce prodige une explication naturelle, ou même de le dépouiller de toute apparence de merveilleux.

— Si vous pouvez cela, mon prince, repris-je en souriant d'un air très-incrédule, vous serez le seul prodige auquel je croirai.

— Et pour montrer, poursuivit-il, combien peu nous sommes autorisés à recourir aux forces surnaturelles, je veux vous présenter deux solutions différentes par lesquelles nous expliquerons peut-être la chose, sans faire violence à la nature.

— Deux solutions à la fois! Dans le fait, vous excitez ma curiosité au plus haut point.

— Vous avez lu avec moi les nouvelles détaillées de la maladie de mon défunt cousin : c'est dans un accès de fièvre froide qu'une apoplexie l'a tué. Cette mort extraordinaire me détermina, je l'avoue, à demander là-dessus l'opinion de quelques médecins, et ce que j'appris à cette occasion me met sur la trace de ce prestige. La maladie du défunt, une des plus rares et des plus terribles, a ce symptôme particulier, que, pendant le frisson de la fièvre, elle plonge le malade dans un profond et invincible sommeil, qui le tue d'ordinaire par l'apoplexie au deuxième retour du paroxysme. Comme ces paroxysmes reviennent dans l'ordre le plus régulier et à heure fixe, le médecin, dès qu'il a porté son diagnostic sur la nature de la maladie, se trouve aussi en état d'annoncer l'heure de la mort. Or le troisième paroxysme d'une fièvre tierce tombe, on le sait, au cinquième jour de la maladie.... et c'est précisément le temps nécessaire pour qu'une lettre arrive à Venise de ***, où mon cousin est mort. Supposons maintenant que notre Arménien ait un correspondant vigilant dans la suite du défunt.... qu'il ait un intérêt pressant à recevoir de là des nouvelles; qu'il ait sur moi-même quelques desseins que la foi au merveilleux et l'apparence d'un pouvoir surnaturel l'aident à faire réussir.... et vous avez une explication naturelle de la prédiction qui vous paraît si incompréhensible. Bref, vous voyez par là comment il est possible qu'un tiers m'informe d'une mort qui arrive, à quarante milles de distance, dans l'instant où il me l'annonce.

— En réalité, prince, vous assemblez ici des choses qui, prises chacune à part, paraissent, il est vrai, fort naturelles, mais qui ne peuvent être ainsi réunies que par quelque cause presque aussi improbable que la magie.

— Comment! Vous êtes donc moins choqué du merveilleux que du singulier, de l'extraordinaire? Aussitôt que nous attribuons à l'Arménien un dessein important, dont je suis le but ou le moyen.... et ne devons-nous pas le faire, quelque jugement que nous portions de sa personne?... rien n'est surnaturel, rien n'est forcé de ce qui le mène à son but par le plus court chemin. Or quel chemin plus court pour s'assurer d'un homme, que la patente de faiseur de miracles? Qui résiste à celui auquel les esprits obéissent? Mais je vous accorde que ma supposition est subtile; j'avoue que moi-même elle ne me satisfait pas. Je n'y persiste point, parce que j'estime que ce n'est pas la peine de recourir à un plan combiné et réfléchi, quand il suffit du simple hasard.

— Comment, lui dis-je, ce serait le simple hasard....

— Probablement rien de plus, poursuivit le prince. L'Arménien connaissait la maladie dangereuse de mon cousin. Il nous rencontra sur la place Saint-Marc. L'occasion l'invitait à risquer une prophétie, qui, si elle ne s'accomplissait pas, n'était qu'une parole perdue, et qui.... si elle se vérifiait, pouvait être de la plus grande conséquence. Le succès a favorisé cette tentative, et peut-être n'a-t-il songé qu'alors à profiter de la faveur du hasard pour un plan combiné [1].... Le temps éclaircira ce secret ou ne l'éclaircira pas.... mais, croyez-moi, mon ami, dit-il, en posant sa main sur la mienne, et prenant un air très-sérieux, un homme auquel les puissances supérieures obéissent n'aura nul besoin de jongleries, ou il les dédaignera. »

Ainsi se termina une conversation que j'ai rapportée ici tout entière, parce qu'elle montre les difficultés qu'il y avait à vaincre chez le prince, et parce qu'elle lavera, je l'espère, sa mémoire du reproche de s'être jeté aveuglément et à l'étourdie dans les pièges que lui préparait une machination diabolique

---

[1]. Toute la partie de l'entretien qui finit ici et commence aux mots : « D'accord, monseigneur! Cependant elle reste incompréhensible » (p. 59), manque dans la première édition et dans la *Thalie*.

sans exemple. Ceux qui, dans le moment où j'écris ces lignes, poursuit le comte d'O\*\*, jettent peut-être un regard de méprisante moquerie sur sa faiblesse, et qui, dans l'orgueilleuse présomption de leur raison, que rien n'a jamais attaqué, se croient en droit de le condamner sans appel, n'auraient pas tous, je le crains, supporté aussi virilement cette première épreuve. Maintenant, si, même après cet heureux début, on le voit néanmoins tomber; si l'on voit s'accomplir sur lui le noir projet contre lequel son bon génie l'avait mis en garde du plus loin qu'il le vit poindre : on se raillera moins de sa folie qu'on ne s'étonnera de la monstrueuse scélératesse à laquelle succomba une raison si bien défendue. Les considérations mondaines ne sauraient avoir aucune influence sur mon témoignage, car celui qui pourrait m'en savoir gré n'existe plus. Son affreuse destinée est accomplie; son âme s'est purifiée depuis longtemps devant le trône de la vérité, devant lequel la mienne sera depuis longtemps aussi, lorsqu'on lira ces feuilles[1]. Mais... qu'on me pardonne les larmes qui m'échappent involontairement au souvenir de mon plus cher ami.... j'écris pour rendre hommage à la justice : c'était un noble cœur, et il eût été certainement l'honneur du trône auquel, sous l'empire de la séduction, il voulut arriver par un crime.

1. « Devant lequel la mienne paraîtra bientôt aussi. » (*Thalie.*)

# LIVRE II.

Peu de temps apres ces dernières aventures, poursuit le comte d'O**, je commençai à remarquer un grand changement dans l'esprit du prince[1]. Jusqu'alors en effet il avait évité tout sérieux examen de sa croyance, et il s'était contenté d'épurer les notions grossières et matérielles de religion dans lesquelles il avait été élevé, avec le secours des idées meilleures qui s'imposèrent à lui dans la suite[2], sans examiner les fondements de sa foi. Les matières religieuses en général, il me l'avoua souvent, s'étaient toujours offertes à lui comme un château enchanté, dans lequel on ne met pas le pied sans frissonner, et il lui semblait qu'on faisait beaucoup mieux de passer devant avec une respectueuse résignation, sans s'exposer au péril de se perdre dans ses labyrinthes. Cependant une inclination opposée l'entraînait irrésistiblement à des recherches qui avaient rapport à ces matières[3].

---

1. « Changement qui en partie fut la suite immédiate de l'aventure précédente, et en partie fut produit aussi par plusieurs circonstances fortuites. » (Première édition.)
2. La première édition ajoute : « Ou de mettre d'accord celles-là avec celles-ci. »
3. Cette phrase manque dans la première édition et dans la *Thalie*.

Une éducation bigote et servile était la source de cette crainte; elle avait imprimé dans son cerveau encore tendre des épouvantails, dont il ne put jamais se délivrer complétement dans tout le cours de sa vie. La mélancolie religieuse était une maladie héréditaire dans sa famille; l'éducation qu'on lui fit donner, à lui et à ses frères, était conforme à cette disposition; les hommes auxquels on le confia[1] furent choisis à ce point de vue, et par conséquent fanatiques ou hypocrites. Étouffer toute la vivacité de l'enfant sous une morne contrainte intellectuelle était le moyen le plus certain[2] de s'assurer la haute satisfaction de ses augustes parents.

Toute la jeunesse du prince eut ce caractère lugubre et sombre; la joie était bannie même de ses jeux. Toutes ses idées religieuses avaient quelque chose d'effrayant, et l'horrible, le sévère fut ce qui s'empara d'abord de sa vive imagination, comme aussi ce qui s'y maintint le plus longtemps. Son Dieu était une image terrible, un juge qui punit; son culte un tremblement servile ou une résignation aveugle, qui étouffait toute force et toute audace. Toutes ses inclinations d'enfant et de jeune homme, auxquelles un corps robuste et une santé florissante donnaient un essor d'autant plus énergique, étaient traversées par la religion : elle était en guerre avec toutes les choses auxquelles s'attachait son jeune cœur; il n'apprit jamais à la connaître comme un bienfait, mais seulement comme le fléau de ses passions. Ainsi s'allumait insensiblement contre elle dans son âme un ressentiment secret[3], qui formait dans sa tête et dans son cœur, avec une foi respectueuse et une crainte aveugle, le plus bizarre mélange : une répugnance pour le maître devant lequel il sentait au même degré l'horreur et le respect[4].

Est-il étonnant qu'il ait saisi la première occasion d'échapper à un joug si dur?... mais ce fut comme échappe à son maître sévère un serf qui porte au milieu de la liberté le sentiment de son esclavage. Précisément parce qu'il n'avait pas renoncé par

1. « Auxquels on les confia. » (Première édition.)
2. « L'unique moyen. » (Première édition.)
3. « Une indignation secrète. » (Première édition.)
4. « Devant lequel il tremblait. » (Première édition.)

un choix calme à la foi de sa jeunesse; parce qu'il n'avait pas attendu que sa raison plus mûre s'en fût détachée doucement; parce qu'il lui avait échappé comme un fugitif, sur lequel le maître conserve toujours son droit de propriété : il était forcé.... même après les plus puissantes distractions, d'y revenir toujours. Il s'était enfui avec sa chaîne, et devait par cela même devenir la proie de tout imposteur qui la découvrirait et saurait s'en servir. Qu'il s'en soit trouvé un pareil, c'est ce que montrera, si on ne l'a pas encore deviné, la suite de cette histoire[1].

Les aveux du Sicilien laissèrent dans l'esprit du prince des traces plus profondes que toute cette affaire ne le méritait, et la petite victoire que sa raison avait remportée sur ce faible prestige avait sensiblement augmenté sa confiance en elle. La facilité avec laquelle il avait réussi à démêler cette fourberie semblait l'avoir surpris lui-même. La vérité et l'erreur ne s'étaient pas encore si nettement séparées l'une de l'autre dans son esprit, qu'il ne lui fût pas souvent arrivé de confondre les appuis de l'une avec ceux de l'autre : il en résulta que le coup qui renversa sa croyance aux prodiges ébranla en même temps tout l'édifice de sa croyance religieuse. Il lui arriva dans cette circonstance ce qui arrive à un homme inexpérimenté qui est trompé en amour ou en amitié, pour avoir fait un mauvais choix, et qui dès lors cesse de croire en général à ces sentiments, parce qu'il prend pour leurs qualités[2] et leurs signes essentiels de simples accidents. Une fourberie démasquée lui rendit aussi la vérité suspecte, parce qu'il s'était malheureusement démontré la vérité par des preuves également mauvaises.

Ce triomphe imaginaire le satisfaisait d'autant plus que le joug dont il se croyait par là délivré avait été plus pesant. Dès ce moment se développa chez lui un scepticisme qui n'épargna pas même les choses les plus respectables.

Plusieurs causes concoururent à le maintenir dans cette disposition d'esprit et à l'y fortifier encore davantage. La solitude

1. Cette phrase manque dans la *Thalie*.
2. Le mot *Eigenschaften*, « qualités, » manque dans la première édition.

où il avait vécu jusqu'alors cessa, et dut faire place à une vie très-dissipée. Son rang était désormais connu. Des attentions, auxquelles il devait répondre; l'étiquette, à laquelle sa condition l'obligeait, l'entraînèrent insensiblement dans le tourbillon du grand monde. Son titre aussi bien que ses qualités personnelles lui ouvrirent les sociétés les plus spirituelles de Venise; il se vit bientôt en relation avec les esprits les plus éclairés de la république, soit savants, soit hommes d'État. Cela le força d'étendre le cercle étroit et uniforme dans lequel son esprit s'était renfermé jusqu'alors. Il commença à reconnaître le peu d'étendue[1] de ses idées et à sentir le besoin d'une plus haute culture. La forme surannée de son esprit, de quelques avantages qu'elle fût d'ailleurs accompagnée, était dans un fâcheux contraste avec les idées courantes de la société, et son ignorance des choses les plus connues l'exposait quelquefois au ridicule : or il ne craignait rien tant que le ridicule. En voyant le préjugé défavorable qui pesait sur sa patrie, il éprouvait le besoin de le démentir en sa personne, et s'y sentait comme provoqué. A cela se joignait cette singularité de son caractère, qu'il s'affligeait de toute attention dont il se croyait redevable à son rang et non à son mérite propre. Il sentait surtout cette humiliation en présence des hommes qui brillaient par leur esprit, et qui triomphaient en quelque manière de leur naissance par leurs avantages personnels. Dans une pareille société, se voir distingué comme prince était toujours pour lui une profonde confusion, parce que, malheureusement, il se croyait exclu par ce nom même de toute concurrence. Tout cela réuni le convainquit de la nécessité de donner à son esprit la culture qu'il avait jusqu'alors négligée, afin d'atteindre à cette période de progrès où était parvenu le monde spirituel et pensant, et en arrière de laquelle il était resté si loin.

Il choisit pour cela les lectures les plus modernes, et il s'y livra avec tout le sérieux qu'il avait coutume de mettre à tout ce qu'il entreprenait. Mais, hélas! la main malheureuse qui s'employait dans le choix de ces livres le fit toujours tomber sur des écrits peu faits pour améliorer son esprit et son cœur.

---

1. « La pauvreté et le peu d'étendue. » (Première édition.)

Et dans ce choix dominait encore son penchant favori, qui l'entraînait toujours, avec un charme irrésistible, vers tout ce qui ne doit pas être compris. Il n'avait d'attention et de mémoire que pour ce qui se rattachait à ces matières. Sa raison et son cœur restaient vides, pendant que les cases de son cerveau, ouvertes à de tels sujets, se remplissaient de notions confuses. Le style éblouissant de celui-ci entraînait son imagination, tandis que les subtilités de celui-là embarrassaient sa raison. Il était aisé à l'un et à l'autre de subjuguer un esprit qui était la proie de quiconque s'imposait à lui avec une certaine audace.

Ces lectures, poursuivies avec passion pendant plus d'une année, ne l'avaient enrichi de presque aucune idée salutaire, mais avaient rempli son esprit de doutes, qui, comme cela était inévitable avec son caractère conséquent [1], trouvèrent par malheur, en peu de temps, le chemin de son cœur. Bref, il s'était engagé dans ce labyrinthe, comme un enthousiaste plein de foi, il en sortit sceptique et à la fin parfait esprit fort.

Parmi les cercles où l'on avait su l'attirer était une société particulière, nommée le Bucentaure, qui, sous l'apparence d'une noble et raisonnable liberté d'esprit, favorisait la licence la plus effrénée d'opinions et de mœurs. Comme elle comptait parmi ses membres beaucoup d'ecclésiastiques, et que même en tête figuraient les noms de quelques cardinaux, le prince se laissa déterminer d'autant plus aisément à s'y faire introduire. Certaines vérités rationnelles dangereuses ne pouvaient être, pensait-il, nulle part mieux gardées que dans les mains de personnes obligées par leur état même à la modération, et qui avaient l'avantage d'avoir entendu et pesé la contre-partie. Le prince oubliait que le libertinage d'esprit et de mœurs chez des hommes de cette condition est d'autant plus contagieux, qu'il trouve un frein de moins et n'est pas contenu par l'auréole de sainteté qui si souvent éblouit les regards profanes [2]. Et c'était le cas chez les membres du Bucentaure, dont la plupart désho-

---

1. Cette épithète n'est point dans la *Thalie*.
2. « Et n'est pas contenu, etc. » Ces mots manquent dans la première édition et dans la *Thalie*.

noraient non-seulement leur profession, mais l'humanité elle-même, par une détestable philosophie et par des mœurs dignes de tels principes.

La société avait ses grades secrets, et, pour l'honneur du prince, je veux croire qu'on ne l'a jamais jugé digne de pénétrer jusqu'au fond du sanctuaire. Quiconque entrait dans cette société devait, du moins pendant tout le temps qu'il y passait, renoncer à son rang, à son pays, à son culte, en un mot à toutes distinctions conventionnelles, et se placer dans un certain état d'égalité universelle. Le choix des membres était réellement sévère, parce que les avantages de l'esprit y frayaient seuls la voie. La société se piquait du ton le plus fin et du goût le plus cultivé, et telle était en effet sa réputation dans tout Venise. Ce motif et l'apparence d'égalité qui y régnait furent pour le prince un attrait irrésistible. Un commerce intellectuel, égayé par de fines saillies; des conversations instructives; l'élite du monde savant et politique, qui affluait là comme dans son centre, lui cachèrent longtemps le danger de cette association. Lorsque l'esprit de la société lui fut devenu peu à peu plus visible à travers le masque, ou qu'on fut las d'ailleurs d'être toujours sur ses gardes avec lui, le retour était devenu dangereux, et une fausse honte, aussi bien que le soin de sa propre sûreté, le contraignit de dissimuler son mécontentement intérieur.

Mais, par sa seule intimité avec cette classe d'hommes, leurs sentiments ne l'eussent-ils pas entraîné d'ailleurs à l'imitation, il perdait la pure et noble simplicité de son caractère, la délicatesse de ses sentiments moraux. Sa raison, qui était soutenue par si peu de connaissances solides, ne pouvait, sans secours étranger, se dégager des paralogismes subtils dont on l'avait enlacée, et insensiblement cet affreux corrosif avait détruit toutes.... presque toutes les bases de sa moralité. Il sacrifia les appuis naturels[1] de sa félicité pour des sophismes, qui l'abandonnèrent au moment décisif, et par là le forcèrent de s'en tenir aux premiers venus des principes arbitraires qu'on lui jeta dans l'esprit.

Peut-être la main d'un ami aurait-elle réussi à le sauver à

---

1. « Les appuis naturels et nécessaires. (Première édition.) »

temps de cet abîme.... mais d'abord je ne connus l'intérieur du Bucentaure que beaucoup plus tard, et quand le mal était fait ; de plus, dès le commencement de cette période, une affaire pressante m'avait, comme je le dirai, éloigné de Venise. Lord Seymour, précieuse connaissance du prince, dont la tête froide résistait à toute espèce d'illusion, et qui eût pu être pour lui infailliblement un sûr appui, nous quitta à cette époque pour retourner dans sa patrie[1]. Ceux dans les mains desquels je laissai mon auguste ami étaient, à la vérité, des hommes honnêtes, mais sans expérience et d'une religion très-bornée, qui manquaient du discernement du mal comme d'autorité auprès du prince. Ils ne savaient rien opposer à ses sophismes captieux que les décisions souveraines d'une foi aveugle et sans examen, qui l'irritaient ou le divertissaient; il les dominait beaucoup trop aisément, et son intelligence supérieure réduisait bientôt au silence ces mauvais défenseurs de la bonne cause [2]. Les autres personnes qui s'emparèrent ensuite de sa confiance s'attachèrent plutôt à le plonger toujours davantage dans ses erreurs. Quand je revins à Venise, l'année suivante.... combien je trouvai déjà tout changé!

L'influence de cette nouvelle philosophie se montra bientôt dans la vie du prince. Plus il réussissait à vue d'œil à Venise, et se faisait de nouveaux amis, plus il commençait à perdre auprès des anciens. Il me plaisait moins de jour en jour ; nous nous voyions aussi plus rarement, et, en général, il était moins facile de l'avoir. Le torrent du grand monde l'avait entraîné. Sa porte était constamment assiégée, quand il était chez lui. Les divertissements, les fêtes, les plaisirs, se succédaient sans relâche. Il était la beauté à la mode, courtisée de tous; le roi, l'idole de tous les cercles. Autant, dans le calme et la retraite de sa vie passée, il avait jugé pénible le train du grand monde, autant il était surpris maintenant de le trouver facile. Tout venait au-devant de lui. Tout ce qui s'échappait de ses lèvres était excel-

---

1. Cette phrase manque dans la *Thalie*, de même que les mots : « d'une religion très-bornée, » qui sont trois lignes plus bas, et la phrase : « Ils ne savaient rien opposer, etc. »

2. La première édition ajoute ici : « Comme on le verra par un exemple que rapporterai dans la suite. »

lent, et s'il se taisait, c'était un vol fait à la société[1]. Véritablement ce bonheur qui le poursuivait partout, ce succès universel, l'élevaient au-dessus de ce qu'il était en effet, parce qu'ils lui donnaient du courage et de la confiance en lui-même. L'opinion plus haute qu'il conçut par là de sa propre valeur le fit croire au respect exagéré et presque idolâtre qu'on témoignait pour son esprit, et qui, sans cet accroissement, jusqu'à un certain point légitime, d'amour-propre, lui eût été nécessairement suspect. Mais maintenant cette voix universelle ne faisait que confirmer ce que son orgueil satisfait lui disait tout bas : c'était un tribut qui, dans sa pensée, lui appartenait de plein droit. Il aurait infailliblement échappé à ce piége, si on l'avait laissé respirer, si on lui avait seulement laissé le loisir de comparer sa valeur propre avec l'image qu'on lui présentait dans un miroir si flatteur. Mais son existence était un état d'ivresse continuelle, de sublime vertige. Plus on l'avait exalté, plus il avait à faire pour se maintenir à cette hauteur : cette tension continuelle le consumait lentement, et de son sommeil même le repos s'était enfui. On avait surpris ses côtés faibles et bien calculé la passion qu'on avait allumée en lui.

Ses honnêtes gentilshommes furent bientôt victimes de cette transformation de leur maître en homme de génie. Les sentiments sérieux et les vérités respectables auxquels il était autrefois attaché avec toute la chaleur de son âme, commencèrent à devenir l'objet de ses moqueries. Il se vengeait sur les vérités de la religion de l'oppression sous laquelle les préjugés l'avaient tenu si longtemps ; mais, comme au fond de son cœur une voix, qui ne pouvait être faussée, combattait le délire de son cerveau, il y avait dans ses saillies plus d'amertume que de joyeuse verve. Son naturel commençait à s'altérer ; les caprices vinrent. Le plus bel ornement de son caractère, sa modestie, disparut. Les flatteurs avaient empoisonné son cœur excellent. La délicatesse indulgente de son commerce, qui autrefois avait fait entièrement oublier aux cavaliers attachés à sa personne qu'il était

---

1. La *Thalie* et la première édition ont ici une phrase de plus : « On savait l'art de lui tirer en quelque sorte les pensées de l'âme avec une aisance charmante, et, le soufflant délicatement, de l'étonner lui-même de son esprit. »

leur maître, faisait assez souvent place maintenant à un ton impérieux et tranchant, qui blessait d'autant plus vivement, qu'il ne se fondait pas sur la distance tout extérieure du rang, dont on se console sans grand'peine, et dont[1] il faisait lui-même peu de cas, mais sur la supposition offensante de la supériorité personnelle. Cependant, comme il se livrait assez souvent chez lui à des méditations qui n'avaient pu, dans le tourbillon de la société, avoir accès dans son âme, il était rare que ses gens le vissent autrement que sombre, grondeur et malheureux, tandis qu'il animait par une gaieté contrainte les cercles étrangers. Nous le voyions, avec une douleur compatissante, parcourir cette périlleuse carrière; mais, dans le tumulte où il s'était précipité, il n'entendait plus la faible voix de l'amitié, et il était encore à ce moment trop heureux pour pouvoir la comprendre.

Dès les premiers temps de cette période, une affaire importante, que je ne pouvais subordonner au plus vif intérêt de l'amitié, m'appela à la cour de mon souverain. Une invisible main, qui ne s'est découverte à moi que longtemps après, avait trouvé moyen d'y brouiller mes affaires, et d'y répandre sur mon compte des bruits que je devais me hâter de réfuter par ma présence. Il m'en coûta de me séparer du prince; mais lui, il prit la chose fort légèrement. Les liens qui l'avaient attaché à moi étaient depuis longtemps relâchés. Mais son sort avait éveillé toute ma sympathie, et je fis promettre au baron de F*** de me tenir au courant par sa correspondance, ce qu'il a fait très-consciencieusement. Dès à présent, et pendant un long intervalle, je ne suis plus témoin oculaire des événements. Qu'on me permette de produire le baron de F*** à ma place, et de combler cette lacune par des extraits de ses lettres. Quoique la manière de voir de mon ami F*** ne soit pas toujours la mienne, je n'ai rien voulu changer à ses expressions, dans lesquelles le lecteur démêlera avec peu de peine la vérité[2].

---

1. « Et dont il faisait, etc. » Ce membre de phrase manque dans la *Thalie*.
2. Cette dernière phrase n'est point dans la *Thalie*.

# LE BARON DE F*** AU COMTE D'O**.

## LETTRE I.

*Mai [1] 17\*\**.

Je vous remercie, très-honorable ami, de m'avoir autorisé à continuer avec vous, pendant votre absence, ces relations intimes qui faisaient ma plus grande joie, tandis que vous étiez avec nous. Ici, vous le savez, il n'est personne avec qui j'ose m'ouvrir sur certains sujets.... Quoi que vous puissiez m'objecter, ce peuple m'est odieux. Depuis que le prince est devenu un des leurs, et qu'en outre vous nous êtes enlevé, je suis délaissé au milieu de cette ville populeuse. Z*** prend la chose plus légèrement, et les belles de Venise savent lui faire oublier les mortifications qu'il lui faut partager avec moi à la maison. Et pourquoi s'en affligerait-il ? Il ne voit et ne veut dans le prince rien autre chose qu'un maître, qu'il trouvera partout.... Mais moi !... Vous savez à quel point j'ai à cœur les biens et les maux de notre prince, et combien j'ai lieu de les ressentir. Voilà seize ans que je vis auprès de sa personne ; que je vis pour lui seul. J'étais un enfant de neuf ans lorsque j'en-

---

1. Au lieu de « Mai » tout court, il y a « 5 mai » dans la *Thalie*.

trai à son service, et depuis cette époque aucune fortune ne m'a séparé de lui. Je me suis formé sous ses yeux; une longue habitude m'a façonné pour être à lui; j'ai pris part à toutes ses aventures grandes ou petites. Je vis de son bonheur. Jusqu'à cette malheureuse année, je n'ai vu en lui qu'un ami, qu'un frère aîné; j'ai vécu sous ses yeux comme sous un clair et gai soleil.... Aucun nuage ne troublait mon bonheur : et il faut que tout cela s'en aille en ruines dans cette funeste Venise !

Depuis votre départ, il s'est fait toute sorte de changements parmi nous. Le prince de \*\*d\*\* est arrivé ici la semaine dernière avec une suite nombreuse [1], et il a donné à notre cercle une vie nouvelle et bruyante. Comme il est proche parent de notre prince, et qu'ils sont maintenant ensemble sur un assez bon pied, ils se quitteront peu pendant le séjour du nouveau venu, qui, dit-on, se prolongera jusqu'à l'Ascension. Le début est déjà pour le mieux : depuis dix jours, à peine le prince a-t-il respiré. Tout d'abord le prince de \*\*d\*\* a débuté grandement, et il le pouvait bien, puisqu'il va prochainement s'éloigner; mais le mal est que par là il a entraîné notre prince, qui ne pouvait pas trop rester en arrière, et qui croyait, vu les relations particulières qui existent entre les deux maisons, devoir ici faire quelque chose pour le rang disputé à la sienne. Ajoutez que dans quelques semaines nous toucherons aussi à notre départ de Venise : ce qui le dispensera en tout cas de prolonger cette dépense extraordinaire.

Le prince de \*\*d\*\* est ici, dit-on, pour les affaires de l'ordre de \*\*\*, et ainsi il se figure qu'il joue un rôle important. Vous imaginez aisément qu'il s'est d'abord emparé de toutes les connaissances de notre prince. Il a été surtout introduit pompeusement dans le Bucentaure, attendu qu'il lui a plu depuis quelque temps de jouer l'homme d'esprit et le libre penseur; de même que, dans les correspondances qu'il entretient avec toutes les parties du monde, il ne se fait appeler que le *Prince philosophe*. Je ne sais si vous avez jamais eu le bonheur de le voir. Un extérieur qui promet beaucoup, des yeux actifs, l'air d'un habile connaisseur, un grand étalage de lecture, beau-

---

1. « Nombreuse et brillante. » (Première édition.)

coup de naturel acquis (passez-moi ce mot), une auguste condescendance aux sentiments humains : avec cela, une confiance héroïque en lui-même et une éloquence qui écrase tout[1]. Qui pourrait refuser son hommage à une altesse \*\*\*[2], douée de si brillantes qualités? Quelle figure fera le mérite tranquille, laconique et solide, de notre prince, auprès de cette perfection bruyante? c'est ce que l'événement nous apprendra.

Il y a eu depuis ce temps de grandes et nombreuses modifications dans notre organisation intérieure. Nous occupons une nouvelle et magnifique maison, vis-à-vis de la nouvelle Procuratie, parce que le prince était trop à l'étroit à l'hôtel du More. Notre suite s'est augmentée de douze personnes, pages, nègres, heiduques, etc. Nous faisons tout grandement. Pendant que vous étiez ici, vous vous plaigniez de la dépense : il faudrait voir aujourd'hui !

Au dedans, nos rapports sont toujours les mêmes.... sauf que le prince, qui n'est plus contraint par votre présence, est devenu, s'il est possible, encore plus monosyllabique et plus froid avec nous, et que nous ne le possédons plus guère qu'à la toilette du lever et du coucher. Sous prétexte que nous parlons mal le français, et que nous ne parlons pas du tout l'italien, il sait nous exclure de presque toutes ses sociétés, en quoi, pour ce qui me regarde, il ne me cause pas précisément une grande mortification, mais je crois voir son vrai motif, il rougit de nous.... et cela m'afflige : nous ne l'avons pas mérité.

De nos gens (puisque vous voulez être informé de tous les détails), il n'emploie presque plus à présent, que Biondello, qu'il a pris à son service, comme vous le savez, après la disparition de notre chasseur, et qui maintenant, avec ce nouveau genre de vie, lui est devenu tout à fait indispensable. Cet homme connaît tout à Venise et il sait tirer parti de tout. C'est comme s'il avait cent yeux et s'il pouvait faire agir cent mains. Le moyen qu'il emploie, dit-il, c'est l'aide des gondoliers. Il agrée extraordinairement au prince, parce qu'il lui fait connaître

---

1. Dans la *Thalie* : « Une éloquence qui contredit tout. »
2. Dans le texte allemand il n'y a que les initiales « K. H. ,» qui peuvent aussi bien signifier *Kœnigliche* que *Kaiserliche Hoheit* (*Altesse Royale* ou *Impériale*).

d'avance tous les nouveaux visages qu'il rencontre dans ses réunions, et les renseignements secrets donnés par lui ont toujours été trouvés exacts. D'ailleurs, il parle et il écrit parfaitement l'italien et le français, par quoi il s'est déjà imposé comme secrétaire à son maître. Il faut pourtant que je vous rapporte un trait de fidélité désintéressée, qui est vraiment rare chez un homme de cette condition. Dernièrement un gros marchand de Rimini fit demander une audience au prince. L'objet en était une singulière plainte sur le compte de Biondello. Le procurateur, son ancien maître, qui doit avoir été un étrange saint, avait vécu avec ses parents dans une inimitié irréconciliable, qu'il voulait, s'il était possible, étendre au delà de sa mort. Biondello avait, à l'exclusion de tout autre, son entière confiance : c'était dans son sein qu'il déposait tous ses secrets. A son lit de mort, il fallut encore qu'il lui promît de les garder religieusement et de n'en jamais user à l'avantage des parents du procurateur; un legs considérable devait le récompenser de ce silence. Lorsqu'on ouvrit le testament et qu'on visita les papiers du défunt, on trouva de grandes lacunes et des complications, dont Biondello pouvait seul donner la clef. Il nia opiniâtrément qu'il sût rien, abandonna aux héritiers le legs, qui était fort important, et garda ses secrets. De grandes offres lui furent faites par les parents, mais elles furent toutes inutiles. Enfin, pour échapper à leurs instances, car ils menaçaient de l'appeler devant la justice, il entra au service du prince. C'est à celui-ci que s'adressa dès lors l'héritier principal, ce marchand, qui fit encore de plus grandes offres que les précédentes, pour que Biondello changeât de résolution. Mais l'entremise même du prince fut inutile. Il a confessé, il est vrai, à celui-ci que des secrets lui ont été réellement confiés; il n'a pas nié que le défunt ne fût allé trop loin peut-être dans sa haine contre sa famille; « mais, a-t-il ajouté, il a été pour moi un bon maître et un bienfaiteur, et il est mort avec une entière confiance en ma probité. Je suis le seul ami qu'il ait laissé dans ce monde : je dois d'autant moins trahir son unique espérance. » En même temps il a donné à entendre que ces révélations pourraient ne pas faire grand honneur à son défunt maître. N'est-ce pas délicatement et noblement penser? Aussi pouvez-vous juger aisément que le prince n'a pas insisté beaucoup pour ébranler chez lui de si louables dispositions. Cette rare fidélité, qu'il a montrée envers son maître défunt, lui a gagné la confiance illimitée de son maître vivant[1].

Soyez heureux, très-cher ami! Combien je regrette la vie tranquille où vous nous avez trouvés ici, et sur laquelle, de votre côté, vous répandiez tant de charmes! Je crains que mon beau temps de Venise ne soit passé : heureux encore s'il n'en est pas de même du prince! Ou une expérience de seize ans m'a trompé, ou l'élément où il vit maintenant n'est pas celui dans lequel il peut trouver longtemps le bonheur. Adieu[2].

1. Dans la *Thalie* : « Lui a gagné son maître vivant. »
2. La première édition ne répète pas *Leben Sie wohl*, « vivez bien, adieu, » après *Leben sie glücklich*, « vivez heureux, » qui commence l'alinéa.

## LE BARON DE F*** AU COMTE D'O**.

### LETTRE II.

*18 mai.*

Je n'aurais pourtant pas cru que notre séjour à Venise pût être encore bon à quelque chose. Il a sauvé la vie d'un homme : je suis réconcilié avec ce séjour.

Dernièrement, le prince se faisait ramener en litière du Bucentaure chez lui, à une heure avancée de la nuit, accompagné de deux serviteurs, dont l'un était Biondello. Je ne sais comment il arriva que la chaise qu'on avait prise à la hâte se rompit, en sorte que le prince se vit obligé de faire à pied le reste du trajet. Biondello allait devant; le chemin traversait quelques rues sombres et écartées, et, comme le jour n'était pas loin de paraître, les lanternes ne jetaient plus qu'une obscure clarté ou étaient déjà éteintes. On pouvait avoir marché un quart d'heure, quand Biondello s'aperçut qu'il s'était égaré. La ressemblance des ponts l'avait trompé, et au lieu d'arriver à Saint-Marc, on se trouvait dans le *Sestiere di Castello*[1]. C'était dans une des rues les plus écartées, et l'on n'apercevait nulle part

---

1. *Sestiere*, « quartier (d'une ville). »

aucun être vivant. Il fallut rétrograder, pour s'orienter dans une grande rue. A peine avaient-ils fait quelques pas, qu'ils entendirent crier au meurtre dans une rue peu éloignée. Le prince, sans armes comme il était, arrache une canne des mains d'un domestique, et, avec le courage intrépide que vous lui connaissez, court à l'endroit d'où venait la voix. Trois redoutables drôles sont sur le point d'égorger un homme, qui ne fait plus, ainsi qu'un compagnon qu'il a avec lui, qu'une faible résistance : le prince arrive encore assez tôt pour arrêter le coup mortel. Ses cris et ceux des serviteurs effrayent les assassins, qui, dans un lieu si écarté, ne s'étaient mis en garde contre aucune surprise, en sorte qu'après quelques légers coups de poignard, ils lâchent leur homme et prennent la fuite. A moitié évanoui, et épuisé par la lutte, celui-ci tombe dans les bras du prince, à qui le compagnon du blessé apprend qu'il a sauvé le marquis de Civitella, le neveu du cardinal A***i. Comme le marquis perdait beaucoup de sang, Biondello fit à la hâte le chirurgien, du mieux qu'il put, et le prince le fit porter au palais de son oncle, qui était tout près de là, et l'y accompagna lui-même. Ensuite il le quitta en silence et sans se faire connaître.

Mais il fut trahi par un domestique, qui avait reconnu Biondello. Dès le lendemain matin parut le cardinal, ancienne connaissance du Bucentaure. La visite dura une heure; quand ils sortirent, le cardinal était fort agité, il avait les larmes aux yeux; le prince lui-même était ému. Le même soir, il fit une visite au malade, au sujet duquel le chirurgien donnait du reste les meilleures assurances. Le manteau dont le marquis était enveloppé avait rendu les coups moins sûrs et en avait amorti la force. Depuis cet événement, il ne se passa pas un jour que le prince ne fît une visite chez le cardinal ou n'en reçût une de chez lui, et une solide amitié commence à se former entre cette maison et lui.

Le cardinal est un vénérable sexagénaire, d'un air majestueux, plein de sérénité, et d'une santé vigoureuse. On le regarde comme un des plus riches prélats de tout le domaine de la république. Il administre encore, nous dit-on, son immense fortune avec l'activité d'un jeune homme, et, quoique sagement économe, il ne dédaigne aucun des plaisirs du monde. Ce neveu est son unique héritier, mais on prétend qu'il ne vit pas toujours en parfaite intelligence avec son oncle. Quoique le vieillard ne soit point ennemi du plaisir, la conduite du neveu est faite, à ce qu'on prétend, pour lasser enfin la plus extrême tolérance. Ses libres maximes, et sa conduite licencieuse, malheureusement favorisée par tout ce qui peut orner le vice et entraîner les sens, le rendent la terreur de tous les pères et le fléau de tous les maris. Cette dernière attaque encore, il doit, assure-t-on, se l'être attirée par une intrigue qu'il avait liée avec la femme de l'ambassadeur de \*\*\* : je ne parle pas d'autres mauvaises affaires dont l'autorité et l'argent du cardinal n'ont pu le tirer qu'avec peine. N'était cela, le cardinal serait l'homme le plus heureux de toute l'Italie, parce qu'il possède tout ce qui peut rendre la vie désirable. Par ce seul chagrin domestique, la fortune lui reprend toutes ses faveurs, et empoisonne la jouissance de ses richesses par la crainte continuelle où il vit de n'avoir personne à qui les léguer.

Je sais tous ces détails de Biondello. Le prince a acquis en cet homme un vrai trésor. Chaque jour il se rend plus nécessaire ; chaque jour nous découvrons chez lui quelque nouveau talent. Dernièrement le prince s'était échauffé et ne pouvait s'endormir. La veilleuse s'était éteinte, et il sonnait en vain pour éveiller le valet de chambre, qui était sorti de la maison pour courir chez une maîtresse[1]. Le prince se décide à se lever, pour appeler lui-même quelqu'un de ses domestiques. A peine a-t-il fait quelques pas qu'il entend de loin une musique agréable. Il s'en approche, comme enchanté, et trouve Biondello jouant de la flûte dans sa chambre, entouré de ses camarades. Il ne peut en croire ni ses yeux ni ses oreilles, et lui ordonne de continuer. Biondello, avec une merveilleuse facilité, improvisa le même *adagio* mélodieux, avec les plus heureuses variations et toutes les délicatesses d'un virtuose. Le prince, qui est connaisseur, comme vous savez, assure qu'il pourrait hardiment se faire entendre dans la meilleure chapelle.

---

1. « Qui était allé passer la nuit, hors de la maison, chez une fille d'Opéra » (Première édition.)

« Il faut que je donne à cet homme son congé, me dit-il le lendemain; je ne puis le récompenser selon son mérite. » Biondello, qui avait saisi ces mots, s'avança : « Monseigneur, lui dit-il, si vous faites cela, vous me ravirez ma meilleure récompense.

— Tu es destiné à quelque chose de mieux qu'à servir, lui dit monseigneur. Je ne dois pas faire obstacle à ta fortune.

— Ne m'imposez point, je vous prie, d'autre fortune, monseigneur, que celle que j'ai choisie.

— Et négliger un pareil talent !... Non, je ne puis le souffrir.

— Eh bien ! permettez-moi, monseigneur, de l'exercer quelquefois en votre présence. »

On a pris aussitôt les arrangements nécessaires. Biondello a une chambre tout près de la chambre à coucher de son maître, où il peut l'endormir et le réveiller aux sons de sa musique. Le prince voulait doubler ses gages, mais Biondello refusa, en le priant de permettre qu'il déposât dans ses mains cette intention de largesse comme un capital, qu'il aurait peut-être bientôt besoin de retirer. Le prince espère maintenant qu'il viendra bientôt lui demander quelque grâce, et, quoi que ce puisse être, elle lui est d'avance assurée. Adieu, très-cher ami, j'attends avec impatience des nouvelles de K\*\*\*n.

# LE BARON DE F*** AU COMTE D'O**.

## LETTRE III.

*4 juin.*

Le marquis Civitella, qui maintenant est entièrement guéri de ses blessures, s'est fait présenter au prince, la semaine dernière, par son oncle le cardinal, et depuis ce moment il le suit comme son ombre. Sur ce marquis, Biondello ne m'a pourtant pas dit la vérité, ou du moins il l'a fort exagérée. C'est un homme d'un extérieur très-aimable, et dont le commerce est d'un attrait irrésistible. Il n'est pas possible de lui en vouloir : le premier coup d'œil m'a subjugué. Imaginez la tête la plus charmante, une attitude digne et gracieuse; une physionomie pleine d'esprit et d'âme, un air ouvert et prévenant, une voix insinuante, l'éloquence la plus facile, la plus florissante jeunesse unie à toutes les grâces de l'éducation la plus distinguée. Il n'a rien absolument de l'orgueil dédaigneux, de la roideur solennelle, qui nous sont si insupportables chez les autres *nobili*. Tout en lui respire la joie cordiale de la jeunesse, la bienveillance, la chaleur de sentiment. On doit m'avoir beaucoup exagéré ses excès : je ne vis jamais une plus parfaite et plus belle image de la santé. S'il est réellement aussi pervers que le dit Biondello, c'est une Sirène à laquelle personne ne peut résister.

Il a été tout d'abord très-franc avec moi. Il m'a avoué, avec la plus aimable sincérité, qu'il n'est pas parfaitement noté chez son oncle le cardinal, et que cela pourrait bien être sa faute ; mais qu'il est sérieusement résolu de s'amender, et que tout le mérite en reviendra au prince. Il espère en même temps se réconcilier par son moyen avec son oncle, parce que le prince peut tout sur le cardinal. Il ne lui a manqué jusqu'à ce jour qu'un guide et un ami ; et il compte trouver l'un et l'autre dans mon maître.

Ce dernier use en effet à son égard de tous les droits d'un guide, et le traite avec la vigilance et la sévérité d'un mentor ; mais ces rapports mêmes donnent aussi à Civitella certains droits sur le prince, qu'il sait très-bien faire valoir. Il ne le quitte plus, il est de toutes les parties auxquelles celui-ci prend part. Pour le Bucentaure, il a été, et je l'en félicite, trop jeune jusqu'ici. Partout où il se trouve avec le prince, il le dérobe au reste de la société par la manière adroite dont il sait l'occuper et l'attirer à lui. On dit que personne, jusqu'ici, n'a su le dompter, et que monseigneur aura fait un miracle et méritera une légende, si cette œuvre de géant lui réussit. Mais plutôt je crains fort que les rôles ne soient intervertis, et que le maître n'aille à l'école chez son élève : c'est à quoi toutes les circonstances semblent déjà tendre.

Le prince de \*\*d\*\* est parti, et, en vérité, c'est à notre satisfaction à tous, sans excepter même notre maître. Ce que j'avais prédit, très-cher comte, est justement arrivé. Avec des caractères si opposés, avec des collisions tellement inévitables, cette bonne intelligence ne pouvait durer. Le prince de \*\*d\*\* n'était pas depuis longtemps à Venise, que déjà une grave scission dans la société des gens d'esprit avait mis le prince en danger de perdre la moitié de ses admirateurs. En quelque lieu qu'il se montrât, il trouvait sur son chemin ce rival, qui possédait justement la dose de petites ruses et de vanité présomptueuse, propre à faire valoir le moindre avantage que le prince lui donnait. Comme il avait d'ailleurs à sa disposition tous les petits artifices dont un noble orgueil interdisait l'usage à ce dernier, il ne pouvait manquer d'avoir en peu de temps de son côté les esprits faibles et de briller à la tête d'un parti digne de lui [1]. Le plus sage aurait été assurément de ne s'engager dans aucune lutte avec un tel adversaire, et, quelques mois plus tôt, le prince aurait certainement pris ce parti. Maintenant il était déjà entraîné trop loin dans le torrent, pour être en état de regagner si tôt le bord. Ces misères avaient acquis pour lui, ne fût-ce que par la force des circonstances, une certaine valeur, et les eût-il réellement dédaignées, son orgueil ne lui permettait pas de cesser d'en tenir compte, dans un moment où sa condescendance aurait passé moins pour une résolution libre que pour un aveu de sa défaite. A cela s'ajoutèrent des deux côtés les malheureux rapports faits de l'un à l'autre de paroles blessantes, et l'esprit de rivalité qui échauffait les partisans de notre maître l'avait lui-même saisi. Aussi, pour conserver ses conquêtes, pour se maintenir à la place glissante que l'opinion du monde lui avait assignée, il crut devoir multiplier les occasions de briller et d'obliger, et il ne pouvait y réussir que par une dépense royale : de là des fêtes et des banquets perpétuels, des concerts dispendieux, des présents et un grand jeu. Et comme cette fureur étrange se communiqua bientôt aux deux entourages et aux domestiques, qui ont coutume, comme vous le savez, d'être encore beaucoup plus éveillés que leurs maîtres sur l'article du point d'honneur, il lui fallut venir en aide, par sa libéralité, à la bonne volonté de ses gens. Long enchaînement de misères, qui toutes étaient les suites inévitables d'une seule faiblesse, assez pardonnable, par laquelle le prince s'est laissé surprendre dans un moment malheureux !

Nous sommes, il est vrai, maintenant délivrés du rival, mais le mal qu'il a fait n'est pas si facile à réparer. La cassette du prince est épuisée; ce qu'il avait épargné depuis des années par une sage économie est dissipé : il faut qu'il se hâte de

[1]. Ce dur jugement que le baron de F*** se permet ici et dans quelques endroits de la première lettre sur un prince plein d'esprit, toute personne qui a le bonheur de mieux connaître ce prince y trouvera sans doute, comme moi, de l'exagération, et fera la part de la jeunesse et des préventions du critique (*Note du comte d'O**.*) — Cette note n'est point dans la *Thalie*.

quitter Venise, s'il ne veut pas se plonger dans les dettes, dont il s'est gardé jusqu'ici avec le plus grand soin. Aussi sommes-nous fermement résolus de partir aussitôt que nous aurons de nouvelles lettres de change.

Passe encore, si toute cette dépense avait valu à mon maître une seule joie! Mais il ne fut jamais moins heureux que maintenant. Il sent qu'il n'est plus ce qu'il était.... Il se cherche lui-même.... Il est mécontent de lui-même, et se plonge dans de nouvelles dissipations pour échapper aux suites des premières. Les nouvelles connaissances se succèdent sans interruption, et l'entraînent toujours plus avant. Je ne vois pas comment cela finira. Il faut partir.... c'est l'unique moyen de salut.... il nous faut quitter Venise.

Mais, très-cher ami, pas encore une seule ligne de vous! Comment dois-je m'expliquer ce long et obstiné silence?

# LE BARON DE F*** AU COMTE D'O**.

## LETTRE IV.

12 juin.

Je vous remercie, très-cher ami, pour la marque de souvenir que le jeune B***hl m'a apportée de vous. Mais que me parlez-vous de lettres que je dois avoir reçues? Je n'ai reçu aucune lettre de vous, pas une ligne. Quel long détour il faut qu'elles aient pris! A l'avenir, très-cher O**, quand vous m'honorerez de vos lettres, envoyez-les par Trente, et à l'adresse de mon prince.

Enfin, très-cher ami, il nous a pourtant fallu faire le pas que nous avions jusqu'à présent si heureusement évité. Les lettres de change ne sont pas arrivées; c'est dans ce besoin si pressant que, pour la première fois, elles ne sont pas arrivées, et nous avons été contraints de recourir à un usurier, parce que le prince préfère payer un peu plus cher pour être sûr du secret. Ce qu'il y a de plus fâcheux dans ce désagréable incident, c'est qu'il retarde notre départ.

A cette occasion, nous en sommes venus, le prince et moi, à quelques explications. Tout s'était fait par les mains de Biondello, et le juif était là avant que j'en soupçonnasse quelque chose. Voir le prince réduit à cette extrémité m'a serré le cœur, et a fait revivre en moi tous les souvenirs du passé, toutes les craintes de l'avenir, en sorte que j'ai pu, je l'avoue, paraître un peu morose et sombre quand l'usurier fut sorti. Le prince, que la scène précédente avait d'ailleurs rendu très-irritable, allait et venait avec humeur dans la chambre; les rouleaux étaient encore sur la table; je me tenais à la fenêtre, occupé à compter les carreaux de vitre de la Procuratie. Il y eut un long silence; enfin le prince éclata.

« F***, me dit-il, je ne puis souffrir les visages sombres autour de moi. »

Je gardai le silence.

« Pourquoi ne me répondez-vous pas?... Ne vois-je pas que le besoin d'épancher votre mécontentement vous oppresse le cœur? Je veux que vous parliez. Sans cela vous pourriez croire que vous me taisez Dieu sait quelles merveilles de sagesse!

— Si je suis triste, monseigneur, lui dis-je, c'est seulement parce que je ne vous vois pas gai.

— Je sais, poursuivit-il, que je ne suis pas à votre gré.... depuis fort longtemps.... que toutes mes démarches sont désapprouvées.... que... Que vous écrit le comte d'O**?

— Le comte d'O** ne m'a rien écrit.

— Rien?... Pourquoi voulez-vous le nier? Vous avez des épanchements entre vous.... vous et le comte! je le sais fort bien.... Mais avouez-le-moi toujours. Je ne me jetterai pas dans vos secrets.

— Le comte d'O**, lui dis-je, est encore à répondre à la première des trois lettres que je lui ai écrites.

— J'ai eu tort, n'est-ce pas? poursuivit-il en prenant un rouleau. Je n'aurais pas dû faire cela?

— Je vois bien que cela était nécessaire.

— Je n'aurais jamais dû me mettre dans cette nécessité. »

Je me tus.

« Sans doute! J'aurais dû ne porter jamais mes désirs au delà d'une certaine limite, et arriver ainsi à la vieillesse, comme je suis arrivé à l'âge viril. Parce que je sors une fois de la triste uniformité de ma vie et que je regarde autour de moi pour voir si ailleurs il ne jaillirait pas quelque part une source de jouissance.... Parce que je....

— Si c'était un essai, monseigneur, alors je n'ai plus rien à dire.... Alors l'expérience qu'il vous aura procurée, vous eût-elle coûté trois fois plus, n'est pas payée trop cher. J'étais affligé, je l'avoue, que l'opinion du monde eût à décider une telle question[1], à vous apprendre comment vous deviez être heureux.

— Je vous félicite de pouvoir la mépriser, l'opinion du monde! Je suis sa créature, je dois être son esclave. L'opinion! sommes-nous autre chose? En nous autres princes tout est opinion. L'opinion est notre nourrice et notre gouvernante dans l'enfance, notre législatrice et notre amante dans l'âge viril, notre béquille dans la vieillesse. Retranchez-nous ce que nous tenons de l'opinion, et le dernier homme des autres conditions[2] est mieux partagé que nous, parce que son destin lui a du moins fait une philosophie pour ce destin. Un prince qui se rit de l'opinion se supprime lui-même, comme le prêtre qui nie l'existence d'un Dieu.

— Et cependant, monseigneur....

— Je sais ce que vous voulez dire : je puis franchir le cercle que ma naissance a tracé autour de moi; mais puis-je déraciner aussi de ma mémoire toutes les illusions que l'éducation et les premières habitudes y ont plantées et que cent mille têtes faibles[3] d'entre vous y ont de plus en plus enracinées? Chacun aime après tout à être tout à fait ce qu'il est, et notre existence à nous est, il faut bien le dire, de paraître heureux. Parce que nous ne pouvons l'être à votre manière, faut-il pour cela que nous ne le soyons pas du tout? Si nous ne pouvons plus puiser immédiatement la joie à sa source pure, nous est-il interdit aussi de nous abuser par une jouissance factice? Ne pouvons-nous recevoir de la main même qui nous a dépouillés un faible dédommagement?

— Autrefois vous le trouviez dans votre propre cœur.

— Et si je ne l'y trouve plus maintenant?... Oh! comment en sommes-nous venus à parler de cela? Qu'aviez-vous besoin de réveiller en moi ces souvenirs?... Si j'ai cherché précisément mon refuge dans ce tumulte des sens, pour étourdir une voix

---

1. Dans la *Thalie* : « Une question qui ne concerne que votre cœur. »
2. « Des plus basses conditions. » (Première édition.)
3. « Cent mille fous. » (Première édition.)

intérieure qui fait le malheur de ma vie.... pour forcer au repos cette raison inquiète, qui va et vient comme une faux tranchante dans mon cerveau, et, à chaque nouvelle recherche, coupe une nouvelle branche de ma félicité!

— Mon excellent prince! »

Il s'était levé et se promenait dans la chambre avec une agitation extraordinaire[1].

« Si devant et derrière moi tout s'écroule.... si le passé gît derrière moi dans sa triste monotonie, comme un monde pétrifié.... si l'avenir ne m'offre rien.... si je vois tout le cercle de mon existence renfermé dans l'étroit espace du présent.... qui peut me blâmer de serrer dans mes bras, avec une ardeur insatiable, comme un ami que je vois pour la dernière fois, le moment présent[2], ce don chétif que le temps me dispense[3]?

— Monseigneur, autrefois vous croyiez à un bien plus durable....

— Oh! faites que ce fantôme de nuages dure devant moi, et je veux l'embrasser d'une ardente étreinte. Quelle joie puis-je trouver à rendre heureuses des apparences qui demain seront

---

1. Ici se trouve, non dans la *Thalie*, mais dans la première édition, la note suivante:

« Je me suis donné de la peine, très-cher O**, pour vous transmettre fidèlement, et tout à fait telle qu'elle a eu lieu, la conversation qui s'est ici engagée entre nous; mais cela m'a été impossible, bien que je m'y sois mis le soir même. Pour aider mes propres souvenirs, il m'a fallu ranger dans un certain ordre, qu'elles n'avaient pas, les idées jetées dans l'entretien par le prince, et ainsi s'est produit ce morceau qui tient le milieu entre une conversation libre et une leçon de philosophie, et qui vaut à la fois plus et moins que la source où je l'ai puisé. Toutefois je vous assure que j'ai plutôt appauvri qu'enrichi le prince, et que de tout cela rien n'est à moi que l'ordre.... et quelques remarques que vous reconnaîtrez à leur niaiserie. » ( *Note du baron de F***.* )

Comme l'entretien philosophique dont il est ici question a été presque entièrement supprimé dans les éditions postérieures (voyez un peu plus bas, p. 91), on y a aussi supprimé naturellement cette note. Ainsi elle ne se trouve pas dans l'édition de Leipzig de 1798, que j'ai sous les yeux. Dans la suite on l'a rétablie, je ne sais pourquoi, dans les *OEuvres complètes:* je la vois dans la petite édition ( *Taschenausgabe* ) de 1838, et dans l'édition in-8e en un seul volume de 1839. Plus tard on l'a de nouveau, et avec raison, retranchée.

2. Le mot *den Augenblick*, « le moment présent, » manque dans la première édition et dans la *Thalie*.

3. La première édition ajoute, ainsi que la *Thalie* : « D'exploiter ce bien fugitif, comme le pontife octogénaire sa tiare?... Oh! j'ai appris à l'apprécier, la minute présente. La minute présente est notre mère; laissez-nous l'aimer comme une mère. »

anéanties comme moi?... Ne vois-je pas tout fuir autour de moi? On se pousse, on écarte son voisin, pour boire à la hâte une goutte à la source de l'existence, et s'éloigner brûlant de soif. Maintenant, au moment où je jouis de ma force, un être futur est déjà désigné qui compte pour vivre sur ma destruction. Montrez-moi un être qui dure, et je serai vertueux !

— Quel pouvoir a donc effacé les impressions bienfaisantes qui furent autrefois la jouissance et la règle de votre vie ?... Semer pour l'avenir! Servir à un ordre sublime, éternel[1]!...

— L'avenir!... l'ordre éternel!... Retranchons ce que l'homme a tiré de son propre sein, et ce qu'il a supposé comme but à son Dieu imaginaire, comme loi à la Nature.... que nous reste-t-il?... Je regarde ce qui m'a précédé et ce qui me suivra comme deux voiles noirs, impénétrables, suspendus d'en haut aux deux extrémités de la vie humaine, et qu'aucun vivant n'a encore soulevés. Déjà mille générations se tiennent devant, le flambeau à la main, et devinent, devinent encore ce qu'il peut y avoir derrière. Un grand nombre voient leur ombre même, les fantômes de leur passion, se mouvoir agrandis sur le voile de l'avenir, et frissonnent d'horreur devant leur propre image. Poëtes, philosophes et fondateurs d'empires ont peint sur ce voile leurs songes, plus riants ou plus sombres, selon que le ciel était sur leurs têtes plus serein ou plus triste; et de loin la perspective faisait illusion. Maints jongleurs ont aussi mis à profit la curiosité générale, et par de bizarres mascarades ont jeté dans l'étonnement les imaginations tendues. Un silence profond règne derrière ce voile, nul de ceux qui sont une fois derrière ne répond de là à ceux qui sont devant. Tout ce qu'on a entendu n'était que l'écho, le vain écho de la question, comme si l'on avait crié dans un caveau sépulcral. Il faut que tous passent derrière ce voile, et ils le saisissent avec épouvante, ne sachant qui se trouve derrière et qui les recevra, *quid sit id quod tantum morituri*[2] *vident*. A la vérité, il s'est trouvé aussi dans le nombre des incrédules qui soutenaient que ce voile ne fait qu'abuser les hommes, et que par derrière on n'a rien re-

---

1. Voyez à la fin de la lettre, p. 91.
2. Dans d'autres éditions *perituri.*

marqué parce qu'il n'y a rien ; mais, pour les convaincre, on les a vite envoyés derrière.

— La conclusion était au moins précipitée, s'ils n'avaient point de meilleur argument que celui de ne rien voir.

— Écoutez, cher ami, je me résigne volontiers à ne pas regarder derrière ce voile.... et le plus sage sera assurément de me défaire de toute curiosité. Mais, lorsque je trace autour de moi ce cercle infranchissable, et que j'enferme tout mon être dans les bornes du présent, ce petit espace que j'ai failli négliger pour de vaines pensées de conquête devient d'autant plus important pour moi. Désormais ce que vous appelez le but de mon existence ne me regarde plus. Je ne peux m'y soustraire, je ne peux y concourir ; mais je sais et je crois fermement que je dois atteindre ce but et que j'y marche[1]. Je suis comme un messager qui porte au lieu de sa destination une lettre cachetée. Ce qu'elle renferme lui peut être indifférent.... il n'a rien à gagner là que son salaire de messager.

— Oh! que vous me laissez pauvre!

— Mais où nous sommes-nous égarés ? s'écria à ce moment le prince en regardant avec un sourire du côté de la table, où se trouvaient les rouleaux. Pas tant égarés pourtant! ajouta-t-il.... car maintenant vous me comprendrez peut-être dans ce nouveau genre de vie. Moi aussi, je ne pouvais me désaccoutumer si promptement de cette richesse imaginaire ; je ne pouvais si promptement détacher les appuis de ma moralité et de mon bonheur de cet aimable songe auquel était uni étroitement tout ce qui avait vécu en moi jusqu'alors. Je soupirais après cette légèreté qui rend l'existence supportable à la plupart des hommes autour de moi. Tout ce qui me dérobait à moi-même était à mes yeux bienvenu. Dois-je vous l'avouer? Je souhaitais que ma vertu succombât, pour détruire en moi cette source de la souffrance, en même temps que la force de souffrir. »

Ici nous fûmes interrompus par une visite.... Plus tard, je vous entretiendrai d'une nouvelle à laquelle vous ne pourriez

---

1. La première édition et la *Thalie* ont ici une phrase de plus : « Mais le moyen que votre Nature a choisi pour accomplir sa fin en ma personne, m'est d'autant plus sacré.... C'est là tout ce qui est à moi, à savoir ma moralité, ma félicité. »

guère vous attendre après une conversation comme celle d'aujourd'hui. Adieu!

---

L'entretien est beaucoup plus long dans la *Thalie* et dans la première édition en volume. A la place du passage qui termine la lettre, à partir des mots : « L'avenir!... l'ordre éternel!... » (page 89), on lisait dans la première rédaction le morceau qui suit :

« Servir! Oui, sans doute, servir! aussi sûrement que la pierre à bâtir la plus insignifiante sert à la symétrie du palais, qui dépend d'elle! Mais est-ce bien comme un être ayant voix au conseil et part à la jouissance? Aimable bonhomie! douce illusion de l'homme! Tu veux consacrer tes forces à cet ordre éternel? Eh! peux-tu les lui refuser? Ce que tu es, ce que tu possèdes, tu ne l'es, tu ne le possèdes que pour lui. Quand tu as donné ce que tu peux donner, et ce que tu ne pouvais donner qu'à lui, tu cesses d'être : ta nature infirme prononce ta sentence, et c'est elle aussi qui l'exécute. Mais qui est donc cette Nature, cet ordre, contre qui je porte plainte? Soit, je le veux bien! que cette Nature, comme le Saturne des Grecs, dévore ses propres enfants, pourvu qu'elle-même existe, pourvu seulement qu'elle survive à la seconde écoulée!... Elle est là comme un arbre immense dans l'espace immense. La sagesse et la vertu de générations entières coulent comme de la sève dans ses canaux; les siècles, et les nations qui les ont remplis de leur fracas, tombent, comme des fleurs flétries, comme des feuilles sèches, détachés des branches, que son tronc pousse par cette force créatrice impérissable qu'il a au dedans de lui. Peux-tu lui demander ce qu'elle ne possède pas elle-même? Toi, simple sillon que le vent creuse dans la surface de la mer, peux-tu demander d'y laisser la trace de ton existence?

— L'histoire du monde suffit à réfuter cette désolante assertion. Les noms de Lycurgue, de Socrate, d'Aristide, ont survécu à leurs œuvres.

— Et l'homme utile qui a composé la charrue.... comment s'appelait-il? Vous fiez-vous à une rémunératrice qui n'est point équitable? Ils vivent dans l'histoire, comme des momies dans le cercueil où elles sont embaumées, pour périr un peu plus tard avec leur histoire même.

— Et cette aspiration à l'éternelle durée? Peut-on, doit-on croire que le sentiment de sa nécessité soit un vain luxe de notre être? Pourrait-il y avoir dans la faculté quelque chose à quoi rien dans l'effet ne répondît?

— L'effet, oui, justement tout est là. Un vain luxe? Le jet d'eau dans la cascade ne s'élève-t-il pas, lui aussi, avec une force capable de le lancer à une distance infinie? Mais, dès le premier moment de son ascension, la pesanteur l'attire, et mille colonnes d'air le pressent, qui, tôt ou tard, le repoussent et le font descendre en arc plus ou moins haut, plus ou moins bas, vers la terre sa mère. Et c'est pour tomber ainsi un peu plus tard qu'il lui a fallu monter avec cet excès de force.... Oui, une force élastique, telle que l'aspiration à l'immortalité, était indispensable pour que le phénomène qui a nom l'homme pût avancer et se faire place en dépit de la nécessité qui le presse. Je m'avouerai vaincu, très-cher ami, si vous me faites voir que cette aspiration à l'immortalité ne trouve pas son unique raison d'être, tout aussi complétement que nos instincts les plus matériels, dans la fin toute temporelle assignée à notre existence. Sans doute notre orgueil nous séduit, et nous pousse à employer contre la Nécessité des forces que nous n'avons que pour et par elle; mais croyez-vous bien que nous aurions cet orgueil, si de lui aussi elle ne tirait quelque avantage? Si elle était un être raisonnable, elle se réjouirait assurément de nos philosophies, à peu près comme un sage général prend plaisir à la pétulance de sa jeunesse guerrière, qui lui promet des héros.

— Eh quoi? la pensée ne servirait qu'au mouvement? Le tout serait mort, et les parties vivraient? Le but serait si *bas*, et les moyens si *nobles*?

— Nous n'aurions jamais absolument dû parler de *but*. C'est pour entrer dans votre manière de voir, que j'emprunte ce terme au monde moral, parce que là nous sommes habitués à nommer les suites d'une action son but. Dans l'âme même, il est vrai, le but précède le moyen; mais, quand ses effets intérieurs se traduisent en effets extérieurs, cet ordre se renverse, et le moyen est au but comme la cause à son effet. C'est dans ce dernier sens que j'ai pu me servir improprement de cette expression ; mais il ne faut pas qu'elle exerce sur notre présente recherche une influence qui la trouble. Mettez, au lieu de moyen et but, cause et effet, que devient la différence entre *bas* et *noble*? Que peut-il y avoir de noble dans la cause, sinon d'accomplir son effet? Noble et bas ne fait que marquer le rapport qu'un objet a, dans notre âme, avec un certain principe : c'est donc une idée qui n'est applicable qu'au dedans de notre âme et non au dehors d'elle. Mais, voyez-vous que vous admettez déjà comme démontré ce que nous devons d'abord établir par nos raisonnements? Quelle autre raison avez-vous, en effet, de nommer la *pensée*, par opposition au *mouvement*, noble, sinon que vous considérez *a priori* l'être pensant comme le point central auquel vous subordonnez la série successive des choses ? Entrez dans la suite de mes idées à moi, et cet ordre disparaîtra : le penser est effet et cause du mouvement, il est une partie de la Nécessité, tout comme la pulsation dont il est accompagné.

— Jamais vous n'établirez victorieusement cette proposition paradoxale et monstrueuse. Presque partout nous pouvons avec notre intelligence suivre jusqu'à l'homme le but de la Nature physique. Où la voyons-nous, ne fût-ce qu'une fois, renverser cet ordre, et subordonner la fin de l'homme au monde physique? Et comment voulez-vous concilier cette détermination extérieure avec l'aspiration au bonheur, qui dirige tous les efforts de l'homme vers le dedans, vers lui-même?

— Essayons toujours. Pour m'exprimer plus brièvement, il faut que je me serve de nouveau de votre langage. Supposons donc que les phénomènes moraux fussent nécessaires, comme étaient nécessaires la lumière et le son : dans ce cas, il fallait qu'il y eût des êtres qui fussent appropriés à cette sorte de besogne, de même que l'éther et l'air devaient nécessairement être tels qu'ils sont et non autres, pour être capables de ce nombre de vibrations qui nous donne la sensation de la couleur et de l'harmonie. Il fallait donc qu'il existât des êtres qui se missent eux-mêmes en mouvement, parce que le phénomène moral se fonde sur la liberté. Ainsi il était nécessaire que ce que produit dans l'air et l'éther, dans le minéral et la plante, la forme originelle, fût ici obtenu d'un principe intérieur, à l'égard duquel les motifs du mouvement ou les forces motrices fussent à peu près dans le même rapport que les forces motrices de la plante à l'égard du type constant de sa structure. De même que la Nature gouverne par un mécanisme invariable l'être purement organique, de même il fallait qu'elle mût par la douleur et le plaisir l'être sensible et pensant.

— Cela est tout à fait juste.

— Aussi la voyons-nous, dans le monde moral, renoncer à l'ordre qu'elle a suivi jusque-là, et même engager une lutte apparente contre elle-même. Dans chaque être moral elle établit un nouveau centre, un État dans l'État, comme si elle avait tout à fait perdu de vue son but universel. Il faut que toutes les forces actives de cet être tendent vers ce centre, avec une contrainte comme celle qu'elle exerce dans le monde physique par la gravitation. Cet être est de la sorte fondé sur lui-même, c'est un réel et véritable tout, approprié à cette destination par sa tendance vers son centre, absolument comme la planète terrestre est devenue par la pesanteur une sphère, et continue d'être sphère. Jusque-là la Nature semble s'être entièrement oubliée elle-même.

« Mais il a été dit que cet être n'existait que pour produire les phénomènes moraux dont la Nature avait besoin : il fallait donc que la liberté de cet être, ou sa faculté de se mouvoir lui-même, fût subordonnée au but auquel elle le destinait. Par conséquent, si elle voulait rester maîtresse des effets que cet être produisait, il importait qu'elle s'emparât du principe d'après lequel l'être moral se détermine. Pour cela, quelle autre chose pouvait-elle faire que de rattacher la fin qu'elle se proposait par rapport à cet être, au principe par lequel il est gouverné, en d'autres termes, de faire de l'activité conforme à cette fin la condition nécessaire de son bonheur ?

— Je comprends cela.

— Si donc l'être moral satisfait aux conditions de son bonheur, il rentre par là même dans le plan de la Nature, auquel il paraissait soustrait par ce plan particulier : de même que la sphère terrestre, par la tendance de ses parties vers son centre, est rendue capable de décrire l'écliptique. Par la douleur et le plaisir, l'être moral ne fait donc chaque fois qu'éprouver les rapports de son état actuel à son état de suprême perfection, qui ne fait qu'un avec la fin de la Nature. L'être organique n'a pas ces indications et n'en a pas besoin, parce qu'il ne peut, par lui-même, ni se rapprocher ni s'éloigner de son état de perfection. L'être moral a donc de plus que lui la puissance de sa perfection, c'est-à-dire de sa félicité, mais aussi une sensation qui l'avertit qu'il s'en éloigne, à savoir la douleur. Si une balle élastique avait la conscience de son état, la pression du doigt qui l'aplatit lui causerait de la douleur, et elle reviendrait avec un sentiment de volupté à sa rondeur parfaite.

— Son élasticité remplace pour elle cette sensation.

— Mais aussi peu la rapide motion que nous appelons feu ressemble à la sensation de brûlure, ou la forme cubique d'un grain de sel à son goût amer, aussi peu le sentiment que nous nommons félicité ressemble à l'état de notre perfection intérieure, qu'il accompagne, ou à la fin de la Nature, fin à laquelle il sert. On pourrait dire que les deux choses sont liées entre elles par une coexistence tout aussi arbitraire que la couronne de laurier avec une victoire, que la flétrissure d'un fer chaud avec une action infâme.

— Cela paraît ainsi.

— L'homme n'avait donc pas besoin d'être dans la confidence de la fin que la Nature accomplit par lui. Peu importait qu'il ne sût rien d'aucun autre principe que de celui par lequel il se gouverne dans son petit monde, et même que, dans une aimable et complaisante illusion, il supposât comme lois à la grande Nature les conditions d'existence de ce petit monde à lui : il suffit qu'il se conforme au vœu de sa propre structure, pour que les fins de la Nature en ce qui le concerne soient assurées.

— Et peut-il y avoir rien de plus admirable que de voir toutes les parties du grand tout seconder les fins de la Nature, par cela seul qu'elles demeurent fidèles à leur fin propre, de voir qu'elles n'ont pas besoin de *vouloir* contribuer à l'harmonie, mais qu'elles ne peuvent pas n'y point contribuer? Cette conception est si belle, si ravissante, qu'elle suffit pour nous déterminer....

— A en faire honneur à un esprit, voulez-vous dire? Parce que l'homme, qui partout se cherche lui-même, attribuerait volontiers à son espèce tout ce qui est bon et beau, parce que l'homme serait charmé de compter le Créateur dans sa famille. Donnez au cristal la faculté de concevoir, son plan du monde le plus sublime sera la cristallisation; et sa divinité, la plus belle forme de cristal. Et ne fallait-il pas qu'il en fût ainsi ? Si chaque globule d'eau ne tenait pas si fidèlement et si fermement à son centre, jamais un océan n'aurait agité ses flots.

— Mais savez-vous aussi, très-gracieux prince, que jusqu'ici vous n'avez prouvé que contre vous? S'il est vrai, comme vous dites, que l'homme ne peut sortir de son centre, d'où vient votre prétention à déterminer la marche de la Nature? Comment alors pouvez-vous entreprendre d'établir la règle d'après laquelle elle agit?

— Rien n'est plus loin de ma pensée. Je ne détermine rien, j'enlève seulement ce que les hommes ont confondu avec la Nature et ses lois, ce qu'ils ont tiré de leur propre sein et paré de titres pompeux. Je regarde ce qui m'a précédé et ce qui me suivra comme deux voiles noirs, impénétrables, etc. » (*Là se place le morceau de la page* 89, *jusqu'aux mots qui terminent l'avant-dernier alinéa de la lettre*, page 90 : « .... la force de souffrir. » *Ensuite le dialogue continue ainsi dans la* Thalie *et dans la première édition en volume :*)

Je ne pouvais encore me résigner à voir interrompre l'entretien. Je repris en ces termes :

« Très-gracieux prince, vous ai-je bien compris? La dernière fin de l'homme n'est pas dans l'homme, mais hors de lui? Il n'existe qu'en vue de ses conséquences?'

— Évitons ce terme qui nous égare. Dites : il existe parce que les causes de son être existaient et parce que ses effets existent, ou, ce qui revient au même, parce que les causes qui l'ont précédé devaient avoir un effet, et que les effets qu'il produit doivent avoir une cause.

— Si donc je veux lui attribuer un mérite, je ne puis le régler que sur la quantité et l'importance des effets dont il est cause?

— Sur la quantité de ses effets. Nous ne nommons un effet important que parce qu'il entraîne après lui un plus grand nombre d'autres effets. L'homme n'a d'autre mérite que ses effets.

— Ainsi donc l'homme dans lequel est contenu le principe des plus nombreux effets, serait l'homme excellent entre tous?

— Incontestablement.

— Comment? Alors il n'y a plus de différence entre le bien et le mal! Alors le beau moral est perdu!

— Je ne crains pas cela. S'il en était ainsi, je voudrais à l'instant avoir perdu ma cause contre vous. Le sentiment de la distinction morale est à mes yeux un degré de juridiction beaucoup plus important que ma raison.... et je n'ai commencé à croire à cette dernière qu'en la trouvant d'accord avec ce sentiment indélébile. Votre moralité a besoin d'un appui, la mienne repose sur son propre axe.

— L'expérience ne nous apprend-elle pas que souvent les rôles les plus importants sont remplis par les acteurs les plus médiocres, que la nature accomplit les révolutions les plus salutaires par les sujets les plus nuisibles? Un Mahomet, un Attila, un Aurangzeb, sont des serviteurs efficaces de l'ensemble des choses, tout autant que les orages, les tremblements de terre, les volcans sont de précieux instruments de la nature physique. Un despote sur le trône, qui marque chaque heure de son règne par le sang qu'il verse et par le malheur des peuples, serait d'après cela un bien plus digne membre de votre création que le paysan dans ses champs, parce qu'il en est un membre plus efficace.... et, ce qu'il y a de plus triste, il l'emporterait précisément par ce qui fait de lui l'objet de notre horreur, par la somme plus considérable de ses actions, qui toutes sont exécrables. Il aurait d'autant plus de droits au nom d'homme excellent qu'il se ravale davantage au-dessous de l'humanité. Le vice et la vertu....

— Voyez, s'écria le prince avec humeur, comme vous vous laissez tromper par la surface et comme vous me donnez aisément gain de cause! Comment pouvez-vous prétendre qu'une vie dévastatrice soit une vie active? Le despote est l'être le plus inutile de ses États, parce qu'il enchaîne par la crainte et l'inquiétude les forces les plus actives, et qu'il étouffe toute joie créatrice. Toute son existence est affreusement négative; et, s'il va jusqu'à s'attaquer à la vie la plus noble et la plus sainte, s'il détruit la liberté de penser, cent mille hommes ne peuvent réparer dans un siècle ce qu'un seul Hildebrand, un seul Philippe d'Espagne, ont ravagé en peu d'années. Comment pouvez-vous honorer ces créatures et ces créateurs de la dévastation, en les comparant avec les instruments bienfaisants de la vie et de la fécondité?

— Je conviens de la faiblesse de mon objection.... Mais plaçons, au lieu d'un Philippe, un Pierre le Grand sur le trône : vous ne nierez pas, je pense, que celui-ci ne soit plus efficace dans sa monarchie que l'homme privé avec la même mesure de forces et avec toute l'activité dont il est capable. C'est donc la fortune qui, d'après votre système, détermine les degrés d'excellence, parce qu'elle distribue les occasions d'agir!

— Le trône, selon vous, serait donc de préférence une telle occasion? Dites-moi cependant.... si le roi règne, que fait le philosophe dans son empire?

— Il pense.

— Et que fait le roi quand il gouverne?

— Il pense.

— Et quand le vigilant philosophe dort, que fait le vigilant roi?

— Il dort.

— Prenez deux cierges allumés : l'un d'eux est dans une chambre de paysan, l'autre doit éclairer, dans une salle magnifique, une société joyeuse. Que feront-ils tous deux?

— Ils éclaireront. Mais ceci précisément parle pour moi.... Les deux cierges, c'est notre supposition, brûlent aussi longtemps et avec autant de clarté l'un que l'autre, et, si l'on changeait leur destination, personne ne remarquerait de différence. Pourquoi l'un des deux l'emporterait-il sur l'autre, parce que le hasard lui a fait la faveur de montrer dans une salle brillante la magnificence et la beauté? Pourquoi l'autre serait-il pire, parce que le hasard l'a condamné à rendre visible dans une cabane de paysan la pauvreté et la peine? Et c'est là cependant ce qui résulterait nécessairement de votre assertion.

— L'un et l'autre ont même valeur, mais aussi ils ont fait tout autant l'un que l'autre.

— Comment cela est-il possible? Quand celui de la vaste salle a versé tant de lumière de plus que l'autre? quand il a répandu tant de joie de plus que l'autre?

— Considérez seulement qu'il n'est ici question que du premier effet, non de toute la chaîne. Ce n'est que l'effet immédiatement suivant qui appartient à la cause immédiatement précédente. Le cierge allumé n'a mis en mouvement que les parties de la matière lumineuse qu'il a immédiatement touchées. Et quel avantage l'un devrait-il avoir sur l'autre? Ne pouvez-vous pas tirer de chaque point central le même nombre de rayons? Tout autant de la prunelle de votre œil que du centre de la terre? Déshabituez-vous donc de regarder chacune des grandes masses que l'entendement seul conçoit formant un tout, comme un tout existant vraiment ainsi dans le monde réel. L'étincelle qui tombe dans un magasin de poudre, qui fait sauter une tour en l'air et ensevelit cent maisons sous ses ruines, n'a cependant allumé qu'un seul petit grain.

— Très-bien, mais....

— Appliquons cela à des actions morales. Nous allons nous promener, et je suppose que deux mendiants nous rencontrent. Je donne à l'un une pièce de monnaie, et vous une même pièce à l'autre : le mien s'enivre au moyen de cet argent, et commet, dans cet état, un meurtre; le vôtre achète de quoi refaire un père mourant et lui prolonge ainsi la vie. J'aurais donc, par la même action par laquelle vous avez donné la vie, ôté la vie?.... Non assurément. L'effet de mon action, et il en est de même de la vôtre, a cessé, au delà de son influence immédiate, d'être un effet *mien*.

— Mais si mon esprit voit tout d'une fois cette série de conséquences, et si c'est uniquement cette vue qui me détermine à l'action.... dans ce cas, quand j'ai donné au mendiant cet argent, pour prolonger par ce moyen la vie d'un père mourant, toutes les conséquences m'appartiennent, si elles ont lieu telles que je me les suis représentées.

— Nullement. N'oubliez jamais, de grâce, qu'une seule cause ne peut avoir qu'un seul effet. Le seul effet que vous ayez produit a été de mettre la pièce de monnaie, de votre main, dans la main du mendiant. C'est là, de cette longue chaîne d'effets, le seul qui vienne à votre compte. La médecine a agi comme médecine, et ainsi de suite.... Vous paraissez étonné. Vous croyez que je soutiens des paradoxes : peut-être un seul mot pourrait nous mettre d'accord, mais mieux vaut que nous le trouvions par nos conclusions.

— De ce qui a été dit jusqu'à présent il s'ensuit, je le vois bien, qu'il ne faut pas imputer à une bonne action son mauvais effet, ni à une mauvaise son effet excellent. Mais il s'ensuit en même temps qu'on ne peut imputer ni à la bonne son bon effet, ni à la mauvaise son effet mauvais, et que par conséquent toutes deux sont égales quant à leurs effets.... à moins que vous n'exceptiez les cas rares où l'effet immédiat est aussi l'effet qu'on avait en vue.

— Un tel effet immédiat n'existe absolument pas, car entre chaque effet que l'homme produit hors de lui, et sa cause intérieure ou la volonté, il se glisse une série d'effets indifférents, ne fût-ce que le mouvement des muscles. Dites donc hardiment que, pour leurs effets, la bonne et la mauvaise action sont moralement tout à fait identiques, c'est-à-dire indifférentes.... Et qui voudrait nier cela? Le coup de poignard qui termine la vie de Henri IV, et celui qui tue un Domitien, sont tous deux absolument la même action.

— Bien, mais les motifs....

— Ce sont donc les motifs qui déterminent l'action morale. Et de quoi se composent ces motifs?

— D'idées.

— Et qu'appelez-vous idées?

— Des actes intérieurs, ou des actions de l'être pensant, qui correspondent à des actions extérieures.

— Un acte moral est donc une série d'actions intérieures, qui correspondent à des changements extérieurs?

— C'est tout à fait juste.

— Si donc je dis : l'événement *ABC* est un acte moral, cela revient à dire : la série de changements extérieurs qui constitue l'événement *ABC*, a été précédée d'une série de changements intérieurs *abc*.

— Cela est ainsi.

— Les actes *abc* étaient donc déjà achevés quand les actes *ABC* ont commencé.

— Nécessairement.

— Ainsi, quand bien même *ABC* n'aurait pas commencé, *abc*

n'en eût pas moins existé. Si donc la moralité était contenue dans *abc*, elle reste même si nous supprimons entièrement *ABC*.

— Je vous comprends, très-gracieux prince.... et alors ce que j'ai considéré comme le premier chaînon de la série n'en serait que le dernier. Quand j'ai donné l'argent au mendiant, mon action morale était déjà tout à fait passée, déjà tout son mérite ou non-mérite était décidé.

— C'est mon avis. Si les suites ont eu lieu telles que vous les aviez pensées, c'est-à-dire si *ABC* a suivi *abc*, ç'a été simplement une bonne action *réussie*. Dans ce torrent extérieur des faits, l'homme n'a plus rien à dire : rien ne lui appartient que sa propre âme. Vous voyez par là de nouveau que le monarque n'a aucun avantage sur l'homme privé, car il est aussi peu que celui-ci maître de ce torrent : tout le domaine de son efficacité est également au dedans de son âme.

— Mais cela ne change rien, très-gracieux prince ; car la mauvaise action a, de même que la bonne, ses motifs, je veux dire ces actes intérieurs qui la déterminent, et ce n'est qu'à cause de ces motifs que nous la nommons mauvaise. Si donc vous placez la fin de l'homme et son mérite dans la somme de ses actes, je ne vois toujours pas comment vous tirez de sa fin la moralité, et mes objections antérieures reviennent.

— Voyons, je vous prie, *mauvais* et *bon*, nous en sommes convenus, sont des qualités qu'une action n'acquiert que dans l'âme.

— Cela est démontré.

— Si donc nous nous figurons entre le monde extérieur et l'être pensant un mur de séparation, la même action nous paraîtra, au delà de ce mur, indifférente, et en deçà nous la nommerons mauvaise ou bonne.

— C'est exact.

— La moralité est donc un attribut relatif, qu'on ne peut concevoir qu'au dedans de l'âme et jamais au dehors, de même que l'honneur, par exemple, est aussi un attribut relatif, qui ne peut exister pour l'homme qu'au sein de la société civile.

— C'est parfaitement juste.

— Dès que nous nous représentons une action comme présente dans l'âme, elle devient à nos yeux citoyenne d'un tout autre monde, et il faut que nous la jugions d'après de tout autres lois. Elle appartient à un tout particulier, qui a son centre en lui-même, duquel découle ce que ce tout produit, vers lequel afflue tout ce qu'il reçoit. Ce centre ou ce principe n'est pas autre chose, comme nous en sommes convenus, que le besoin inné dans l'homme de porter toutes ses forces à l'action efficace, ou, ce qui revient au même, d'arriver à la plus grande manifestation possible de son existence. C'est dans cet état que nous plaçons la perfection de l'être moral, de même que nous nommons parfaite une montre quand toutes les parties dont l'ouvrier l'a composée répondent à l'effet pour lequel il l'a ainsi composée ; de même que nous nommons parfait un instrument de musique quand toutes ses parties prennent à son plus grand effet possible toute la part dont elles sont capables et pour laquelle elles ont été réunies. C'est donc le rapport où sont avec ce principe les facultés de l'être moral que nous désignons par le nom de *moralité*; et une action est moralement bonne ou moralement mauvaise selon qu'elle se rapproche ou s'éloigne de ce principe, qu'elle le favorise ou le contrarie. Sommes-nous d'accord là-dessus ?

— Parfaitement.

— Or ce principe n'étant pas autre chose que la plus complète activité de toutes les forces qui sont dans l'homme, une bonne action est celle où plus de forces ont été actives, une mauvaise celle où moins de forces ont agi.

— Très-gracieux prince, arrêtons-nous ici, je vous prie. D'après cela, un petit bienfait que j'accorde serait dans la hiérarchie morale bien au-dessous du complot de la Saint-Barthélemy, tramé pendant des années, ou de la conjuration de Cuéva contre Venise. »

Ici le prince perdit patience. « Quand pourrai-je donc vous faire comprendre, dit-il, que la nature ne connaît pas de tout? Mettez ensemble ce qui va ensemble. Ce complot fut-il une seule action? N'était-il pas plutôt une chaîne de cent mille actions? et de cent mille actions défectueuses, en comparaison desquelles votre petit bienfait a toujours l'avantage. Dans toutes, l'instinct de la philanthropie sommeillait, tandis qu'il était actif dans la vôtre. Mais nous dévions. Où en étais-je resté ?

— A dire qu'une bonne action était celle où plus de forces étaient actives, et que le contraire avait lieu dans une mauvaise.

— Ainsi donc, une mauvaise action est mauvaise par cela même que moins de forces y ont été actives, et le contraire est vrai d'une bonne.

— C'est entendu.

— Par conséquent dans une mauvaise action se trouve simplement nié ce qui est affirmé dans une bonne.

— Cela est ainsi.

— Je ne puis donc pas dire : il fallait un mauvais cœur pour commettre cette action, tout aussi peu que je puis dire : il fallait un enfant et non un homme pour lever cette pierre.

— C'est très-vrai. Je devrais plutôt dire : pour commettre cette action, il fallait que le bon cœur manquât dans telle ou telle mesure.

— Le vice n'est donc que l'absence de vertu ; la sottise l'absence de bon sens : à peu près une conception comme celle d'ombre ou de silence.

— C'est tout à fait juste.

— Ainsi donc, s'il est logiquement inexact de dire que le vide, le silence, l'obscurité existent, il ne l'est pas moins de prétendre que le vice existe dans l'homme et en général dans tout le monde moral.

— C'est évident.

— Or, s'il n'y a pas de vice dans l'homme, tout ce qui est actif en lui est vertu, c'est-à-dire est bon, de même que tout ce qui n'est pas silencieux résonne et tout ce qui n'est pas dans l'obscurité est lumineux.

— C'est une conséquence nécessaire.

— Toute action donc que l'homme accomplit est, par cela même qu'elle est action, une bonne chose.

— Oui, d'après tout ce qui précède.

— Et quand nous voyons quelqu'un faire une action mauvaise, cette action est précisément le seul bien que nous remarquions chez lui en ce moment.

— Cela sonne étrangement.

— Appelons à notre aide une comparaison. Pourquoi disons-nous d'un jour d'hiver sombre et brumeux, que c'est un triste aspect? Serait-ce parce qu'une campagne couverte de neige nous paraîtrait en elle-même laide à voir? Pas le moins du monde : si l'on pouvait la transporter dans l'été, elle en relèverait la beauté. Nous nommons cet aspect triste, parce que cette neige et ce brouillard ne pourraient exister si le soleil avait brillé pour les dissiper, parce qu'ils sont inconciliables avec les attraits incomparablement supérieurs de l'été. L'hiver est donc pour nous un mal, non parce que toutes les jouissances lui manquent, mais parce qu'il en exclut d'autres plus grandes.

— C'est manifeste.

— Il en est de même des êtres moraux. Nous méprisons un homme qui s'enfuit du champ de bataille et par là échappe à la mort, non que l'instinct puissant de la conservation nous déplaise, mais parce qu'il aurait moins cédé à cet instinct s'il eût possédé la belle qualité du courage. Je puis admirer la hardiesse, la ruse du larron qui me vole; mais lui-même, je le nomme vicieux, parce que la qualité incomparablement plus belle de la justice lui manque. Ainsi je puis être frappé d'étonnement à la vue d'une entreprise qui est l'explosion d'une active ardeur de vengeance dissimulée pendant des années; mais je la nomme abominable, parce qu'elle me montre un homme qui a pu vivre des années entières sans aimer son prochain. Si je m'indigne en traversant un champ de bataille, ce n'est point parce que tant d'êtres qui ont eu vie y sont réduits en pourriture (la peste, un tremblement de terre auraient pu faire plus de ravages sans exciter ma colère); ce n'est pas non plus que je ne trouve admirables la force, l'habileté, le courage héroïque qui ont terrassé tant de guerriers; mais c'est que cet aspect rappelle à ma pensée tant de milliers d'hommes à qui l'humanité manquait.

— Très-bien.

— On peut en dire autant des *degrés* de la moralité. Une méchanceté très-habile, très-finement imaginée, poursuivie avec constance, accomplie avec courage, a en soi quelque chose de brillant, qui souvent excite à l'imitation des âmes faibles, parce qu'on y voit actives, dans toute leur plénitude, tant de grandes et belles forces. Et pourtant nous nommons une telle action pire qu'une autre où l'intelligence se montre dans une mesure moindre, parce que celle-là, dans sa série plus grande de motifs, nous fait voir plus fréquemment ce manque de justice. Si en outre elle est commise contre un bienfaiteur, elle révolte tous nos sentiments, parce que les occasions d'émouvoir l'instinct de l'amour étaient dans ce cas plus nombreuses, et que dans cette action nous renouvelons plus souvent la découverte que cet instinct est demeuré inactif.

— C'est clair et frappant.

— Pour revenir à notre question, vous m'accordez donc que ce n'est point l'activité des facultés qui fait du vice le vice, mais leur inactivité?

— Parfaitement.

— Or les motifs sont cette sorte d'activité : c'est donc parler inexactement que de nommer une action vicieuse à cause de ses motifs. Loin de là, ses motifs sont le seul bien qui soit en elle. elle n'est mauvaise qu'à cause de ceux qui lui manquent.

— Incontestablement.

— Mais nous aurions pu rendre cette démonstration plus courte encore. L'homme vicieux agirait-il par ces motifs, s'ils ne lui procuraient pas une jouissance? La jouissance seule est ce qui met en mouvement des êtres moraux, et le bien seul, ne le savons-nous pas? peut procurer une jouissance.

— Je suis satisfait. De ce qui précède il suit incontestablement que, par exemple, un homme d'un esprit lucide et d'un cœur bienveillant est un homme meilleur qu'un homme d'autant d'esprit et d'un cœur moins bienfaisant, parce que le premier est plus près du maximum de l'activité intérieure. Mais donnez à un homme les qualités de l'intelligence, du courage, de la vaillance, etc., à un degré éminemment élevé, et supposez que la seule qualité que nous nommons bon cœur lui manque : le préférerez-vous à un autre qui possédera les premières qualités à un degré moindre, mais la dernière dans sa plus grande étendue? Celui-là est sans contestation un homme beaucoup plus actif que celui-ci, et, comme, d'après vous, c'est l'activité des forces qui détermine la valeur morale, votre jugement serait en faveur du premier, et se trouverait en contradiction avec le jugement ordinaire des hommes.

— Il serait infailliblement d'accord avec le jugement commun. Un homme dont les forces intellectuelles seront actives à un haut degré, possédera un excellent cœur tout aussi sûrement qu'il ne peut haïr dans un autre ce qu'il aime en lui-même. Si, dans un cas donné, l'expérience semble contredire cette assertion, c'est qu'on a été ou trop libéral dans le jugement porté sur l'intelligence, ou trop réservé dans l'appréciation de la bonté morale. Un grand esprit avec un cœur sensible est, dans la série des êtres, autant élevé au-dessus d'un scélérat intelligent, que l'imbécile avec un cœur tendre, disons mieux, avec un cœur mou, est au-dessous de celui-ci.

— Mais un fanatique, et un fanatique de l'espèce violente, est pourtant évidemment un être plus actif qu'un homme vulgaire au sang flegmatique et aux sens bornés.

— Chez cet homme vulgaire, flegmatique et borné, toutes les forces cependant deviennent actives, parce qu'aucune n'est exclue par une autre. C'est un homme dans l'état d'un sommeil sain. Le fanatique ressemble à un frénétique furieux qui se débat dans de violentes convulsions quand la force vitale cesse déjà à l'extrémité des artères.... Avez-vous encore quelque objection?

— Je suis convaincu avec vous que la moralité de l'homme consiste dans le plus ou le moins de son activité intérieure.

— Souvenez-vous bien, continua le prince, que nous avons restreint toute cette recherche au domaine de l'âme humaine, que nous avons éloigné l'âme par un mur de séparation de la série extérieure des choses, et que nous avons élevé en dedans de ce domaine, sans jamais le franchir, tout l'édifice de la moralité. Nous avons trouvé en même temps que la félicité de l'homme était entièrement contenue dans son excellence morale, que par conséquent il ne lui restait rien à réclamer en récompense de celle-ci, qu'il ne pouvait lui être accordé pour prix d'une perfection future une jouissance anticipée, pas plus qu'il n'est vrai qu'une rose qui fleurit aujourd'hui soit par là belle l'année prochaine, ou qu'une fausse touche du clavier puisse mêler sa dissonance à l'air suivant. Il serait tout aussi facile de concevoir que l'éclat du soleil échût au midi d'aujourd'hui et sa chaleur au midi du lendemain, que d'admettre que l'excellence de l'homme eût lieu dans ce monde et sa félicité dans un autre.... Cela vous est-il démontré?

— Je n'ai rien à y objecter.

— L'être moral est donc en lui-même achevé et complet, de même que celui que nous nommons, pour le distinguer, l'être organique; il est complet par sa moralité comme l'autre par sa structure, et cette moralité est une manière d'être qui est entièrement indépendante de ce qui se passe en dehors de lui.

— Cela est démontré.

— Entourez-moi donc des circonstances que vous voudrez, la différence morale demeure.

— Je devine où vous en voulez venir, mais....

— Qu'il y ait donc un tout rationnellement ordonné, une justice et une bonté infinies, une durée continue de la personnalité, un progrès éternel.... il est tout au moins vrai que la preuve de ceci ne peut pas mieux se déduire du monde moral que du monde physique. Pour être parfait, pour être heureux, l'être moral n'a pas besoin d'une juridiction supérieure, et, s'il en attend une, cette attente ne peut plus du moins se fonder sur une légitime exigence. Pour sa perfection, peu lui importe ce qu'il adviendra de lui, de même qu'il importe peu à la rose, pour être belle, qu'elle fleurisse dans un désert ou dans un jardin royal, pour orner le sein d'une aimable jeune fille ou pour être rongée par un ver.

— Cette comparaison est-elle juste?

— Parfaitement; car je dis expressément *d'une part* pour être *belle*, *d'autre part* pour être *heureux*.... non pour *exister*. Ceci appartient à une autre recherche, et je ne veux pas prolonger l'entretien.

— Je ne puis pourtant encore vous laisser tout à fait quitte, très-gracieux prince. Vous avez démontré, et victorieusement, ce me semble, que l'homme n'est moral qu'autant qu'il est actif au dedans de lui-même; mais vous souteniez auparavant qu'il n'avait que la moralité pour agir au dehors de lui.

— Dites : qu'il n'est actif au dehors que parce qu'il a la moralité. Vos *pour* et *afin* nous troublent. Je ne puis souffrir vos buts et fins.

— Ici cela revient au même. Il faudrait donc dire qu'il n'a en lui le principe des plus nombreuses influences à exercer en dehors de lui, qu'autant qu'il atteint au plus haut degré de sa moralité ? Et cette démonstration, vous me la devez encore.

— Ne pouvez-vous la tirer vous-même de ce qui a été dit? L'état de la plus grande efficacité intérieure de ses forces n'est-il pas identique avec celui où il peut être la cause des plus nombreux effets au dehors de lui ?

— *Peut être,* mais n'est pas *nécessairement*.... Car n'avez-vous pas avoué vous-même qu'une bonne action, pour être restée inefficace, ne perd rien de sa valeur morale?

— Non pas seulement avoué, mais établi comme très-nécessaire.... Qu'il est difficile de vous ramener d'une idée erronée qui s'est une fois emparée de vous! Cette contradiction apparente, que les suites extérieures d'une action morale sont très-indifférentes pour son mérite, et que cependant son existence a uniquement pour fin ses suites au dehors, vous trouble toujours. Supposez qu'un grand virtuose joue devant une société nombreuse, mais inculte, et qu'un artiste sans talent survienne et lui enlève tout son auditoire.... Lequel des deux déclarerez-vous le plus *utile?*

— Le virtuose, cela s'entend ; car ce même artiste charmera une autre fois des oreilles plus délicates.

— Et le pourrait-il s'il ne possédait l'art, qui alors fut perdu, mais qu'alors pourtant il exerça ?

— J'en doute.

— Et son rival pourra-t-il jamais produire le même effet qu'il a produit, lui ?

— Pas le même, mais....

— Mais peut-être un plus grand auprès de sa foule, voulez-vous dire. Pouvez-vous douter sérieusement qu'un artiste qui a su enchanter un cercle d'hommes sensibles et de connaisseurs intelligents, ait fait plus que cet homme sans talent ne fera de sa vie? Un seul sentiment éveillé par lui n'a-t-il pas pu, dans une âme d'élite, se transformer en actions qui ensuite devinrent utiles pour des millions d'hommes? Ne se peut-il pas que cette émotion ait complété, comme le seul chaînon qui y manquât encore, toute une chaîne de grands sentiments, et couronné quelque sublime résolution ?... L'homme médiocre, j'en conviens, peut aussi donner aux gens quelque joie.... L'homme qui a perdu sa couronne morale peut encore exercer de l'influence : de même qu'un fruit que la pourriture ronge peut encore être un régal pour les oiseaux et les vers, mais ne sera plus jamais jugé digne de toucher une bouche charmante.

— Que le grand artiste joue dans un désert, qu'il y vive et y meure : je puis dire que son art le récompense. Là même où nulle oreille ne recueille ses sons, il est son propre auditeur, et goûte, dans les harmonies qu'il produit, l'harmonie, plus belle encore, de son être. Mais vous, vous ne pouvez dire cela. Il faut que *votre* artiste ait des auditeurs, sans quoi son existence a été vaine.

— Je vous comprends.... mais ce que vous supposez ne peut jamais avoir lieu. Aucun être moral n'est dans un désert : partout où il vit et agit, il est en contact avec le tout qui l'entoure. L'effet qu'il produit, fût-ce cet effet unique dont nous parlions, cet être seul et nul autre, nous le savons, a pu le produire, et il ne l'a pu qu'au moyen de toutes ses qualités. Quand notre virtuose ne parviendrait qu'une seule fois à jouer, vous avouerez, je pense, qu'il a fallu qu'il fût, pour produire un tel effet, précisément ce qu'il a été, et que, pour être cela, il a dû passer précisément par tous les degrés d'exercice et d'habileté par lesquels il a réellement passé; que par conséquent toute sa vie antérieure d'artiste a part à ce moment de triomphe? Le premier Brutus fut-il pendant vingt ans inutile, parce qu'il joua vingt ans le rôle d'idiot? Son premier acte fut la fondation d'une république qui maintenant encore est à nos yeux le plus grand phénomène de l'histoire du monde. Il serait donc concevable que ma *Nécessité* ou votre Providence eût, pendant toute une vie d'homme, préparé tacitement un homme à une action qu'elle ne réclame de lui qu'à sa dernière heure.

— Quelque spécieux que cela paraisse.... mon cœur ne peut s'habituer à cette idée, que toutes les forces, tous les efforts de l'homme ne doivent avoir d'autre objet que l'influence à exercer dans cette vie passagère. Le grand homme d'État, plein de patriotisme et d'expérience, à qui aujourd'hui est arraché le gouvernail, emporte dans la vie privée et dans l'oubli toutes les connaissances qu'il a acquises, ses forces exercées, ses plans qui mûrissent. Peut-être n'avait-il plus que la dernière pierre à mettre à la pyramide qui croule derrière lui et que ses successeurs ont à reconstruire depuis les premières assises. Faut-il que dans les cinquante ans de sa vie, que pendant toute sa pénible administration, il n'ait amassé que pour ce temps de silence et d'inaction de sa vie privée? Qu'il ait par cette administration produit son effet, c'est ce que vous ne pourrez me répondre. Si l'influence exercée dans ce monde est l'unique destination de l'homme, il faut que son existence cesse en même temps que l'effet qu'il produit.

— Je vous renvoie au frappant exemple de la nature physique, pour laquelle il faut bien que vous m'accordiez qu'elle ne travaille que pour le temps. Combien de germes et d'embryons, qu'elle a formés avec tant d'art et de soin pour une vie future, se décomposent et rentrent dans le domaine des éléments, sans jamais parvenir à leur développement!... Pourquoi les a-t-elle composés? Dans chaque couple humain repose, comme dans le premier, tout un genre humain : pourquoi a-t-elle fait que de tant de millions de couples possibles un seul arrivât à l'existence? De même qu'elle met en œuvre, sans aucun doute, même ces germes qui se détruisent, tout aussi sûrement les êtres moraux pour lesquels elle paraît avoir renoncé à un plan final plus élevé, entreront tôt ou tard dans ce plan. Vouloir rechercher comment elle propage par toute la chaîne un seul effet, trahirait une puérile prétention. Souvent, nous le voyons, elle laisse tomber soudain le fil d'une action, d'un événement, pour le reprendre, aussi soudainement, plus tard, après des milliers d'années. Elle enfouit en Calabre les arts et les mœurs du dix-huitième siècle, pour les remontrer, peut-être dans le trentième, à l'Europe transformée; elle nourrit, pendant une longue suite de générations, de saines hordes de nomades dans les steppes de Tartarie, pour les envoyer un jour, comme un sang nouveau, au Sud épuisé, de même que, dans son action physique, elle jette la mer par-dessus les côtes de la Hollande et de la Zélande pour que les flots découvrent peut-être une île dans la lointaine Amérique. Mais même dans le particulier et en petit de tels signes d'intention ne manquent pas. Que de fois la médiocrité d'un père, qui depuis longtemps n'est plus, ne fait-elle pas merveille en la personne d'un fils plein de génie! que de fois une vie entière n'a-t-elle été vécue que pour mériter une épitaphe qui doit jeter un rayon de feu dans l'âme d'un lointain descendant!... Parce qu'un oiseau effarouché laissa tomber, dans son vol, il y a des siècles, quelques grains de semence, une moisson fleurit sur une île déserte pour une tribu qui y vient aborder.... et un germe moral dans un si fécond domaine serait perdu!

— O mon excellent prince! Votre éloquence même m'inspire, et m'excite à lutter contre vous. Vous pouvez accorder tant de perfection à votre insensible Nécessité, et vous n'aimez pas mieux en faire le bonheur d'un Dieu? Regardez autour de vous, dans toute la création. Partout où une jouissance quelconque est préparée, vous trouvez un être jouissant.... et cette jouissance infinie, ce festin de perfection, il resterait vain durant toute l'éternité?

— C'est étrange, dit le prince après un profond silence. Ce sur quoi, vous et d'autres, vous fondez vos espérances, cela même.... oui, cette perfection des choses, que je devine, est précisément ce qui a renversé les miennes. Si tout n'était pas si arrondi, si achevé par soi-même, si je voyais un seul fragment, une seule aspérité déparer ce beau cercle, cela me serait une preuve de l'immortalité. Mais tout, tout ce que je vois et remarque, reflue vers ce centre visible, et nos plus nobles facultés intellectuelles sont une machine si indispensable pour mettre en mouvement la roue de ce monde passager!

— Je ne vous comprends pas, très-gracieux prince. Votre propre philosophie vous condamne : en vérité, vous ressemblez à l'homme riche qui, avec tous ses trésors, est indigent. Vous convenez que l'homme renferme en lui-même tout ce qu'il lui faut pour être heureux; qu'il ne peut obtenir sa félicité que par ce qu'il possède; et vous-même, voulez chercher au dehors de vous la source de votre malheur. Si vos conclusions sont vraies, n'est-il pas impossible que vous aspiriez, ne fût-ce que par un vœu, au delà de ce cercle dans lequel vous tenez l'homme emprisonné?

— C'est précisément là le mal, que nous ne soyons moralement parfaits, que nous ne soyons heureux, que pour être utiles; que nous jouissions de notre diligence, et non de nos œuvres. Cent mille mains laborieuses ont entassé les pierres des pyramides.... mais ce n'est point la pyramide qui fut leur récompense. La pyramide charma les yeux des rois, et les esclaves diligents eurent pour tout salaire les moyens de vivre. Que doit-on au travailleur, lorsqu'il ne peut plus travailler, ou lorsqu'il n'y a plus de travail pour lui? Que doit-on à l'homme, quand il ne peut plus être utile?

— Il le sera toujours.

— Mais sera-ce toujours comme être pensant ? »

Ici nous fûmes interrompus par une visite.... et un peu tard, penserez-vous. Pardon, mon cher O**, pour cette lettre sans fin. Vous vouliez savoir les moindres détails qui touchent le prince, et au nombre de ces détails je puis bien compter sa philosophie morale. Je sais que l'état de son âme a de l'importance à vos yeux, et que ses actions n'en ont qu'en vue de cet état. Voilà pourquoi je vous ai écrit fidèlement tout ce qui, de cette conversation, m'est resté dans la mémoire [1].

*Ici se place la dernière phrase de la lettre :* Plus tard, je vous entretiendrai, etc.

---

[1]. Et moi aussi, je demande pardon à ceux qui me lisent d'avoir copié si fidèlement le bon baron F***. Bien que je n'aie pas auprès de mon lecteur l'excuse que le baron avait auprès de son ami, j'en ai, à la place, une autre, que lui n'avait pas, et qui doit être toute-puissante sur mon lecteur. C'est que le baron F*** ne pouvait savoir quelle influence la philosophie du prince pourrait avoir un jour sur sa future destinée. Or, c'est ce que je sais, moi, et voilà pourquoi j'ai laissé prudemment le tout tel que je l'ai trouvé. Quant au lecteur qui a espéré voir ici des esprits, je l'assure qu'il en viendra encore; mais il comprend lui-même qu'auprès d'un homme aussi incrédule que l'est encore alors le prince de ***, ils ne seraient nullement à leur place.

S.

(Cette note n'est que dans la *Thalie;* elle manque non-seulement dans les éditions actuelles, mais même dans la première édition en volume.)

# LE BARON DE F*** AU COMTE D'O**.

## LETTRE V.

1ᵉʳ juillet.

Comme notre départ de Venise approche maintenant à grands pas, cette semaine devait être employée à visiter encore tout ce qu'il y a de remarquable en tableaux et en édifices, chose que l'on renvoie constamment d'un jour à l'autre pendant un séjour de longue durée. On nous avait surtout parlé avec beaucoup d'admiration des noces de Cana de Paul Véronèse, qu'on peut voir à l'île Saint-George dans un couvent de Bénédictins. N'attendez pas de moi une description de cette œuvre extraordinaire, dont la vue, en somme, a été pour moi fort surprenante, mais ne m'a pas donné beaucoup de jouissance. Il aurait fallu autant d'heures que nous avions de minutes, pour goûter dans son ensemble une composition de cent vingt figures, qui a plus de trente pieds de largeur. Quel œil humain peut embrasser un tout si compliqué, et jouir, dans une seule impression, de toutes les beautés que l'artiste y a prodiguées ? Il est fâcheux toutefois qu'une œuvre de cette importance, qui devrait briller dans un lieu public, où tout le monde en pourrait jouir, n'ait pas une meilleure destination que de récréer quelques moines dans leur réfectoire. L'église de ce couvent ne mérite pas moins d'être vue. C'est une des plus belles de la ville.

Vers la fin du jour, nous nous fîmes conduire par eau dans la Giudecca, pour y passer dans des jardins ravissants une belle soirée. La société, qui n'était pas très-nombreuse, se dispersa bientôt, et Civitella, qui avait déjà cherché pendant tout le jour l'occasion de me parler, m'emmena dans un bosquet.

« Vous êtes l'ami du prince, me dit-il, et il n'a point de secrets pour vous, je le sais de bonne source. Aujourd'hui, comme j'entrais dans son hôtel, j'en ai vu sortir un homme dont le métier m'est connu.... et, quand j'entrai chez le prince, son front était couvert de nuages. » Je voulus l'interrompre. « Vous ne pouvez le nier, poursuivit-il, j'ai reconnu mon homme; je l'ai fort bien envisagé.... Serait-ce possible? Le prince a des amis à Venise, des amis dont le sang et la vie sont à lui, et il serait réduit à se servir, dans le besoin, de pareilles gens! Soyez franc, baron!... Le prince est-il dans l'embarras?... Vous vous efforcez vainement de le cacher. Ce que je n'apprendrai pas de vous, je l'apprendrai à coup sûr de cet homme, chez qui tout secret est à vendre.

— Monsieur le marquis....

— Pardon! il faut que je paraisse indiscret pour n'être pas ingrat. Je dois au prince la vie, et, ce qui vaut pour moi bien davantage, un emploi raisonnable de la vie. Et il me faudrait voir le prince faire des démarches qui lui coûtent, qui sont au-dessous de sa dignité? Il serait en mon pouvoir de les lui épargner, et je devrais les souffrir tranquillement?

— Le prince n'est pas dans l'embarras, lui dis-je. Quelques lettres de change que nous attendions par Trente, nous ont manqué contre notre prévision.... par hasard sans doute.... ou parce que, dans l'incertitude de notre départ, on attendait de lui un nouvel avis. C'est une chose faite maintenant, et jusque-là.... »

Il secoua la tête.

« Ne vous méprenez pas, dit-il, sur mes intentions. Il ne peut être ici question de diminuer mes obligations envers le prince.... Toutes les richesses de mon oncle pourraient-elles y suffire? Il s'agit de lui épargner un seul moment désagréable.

Mon oncle possède de grands biens, dont je peux disposer comme s'ils étaient à moi. Un heureux hasard m'offre une occasion unique, où quelque chose de tout ce qui est à ma disposition peut être utile au prince. Je sais, poursuivit-il, ce que la délicatesse lui impose.... mais cela est réciproque.... et le prince agirait avec générosité en m'accordant cette petite satisfaction, ne fût-elle qu'apparente.... pour me rendre moins sensible le poids d'une obligation qui m'accable. »

Il ne cessa pas que je ne lui eusse promis d'y faire tout mon possible. Je connaissais le prince, et j'avais peu d'espérance. Civitella promettait d'accepter de lui toutes les conditions, tout en avouant qu'il serait sensiblement mortifié, si le prince le traitait sur le pied d'un étranger.

Dans la chaleur de la conversation, nous nous étions égarés bien loin de la société; et nous retournions justement, quand Z*** vint au-devant de nous.

« Je cherchais le prince auprès de vous.... N'est-il pas ici?

— Nous voulions précisément le rejoindre; nous pensions le trouver avec le reste de la compagnie.

— La compagnie est assemblée, mais on ne le trouve nulle part. Je ne sais pas du tout comment nous l'avons perdu de vue. »

Alors Civitella se rappela que l'idée avait pu lui venir de visiter l'église voisine, sur laquelle, peu auparavant, il avait vivement attiré l'atttention du prince. Nous nous avançâmes aussitôt de ce côté pour l'y chercher, et de loin nous aperçûmes déjà Biondello, qui attendait à l'entrée de l'église. Comme nous approchions, le prince sortit assez précipitamment d'une porte latérale, le visage enflammé, et cherchant des yeux Biondello, qu'il appela. Il parut lui donner quelques ordres d'une manière fort pressante, en dirigeant toujours ses regards vers la porte, qui était restée ouverte. Biondello le quitta pour courir dans l'église.... le prince passa tout près de nous à travers la foule, sans nous remarquer, et retourna à la hâte vers la société, qu'il rejoignit encore avant nous.

Il fut décidé qu'on souperait dans un pavillon ouvert de ce jardin, et, pour accompagner ce repas, le marquis avait préparé, à notre insu, un petit concert tout à fait exquis. Nous entendîmes surtout une jeune chanteuse qui nous ravit tous par sa voix agréable comme par sa charmante figure. Rien ne parut faire impression sur le prince : il parla peu, il répondait avec distraction, ses regards inquiets étaient tournés du côté par lequel Biondello devait venir. Il paraissait en proie à une grande agitation intérieure. Civitella lui demanda comment il avait trouvé l'église : il ne sut rien en dire. On parla de quelques tableaux excellents, qui la rendaient remarquable : il n'avait point vu de tableau. Nous nous aperçûmes que nos questions le fatiguaient, et nous gardâmes le silence. Les heures se passaient, et Biondello ne revenait toujours pas. L'impatience du prince monta au plus haut point : il se leva de table de bonne heure, et se promena seul à grands pas dans une allée écartée. Personne ne devinait ce qui lui pouvait être arrivé. Je n'osai pas lui demander la cause d'un changement si étrange : il y a longtemps que je ne prends plus avec lui les mêmes familiarités qu'autrefois. J'attendais avec d'autant plus d'impatience le retour de Biondello, pour avoir de lui l'explication de cette énigme.

Il était plus de dix heures lorsqu'il revint. Les nouvelles qu'il apportait au prince ne contribuèrent pas à le rendre plus expansif. Il revint mécontent auprès de la société; la gondole fut commandée, et bientôt après nous retournâmes au logis.

Dans toute la soirée, je ne pus trouver l'occasion de parler à Biondello; et il me fallut aller me coucher sans avoir satisfait ma curiosité. Le prince nous avait congédiés de bonne heure; mais mille pensées, qui me roulaient dans la tête, me tenaient éveillé. Je l'entendis longtemps, au-dessus de ma chambre à coucher, aller et venir. Enfin le sommeil s'empara de moi. Longtemps après minuit, une voix m'éveilla.... une main passa sur ma figure; j'ouvris les yeux : c'était le prince qui, une lumière à la main, était debout devant mon lit. Il ne pouvait s'endormir, me dit-il, et il me demanda de l'aider à abréger la nuit. Je voulais m'habiller en toute hâte : il m'ordonna de rester au lit, et s'assit auprès de moi.

« Il m'est arrivé aujourd'hui, me dit-il, une chose dont l'impression ne s'effacera jamais de mon âme. Je vous ai quittés, comme vous savez, pour visiter l'église de ***, sur laquelle

Civitella avait appelé ma curiosité, et qui déjà de loin avait attiré mes regards. Comme vous n'étiez ni l'un ni l'autre à ma portée, je fis tout seul ce court trajet, et je dis à Biondello de m'attendre à la porte. L'église était entièrement déserte ; à mon entrée, une obscurité, une fraîcheur qui donnait le frisson, m'enveloppa au sortir de la chaude et brillante lumière du jour. Je me voyais seul sous la grande voûte, où régnait le silence solennel des tombeaux. Je me plaçai au milieu du dôme, et m'abandonnai à toute la puissance de cette impression ; peu à peu mes regards furent plus frappés des grandes proportions de ce majestueux édifice. Je me perdis dans une sérieuse et ravissante contemplation. La cloche du soir résonna sur ma tête, le son venait mourir doucement sous cette voûte comme dans mon âme. Quelques tableaux d'autel avaient attiré de loin mon attention : je m'approchai pour les considérer. Insensiblement j'avais parcouru tout ce côté de l'église jusqu'à l'extrémité opposée. Là on monte par quelques marches, autour d'un pilier, dans une chapelle latérale, où sont plusieurs petits autels et des statues de saints dans des niches. Au moment où j'entre dans la chapelle à droite, j'entends près de moi un léger murmure, comme si quelqu'un parlait à voix basse.... je me tourne à ce bruit, et.... à deux pas de moi, s'offre à mes yeux une figure de femme.... Non, je ne peux la dépeindre cette figure.... La frayeur fut mon premier sentiment, mais elle fit bientôt place à la plus délicieuse admiration.

— Et cette figure, monseigneur.... êtes-vous bien sûr que ce fût un être vivant, une réalité, et non pas simplement une peinture, un fantôme de votre imagination ?

— Écoutez encore.... C'était une dame.... Non, jusqu'à ce moment mes yeux n'avaient pas encore vu la femme.... Tout était sombre alentour ; le jour, à son déclin, ne tombait que par une seule fenêtre dans la chapelle ; le soleil n'éclairait plus que cette figure. Avec une grâce inexprimable, à moitié à genoux, à moitié couchée, elle était épandue devant un autel.... C'était le plus hardi, le plus aimable, le plus parfait dessin : un tableau unique, inimitable ; les plus belles lignes de la nature. Elle était vêtue d'une moire noire, qui embrassait et dessinait la taille la plus ravissante, les bras les plus élégants, puis s'étendait autour d'elle en larges plis, comme une robe espagnole. Sa longue chevelure, d'un blond clair, rassemblée en deux larges tresses, qui s'étaient détachées par leur poids, et s'échappaient de dessous son voile, ondoyait le long de son dos dans un désordre charmant.... L'une de ses mains reposait sur le crucifix, et elle s'appuyait sur l'autre dans un doux abandon. Mais où trouverai-je des paroles pour vous décrire ce visage d'une beauté céleste, où une âme d'ange répandait, comme sur son trône, tous les trésors de ses charmes? Le soleil couchant se jouait sur sa tête, et sa vapeur dorée semblait l'entourer d'une auréole de l'art le plus parfait. Vous rappelez-vous la madone de notre Florentin?... C'était elle, elle tout entière, jusqu'à ces beautés irrégulières, que je trouvais si attrayantes, si irrésistibles dans ce tableau. »

Pour la madone, dont le prince parlait ici, voici ce qu'il en est. Peu de temps après votre départ, il fit ici la connaissance d'un peintre florentin, qui avait été appelé à Venise pour peindre un tableau d'autel, dans une église dont je ne me rappelle pas le nom. Il avait apporté trois autres tableaux qu'il destinait à la galerie du palais Cornaro. C'était une madone, une Héloïse et une Vénus presque nue, toutes trois d'une rare beauté et si également parfaites [1], qu'il était presque impossible de se prononcer absolument pour l'une des trois. Le prince lui seul ne resta pas un moment indécis. On les eut à peine exposées devant lui, que la madone attira toute son attention. Dans les deux autres morceaux, il admira le génie de l'artiste; dans celui-ci, il oublia l'artiste et son art pour s'absorber tout entier dans la contemplation de son œuvre. Il en fut merveilleusement touché; il ne pouvait s'arracher à ce tableau. L'artiste, qui, on le voyait bien, confirmait dans son cœur le jugement du prince, eut le caprice de ne vouloir pas séparer les trois morceaux, et demanda pour tous quinze cents sequins. Le prince lui offrit pour la madone seule la moitié de cette somme : l'artiste maintint ses conditions, et qui sait ce qui serait arrivé, si un acheteur décidé ne se fût présenté? Deux heures après, les

---

[1]. Il y a quelques mots de plus dans la *Thalie* et dans la première édition : « Et, malgré leur très-grande différence, si également parfaites.... »

trois ouvrages étaient enlevés : nous ne les avons pas revus. C'est ce tableau qui revint alors à la mémoire du prince.

« Je restai là, poursuivit-il, je restai perdu dans cette contemplation. Elle ne me remarqua point, et ne fut point troublée par ma venue, tant elle était abîmée dans sa dévotion. Elle priait son Dieu, et moi je la priais.... oui, je l'adorais.... Toutes ces images de saints, ces autels, ces cierges brûlants ne m'avaient pas rappelé leur objet : alors pour la première fois je fus saisi de cette pensée, que j'étais dans un sanctuaire. Faut-il vous l'avouer? je crus en ce moment avec une foi inébranlable à Celui que sa belle main tenait embrassé. Je lus dans les yeux de cette femme la réponse divine. Bénie soit sa dévotion ravissante! Elle m'a rendu Dieu sensible.... Je l'ai suivi, sur ses pas, à travers tous ses cieux.

« Elle se leva, et alors seulement je revins à moi-même. Avec un trouble timide, je me rangeai de côté; le bruit que je fis me découvrit. La présence inattendue d'un homme devait la surprendre, ma hardiesse pouvait l'offenser : il n'en parut rien dans le regard qu'elle porta sur moi. Il y régnait un calme, un calme inexprimable, et un sourire de bonté se jouait sur ses lèvres. Elle venait de son ciel.... et j'étais la créature fortunée qui s'offrait la première à sa bienveillance. Ses pieds flottaient encore sur le dernier échelon de la prière.... Elle n'avait pas touché la terre.

« J'entendis alors du bruit dans un autre angle de la chapelle. C'était une dame d'un certain âge, qui se leva d'une chaise d'église tout près derrière moi. Je ne l'avais pas remarquée jusque-là. Elle n'était qu'à quelques pas de moi et avait vu tous mes mouvements. Cela me troubla.... je baissai les yeux et j'entendis qu'on passait devant moi[1].

« Je la vois descendre toute la longueur de la nef. Sa belle taille paraît haute et droite.... Quelle aimable majesté! quelle noble démarche! Ce n'est plus la même personne.... Ce sont de nouvelles grâces.... une apparition toute nouvelle. Elles descendent

---

1. Le morceau suivant, depuis : « Je la vois descendre..., » jusqu'à : « qui peut être n'était pas même pour moi, » se trouve dans la *Thalie*, mais Schiller l'avait ensuite supprimé. On l'a rétabli, depuis peu d'années, dans les éditions complètes.

lentement. Je les suis de loin, timide, incertain si je dois hasarder de les rejoindre, ou si je ne le dois pas.... Ne m'accordera-t-elle plus un regard? M'en a-t-elle accordé un lorsqu'elle a passé près de moi, et que je n'ai pu lever les yeux sur elle?... Oh! combien ce doute me tourmentait!

« Elles s'arrêtent, et moi.... je ne puis bouger de la place. La dame âgée, sa mère, ou quoi qu'elle lui fût d'ailleurs, remarque le désordre de ses beaux cheveux et s'occupe à le réparer, tandis qu'elle lui donne à tenir son parasol. Oh! que je souhaitai de désordre en cette chevelure ou de lenteur dans ces mains!

« La toilette est achevée et l'on approche de la porte. Je presse le pas.... Une moitié de la personne disparaît, puis l'autre.... je ne vois plus que l'ombre de sa robe qui flotte derrière elle.... Elle a disparu.... Non, elle revient. Elle a laissé tomber une fleur[1]; elle se baisse pour la ramasser.... Elle jette encore un regard en arrière.... et sur moi?... Quel autre que moi ses yeux peuvent-ils chercher dans ces murs déserts? Ainsi je n'étais plus étranger pour elle.... Moi aussi, elle m'a laissé derrière elle.... comme sa fleur!... Cher F***, je rougis de vous dire la façon puérile dont je m'expliquai ce regard qui.... peut-être n'était pas même pour moi. »

Sur ce dernier point je crus pouvoir tranquilliser le prince.

« Chose étrange! poursuivit-il après un profond silence. Peut-on n'avoir jamais connu un objet, n'en avoir jamais senti la privation, et quelques moments plus tard ne vivre plus qu'en lui? Un seul instant peut-il partager un homme en deux êtres si différents? Il me serait aussi impossible de retourner aux joies et aux désirs de la matinée d'hier qu'aux jeux de mon enfance. Depuis que je l'ai vue, depuis que son image réside là.... que je porte en moi ce sentiment vivant, puissant: « Tu ne peux « plus, me dis-je, aimer qu'elle, et rien d'autre en ce monde « n'agira plus sur toi! »

— Songez, monseigneur, dans quel état d'excitation vous étiez quand cette apparition vous a surpris, et combien de choses concouraient à exalter votre imagination. Transporté

---

[1]. Dans la *Thalie* : « Une fleur est tombée de ses cheveux.

subitement de l'éclat éblouissant du jour, du tumulte de la rue, dans cette paisible obscurité.... entièrement livré aux impressions que réveillaient en vous, comme vous l'avouez vous-même, la paix, la majesté de ce lieu.... rendu plus sensible à la beauté par la contemplation de belles œuvres d'art.... enfin vous croyant seul et abandonné à vous-même.... puis.... surpris soudain.... tout près de vous.... par une apparition de jeune fille, quand vous n'attendiez aucun témoin.... surpris par une beauté.... je vous l'accorde volontiers, qui était relevée encore par une lumière avantageuse, une heureuse attitude, une expression de piété enthousiaste.... quoi de plus naturel que votre imagination enflammée ait composé de tout cela un idéal, une perfection surhumaine?

—L'imagination peut-elle donner ce qu'elle n'a jamais reçu?... Et dans tout le domaine de ma fantaisie il n'y a rien que je puisse comparer à cette image. Elle est, dans mon souvenir, tout entière et immuable, telle qu'au moment où je l'ai vue; je n'ai rien que cette image.... mais vous m'offririez un monde pour elle....

— Monseigneur, c'est de l'amour.

— Est-il donc nécessaire qu'il y ait un nom pour exprimer mon bonheur? L'amour! Ne rabaissez pas mon sentiment avec un nom dont mille âmes faibles abusent! Quel autre a senti ce que je sens? Un tel être n'a jamais existé : comment le nom aurait-il précédé la sensation? C'est un sentiment nouveau, unique, uniquement créé avec cet être unique, nouveau, et qui n'était possible que pour cet être.... L'amour!... Je suis à l'abri de l'amour!

— Vous avez envoyé Biondello.... sans doute pour suivre les traces de votre inconnue, pour recueillir des renseignements sur elle? Quelles nouvelles vous a-t-il rapportées?

— Biondello n'a rien découvert.... autant dire absolument rien. Il les a trouvées encore à la porte de l'église. Un homme âgé, décemment vêtu, qui avait plutôt l'air d'un bourgeois de Venise que d'un domestique, parut pour les accompagner à la gondole. Une troupe de pauvres se sont rangés sur son passage, et l'ont quittée d'un air fort satisfait. A ce moment, dit Biondello, elle a laissé voir une main où étincelaient quelques pierres précieuses. Elle a échangé avec sa compagne quelques paroles, que Biondello n'a pas comprises. Il prétend que c'était du grec. Comme elles avaient assez de chemin à faire jusqu'au canal, déjà le peuple commençait à se rassembler; à cette vue extraordinaire, tous les passants s'arrêtaient. Nul ne la connaissait..... mais la beauté est née reine. Tout le monde lui faisait place respectueusement. Elle abaissa sur sa figure un voile noir, qui couvrait la moitié de son vêtement, et se hâta de gagner la gondole. Tout le long du canal de la Giudecca, Biondello ne les perdit pas de vue; mais la foule l'empêcha de les suivre plus loin.

— Mais il a remarqué le gondolier, afin de pouvoir le reconnaître, lui du moins?

— Il espère retrouver le gondolier; cependant ce n'est aucun de ceux avec lesquels il est en relation. Les pauvres, qu'il a interrogés, n'ont pu lui donner aucun autre détail, sinon que la signora venait là depuis quelques semaines, et toujours le samedi, et que chaque fois elle avait partagé entre eux une pièce d'or. C'était un ducat de Hollande, qu'il leur a changé et qu'il m'a apporté.

— Ainsi donc une Grecque, et de condition, à ce qu'il paraît, ayant du moins de la fortune, et bienfaisante. Ce serait assez pour la première fois, monseigneur, assez et presque trop! Mais une Grecque dans une église catholique!

— Pourquoi non? Elle peut avoir quitté sa religion. D'ailleurs, il y a toujours quelque chose de mystérieux. Pourquoi seulement une fois par semaine? Pourquoi seulement le samedi, dans cette église, qui doit être ordinairement déserte alors, à ce que dit Biondello?... Le premier samedi au plus tard il faut que ce point s'éclaircisse. Mais jusque-là, cher ami, aidez-moi à franchir cet abîme de temps! Impossible, hélas!... les jours et les heures vont de leur pas tranquille, et mon désir a des ailes [1].

— Et quand ce jour sera venu, alors, monseigneur.... qu'arrivera-t-il?

— Ce qui arrivera?... Je la verrai. Je découvrirai sa demeure.

---

1. Dans la *Thalie* et dans la première édition, on lit, au lieu de ce dernier membre de phrase : « Et mon âme est brûlante. »

Je saurai qui elle est.... Qui elle est ?... Pourquoi m'inquiéter de cela ? Ce que j'ai vu m'a rendu heureux : ne sais-je donc pas déjà tout ce qui peut me rendre heureux ?

— Et notre départ de Venise, qui est fixé au commencement du mois prochain?

— Pouvais-je prévoir que Venise renfermait encore pour moi un pareil trésor?... Vous me parlez de ma vie d'hier : je vous dis que je n'existe et ne veux exister que d'aujourd'hui. »

Je crus avoir trouvé l'occasion de tenir parole au marquis. Je fis entendre au prince qu'un plus long séjour à Venise ne pouvait absolument s'accorder avec l'état fâcheux de sa caisse, et que, s'il prolongeait son séjour au delà du terme convenu, il ne pourrait non plus compter beaucoup sur l'appui de sa cour. A cette occasion, j'appris, ce qui avait été jusqu'alors un mystère pour moi, que sa sœur, princesse régnante de***, lui faisait compter, à l'exclusion de ses autres frères, et en secret, des suppléments considérables, qu'elle était toute prête à doubler si sa cour l'abandonnait. Cette sœur, d'une piété exaltée, comme vous savez, croit ne pouvoir mieux placer que dans les mains d'un frère dont elle connaît la sage bienfaisance et qu'elle vénère avec enthousiasme, les grandes épargnes qu'elle fait dans une cour très-économe. Je savais, il est vrai, depuis longtemps, qu'il existe entre le frère et la sœur des rapports très-intimes et qu'ils ont une correspondance fort active ; mais, comme jusqu'à présent la dépense du prince était suffisamment couverte par les moyens connus, je n'avais jamais pris garde à ces ressources cachées. Il est donc évident que le prince a fait des dépenses qui étaient et qui sont encore un secret pour moi; et, si je peux en juger par tout le reste de son caractère, ce ne doivent être que des dépenses qui lui font honneur. Et je pouvais me figurer que je le connaissais à fond !... Après cette découverte, je crus devoir d'autant moins balancer à lui déclarer les offres du marquis.... et, à ma grande surprise, il les a acceptées sans difficulté. Il m'a donné plein pouvoir d'arranger l'affaire avec le marquis, de la manière que je croyais la plus convenable, et d'en finir aussitôt avec l'usurier. Il allait écrire à sa sœur sans délai.

Il était jour lorsque nous nous séparâmes. Si désagréable que soit et que doive être pour moi, par plus d'une raison, cet événement, ce qu'il y a de plus fâcheux cependant, c'est qu'il menace de prolonger notre séjour à Venise. De cette passion naissante, j'attends plutôt du bien que du mal. Elle est peut-être le moyen le plus efficace pour ramener le prince de ses rêveries métaphysiques aux sentiments ordinaires de l'humanité ; elle aura, je l'espère, la crise accoutumée, et, comme une maladie artificielle, elle emportera l'autre avec soi.

Adieu, très-cher ami, je vous ai donné cette nouvelle tout fraîche. La poste part à l'instant. Vous recevrez cette lettre le même jour que la précédente.

# LE BARON DE F*** AU COMTE D'O**.

## LETTRE VI.

20 juillet[1].

Ce Civitella est bien l'homme le plus obligeant du monde. L'autre jour, le prince m'avait à peine quitté que je reçus un billet du marquis où l'affaire m'était recommandée de la manière la plus pressante. Je lui envoyai aussitôt, au nom du prince, une obligation de six mille sequins; en moins d'une demi-heure, elle revenait avec le double de la somme, tant en lettres de change qu'en argent[2]. Le prince finit par consentir à cette augmentation de la somme, mais il fallut que le marquis acceptât l'obligation, qui n'était qu'à six semaines d'échéance.

Toute la semaine s'est passée en informations sur la mystérieuse Grecque. Biondello a fait jouer toutes ses machines; mais jusqu'à présent tout a été inutile. Il a trouvé, il est vrai, le gondolier; mais on n'a pu tirer autre chose de lui sinon qu'il a débarqué les deux dames à l'île Murano, où les atten-

---

1. J'ai adopté la leçon de l'édition de 1857. Dans tous les autres textes que j'ai à ma disposition, il y a *juin*, au lieu de *juillet*, ce qui ne s'accorde pas avec la date de la lettre précédente.
2. Dans la *Thalie* et dans la première édition : « En or. »

daient deux litières, dans lesquelles elles sont montées. Il en faisait des Anglaises, parce qu'elles parlaient une langue étrangère, et qu'elles l'avaient payé en or. Il ne connaît pas non plus l'homme qui les accompagnait; ce pourrait être, il lui semble, un fabricant de miroirs de Murano. Nous savons du moins maintenant que nous ne devons pas la chercher dans la Giudecca, et que, selon toute vraisemblance, elle demeure dans l'île Murano : mais par malheur, la description que le prince faisait d'elle n'était nullement propre à la faire connaître à un tiers. L'attention passionnée avec laquelle il a dévoré son image, l'avait précisément empêché de la voir : il avait été entièrement aveugle pour tout ce qui aurait fixé principalement les regards des autres hommes. D'après sa description, on était plutôt tenté de la chercher dans l'Arioste ou le Tasse[1] que dans une île de Venise. Il fallait d'ailleurs que cette recherche se fît avec les plus grandes précautions, pour ne causer aucun fâcheux éclat[2]. Comme Biondello était avec le prince le seul qui l'eût vue, du moins à travers le voile, et qui par conséquent pût la reconnaître, il a cherché à être à la fois, autant qu'il est possible, dans tous les lieux où l'on pouvait supposer qu'elle se rencontrerait. La vie du pauvre homme n'a été, pendant toute cette semaine, qu'une course continuelle dans toutes les rues de Venise. Dans l'église grecque particulièrement on n'a épargné aucune recherche, mais toujours avec aussi peu de succès; et il a fallu que le prince, dont l'impatience croissait à chaque attente trompée, finît pourtant par se résigner jusqu'au samedi suivant.

Son inquiétude était effrayante. Rien ne pouvait le distraire, rien ne l'attachait. Toute sa personne était dans une fiévreuse agitation; il était perdu pour toute société, et son mal croissait dans la solitude. Or, justement, il ne fut jamais plus assiégé de visites que dans cette semaine. Son prochain départ était annoncé : tout le monde affluait chez lui. Il fallait occuper les gens, pour détourner de lui leur attention soupçonneuse; il fallait l'occuper, lui, pour distraire son esprit. Dans cet embar-

---

1. « Dans Pétrarque ou dans le Tasse. » (Première édition et *Thalie*.)
2. « Pour ne pas exposer cette dame, et ne causer, etc. » (Première édition.)

ras, Civitella proposa de jouer, et, pour écarter du moins la foule, il fallait jouer gros jeu. Il espérait en même temps éveiller chez le prince un goût passager pour cet amusement, qui étoufferait bientôt cet élan romanesque de sa passion, et qu'on serait toujours maître de lui ôter ensuite. « Les cartes, disait Civitella, m'ont préservé de maintes folies que j'étais sur le point de faire, et en ont réparé d'autres qui étaient déjà faites. Le repos, la raison, que de beaux yeux m'avaient ravis, je les ai souvent retrouvés au pharaon, et jamais les femmes n'ont eu sur moi plus de pouvoir que lorsque l'argent m'a manqué pour jouer. »

Je ne décide pas jusqu'à quel point Civitella avait raison, mais le moyen auquel nous avons eu recours a bientôt commencé à devenir plus dangereux que le mal qu'il devait guérir. Le prince, qui ne savait trouver dans le jeu un attrait fugitif qu'en hasardant beaucoup, ne connut bientôt plus de bornes. Il était jeté hors de sa voie : tout ce qu'il faisait avait le caractère de la passion ; il mettait dans tout la violence impatiente qui le dominait alors. Vous connaissez son indifférence pour l'argent : elle devint cette fois une insensibilité absolue. Les pièces d'or s'écoulaient entre ses mains comme des gouttes d'eau. Il perdit presque sans cesse, parce qu'il jouait sans aucune attention. Il perdit des sommes énormes, parce qu'il hasardait comme un joueur désespéré.... Très-cher O**, le cœur me bat, au moment où je t'écris ceci : en quatre jours, les douze mille sequins.... et plus encore.... étaient perdus.

Ne me faites pas de reproches. Je m'accuse assez moi-même. Mais pouvais-je l'empêcher ? Le prince m'écoutait-il ? pouvais-je tenter autre chose que des représentations ? J'ai fait ce qui était en mon pouvoir : je ne saurais me trouver coupable.

Civitella a fait aussi des pertes considérables : j'ai gagné environ six cents sequins. Le malheur inouï du prince a fait sensation ; il pouvait d'autant moins quitter le jeu. Civitella, qui est, on le voit, heureux de l'obliger, lui a fourni aussitôt la même somme[1]. Le vide est comblé ; mais le prince doit au marquis vingt-quatre mille sequins. Oh ! que je soupire après les

---

1. J'ai suivi le texte de la *Thalie*.

épargnes de la pieuse sœur !... Tous les princes sont-ils ainsi, très-cher ami ? Le nôtre n'agit pas autrement que s'il avait fait au marquis beaucoup d'honneur, et celui-ci.... joue du moins son rôle à merveille.

Civitella a cherché à me tranquilliser, en m'assurant que ces excès, que ce malheur extraordinaire étaient le moyen le plus efficace de ramener le prince à la raison. Quant à l'argent, il n'y avait pas à s'en inquiéter. Lui-même, il ne sentait pas du tout cette brèche; et il était toujours prêt à mettre le triple au service du prince. Le cardinal, de son côté, m'a donné l'assurance que les sentiments de son neveu étaient sincères, et qu'il était prêt lui-même à répondre pour lui.

Le plus triste, c'est que ces énormes sacrifices n'ont pas même atteint leur but. On devrait croire que le prince a du moins pris intérêt au jeu. Il n'en est rien. Ses pensées étaient bien loin, et la passion que nous voulions étouffer semblait puiser dans son malheur au jeu de nouveaux aliments. Lorsqu'arrivait un coup décisif, et que tout le monde se pressait avec anxiété autour de sa table de jeu, ses yeux cherchaient Biondello, pour lire sur le visage de cet homme la nouvelle qu'il apportait peut-être. Biondello n'apportait toujours rien.... et toujours la carte perdait.

Au reste, l'argent passait dans des mains très-nécessiteuses. Quelques Excellences, que les mauvaises langues accusaient de rapporter elles-mêmes du marché au logis leur frugal dîner dans leur bonnet de sénateurs, entraient chez nous comme mendiants, et en sortaient avec de l'aisance. Civitella me les montrait. « Voyez, disait-il, combien de pauvres diables se trouvent bien de ce qu'une tête sensée s'avise de s'oublier ! Mais cela me plaît. Cela est d'un prince et d'un roi. Un grand homme doit faire des heureux jusque dans ses égarements, et, comme un fleuve débordé, fertiliser les campagnes voisines. »

Civitella pense bravement et noblement.... mais le prince lui doit vingt-quatre mille sequins !

Le samedi, si passionnément souhaité, est enfin venu, et mon maître n'a pas manqué de se trouver dans l'église de ***, aussitôt après midi. Il s'est placé dans la même chapelle où il avait vu pour la première fois son inconnue, mais de manière à ne pas frapper d'abord ses regards. Biondello avait l'ordre de faire la garde à la porte de l'église, et là de lier connaissance avec l'homme qui accompagnait la dame. Je m'étais chargé de prendre place au retour dans la même gondole, comme un passant non suspect, pour suivre plus loin les traces de l'inconnue, si les autres mesures échouaient. Nous louâmes deux chaises à la même place où, selon le rapport du gondolier, elle s'était fait débarquer l'autre fois. Par excès de précaution, le prince ordonna au gentilhomme de *** de la suivre dans une gondole à part. Le prince lui-même voulait s'attacher uniquement à sa vue, et, si cela se pouvait, tenter la fortune dans l'église. Civitella resta entièrement à l'écart, parce qu'il est chez les dames de Venise en trop mauvais renom pour ne pas rendre la dame défiante par son entremise. Vous voyez, très-cher comte, que, si la belle inconnue nous a échappé, cela ne tenait pas à nos préparatifs.

Jamais on ne fit dans une église de vœux plus ardents, et jamais ils ne furent plus cruellement trompés. Le prince attendit jusqu'au coucher du soleil, tressaillant à chaque bruit qui approchait de sa chapelle, à chaque craquement de la porte de l'église.... Il attendit sept heures entières.... et point de Grecque ! Je ne vous dis rien de l'état de son âme. Vous savez ce que c'est qu'une espérance trompée.... et une espérance dont on a vécu presque uniquement sept jours et sept nuits.

## LE BARON DE F*** AU COMTE D'O**.

### LETTRE VII[1].

*Juillet.*

La mystérieuse inconnue du prince a rappelé au marquis Civitella une apparition romanesque qui s'était offerte à lui-même quelque temps auparavant, et, pour distraire le prince, il s'est montré disposé à nous la raconter. Je vous la rapporterai avec ses propres expressions. Mais naturellement l'esprit enjoué dont il sait animer tous ses discours sera perdu dans mon récit.

« Le printemps dernier[2], nous dit Civitella, j'eus le malheur d'irriter contre moi l'ambassadeur d'Espagne, qui, à l'âge de soixante et dix ans, avait fait la folie de vouloir épouser pour lui tout seul une Romaine de dix-huit ans. Sa vengeance me poursuivait, et mes amis me conseillèrent d'en prévenir les effets par une prompte fuite, jusqu'à ce que la main de la nature ou un accommodement amiable m'eût délivré de ce dangereux ennemi. Mais, comme il m'en coûtait trop de renoncer tout à fait à Venise, je me logeai dans Murano, où j'habitais, sous un

---

1. Voyez sur cette lettre, qui ne se trouve point dans la première édition en volume, la note 1 de la page 3.
2. C'est ici que commence le fragment inséré au 8ᵉ cahier de la *Thalie*.

nom supposé, une maison solitaire, dans un quartier situé à l'écart, me tenant caché durant le jour et donnant la nuit à mes amis et au plaisir.

« Mes fenêtres avaient vue sur un jardin qui touchait, vers le couchant, au mur d'enceinte d'un cloître, et qui s'avançait, au levant, dans la lagune, comme une petite presqu'île. Le jardin était admirablement disposé, mais on le visitait peu. Le matin, quand mes amis me quittaient, j'avais l'habitude, avant d'aller me coucher, de passer encore quelques moments à la fenêtre, de voir lever le soleil sur le golfe et de lui souhaiter ensuite une bonne nuit. Si vous ne vous êtes pas encore donné ce plaisir, monseigneur, je vous recommande cet endroit, le mieux situé peut-être dans tout Venise pour jouir de ce magnifique spectacle. Une nuit pourprée couvre l'étendue ; au bord de la lagune une vapeur dorée annonce de loin le soleil. Le ciel et la mer sont dans l'attente. Deux instants encore, et le voilà dans toute sa grandeur, et toutes les vagues s'embrasent.... C'est un tableau ravissant.

« Un matin, comme je m'abandonnais, suivant ma coutume, au plaisir de contempler ce spectacle, je découvre tout à coup que je n'en suis pas le seul témoin. Je crois entendre des voix humaines dans le jardin, et, me tournant vers le bruit, j'aperçois du côté de l'eau une gondole qui aborde. Quelques moments après, je vois des personnes paraître dans le jardin, et remonter l'allée à pas lents comme des promeneurs. Je reconnais qu'il y a un homme et une femme, qui ont avec eux un petit nègre. La femme est vêtue de blanc, et un diamant brille à son doigt : le crépuscule ne me permet pas encore d'en distinguer davantage.

« Ma curiosité est éveillée. Assurément c'est un rendez-vous et un couple amoureux.... Mais dans ce lieu et à cette heure inaccoutumée!... car il était à peine trois heures, et tous les objets étaient encore enveloppés dans le voile du crépuscule. L'incident me parut nouveau, et fait pour donner matière à un roman. Je voulus attendre la fin.

« Je les perdis bientôt de vue sous les voûtes de feuillage du jardin, et ils tardèrent longtemps à reparaître. Cependant un chant agréable remplissait tout ce lieu. Il venait du gondolier, qui abrégeait ainsi le temps à sa manière dans sa gondole : un camarade lui répondait du voisinage. C'étaient des stances du Tasse ; le temps et le lieu étaient avec elles en parfaite harmonie, et la mélodie se perdait gracieusement dans le calme universel.

« Sur ces entrefaites le jour avait paru, et les objets se laissaient distinguer plus nettement. Je cherche mes promeneurs. Ils remontent en ce moment une large allée, en se donnant la main, et ils s'arrêtent souvent, mais ils me tournent le dos, et leur direction les éloigne de ma demeure. La noblesse de leur démarche me fait deviner des personnes de condition, et une taille noble, angélique, m'annonce une beauté extraordinaire. Ils parlaient peu, à ce qu'il me parut, la dame toutefois plus que son cavalier. Le lever du soleil, qui étalait en ce moment au-dessus d'eux sa plus grande pompe, ne semblait pas attirer le moins du monde leur attention.

« Tandis que je prends ma lunette, et que je la braque pour approcher de moi, autant qu'il était possible, cette singulière apparition, soudain ils disparaissent de nouveau dans une allée latérale, et il se passe un long temps avant que je les revoie. Le soleil est maintenant tout à fait levé : ils reparaissent tout près, sous ma fenêtre, et se présentent en face.... Quelle figure céleste j'aperçois !... Était-ce le jeu de mon imagination ? Était-ce la magie de la lumière ? Je crus voir une créature divine, et mes yeux se détournèrent, éblouis par tant d'éclat.... Tant de grâce avec tant de majesté ! Tant de noblesse et d'esprit avec une si florissante jeunesse !... Je chercherais vainement à vous la décrire. Avant ce moment-là, je ne connaissais pas la beauté.

« L'intérêt de la conversation l'arrête dans mon voisinage, et j'ai tout le loisir de m'absorber dans ce merveilleux spectacle. Mais à peine mes regards sont-ils tombés sur son cavalier, que cette beauté n'est plus elle-même capable de les en détourner. Il me parut être dans la fleur de l'âge, un peu mince, de grande et noble taille ; mais je ne vis jamais sur aucun front humain rayonner autant d'esprit, de grandeur et de lumière divine. Moi-même, quoique assuré de n'être pas découvert, je ne pouvais soutenir ce regard perçant, qui lançait des éclairs sous d'épais sourcils. Autour de ses yeux régnait une calme et touchante mélancolie, et sur ses lèvres une expression de bienveillance adoucissait l'air triste et sérieux qui couvrait comme d'une ombre toute sa physionomie. Cependant une certaine coupe de visage, qui n'était pas européenne, jointe à un costume, composé, avec un goût inimitable, très-hardiment et à la fois et très-heureusement, de ceux des pays les plus divers, lui donnait un air de singularité, qui ne relevait pas peu l'effet extraordinaire de toute sa personne. Quelque chose de vague dans son regard pouvait faire soupçonner un enthousiaste, mais les gestes et l'extérieur annonçaient un homme que le monde a formé. »

A ce moment, Z\*\*\*, qui dit, comme vous savez, tout ce qu'il pense, ne put se contenir davantage. « Notre Arménien! s'écria-t-il. C'est tout notre Arménien, et nul autre que lui !

— Quel Arménien, si je puis le demander? reprit Civitella.

— Ne vous a-t-on pas encore raconté cette farce? dit le prince. Mais point d'interruption. Votre homme commence à m'intéresser. Poursuivez votre récit.

— Il y avait quelque chose d'inexplicable dans sa conduite. Ses regards se reposaient sur elle, pleins d'expression et d'amour, lorsqu'elle regardait ailleurs, et il les baissait tout à coup quand il rencontrait les siens. Cet homme a-t-il son bon sens? pensé-je. Je voudrais être là une éternité et ne contempler autre chose.

« Le bosquet me les déroba encore. J'attendis longtemps, longtemps, pour les voir reparaître : ce fut inutile. Enfin je les découvre de nouveau par une autre fenêtre.

« Ils étaient debout au bord d'un bassin, à quelque distance l'un de l'autre : tous deux absorbés dans un profond silence. Ils pouvaient être déjà restés assez longtemps dans cette situation. Elle l'interrogeait d'un regard tranquille, plein d'âme et de candeur, et semblait recueillir sur son front chaque pensée naissante. Lui, comme s'il ne se fût pas senti le courage de la contempler elle-même, il cherchait furtivement son image dans le miroir de l'onde, ou regardait fixement le dauphin qui faisait jaillir l'eau dans le bassin. Qui sait combien de temps encore aurait duré ce jeu muet, si la dame avait pu le soutenir? Avec la grâce la plus aimable, la belle créature s'approcha de lui, et lui passant un bras autour du cou, prit une de ses mains, qu'elle porta à ses lèvres. Cet homme froid la laissa faire paisiblement, et ne répondit point à sa caresse.

« Mais il y avait dans cette scène quelque chose qui me touchait. C'était surtout l'homme qui m'occupait. Une passion violente semblait lutter dans son cœur : une puissance irrésistible l'attirer vers cette femme, un bras invisible le retenir. Ce combat était muet, mais douloureux, et le danger si beau, si près de lui ! « Non ! me disais-je, il entreprend trop, il succombera, « et doit succomber. »

« Il fait secrètement un signe, et le petit nègre disparaît. J'attends alors une scène de sentiment, des excuses à genoux, une réconciliation scellée par mille baisers. Rien de tout cela. L'homme inexplicable tire d'un portefeuille un paquet cacheté et le remet aux mains de la dame. A cette vue, la tristesse se répand sur son visage, et une larme brille dans ses yeux.

« Après un court silence, ils partent. D'une allée latérale s'avance une dame âgée, qui, pendant tout le temps, s'était tenue à l'écart, et que je remarque alors pour la première fois. Ils descendent lentement, les deux dames causant ensemble ; lui cependant saisit l'occasion de rester en arrière sans être observé. Irrésolu et le regard fixé sur elle, il s'arrête, marche, s'arrête encore. Tout à coup, il s'enfonce dans le bosquet.

« Devant, on se retourne enfin ; on semble inquiet de ne plus le voir, et l'on s'arrête, apparemment pour l'attendre. Il ne vient pas. Les regards se promènent partout avec anxiété ; on double le pas. Mes yeux aident aussi à le chercher dans tout le jardin. Il ne paraît point ; il n'est nulle part.

« Tout à coup j'entends du bruit dans le canal, et une gondole se détache du bord. C'est lui ! et j'ai de la peine à m'empêcher de le crier à la jeune femme. Maintenant tout s'expliquait.... C'était une scène d'adieux.

« Elle sembla pressentir ce que moi, je savais. D'un pas rapide, que sa compagne ne peut suivre, elle court au rivage. Il est trop tard. Prompte comme la flèche, la gondole fuit, et un mouchoir blanc flotte encore au loin dans l'air. Bientôt après je vois aussi les femmes passer l'eau.

« Quand je m'éveillai, après un court sommeil, je ne pus m'empêcher de rire de mon illusion. Mon imagination avait continué cette aventure en songe, et maintenant la vérité même se changeait pour moi en rêve. Une jeune fille, ravissante comme une houri, qui se promène, avant le point du jour, dans un jardin écarté, sous ma fenêtre, avec son amant ; un amant qui ne sait pas faire d'une heure pareille un meilleur usage : cela me semblait être une fiction que pouvait tout au plus risquer et excuser l'imagination d'un rêveur. Mais le songe avait été trop beau, pour ne pas le renouveler le plus souvent possible ; d'ailleurs le jardin m'était devenu plus cher, depuis que mon imagination l'avait peuplé de si charmantes figures. Quelques jours de mauvais temps, qui suivirent cette matinée, m'éloignèrent de la fenêtre ; la première belle soirée m'y rappela involontairement. Jugez de ma surprise, lorsqu'après une courte recherche la robe blanche de mon inconnue brilla devant moi. C'était une réalité : c'était elle-même, je n'avais pas rêvé.

La même dame était encore avec elle, et conduisait un petit garçon ; mais la jeune femme était pensive et marchait à l'écart. Elle visita toutes les places que son cavalier, à la précédente visite avait rendues remarquables pour elle. Elle s'arrêta surtout longtemps auprès du bassin, et son œil fixe et immobile semblait chercher vainement l'image chérie.

« Si la première fois cette rare beauté m'avait subjugué, elle fit sur moi ce jour-là une impression plus douce, mais non moins forte. J'avais maintenant la pleine liberté de contempler cette figure céleste ; l'étonnement de la première vue faisait place insensiblement à une douce émotion. L'auréole qui la couronnait s'évanouit, et je ne vois plus en elle que la plus belle de toutes les femmes, qui embrase mes sens. A l'instant ma résolution est prise : il faut qu'elle m'appartienne.

« Tandis que je délibère si je dois descendre et m'approcher d'elle, ou si, avant de risquer cette démarche, je dois recueillir des informations, une petite porte s'ouvre dans le mur, et un moine carme en sort. Au bruit qu'il fait, la dame quitte sa place, et je la vois marcher à lui vivement. Il tire un papier de son sein, elle avance avidement la main pour le saisir, et un éclair de joie brille sur son visage.

« A cet instant même, mes visites ordinaires du soir me font quitter la fenêtre. Je m'en tiens soigneusement éloigné, parce que je ne veux céder à nul autre cette conquête. Il faut que je souffre une heure entière dans cette cruelle impatience, jusqu'au moment où je réussis enfin à éloigner ces importuns. Je cours à ma fenêtre, mais tout a disparu.

« Le jardin est entièrement désert lorsque j'y descends. Plus de gondole sur le canal. Nulle part de traces d'un être vivant. Je ne sais ni d'où elle est venue, ni où elle est allée. Tandis que j'avance, en portant mes regards de tous côtés, je vois de loin briller quelque chose de blanc sur le sable. J'approche, et je vois un papier plié en forme de lettre. Qu'est-ce que cela pouvait être, sinon la lettre que le carme lui avait apportée? Heureuse trouvaille! m'écriai-je. Cette lettre me révélera tout le secret et me rendra le maître de sa destinée.

« La lettre était scellée d'un sphinx, sans adresse, et écrite en chiffre ; mais cela ne me découragea point, parce que je m'entends au déchiffrement. Je la copie bien vite, car il fallait s'attendre qu'elle s'apercevrait bientôt de sa perte et reviendrait chercher la lettre. Si elle ne la trouvait plus, c'était pour elle une preuve que le jardin était fréquenté par d'autres personnes, et cette découverte pouvait facilement l'en éloigner pour toujours. Que pourrait-il arriver de plus fâcheux pour mes espérances ?

« Ce que j'avais soupçonné arriva. J'avais à peine terminé ma copie, qu'elle reparut avec sa compagne : toutes deux cherchent avec inquiétude. Je fixe la lettre à une ardoise enlevée du toit, et je la laisse tomber à une place où elle doit passer. Sa joie charmante, quand elle la retrouve, me récompense de ma générosité. Elle l'examine de tous côtés avec un regard scrutateur et perçant, comme si elle cherchait à découvrir la main profane qui a pu y toucher ; mais l'air satisfait avec lequel elle mit la lettre dans son sein prouva qu'elle était tout à fait sans soupçon. Elle s'éloigna, et par un dernier regard qu'elle jeta en arrière, elle salua avec reconnaissance les dieux protecteurs du jardin, qui avaient gardé si fidèlement le secret de son cœur.

« Maintenant je me hâtai de déchiffrer la lettre. J'essayai en plusieurs langues : enfin je réussis avec l'anglais. J'en ai trouvé le contenu si remarquable, que je l'ai retenu par cœur.... »

Je suis interrompu, la suite une autre fois [1].

1. Cette phrase manque dans la *Thalie*, où se trouve, au-dessous de la dernière ligne, la promesse suivante : « La suite prochainement. »

# LE BARON DE F*** AU COMTE D'O**.

## LETTRE VIII.

Août.

Non, très-cher ami ; vous faites tort à l'excellent Biondello. Certainement vous avez conçu un injuste soupçon. Je vous abandonne tous les Italiens, mais celui-ci est homme d'honneur.

Vous trouvez singulier qu'un homme qui a des talents si brillants et une conduite si exemplaire s'abaisse à servir, s'il n'a pas pour cela de secrets motifs, et vous en tirez la conclusion, que ces motifs doivent être suspects. Comment ? Est-ce donc quelque chose de si nouveau, qu'un homme de tête et de mérite tâche de se rendre agréable à un prince qui a le pouvoir de faire sa fortune ? Est-il peut-être déshonorant de le servir ? Biondello ne fait-il pas voir assez clairement que c'est à la personne même du prince qu'il est attaché ? Ne lui a-t-il pas avoué qu'il a une secrète prière à lui adresser ? Cette prière nous expliquera sans doute tout le mystère. Il peut bien avoir des vues secrètes ; mais ces vues ne peuvent-elles être innocentes ?

Il vous semble étrange que ce Biondello, dans les premiers mois, et c'étaient ceux où nous jouissions encore de votre présence, ait tenu cachés tous les grands talents qu'il fait maintenant paraître, et qu'il n'ait attiré par quoi que ce soit l'attention sur lui. C'est vrai ; mais où aurait-il eu alors l'occasion de se distinguer? Le prince n'avait pas encore besoin de lui, et c'était le hasard qui devait nous découvrir ses autres talents.

Mais tout récemment il nous a donné une preuve de son dévouement et de sa probité, qui détruira tous vos soupçons. On observe le prince. On cherche à recueillir de secrètes informations sur son genre de vie, ses connaissances et ses relations. Je ne sais qui a cette curiosité ; mais écoutez :

Il existe ici, à Saint-George, une maison publique, que Biondello visité souvent : il a peut-être là quelque commerce de galanterie ; je ne sais. Il s'y présente il y a peu de jours ; il trouve une société rassemblée, des avocats et des fonctionnaires du gouvernement, de joyeux compagnons et de vieilles connaissances à lui. On est surpris, on est réjoui de le revoir. On renouvelle connaissance ; chacun raconte son histoire jusqu'au moment présent ; Biondello doit aussi régaler de la sienne. Il le fait en quelques mots. On le félicite de son nouvel établissement ; on a déjà entendu parler du brillant train de vie du prince de ***, de sa libéralité surtout envers ceux de ses gens qui savent garder un secret ; sa liaison avec le cardinal A***i est connue de tout le monde ; il aime le jeu, etc. Biondello joue la surprise... On plaisante avec lui de ce qu'il fait le mystérieux ; on sait pourtant qu'il est l'agent du prince. Les deux avocats le prennent entre eux ; les bouteilles se vident prestement.... on le force de boire : il s'excuse parce qu'il ne peut supporter le vin ; cependant il boit, pour avoir l'air de s'enivrer.

« Oui, dit enfin un des avocats, Biondello entend son métier ; mais il ne l'a pas encore appris à fond ; il n'est formé qu'à demi.

— Que me manque-t-il encore? demanda Biondello.

— Il sait, dit l'autre, l'art de garder un secret, mais il ne sait pas encore celui de s'en défaire avec avantage.

— Est-ce qu'il se trouverait un acheteur? » demanda Biondello.

A ce moment, les autres convives sortaient de la salle, et il resta tête à tête avec les deux personnages, qui parlèrent alors ouvertement. Pour abréger, ils voulaient qu'il leur donnât des informations sur les rapports du prince avec le cardinal et son neveu; qu'il leur indiquât la source où le prince puisait de l'argent, et fît tomber dans leurs mains les lettres qu'on écrivait au comte d'O\*\*. Biondello les a remis à une autre fois; mais il n'a pu tirer d'eux le nom de la personne qui les a mis en avant. A juger par les offres brillantes qui lui ont été faites, les recherches devaient venir de quelqu'un de très-riche.

Hier au soir, il a tout découvert à mon maître. Le prince fut d'abord d'avis de faire arrêter bel et bien les négociateurs, mais Biondello fit des objections. Il faudrait pourtant bien les relâcher, et alors il aurait mis en péril, parmi cette classe d'hommes, tout son crédit, et peut-être même sa vie. Tous ces gens, disait-il, sont liés entre eux, ils se soutiennent les uns les autres; il aimerait mieux avoir pour ennemi le conseil suprême de Venise, que d'être décrié chez eux comme un traître; d'ailleurs il ne pourrait plus être utile au prince, lorsqu'il aurait perdu la confiance de ce monde-là.

Nous avons cherché à deviner d'où pouvait venir cet espionnage. Qui donc à Venise peut être intéressé à savoir ce que mon maître reçoit et dépense, quelles affaires il peut avoir avec le cardinal A\*\*\*i, et ce que je vous écris? Serait-ce peut-être un legs du prince de \*\*d\*\*? Ou bien l'Arménien se remet-il en mouvement?

# LE BARON DE F*** AU COMTE D'O**.

## LETTRE IX.

Août.

Le prince nage dans l'amour et la joie : il a retrouvé sa Grecque. Écoutez comment cela est arrivé.

Un étranger, qui était venu par Chiozza, et qui vantait beaucoup la belle position de cette ville sur le golfe, rendit le prince curieux de la voir. Cette excursion a eu lieu hier, et, pour éviter la contrainte et la dépense, il ne voulut pas d'autre compagnon que Z*** et moi, avec Biondello, et il désira garder l'incognito. Nous trouvâmes un bateau qui justement partait pour cet endroit, et nous y louâmes des places. La société était fort mêlée, mais insignifiante, et le trajet n'eut rien de remarquable.

Chiozza est bâti sur pilotis comme Venise, et compte, dit-on, quarante mille habitants environ. Il s'y trouve peu de noblesse, mais, à chaque pas, on rencontre des pêcheurs ou des matelots. Quiconque porte une perruque et un manteau passe pour riche ; le bonnet et le sarrau annoncent le pauvre. La situation de la ville est belle, mais il faut n'avoir pas vu Venise.

Nous ne restâmes pas longtemps. Il fallait que le patron, qui avait encore d'autres passagers, retournât de bonne heure à Venise, et rien ne retenait le prince à Chiozza. Tout le monde avait déjà pris place dans le bateau, quand nous arrivâmes. Comme la société nous avait fort incommodés en venant, nous primes cette fois une chambre pour nous seuls. Le prince demanda quels étaient les autres passagers. On lui répondit qu'il y avait un dominicain et quelques dames qui revenaient à Venise. Mon maître n'eut pas la curiosité de les voir, et entra aussitôt dans sa chambre.

La Grecque avait été le sujet de notre conversation en venant; elle le fut encore pendant le retour. Le prince se rappelait avec passion le moment où elle lui apparut dans l'église; des plans furent faits et rejetés; les heures passaient comme des minutes : avant que nous nous en fussions avisés, Venise était devant nous. Quelques-uns des passagers débarquèrent; le dominicain était du nombre. Le patron se rendit auprès des dames, qui n'étaient séparées de nous que par une mince cloison, ce que nous ne sûmes qu'à ce moment, et il leur demanda où il devait aborder. On répondit : « A l'île Murano, » et l'on indiqua la maison. « L'île Murano ! » s'écria le prince, et le frisson du pressentiment sembla traverser son âme. Avant que j'eusse le temps de lui parler, Biondello se précipita dans la chambre. « Savez-vous bien avec qui nous voyageons? » Le prince se leva d'un bond. « Elle est ici ! elle-même ! poursuivit Biondello. Je viens de quitter l'homme qui l'accompagne. »

Le prince s'élança hors de la chambre. Elle était trop étroite pour lui, le monde entier l'aurait été dans ce moment. Mille sensations se heurtaient en lui; ses genoux tremblaient; on le voyait rougir et pâlir tour à tour. Je tremblais avec lui, plein d'impatience. Je ne peux vous décrire cette situation.

On arrêta à Murano. Le prince sauta sur le rivage. Elle parut. Je lus sur le visage du prince que c'était elle. Sa vue ne me laissa plus de doute. Je n'ai jamais rien vu de plus beau; toutes les descriptions du prince étaient restées au-dessous de la réalité. Une ardente rougeur couvrit son visage, lorsqu'elle remarqua le prince. Elle avait dû entendre toute notre conversation, et ne pouvait douter non plus qu'elle n'en eût été l'objet. Elle jeta à sa compagne un regard d'intelligence, comme pour lui dire : « C'est lui! » et elle baissa les yeux avec embarras. Une étroite planche fut posée de la barque au rivage ; elle devait passer dessus. Elle parut y mettre le pied avec inquiétude, mais moins, à ce qu'il me sembla, par la crainte de glisser, que parce qu'elle ne pouvait traverser sans secours étranger, et que le prince avançait déjà la main pour l'aider. La nécessité triompha du scrupule. Elle accepta sa main et atteignit le bord. La violente émotion du prince le rendit incivil ; il oublia l'autre dame, qui attendait le même service.... Que n'aurait-il pas oublié dans ce moment ? Je m'acquittai enfin de ce devoir, et cela me fit perdre le début d'une conversation qui avait commencé entre mon maître et la dame.

Il tenait toujours sa main dans la sienne.... par distraction, je pense, et sans le savoir lui-même.

« Ce n'est pas la première fois, signora, que.... que.... » Il ne pouvait achever.

« Je crois m'en souvenir, dit-elle à voix basse.
— Dans l'église de ***.... continua-t-il.
— Oui, dans l'église de ***, répondit-elle.
— Et pouvais-je soupçonner aujourd'hui que si près de moi.... »

Elle retira doucement sa main.... Il se troublait visiblement. Biondello qui, sur l'entrefaite, avait causé avec le domestique, vint au secours du prince.

« Signor, lui dit-il, ces dames ont commandé ici des litières ; mais nous sommes revenus plus tôt qu'elles n'avaient pensé. Il y a près d'ici un jardin, où vous pouvez entrer en attendant, pour éviter la foule. »

La proposition fut acceptée, et vous pouvez juger avec quel empressement de la part du prince. On resta dans le jardin jusqu'au soir. Nous réussîmes, Z*** et moi, à occuper la vieille dame, afin que le prince pût entretenir la jeune sans être dérangé. Qu'il ait su bien employer ces instants, c'est ce que vous pouvez conclure de la permission qu'il a obtenue de lui rendre visite. Au moment même où je vous écris, il est chez elle. Lorsqu'il reviendra, j'en saurai davantage.

Hier, en rentrant à la maison, nous avons aussi trouvé à la fin les lettres de change que nous attendions de notre cour, mais accompagnées d'une lettre qui a fait jeter à mon maître feu et flamme. On le rappelle, et d'un ton auquel il n'est pas du tout accoutumé. Il a répondu incontinent sur le même ton, et il restera. Les lettres de change sont tout juste suffisantes pour payer les intérêts du capital qu'il doit. Nous attendons avec impatience une réponse de sa sœur.

# LE BARON DE F*** AU COMTE D'O**.

## LETTRE X.

*Septembre.*

Le prince a rompu avec sa cour : de ce côté, toutes nos ressources sont taries.

Les six semaines à l'expiration desquelles le prince devait payer le marquis étaient écoulées depuis quelques jours, et il n'avait reçu aucune lettre de change, ni de son cousin, auquel il avait de nouveau demandé instamment des avances, ni de sa sœur. Vous jugez bien que Civitella ne demandait rien ; mais la mémoire du prince n'en était que plus fidèle. Hier à midi arriva enfin une réponse de notre cour souveraine.

Peu auparavant nous avions renouvelé la location de notre hôtel, et le prince avait déjà annoncé publiquement qu'il prolongeait son séjour. Sans dire un mot, il me présenta la lettre ; ses yeux étincelaient : je lisais d'avance le contenu sur son front.

Pouvez-vous l'imaginer, cher O*** ? On est instruit à *** de tout ce que fait ici le prince, et la calomnie en a composé un affreux tissu de mensonges. On a appris avec déplaisir, dit-on entre autres choses, que depuis quelque temps le prince a commencé à démentir son caractère, et à mener une conduite tout opposée à ses anciens et louables principes. On sait qu'il se livre, de la manière la plus extravagante, aux femmes et au jeu; qu'il se plonge dans les dettes, qu'il prête l'oreille à des visionnaires et des nécromants; qu'il a des relations suspectes avec des prélats catholiques, et qu'il tient un état qui est au-dessus de son rang aussi bien que de ses revenus. On assure même qu'il est sur le point de couronner cette conduite extrêmement choquante par une apostasie, et d'entrer dans l'Église romaine. On compte le voir revenir sans délai, pour se laver de cette dernière accusation. Un banquier de Venise, auquel il devra laisser un état de ses dettes, a l'ordre de satisfaire ses créanciers *aussitôt après son départ :* car, dans ces circonstances, on ne juge pas à propos de mettre l'argent dans ses mains.

Quelles accusations, et sur quel ton! Je pris la lettre; je la parcourus encore une fois; j'y voulais chercher quelque chose qui pût le calmer : je ne trouvai rien. C'était pour moi une chose incompréhensible.

Alors Z*** m'a rappelé les informations secrètes qu'on a cherchées, il y a quelque temps, auprès de Biondello. L'époque, l'objet, les circonstances, s'accordaient. Nous avions faussement soupçonné l'Arménien. On voyait maintenant d'où cela venait. Une apostasie!... Mais qui peut être intéressé à calomnier mon maître d'une manière si plate et si abominable? Je crains que ce ne soit un tour du prince de ***d**, qui veut venir à bout de l'éloigner de Venise.

Il se taisait toujours, et regardait fixement devant lui. Son silence m'inquiétait. Je me jetai à ses pieds. « Au nom du ciel, monseigneur, m'écriai-je, ne prenez aucune résolution violente. Vous devez avoir, vous aurez, la plus complète satisfaction. Abandonnez-moi cette affaire; envoyez-moi à la cour. Il est au-dessous de votre dignité de répondre à de pareilles inculpations, mais permettez que moi, je le fasse. Il faut que le calomniateur soit connu, et que le *** ouvre les yeux. »

C'est dans cette situation que nous trouva Civitella, qui demanda avec étonnement la cause du trouble où nous étions. Z*** et moi nous gardions le silence; mais le prince, qui est dès longtemps accoutumé à ne plus faire entre le marquis et nous aucune différence, et qui était d'ailleurs trop violemment agité pour prêter dans ce moment l'oreille à la prudence, nous ordonna de lui communiquer la lettre. J'hésitais : le prince me l'arracha des mains, et la donna lui-même à Civitella.

« Je suis votre débiteur, monsieur le marquis, dit le prince, après que celui-ci eut parcouru la lettre avec étonnement, mais n'ayez aucune inquiétude. Donnez-moi seulement encore un délai de vingt jours, et vous serez satisfait.

— Monseigneur, s'écria Civitella violemment ému, ai-je mérité cela?

— Vous n'avez pas voulu me presser; je reconnais votre délicatesse et je vous en remercie. Dans vingt jours, comme je vous l'ai dit, vous serez pleinement satisfait.

— Qu'est-ce que cela? me demanda Civitella consterné. Quel rapport y a-t-il...? Je ne comprends pas. »

Nous lui expliquâmes ce que nous savions. Il était hors de lui. Le prince, dit-il, devait demander satisfaction; l'offense était inouïe. Cependant il le conjurait d'user sans réserve de toute sa fortune et de tout son crédit.

Le marquis nous avait quittés, et le prince n'avait pas encore prononcé une parole. Il se promenait à grands pas dans la chambre : il se passait en lui quelque chose d'extraordinaire. Enfin il s'arrêta, et murmura entre ses dents : « Félicitez-vous, disait-il.... il est mort à neuf heures. »

Nous le regardâmes avec effroi.

« Félicitez-vous, poursuivit-il. Félicitez-vous?... Je dois me féliciter?... N'a-t-il pas dit cela?... Que voulait-il dire par-là?

— Comment revenez-vous à ce souvenir? m'écriai-je. A quel propos cela maintenant?

— Je ne compris pas alors ce que cet homme voulait dire. Je le comprends aujourd'hui.... Oh! c'est un supplice insupportable d'avoir un maître au-dessus de soi!

— Mon très-cher prince!...

— Un maître qui peut nous faire sentir qu'il l'est!... Ah! il doit être bien doux.... »

Il s'arrêta de nouveau.... Son air m'effrayait. Je ne l'avais jamais vu comme cela.

« Le dernier homme du peuple, reprit-il, ou le prince le

plus près du trône.... c'est absolument la même chose ! Il n'y a qu'une seule différence entre les hommes : obéir et commander ! »

Il parcourut encore une fois la lettre :

« Vous avez vu l'homme, poursuivit-il, qui s'est permis de m'écrire cela : le salueriez-vous dans la rue, si le sort ne l'avait fait votre maître ? Par Dieu, c'est une grande chose qu'une couronne ! »

Il poursuivit sur ce ton, et il lui échappa des paroles que je n'oserais confier à une lettre. Mais, à cette occasion, le prince m'a découvert une circonstance qui ne m'a pas causé peu de surprise et d'effroi, et qui peut avoir les plus dangereuses conséquences. Nous avons été jusqu'à présent dans une grande erreur sur les rapports de famille de la cour de ***.

Le prince a répondu à la lettre sur-le-champ, quoi que j'aie pu faire pour l'empêcher, et la manière dont il s'est exprimé ne permet plus d'espérer aucun accommodement.

Maintenant, très-cher O**, vous serez curieux aussi d'apprendre enfin quelque chose de positif sur la jeune Grecque ; mais c'est précisément sur quoi je ne puis vous donner encore aucune explication satisfaisante. On ne peut rien tirer du prince, parce qu'il a été mis dans le secret, et qu'il a dû, je le suppose, s'engager à le garder. Mais il est certain qu'elle n'est point une Grecque, comme nous l'avons cru. Elle est Allemande, et de la plus noble origine. Un certain bruit, que j'ai recueilli, lui attribue une très-auguste mère, et la présente comme le fruit d'un amour malheureux, dont on a beaucoup parlé en Europe. Les embûches secrètes d'une main puissante l'ont obligée, selon ce bruit, de chercher protection à Venise, et ces embûches sont justement la cause de sa vie cachée, qui avait mis mon maître hors d'état de découvrir sa demeure. Le respect avec lequel le prince parle d'elle, et certains égards qu'il lui témoigne, semblent confirmer cette supposition.

Il a conçu pour elle une passion violente, qui fait chaque jour des progrès. D'abord on ne lui permit que de rares visites ; mais, dès la deuxième semaine, on abrégea les moments de séparation, et maintenant il ne se passe pas un jour que le prince ne se rende auprès d'elle. Des soirées entières s'écoulent sans que nous le voyions, et lorsqu'il n'est pas dans sa société, c'est d'elle seule qu'il s'occupe. Tout son être semble transformé. Il va et vient comme en rêve, et rien de ce qui l'intéressait autrefois ne peut même obtenir de lui une attention fugitive.

Où cela nous mènera-t-il encore, très-cher ami? Je tremble pour l'avenir. La rupture avec sa cour a mis le prince dans la dépendance humiliante d'un seul homme, le marquis Civitella. Il est aujourd'hui maître de nos secrets, de tout notre sort. Pensera-t-il toujours aussi noblement qu'il nous le témoigne à présent encore? Cette bonne intelligence durera-t-elle? Enfin est-ce agir sagement de donner tant d'importance et de pouvoir à un homme, fût-il le meilleur de tous?

Une nouvelle lettre vient d'être expédiée à la sœur du prince. J'espère pouvoir vous en dire l'effet dans ma prochaine.

# NOTE DU COMTE D'O\*\*,

#### POUR SERVIR DE CONCLUSION.

Mais cette lettre prochaine ne vint pas. Trois mois entiers s'écoulèrent sans qu'il m'arrivât aucune nouvelle de Venise, et cette interruption ne s'est que trop expliquée dans la suite. Toutes les lettres que mon ami m'écrivait avaient été retenues et supprimées. Qu'on juge de ma consternation, lorsqu'au mois de décembre de cette année je reçus enfin le billet suivant, qui ne me parvint que par un heureux hasard, parce que Biondello, qui devait me le faire parvenir, tomba malade tout à coup.

« Vous n'écrivez pas; vous ne répondez pas. Venez, oh! venez sur les ailes de l'amitié. Notre espérance est perdue. Lisez l'incluse. Toute notre espérance est perdue.

« La blessure du marquis est jugée mortelle. Le cardinal médite une vengeance, et des assassins gagés par lui cherchent le prince. Mon maître.... oh! mon malheureux maître!... En être venu là!... Sort indigne, affreux! Il faut que nous nous cachions comme des misérables devant des assassins et des brigands[1]!...

« Je vous écris du couvent de \*\*\*, où le prince a trouvé un refuge. Dans cet instant même il repose sur une dure couche à côté de moi, et il dort.... Ah! ce sommeil est l'effet d'un

---

1. Dans la première édition : « Et des créanciers. »

épuisement mortel, et il ne lui rendra des forces que pour sentir de nouveau ses peines. Pendant les dix jours qu'elle a été malade, il n'a pas fermé les yeux. J'ai assisté à l'ouverture du corps : on a trouvé des traces de poison. On l'enterre aujourd'hui.

« Ah! très-cher O**, mon cœur est brisé. J'ai assisté à une scène qui ne s'effacera jamais de ma mémoire. J'étais auprès de son lit de mort : elle a fini comme une sainte, et, mourante, elle a épuisé son éloquence pour conduire son amant dans le chemin qui la menait elle-même au ciel.... Nous sentions toute notre fermeté ébranlée; le prince lui seul a résisté, et, quoique ce fût pour lui une triple mort de la perdre, il a conservé assez de force d'esprit pour refuser à la pieuse enthousiaste sa suprême prière. »

Dans cette lettre était l'incluse que voici :

### BILLET ADRESSÉ AU PRINCE DE *** PAR SA SŒUR.

« L'Église hors de laquelle il n'est point de salut, qui a fait une si brillante conquête dans la personne du prince de ***, ne le laissera pas manquer des moyens de continuer le genre de vie auquel elle doit cette conquête. J'ai des larmes et des prières pour un égaré, mais je n'ai plus de bienfaits pour un indigne.

« Henriette ***. »

Je pris aussitôt la poste, je voyageai jour et nuit, et, la troisième semaine, j'étais à Venise. Mon empressement fut inutile. J'étais arrivé pour apporter des consolations et des secours à un malheureux : je trouvai un homme heureux, qui n'avait plus besoin de mon faible appui. F*** était au lit, malade, et je ne pus lui parler à mon arrivée. On m'apporta ce billet de sa main : « Retournez, très-cher O**, aux lieux d'où vous êtes venu. Le prince n'a plus besoin ni de vous ni de moi. Ses dettes sont payées, le cardinal s'est réconcilié avec lui, le marquis est rétabli. Vous souvenez-vous de l'Arménien qui sut vous troubler si étrangement l'an dernier? C'est dans ses bras que vous trouverez le prince, qui, il y a cinq jours, a entendu.... sa première messe. »

J'insistai néanmoins pour voir le prince, mais on me ferma sa porte. J'eus enfin au chevet de mon ami l'explication de cette histoire inouïe.

FIN DE LA PREMIÈRE PARTIE.

# MÉLANGES

# LA PROMENADE

## SOUS LES TILLEULS

# LA PROMENADE

## SOUS LES TILLEULS[1].

Wollmar et Edwin étaient amis et demeuraient ensemble dans une paisible solitude, où ils s'étaient retirés du milieu du bruit de ce monde affairé, pour y méditer, dans un loisir philosophique, sur les remarquables événements de leur vie. L'heureux Edwin embrassait ce monde avec la chaleur d'une âme joyeuse. Wollmar, plus sombre, le revêtait de la couleur de deuil de sa triste destinée. Une allée de tilleuls était la place favorite de leurs contemplations. Ils s'y promenèrent une fois par une belle journée de mai : je me rappelle leur entretien :

Edwin. Le jour est si beau.... Toute la nature a pris un aspect serein, et vous êtes, vous, si pensif, Wollmar?

Wollmar. Laissez-moi. Vous savez, c'est ma manière : la nature, je lui gâte sa capricieuse gaieté.

Edwin. Mais est-il donc possible de repousser ainsi avec dégoût la coupe de la joie?

Wollmar. Si l'on trouve une araignée dedans, pourquoi pas? Voyez! à vos yeux la nature se peint maintenant telle qu'une jeune fille aux joues rougissantes, le jour de son hymen. A

---

1. Cet opuscule a été inséré d'abord, en 1782, dans la première livraison (p. 111-119) d'une Revue trimestrielle, dont il n'a paru que trois cahiers, et qui était publiée par Abel, Petersen, Schiller et d'autres, sous le titre de *Répertoire wurtembergeois de la littérature*.

moi elle se montre comme une matrone usée, qui a du fard sur ses joues d'un jaune verdâtre, et dans ses cheveux des diamants dont elle a hérité. Comme elle s'admire en souriant dans cette toilette du dimanche! Mais ce sont des vêtements fanés et déjà cent mille fois retournés. Cette même robe verte ondoyante, elle la portait déjà avant le temps de Deucalion, tout aussi parfumée et non moins chamarrée. Il y a des milliers d'années qu'elle ne fait que dévorer la desserte de la table de la mort, qu'elle cuit pour s'en faire du fard les ossements de ses propres enfants, et métamorphose la pourriture en ornements éblouissants. C'est un sale monstre [1] qui s'engraisse de ses propres excréments mille fois réchauffés, se compose, de ses haillons, des étoffes nouvelles, et se pavane, et en fait étalage, et, les déchirant encore, les change de nouveau en laids haillons [*]. Jeune homme, sais-tu bien dans quelle société peut-être tu te promènes en ce moment? As-tu jamais pensé que ce globe immense est le sépulcre de tes ancêtres; que les vents qui t'apportent de là-haut le parfum des tilleuls, te soufflent au nez peut-être, en poussière impalpable, l'antique vigueur d'Arminius; que dans la source rafraîchissante tu goûtes peut-être les restes triturés de nos Henri, les empereurs illustres? Fi! fi! ces Romains qui ébranlèrent la terre et déchirèrent en trois parties ce majestueux univers, comme des enfants partagent entre eux un bouquet et le mettent à leurs chapeaux, peut-être leur substance est-elle condamnée maintenant à faire vibrer dans la gorge de leurs neveux châtrés, quelque air plaintif d'opéra [*].... Les atomes qui, dans le cerveau d'un Platon, frissonnaient à l'idée de la divinité, qui, dans le cœur d'un Titus, tremblaient de pitié, maintenant peut-être le spasme d'une brutale ardeur les agite dans les veines des Sardanapale, ou bien, dans la charogne d'un filou pendu, les corbeaux les dispersent. Honte! honte! nous avons, deçà et delà, composé des saintes cendres de nos pères nos masques d'arlequin ; nous avons doublé nos marottes avec la sagesse des temps anciens [*]. Vous trouvez cela gai, ce me semble, Edwin?

1. Les phrases marquées d'un astérisque avaient été d'abord supprimées dans les éditions des OEuvres complètes de Schiller. On les a rétablies dans les plus récentes.

Edwin. Pardonnez-moi! Vos réflexions m'ouvrent de plaisants aspects. Que vous en semble? Si nos corps obéissaient, dans leurs migrations, aux mêmes lois auxquelles sont soumis, dit-on, nos esprits? Si, après la mort de la machine, ils étaient condamnés à continuer l'office qu'ils accomplissaient sous les ordres de l'âme? de même que les esprits des morts reviennent aux occupations de leur vie antérieure : *Quæ cura fuit vivis, eadem sequitur tellure repostos*[1].

Wollmar. À ce compte, la cendre de Lycurgue reposerait jusqu'ici et à jamais dans l'Océan?

Edwin. Entendez-vous chanter là-bas la tendre Philomèle? Qu'en dites-vous? si c'était l'urne de la cendre de Tibulle, qui chanta tendrement comme elle? Serait-ce peut-être le sublime Pindare qui, dans cet aigle, monterait à la voûte azurée de l'horizon, et dans ce caressant zéphyr n'aurions-nous pas quelque atome d'Anacréon? Qui sait si les corps des galants ne volent pas, légers grains de poudre, dans les boucles de leurs maîtresses? si les restes des usuriers ne sont pas attachés, sous la forme d'une rouille centenaire, aux écus enfouis? si les corps des écrivassiers ne sont pas condamnés à être fondus en caractères, ou pétris et foulés en feuilles de papier, pour gémir éternellement sous la presse et aider à perpétuer les non-sens de leurs confrères? Qui peut me prouver que le douloureux calcul vésical de notre voisin n'est pas la relique d'un médecin maladroit, qui, pour sa peine, garde maintenant, sans qu'on l'en prie, hélas! les voies urinaires, par lui maltraitées autrefois, et demeure enfermé par l'arrêt du sort dans cette honteuse prison, jusqu'à ce que la main bénie d'un chirurgien délivre de sa captivité le prince enchanté*? Voyez, Wollmar! dans cette même coupe où vous puisez un fiel amer, ma fantaisie trouve de gais badinages.

Wollmar. Edwin! Edwin! Comme vous barbouillez encore de votre vernis plaisant le fond le plus sérieux!... Qu'on le dise donc à nos princes qui s'imaginent vous anéantir d'un mouvement de leurs cils! Qu'on le dise à nos belles qui, avec les fleurs

---

1. Schiller cite, en la modifiant, une partie des vers 653-655 du livre VI de l'*Énéide* de Virgile : « Ce qui fut leur soin, pendant qu'ils vivaient, les suit déposés dans la terre. »

de leur teint, veulent changer en folie notre sagesse! Qu'on le dise aux doucereux petits-maîtres qui font leur divinité d'une boucle de cheveux blonds! Qu'ils regardent avec quelle rudesse la bêche du fossoyeur caresse le crâne d'Yorik[1]. Quelle vanité une femme peut-elle tirer de sa beauté, quand elle voit le grand César servir à raccommoder, pour écarter le vent, un mur qui se détériore?

EDWIN. Mais où voulez-vous en venir avec tout cela?

WOLLMAR. Misérable dénoûment d'une farce misérable!... Voyez-vous, Edwin? Le destin de l'âme est écrit dans la matière. Tirez la conclusion, l'heureuse conclusion!

EDWIN. Doucement, Wollmar! Votre tête s'exalte, et vous savez combien vous aimez alors à maltraiter la Providence[2].

WOLLMAR. Laissez-moi continuer. La bonne cause ne redoute pas l'examen.

EDWIN. Que Wollmar attende pour examiner qu'il soit plus heureux.

WOLLMAR. Oh! fi donc! vous enfoncez le poignard dans la plaie la plus dangereuse. A vous entendre, la sagesse serait une entremetteuse bavarde qui s'en irait de maison en maison faire le métier de parasite, et flatter de son babil l'humeur bonne ou mauvaise des gens : calomniant chez le malheureux la grâce même et le bienfait, et trouvant moyen de confire et sucrer jusqu'au mal, chez l'homme heureux. Un estomac malade fait de notre planète un enfer dans ses propos moroses; un verre de vin peut en déifier les démons. Si nos fantaisies sont les moules de nos philosophies, dites-moi, je vous prie, Edwin, quelle est celle où est coulée la vérité? Je crains, Edwin, que vous ne deveniez sage qu'en devenant sombre.

EDWIN. Je n'ai nulle envie de devenir sage ainsi.

WOLLMAR. Vous avez prononcé le mot d'*heureux*. Comment le devient-on, Edwin? Le travail est la condition de la vie, le but de la sagesse, et le bonheur, dites-vous, est la récompense. Des milliers de voiles se gonflent et volent sur la

---

1. Voyez la première scène du cinquième acte de l'*Hamlet* de Shakspeare.
2 On avait supprimé dans les *OEuvres complètes* le morceau qui commence à « Qu'on le dise donc à nos princes, » et finit à « Providence. » On l'a rétabli dans ces dernières années.

mer immense, pour chercher l'île fortunée, pour conquérir cette toison d'or. Dis-moi donc, sage que tu es, combien y en a-t-il qui la trouvent? Je vois toute une flotte qui tournoie dans le cercle éternel du besoin, quittant sans cesse la rive pour y revenir aborder sans cesse, y abordant toujours pour la quitter toujours encore. Elle s'agite aux abords des lieux où elle est appelée, croise timidement le long du rivage, pour faire des vivres et raccommoder ses agrès, et ne navigue jamais, jamais dans la haute mer. Ce sont là ceux qui se fatiguent aujourd'hui pour pouvoir encore se fatiguer demain. Je les déduis, et le nombre se trouve diminué de moitié. Il en est d'autres que le tourbillon de la sensualité précipite dans une tombe sans gloire. Ce sont ceux qui dépensent toute la force de leur existence, pour jouir du fruit des sueurs des précédents. Qu'on les déduise aussi, et il nous restera encore un malheureux quart. Celui-là, inquiet et timide, fait voile sans boussole; il avance, guidé par les astres trompeurs, sur l'Océan terrible : déjà brille au bord de l'horizon, comme un blanc nuage, la rive heureuse; le pilote crie « Terre, » et, vois! une misérable planchette se brise, le vaisseau fait eau et sombre tout près du rivage :

Apparent rari nantes in gurgite vasto[1].

Le plus habile nageur lutte, arrive à terre, épuisé; étranger dans cette zone éthérée, il erre solitaire, et cherche, les yeux mouillés de larmes, sa patrie du Nord. Ainsi je retranche du total de vos généreux systèmes un million après l'autre.... Les enfants se réjouissent de porter un jour l'armure des hommes, et ceux-ci pleurent de n'être plus enfants. C'est en serpentant, bien souvent, à rebours, que le fleuve de notre science se dirige vers son embouchure; le crépuscule du soir ressemble à celui du matin; dans la même nuit l'Aurore et Vesper s'embrassent, et le sage qui s'élance contre les barrières de la mortalité, afin de les rompre, est repoussé en arrière, tombe, et

---

1. Virgile, *Énéide*, 1, 118 : « On les voit nageant clair-semés sur le vaste gouffre. »

redevient un futile enfant. Voyons, Edwin! justifiez le potier de ce que le pot lui reproche : répondez, Edwin.

EDWIN. Le potier est justifié par cela même que le pot peut plaider contre lui.

WOLLMAR. Répondez.

EDWIN. Je dis que la navigation, si même on manque l'île fortunée, n'est pas pour cela perdue.

WOLLMAR. Peut-être parce qu'on repaît ses yeux des paysages pittoresques qui, à droite et à gauche, passent au vol devant vous?... Edwin?... Et se voir ballotté pour cela par les tempêtes; trembler pour cela en rasant les écueils, les pointes de rochers; se balancer au-dessus de la gueule ouverte d'une triple mort! Ne dites plus rien : ma douleur amère est plus éloquente que votre satisfaction.

EDWIN. Et faut-il que j'écrase sous mes pieds la violette parce que je ne puis atteindre la rose? Ou bien me faut-il perdre ce beau jour de mai, parce qu'un orage peut l'assombrir? Je puise dans l'azur sans nuage une sérénité qui m'abrégera l'ennui de la tempête. Faut-il que je ne cueille pas la fleur, parce que demain elle n'aura plus de parfum? Je la jetterai quand elle sera fanée, et cueillerai sa jeune sœur, qui déjà sort charmante du bouton....

WOLLMAR. Peine perdue! Vain espoir! Là où est tombée une seule semence de plaisir, là poussent déjà mille germes de douleur. Où coule une seule larme de bonheur, là sont déjà prêtes à couler mille larmes de désespoir. A cette place où l'homme se livre aux transports de sa joie, se sont tordus mille insectes mourants. Au même instant où les accents de notre enthousiasme s'élèvent au ciel, montent aussi mille malédictions que hurle la damnation. C'est une loterie trompeuse : le misérable petit nombre de numéros gagnants disparaît dans la quantité infinie des perdants. Chaque goutte de temps est l'instant de la mort d'une joie; chaque grain de poussière qui vole, la pierre tumulaire d'un plaisir enseveli. Sur chaque point de l'éternel univers la mort a imprimé son sceau tyrannique. Sur chaque atome je lis l'inscription désolante : « Il a péri! »

EDWIN. Pourquoi pas plutôt : « Il a été? » Si chaque son est le chant de mort d'une félicité, il est aussi l'hymne de l'amour partout présent.... Wollmar, c'est auprès de ce tilleul que pour la première fois ma Juliette m'a embrassé.

Wollmar (*s'en allant rapidement*). Jeune homme! c'est sous ce tilleul que j'ai perdu ma Laure[1].

---

1. Dans le *Répertoire wurtembergeois*, ce dialogue est signé de la lettre *K*, et entre crochets on lit les mots : « Peut-être y aura-t-il une suite. »

UNE

# ACTION MAGNANIME

(RÉCIT TIRÉ DE L'HISTOIRE CONTEMPORAINE)

# UNE ACTION MAGNANIME.

(RÉCIT TIRÉ DE L'HISTOIRE CONTEMPORAINE [1].)

Les drames et les romans nous font connaître le cœur humain sous ses plus brillants aspects : notre imagination s'enflamme; notre cœur reste froid, ou du moins l'ardeur qui ainsi l'anime ne dure qu'un instant, et s'éteint dès qu'il s'agit de la pratique de la vie. Dans le moment même où la bonté sans apprêt de l'honnête Puff nous touche presque jusqu'aux larmes, nous grondons et repoussons brusquement peut-être le mendiant qui frappe à notre porte.

Qui sait si ce n'est pas précisément cette existence artificielle dans un monde idéal qui sape notre existence dans le monde réel? Nous flottons là, pour ainsi dire, autour des deux points extrêmes de la moralité, l'ange et le démon, et nous négligeons ce qui est entre deux.... l'homme.

La présente histoire, qui a pour héros (je suis heureux et fier de le dire) deux Allemands, a un mérite incontestable : elle est vraie. J'espère qu'elle laissera à mes lecteurs plus de chaleur d'âme que tous les volumes de *Grandison* et de *Paméla*.

Deux frères, les barons de Wrmb., s'étaient épris à la fois d'une jeune et charmante demoiselle de Wrthr., sans que l'un soupçonnât la passion de l'autre. Leur amour à tous deux était

---

[1]. Ce morceau a été inséré dans le *Répertoire wurtembergeois de la littérature*, de 1782. (2ᵉ cahier, p. 268-270.)

tendre et fort, car ils aimaient pour la première fois. La jeune fille était belle et d'une âme sensible. Les deux frères laissèrent croître jusqu'à la passion leur doux penchant, ne connaissant ni l'un ni l'autre le danger qu'ils couraient, danger, de tous, le plus terrible pour leur cœur : celui de trouver dans un frère un rival. Chacun d'eux voulut épargner à celle qu'il aimait un aveu prématuré, et ils s'abusèrent ainsi mutuellement, jusqu'à ce qu'un événement imprévu vint révéler tout le mystère de leurs sentiments.

Déjà l'amour des deux frères avait atteint son plus haut degré; déjà la plus funeste des passions, qui a fait dans le genre humain des ravages presque aussi affreux que son contraire, quelque horrible qu'il soit, s'était emparée de leurs cœurs tout entiers, et un sacrifice semblait des deux parts impossible. Vivement émue de la triste situation de ces deux infortunés, la jeune fille n'osa se déclarer exclusivement pour l'un des deux, et soumit son penchant à la décision de l'amour fraternel.

Vainqueur dans cette lutte douteuse du devoir et du sentiment, que nos philosophes sont toujours si prêts à décider, et que l'homme, dans la vie pratique, hésite tant à engager, le frère aîné dit au plus jeune : « Je sais que tu aimes *** ardemment comme moi. Je ne veux point savoir qui de nous deux a les droits les plus anciens.... Reste ici ; je courrai le monde; je m'efforcerai de l'oublier. Si j'y parviens.... frère, elle est à toi, et que le ciel bénisse ton amour.... Si je ne le puis.... eh bien! alors, pars à ton tour et fais comme moi. »

Il quitta aussitôt l'Allemagne, et alla en Hollande.... mais l'image de sa bien-aimée le suivit. Loin de la patrie de son amour, exilé d'une contrée qui renfermait toute la félicité de son cœur, de la seule contrée où il pût vivre, le malheureux tomba malade : comme la plante dépérit quand l'Européen l'arrache violemment de la terre d'Asie sa mère, et la force à végéter dans un sol plus rude, loin de son doux soleil. Il atteignit Amsterdam, en proie au désespoir; là une fièvre chaude mit sa vie en danger. L'image de son unique amie dominait dans les rêves de son délire ; la guérison dépendait de sa possession. Les médecins doutaient de son rétablissement : l'assurance qu'on le rendrait à sa bien-aimée put seule l'arracher à grand'peine des bras de la mort. Squelette vivant, effrayant exemple des ravages de la douleur, il rentre dans sa ville natale, et monte, en chancelant, l'escalier qui conduit chez celle qu'il aime, chez son frère.

« Frère, me voici de retour. Quel sacrifice j'exigeais de mon cœur, Dieu seul le sait. Je n'en puis supporter davantage. » Il tomba évanoui dans les bras de la jeune fille.

Le plus jeune frère ne se montra pas moins résolu. Au bout de quelques semaines, il se présente en costume de voyage :

« Frère, dit-il, tu as porté ta douleur jusqu'en Hollande.... je veux essayer de porter la mienne plus loin. Ne conduis pas notre amie à l'autel avant que je t'écrive. L'amour fraternel se permet cette seule condition.... Si je suis plus heureux que toi.... alors, au nom de Dieu! qu'elle soit à toi, et que le ciel bénisse votre amour! Si je ne le suis point.... que le ciel décide de la suite et prononce entre nous! Adieu! Garde ce petit paquet cacheté, ne l'ouvre pas que je ne sois parti.... Je vais à Batavia. »

A ces mots, il s'élança dans la voiture.

Respirant à peine, ceux qu'il quittait le suivirent d'un regard stupéfait. Il avait surpassé son frère en générosité. Il le laissait combattu entre l'amour et le regret de perdre le plus noble des hommes. Le bruit de la voiture qui fuyait retentit comme un coup de tonnerre dans le cœur de l'aîné. On craignit pour sa vie. La jeune fille.... mais non! la fin nous instruira de ce qui la touche.

On ouvrit le paquet. C'était une donation en règle de tous les biens que l'exilé possédait en Allemagne : s'il réussissait à Batavia, son frère les devait recueillir. Le courageux vainqueur de lui-même mit à la voile en compagnie de marchands hollandais, et arriva heureusement à Batavia. Au bout de quelques semaines, il envoya à son frère les lignes suivantes :

« Ici, sur cette terre nouvelle, où je remercie le Tout-Puissant, je pense à toi et à celle qui nous est chère, avec le ravissement d'un martyr. Des scènes nouvelles, un nouveau destin ont agrandi mon âme; Dieu m'a donné la force de faire à l'amitié le plus grand sacrifice. Elle est à toi.... Dieu! ici est tombée une larme.... la dernière.... J'ai triomphé.... Notre jeune amie est à toi.... frère, je ne devais pas la posséder; elle n'aurait pas été heureuse avec moi. Si jamais la pensée lui venait qu'elle eût pu l'être.... Frère!... Frère!... Oh! alors, c'est un lourd fardeau dont je charge ton âme. N'oublie pas quel prix coûta sa conquête.... Traite toujours cet ange comme maintenant ton jeune amour t'apprend à le faire. Traite-le comme un legs sacré de ton frère, que jamais plus tes bras ne serreront. Adieu! ne m'écris pas quand tu célébreras tes noces.... Ma blessure saigne toujours.... Apprends-moi seulement ton bonheur. Mon action même me garantit que Dieu ne me retirera pas non plus son secours sur la terre étrangère. »

Le mariage fut célébré. La plus heureuse des unions dura un an.... puis la femme mourut. Ce ne fut qu'en mourant qu'elle révéla à son amie la plus intime le douloureux secret de son cœur : c'était l'exilé qu'elle avait le mieux aimé.

Les deux frères vivent encore. L'aîné, remarié, vit sur ses terres en Allemagne. Le plus jeune est resté à Batavia, où il est parvenu à une brillante prospérité. Il a fait un vœu, et l'a tenu : celui de ne jamais se marier.

# L'HOMME DEVENU CRIMINEL

## POUR AVOIR PERDU L'HONNEUR

### (HISTOIRE VÉRITABLE)

# L'HOMME DEVENU CRIMINEL

POUR AVOIR PERDU L'HONNEUR.

(HISTOIRE VÉRITABLE[1].)

Dans toute l'histoire de l'homme, il n'y a, pour le cœur et l'esprit, aucun chapitre plus instructif que les annales de ses erreurs. A chaque grand crime, une force grande à proportion a été mise en mouvement. Si, à la faible lueur des sentiments ordinaires, l'action mystérieuse de la passion demeure cachée, elle n'en devient que plus saillante, plus manifeste, plus colossale, dans l'état d'exaltation violente. L'observateur pénétrant, qui sait jusqu'à quel point au juste on peut faire fond sur le mécanisme de la liberté habituelle du vouloir, et dans quelle mesure il est permis de conclure par analogie, pourra, de ce domaine des égarements de l'homme, transporter dans sa psychologie plus d'une expérience, et en tirer des conséquences pour la morale de la vie.

C'est quelque chose de si uniforme et à la fois pourtant de si composé, que le cœur humain ! Une seule et même aptitude, un

---

1. Ce récit a paru d'abord dans le deuxième cahier de la *Thalie Rhénane*, publié en 1786. Le titre primitif était *Verbrecher aus Infamie*, « Criminel par infamie, » et l'introduction commençait ainsi : « L'art de guérir et la diététique, si les médecins veulent être francs, ont recueilli leurs meilleures découvertes, et leurs prescriptions les plus salutaires, au lit des malades et des mourants. Les autopsies, les hôpitaux et les maisons de fous ont répandu les plus vives lumières sur la physiologie. La psychologie, la morale, la puissance législative devraient suivre cet exemple, et chercher de même des enseignements dans les prisons, les cours de justice, et les procédures criminelles, qui sont les procès-verbaux de dissection du vice. Dans toute l'histoire de l'homme, etc. »

seul et même désir peut s'exercer sous mille formes et dans mille directions ; peut produire mille phénomènes contradictoires ; peut se montrer différemment combiné dans mille caractères ; et, d'autre part, mille caractères et mille actions dissemblables peuvent dériver d'un seul et même penchant, sans que l'homme (c'est de sa nature pourtant qu'il s'agit) se doute le moins du monde de cette parenté. Si, pour la race humaine, comme pour les autres règnes de la nature, il s'élevait un jour un Linnée, qui classât les hommes d'après leurs instincts et leurs penchants, combien ne s'étonnerait-on pas de rencontrer sur une seule et même ligne, avec le monstre Borgia, plus d'un individu dont maintenant les vices étouffent nécessairement dans la sphère rétrécie de la vie civile et dans l'étroite enceinte de la loi[1] !

En examinant les choses à ce point de vue, on trouve mainte objection à élever contre la commune manière de traiter l'histoire, et là aussi, j'imagine, est l'obstacle qui fait que l'étude de l'histoire est jusqu'ici demeurée infructueuse pour la vie sociale. Entre la vive émotion du personnage qui est en scène, et la tranquille disposition d'esprit du lecteur devant qui l'action est représentée, il règne un contraste si choquant, il existe une si grande distance, qu'il est difficile, impossible même à ce dernier de se douter seulement de la moindre connexion. Il y a entre le sujet historique et le lecteur un vide, qui éloigne toute possibilité de comparaison ou d'application ; et de la sorte, au lieu de cette terreur salutaire qui vient avertir, dans sa sécurité, l'orgueilleuse santé de l'âme, le récit n'obtient de nous que le hochement de tête de la surprise incrédule. Le malheureux, qui, au moment où il a accompli son action, comme au moment où il l'expie, était cependant un homme comme nous, nous le regardons comme une créature d'une autre espèce, dont le sang circule autrement que le nôtre, dont la volonté obéit à d'autres règles que la nôtre : sa destinée nous touche peu ; car enfin, l'émotion ne se fonde que sur le senti-

---

1. Dans la *Thalie*, la phrase se termine de la manière suivante : « Et il y aurait peut-être plus de raisons de les trouver rapprochés, que n'en a eu le chevalier suédois de jeter dans une même classe le champignon comestible et le vénéneux. »

ment confus d'un danger analogue, et nous sommes bien loin de rêver seulement une pareille analogie. L'instruction se perd avec la ressemblance, et l'histoire, au lieu d'être une école qui nous forme, est réduite à procurer une misérable satisfaction à notre curiosité. Veut-elle être pour nous quelque chose de plus, et atteindre son grand et véritable but? il faut alors qu'elle choisisse de deux méthodes l'une : ou donner au lecteur la chaleur du héros, ou rendre le héros aussi froid que le lecteur.

Je sais que, parmi les meilleurs historiens des temps modernes et de l'antiquité, plus d'un s'en est tenu à la première méthode, et a séduit l'âme de son lecteur par une entraînante exposition. Mais cette manière est une usurpation de l'écrivain, et porte atteinte à la liberté toute républicaine du public qui le lit et qui a le droit de prononcer lui-même la sentence; puis, c'est une transgression des justes limites, car cette première méthode appartient exclusivement à l'orateur et au poëte. Il ne reste à l'historien que la seconde.

Il faut que le héros devienne froid comme le lecteur, ou, ce qui revient au même ici, que nous fassions connaissance avec lui avant qu'il agisse; il faut que nous le voyions, non pas seulement accomplir son action, mais encore la vouloir. Ses pensées nous importent infiniment plus que ses actes, et les sources de ses pensées bien plus que les conséquences de ses actes. On a étudié le sol du Vésuve, pour s'expliquer l'origine de ses éruptions : pourquoi examiner de moins près un phénomène moral qu'un phénomène physique? Pourquoi ne pas accorder le même degré d'attention à la nature de l'homme coupable, et au pouvoir des circonstances au milieu desquelles il s'est trouvé, jusqu'au moment où les matières inflammables, amassées au dedans de lui, ont pris feu? Le rêveur qui aime le merveilleux est charmé précisément par ce qu'il y a d'étrange et d'extraordinaire dans le phénomène; mais l'ami de la vérité cherche une cause aux effets, une mère à ces enfants perdus. Il la cherche dans l'invariable constitution de l'âme humaine et dans les conditions variables qui la déterminent du dehors : dans ces deux sources il la trouve certainement. Alors il ne s'étonne plus de voir pousser la ciguë vénéneuse sur la même couche de terre où ne fleurissent du reste que des plantes salutaires, de trouver ensemble dans le même berceau la sagesse et la folie, le vice et la vertu [1].

Cette manière de traiter l'histoire, sans même compter aucun des avantages que la psychologie en retire, mériterait la préférence par cela seul qu'elle extirpe cette ironie cruelle et cette orgueilleuse assurance, avec lesquelles la vertu qui n'est restée debout que faute de tentation, méprise communément la vertu tombée ; puis encore parce qu'elle propage ce doux esprit de tolérance, sans lequel aucun fugitif ne revient, aucune réconciliation n'est possible entre la loi et son violateur, sans lequel la gangrène, quand elle a une fois attaqué un membre de la société, l'envahit nécessairement tout entier.

Le criminel dont je vais parler aurait-il encore eu le droit d'en appeler à cet esprit de tolérance ? Était-ce réellement un membre perdu sans retour pour le corps de l'État ?... Je ne veux point prévenir le jugement du lecteur. Notre indulgence ne lui peut plus servir, car il est mort de la main du bourreau.... mais l'autopsie de son crime sera peut-être un enseignement pour l'humanité.... et peut-être aussi pour la justice.

Christian Wolf était fils d'un aubergiste d'une petite ville de ***, dont je dois taire le nom pour des motifs qui s'expliqueront plus tard. Jusqu'à l'âge de vingt ans, il aida sa mère à tenir l'auberge ; car le père était mort. L'auberge était peu achalandée, et Wolf avait des heures de désœuvrement. Dès le temps de l'école il était connu pour un mauvais garnement. Les grandes filles se plaignaient de son effronterie, et les jeunes polissons de la petite ville rendaient hommage à son génie inventif. La nature avait négligé son corps. Une petite figure sans apparence, des cheveux crépus d'un noir désagréable, un nez plat et écrasé, et une lèvre supérieure gonflée, qui, à la suite d'un coup de pied de cheval, avait, en outre, dévié de sa direc-

---

1. Dans la *Thalie*, l'alinéa suivant commence ainsi : « Que de jeunes filles bien élevées auraient sauvé leur innocence, si elles avaient appris à juger un peu plus charitablement leurs sœurs tombées, habitantes des maisons de joie ! Que de familles ruinées par la misérable chimère de la dignité du rang, seraient encore florissantes, si elles avaient voulu interroger sur l'histoire de sa vie le forçat, qui, pour expier sa prodigalité, est condamné à balayer les rues ! Cette manière de traiter, etc. »

tion naturelle : tout cela lui donnait un aspect repoussant, qui éloignait de lui toutes les femmes, et fournissait ample matière aux railleries de ses camarades[1].

Il voulut obtenir de force ce qu'on lui refusait : parce qu'il déplaisait, il se mit dans la tête de plaire. Il n'était que sensuel, il se persuada qu'il aimait. La jeune fille qu'il choisit le malmena; il avait tout lieu de craindre que ses rivaux ne fussent plus heureux. Elle était pauvre. « Un cœur, pensa-t-il, qui restait fermé à ses protestations s'ouvrirait peut-être à ses présents. » Mais l'indigence le pressait lui-même, et ses vaines tentatives pour faire valoir son extérieur absorbèrent le peu qu'il gagnait avec sa méchante auberge. Trop ami de ses aises et trop ignorant pour relever ses affaires par quelque spéculation, trop orgueilleux et aussi trop mou pour devenir un paysan, après avoir été jusque-là un monsieur, et pour renoncer à sa chère liberté, il ne vit devant lui qu'un moyen de sortir d'embarras, moyen que mille autres, avant et après lui, ont employé avec plus de succès : celui de voler honnêtement. Sa ville natale était voisine d'un bois domanial : il se fit braconnier, et son butin passa fidèlement dans les mains de sa bien-aimée.

Parmi les amoureux de Jeannette se trouvait Robert, un des gardes-chasse du forestier. Robert remarqua bien vite l'avantage que son rival avait pris sur lui par ses générosités, et il chercha d'un œil envieux l'origine de ce changement. Il se montra plus assidûment à l'auberge du *Soleil* (c'était l'enseigne de Wolf), et ses regards scrutateurs, aiguisés par la rivalité et la jalousie, eurent bientôt découvert la source d'où l'argent sortait. Peu de temps auparavant, on avait renouvelé un édit sévère contre les braconniers, qui condamnait le délinquant à la maison de correction. Robert fut infatigable à surveiller les secrètes allées de son ennemi : il réussit enfin à prendre l'imprudent sur le fait. Wolf fut arrêté, et ce ne fut qu'en sacrifiant tout son petit avoir, qu'il parvint, à grand'peine, à échapper, au moyen d'une amende, au châtiment qu'il avait encouru.

---

1. La *Thalie* a ici une phrase de plus : « Le mépris de sa personne avait de bonne heure blessé son orgueil, et finit par allumer dans son cœur une indignation sourde qui ne s'éteignit plus jamais. »

Robert triomphait. Son rival était exclu de la lice, et la faveur de Jeannette perdue pour le mendiant. Wolf connaissait son ennemi, et cet ennemi était l'heureux possesseur de sa Jeanne. Le sentiment amer de son indigence se joignit à son orgueil offensé. Le besoin et la jalousie excitent à l'envi sa passion : la faim le pousse à s'expatrier, à courir le monde; la vengeance et l'amour le retiennent. Il redevient braconnier; mais la vigilance redoublée de Robert le surprend de nouveau. Cette fois, il éprouve toute la sévérité de la loi; car il n'a plus rien à donner, et, après quelques semaines, il est transféré dans la maison de correction de la résidence.

L'année de la peine était écoulée : la passion de Wolf s'était accrue par l'éloignement, et son orgueil s'était exalté sous le poids du malheur. A peine a-t-il sa liberté, qu'il se hâte de retourner au lieu de sa naissance, pour se montrer à sa chère Jeanne. Il paraît : on le fuit. Le besoin impérieux a enfin plié sa fierté et vaincu sa mollesse : il se présente aux riches de l'endroit, et demande à servir pour un salaire. Le paysan hausse les épaules à la vue de ce gars amolli et chétif; la solide charpente de ses robustes concurrents le supplante auprès de cet impitoyable patron. Il hasarde un dernier essai. Un emploi est encore vacant, l'extrême et dernière ressource d'un honnête homme.... il s'offre pour être le berger de la petite ville ; mais les paysans ne veulent point confier leurs pourceaux à un vaurien. Déçu dans toutes ses tentatives, partout éconduit, il devient braconnier pour la troisième fois, et, pour la troisième fois, le malheur le fait tomber entre les mains de son vigilant ennemi.

La double récidive avait aggravé son délit. Les juges lurent dans le livre de la loi, mais pas un dans l'âme du prévenu. L'édit porté contre les braconniers réclamait une sanction solennelle et exemplaire, et Wolf fut condamné à travailler trois ans dans une forteresse, après qu'un fer chaud lui aurait flétri le dos du signe de la potence.

Cette période encore s'écoula, et il sortit de la forteresse.... mais tout autre qu'il n'y était entré. Ici commence une nouvelle époque dans sa vie : qu'on écoute les aveux que plus tard il a faits lui-même à l'ecclésiastique qui l'assistait, et à la justice.

« En entrant dans la forteresse, dit-il, j'étais un malheureux égaré, et j'en sortis un coquin. Jusque-là j'avais encore dans le monde quelque chose qui m'était cher, et mon orgueil se courbait sous le poids de la honte. Lorsqu'on m'amena à la forteresse, on m'enferma avec vingt-trois prisonniers, parmi lesquels il y avait deux meurtriers; tous les autres étaient des voleurs et des vagabonds décriés. On se moquait de moi quand je parlais de Dieu, et l'on m'excitait à proférer d'infâmes blasphèmes contre le Rédempteur. On me chantait des chansons obscènes, que je ne pouvais, tout vaurien que j'étais, entendre sans dégoût et sans horreur; mais ce que je voyais faire me révoltait bien plus encore. Il ne se passait point de jour que je n'entendisse raconter une vie scandaleuse ou projeter quelque mauvais coup. D'abord, je fuyais cette race, et me dérobais autant qu'il m'était possible, à ces propos; mais j'avais besoin de la société d'une créature quelconque, et la barbarie de mes geôliers m'avait refusé jusqu'à mon chien. Le travail était dur et tyrannique; mon corps était malade; j'avais besoin d'assistance; pour parler sincèrement, j'avais besoin de pitié, et cette pitié, je ne pus l'acheter qu'en sacrifiant le peu qu'il me restait de conscience. C'est ainsi que je m'habituai enfin aux plus grandes horreurs, et, dans le dernier trimestre, j'avais dépassé mes maîtres.

« A partir de cette époque, j'aspirai avidement au jour de ma liberté, comme j'aspirai à la vengeance. Tous les hommes m'avaient offensé, car tous étaient meilleurs et plus heureux que moi. Je me regardais comme un martyr du droit naturel et comme une victime des lois. Je secouais mes chaînes en grinçant des dents lorsque le soleil se levait derrière la montagne de ma forteresse : une vaste perspective est un double enfer pour un prisonnier. Le vent, l'air libre qui sifflait à travers les soupiraux de la tour, et l'hirondelle qui se posait sur la barre de fer de ma grille, semblaient me narguer avec leur liberté, et me rendaient ma captivité d'autant plus affreuse. Alors, je vouai une haine ardente, implacable, à tout ce qui ressemblait à l'homme, et ce vœu, je l'ai fidèlement accompli.

« Ma première pensée, aussitôt que je me vis libre, fut ma ville natale. Si je ne pouvais espérer d'y trouver désormais des ressources, en revanche je comptais y assouvir ma soif de vengeance. Mon cœur battit avec plus de violence quand je vis de loin le clocher s'élever du milieu du bois. Ce n'était plus cette satisfaction de cœur que j'avais éprouvée à mon premier retour : le souvenir de tout le mal, de toutes les persécutions que j'y avais soufferts autrefois, s'éveilla tout d'un coup comme d'un affreux sommeil de mort ; toutes mes blessures recommencèrent à saigner, toutes mes cicatrices se rouvrirent. Je doublai le pas, car je jouissais à l'avance d'effrayer mes ennemis par ma subite apparition, et j'avais soif alors de nouvelles humiliations, autant que je les avais redoutées jadis.

« Les cloches sonnaient les vêpres, lorsque je me trouvai au milieu de la place du marché. Les gens de la paroisse se rendaient en foule à l'église. On me reconnut bien vite ; chacun de ceux qui me rencontraient reculait avec crainte. De tout temps j'avais beaucoup aimé les petits enfants, et, dans ce moment même, par je ne sais quelle impulsion irrésistible, j'offris un gros à un petit garçon qui passait devant moi en sautillant. L'enfant me regarda fixement une minute, et me jeta le gros à la face. Si j'avais eu tant soit peu plus de sang-froid, je me serais souvenu que la longue barbe que je rapportais de ma prison défigurait affreusement les traits de mon visage.... mais mon mauvais cœur avait corrompu ma raison. Des larmes, comme jamais je n'en avais versé, coulèrent sur mes joues.

« Ce garçon ne sait pas qui je suis, ni d'où je viens, me
« disais-je à demi-voix, et pourtant il me fuit comme une
« bête immonde. Suis-je donc marqué quelque part au front,
« ou ai-je cessé de ressembler à un homme, parce que je sens
« que je n'en puis plus aimer aucun ? » Le mépris de cet enfant me causait une souffrance plus amère que mes trois années de travaux forcés, car je lui avais fait du bien, et à lui je ne pouvais imputer aucune haine personnelle.

« Je me plaçai dans un chantier en face de l'église. Ce que je voulais précisément, je ne puis le dire ; pourtant je sais encore que je me levai exaspéré en voyant que, de toutes mes connaissances qui passèrent devant moi, pas une ne me jugea digne d'un salut, pas une seule. Indigné, je quittai ma place, pour chercher une auberge. Comme je tournais le coin d'une rue, je me trouvai face à face avec ma Jeanne. « L'hôte du Soleil! » s'écria-t-elle tout haut, et elle fit un mouvement pour m'embrasser. « Te voilà de retour, cher Christian! que Dieu soit « loué de t'avoir ramené! » La faim et la misère se trahissaient dans ses vêtements, une maladie honteuse sur son visage : tout son aspect révélait une créature perdue, le dernier degré d'avilissement. Je vis tout de suite ce qui avait pu arriver : quelques dragons de la garde que je venais de rencontrer me firent deviner qu'il y avait une garnison dans la petite ville. « Une fille « de caserne! » m'écriai-je, et je lui tournai le dos en riant. J'éprouvai une certaine jouissance à trouver une créature au-dessous de moi dans l'échelle des êtres. Je ne l'avais jamais aimée.

« Ma mère était morte. Mes créanciers s'étaient payés avec ma petite maison. Je n'avais plus personne, je n'avais plus rien. Tout le monde me fuyait comme un animal venimeux, mais j'avais enfin désappris la honte. Autrefois, je m'étais soustrait aux regards des hommes, parce que le mépris m'était insupportable. Maintenant, je m'imposais à eux et me plaisais à les faire fuir. J'étais content de n'avoir plus rien à perdre, plus rien dont il fallût me garder. Je n'avais plus besoin d'aucune bonne qualité, parce qu'on ne m'en supposait plus[1].

« Le monde entier m'était ouvert; peut-être, dans une province étrangère, aurais-je pu passer pour un honnête homme; mais j'avais perdu jusqu'à l'envie de le paraître. Le désespoir et la honte avaient fini par me réduire à de tels sentiments. Désormais mon unique ressource était d'apprendre à me passer de l'honneur, car je n'y pouvais plus prétendre. Si ma vanité et mon orgueil eussent survécu à mon abaissement[2], j'aurais été contraint de me tuer.

« J'ignorais encore moi-même à quoi j'étais décidé. Je voulais faire le mal : voilà tout ce que je me rappelle confusément. Je

---

1. On lit de plus dans la *Thalie* : « On me faisait expier des infamies que je n'avais pas encore commises. Le genre humain était mon débiteur : j'avais le droit de lui faire tout le mal dont d'avance j'avais subi la peine. Mon déshonneur était le capital avec les intérêts duquel je pouvais longtemps encore faire grande chère. »

2. Dans la *Thalie* : « A mon infamie. »

voulais mériter mon sort. « Les lois, pensais-je, sont des bien-
« faits pour le monde : » je pris donc la résolution de les violer.
Autrefois, j'avais péché par nécessité et légèreté ; à partir de
ce moment, ce fut par choix et pour mon plaisir.

« La première chose que je fis, fut de continuer mon bra-
connage. La chasse en général était peu à peu devenue chez moi
une passion, et d'ailleurs il fallait bien vivre. Mais ce n'était
pas tout : j'avais comme une démangeaison de braver l'édit du
prince et d'offenser mon souverain autant que je le pouvais.
être arrêté, je ne m'en inquiétais plus, car maintenant j'avais
une balle prête pour qui me découvrirait, et je savais bien que
mon coup ne manquerait pas son homme. Je tuais tout le gibier que je rencontrais, je n'en vendais à la frontière qu'une
petite quantité, j'en laissais pourrir sur place la plus grande
partie. Je vivais misérablement, pour suffire avant tout à ma
dépense de poudre et de plomb. Mes dévastations dans le gros
gibier faisaient grand bruit ; mais le soupçon ne pesait plus sur
moi. Mon aspect le dissipait. Mon nom était oublié.

« Je menai ce genre de vie pendant plusieurs mois. Un matin, j'avais, selon mon habitude, parcouru le bois, pour suivre
la piste d'un cerf. Durant deux heures je m'étais fatigué en
vain, et je commençais déjà à renoncer à ma proie, lorsque
tout à coup je la découvris à portée de mon fusil. Je veux
mettre en joue et tirer.... mais soudain je remarque avec saisissement un chapeau étendu par terre à quelques pas de moi.
Je regarde plus attentivement, et j'aperçois et reconnais le
garde-chasse Robert, qui, derrière le tronc d'un gros chêne,
vise précisément la même bête à qui j'avais destiné mon coup.
A cette vue, un froid mortel parcourt mes os. C'était justement l'homme que, parmi tous les êtres vivants, je détestais le
plus affreusement, et cet homme était là, à la portée de ma
balle. En ce moment, il me sembla que je tenais le monde
entier sous mon coup de fusil, et que la haine de toute ma vie
se concentrait au bout de ce seul doigt qui allait accomplir la
pression meurtrière. Une main invisible, effroyable, planait
au-dessus de moi ; l'aiguille de ma destinée marquait irrévoca-
blement cette noire minute. Mon bras tremblait, tandis que
je laissais à mon fusil ce choix terrible.... mes dents claquaient

comme dans le frisson de la fièvre, et ma respiration haletante s'arrêtait dans ma poitrine. Hésitant entre l'homme et le cerf, le canon de mon fusil balança une minute, juste entre deux.... une minute.... puis encore une.... puis une troisième. La vengeance et la conscience se livrent un combat opiniâtre et douteux ; mais la vengeance l'emporte, et le garde-chasse tombe mort sur le sol.

« Mon arme m'échappe avec le coup.... « Meurtrier!... » bégayai-je lentement.... la forêt était silencieuse comme un cimetière.... je m'entendis moi-même distinctement dire : « Meurtrier! » Je me glisse plus près de lui : à ce moment même il expire. Je demeurai longtemps sans voix, debout devant le mort ; enfin, un sonore éclat de rire me rendit la respiration. « Te tairas-tu maintenant, dis-je, mon bon ami? » et je m'avançai avec audace, et tournai vers le jour le visage de la victime. Ses yeux étaient grands ouverts. Je devins sérieux, et de nouveau je me tus tout à coup. Je commençais à me sentir dans une disposition étrange.

« Le mal que j'avais fait jusque-là, je le mettais sur le compte de mon infamie ; mais je venais de commettre une action que je n'avais pas encore expiée. Je crois qu'une heure auparavant personne ne m'aurait persuadé qu'il y eût sous le ciel rien de plus misérable que moi ; maintenant je commençais à soupçonner que je pouvais bien, une heure auparavant, être digne d'envie.

« L'idée des jugements de Dieu ne me vint point à l'esprit.... mais je ne sais quel souvenir confus de corde et de glaive, et l'exécution d'une infanticide, que j'avais vue étant encore écolier. Il y avait pour moi quelque chose de singulièrement terrible dans cette pensée, que ma vie, dès ce moment, appartenait à la justice. Je ne me rappelle rien de plus. Peu après, je me pris à désirer qu'il vécût encore. Je me faisais violence pour ranimer le souvenir de tout le mal que le mort m'avait fait pendant sa vie ; mais, chose étrange! ma mémoire était comme éteinte. Je ne pouvais plus rien me représenter de ce qui, un quart d'heure plus tôt, m'avait exalté jusqu'à la rage. Je ne concevais pas le moins du monde comment j'en étais venu à ce meurtre.

« J'étais encore là, toujours debout devant le cadavre. Des claquements de fouet et le bruit de quelques chariots qui traversaient le bois me rappelèrent à moi-même. C'était à peine à un quart de mille de la grande route que le crime avait été commis. Il me fallait songer à ma sûreté.

« Involontairement je m'engageai davantage dans le bois. Tout en marchant, il me souvint que le mort possédait autrefois une montre. J'avais besoin d'argent pour atteindre la frontière.... et pourtant le courage me manquait pour retourner à l'endroit où était étendue ma victime. La pensée du démon et de Dieu présent partout m'effrayait. Je rassemblai toute ma hardiesse : résolu à braver l'enfer tout entier, je retournai au lieu du meurtre. Je trouvai ce à quoi je m'attendais, et, en outre, dans une bourse verte, un peu plus d'un thaler. Au moment où j'allais prendre le tout sur moi, je m'arrêtai tout à coup et je réfléchis. Ce ne fut pas un accès de honte, ni la crainte non plus d'aggraver mon crime par le vol.... ce fut l'orgueil, je crois, qui me fit rejeter la montre et ne garder que la moitié de l'argent. Je voulais qu'on me prît pour un ennemi personnel de la victime, et non pour un voleur.

« Alors je m'enfuis au cœur de la forêt. Je savais qu'elle s'étendait vers le nord dans une longueur de quatre milles allemands, et que là elle touchait à la frontière du pays. Je courus hors d'haleine jusqu'à midi. La précipitation de ma fuite avait d'abord dissipé mes remords; mais ils revenaient plus terribles à mesure que mes forces s'épuisaient. Mille fantômes horribles me passaient devant les yeux, et il me semblait qu'ils m'enfonçaient des lames tranchantes dans la poitrine. Entre une vie empoisonnée par la crainte continuelle de la mort et une mort volontaire, il me restait à faire un choix épouvantable, un choix nécessaire. Je n'avais point le cœur de sortir de ce monde par un suicide, et j'étais effrayé à l'idée d'y rester. Pressé entre les tourments certains de la vie et les craintes incertaines de l'éternité, également incapable de vivre et de mourir[1], je passai de la sorte la sixième heure de ma fuite, heure où s'entassèrent

---

1. « Trop lâche pour vivre et trop lâche pour mourir. » (*Thalie*.)

de telles souffrances que jamais homme vivant n'en eut à raconter de pareilles[1].

« Replié sur moi-même, marchant à pas lents, mon chapeau enfoncé, à mon insu, bien bas sur le visage, comme si cela eût pu me rendre méconnaissable aux yeux de la nature inanimée, j'avais suivi, sans m'en apercevoir, un étroit sentier, qui me conduisait par le fourré le plus sombre.... lorsque soudain une voix rude et impérieuse cria devant moi : « Halte! » La voix était toute proche, ma préoccupation et mon chapeau enfoncé sur ma tête m'avaient empêché de voir autour de moi. J'ouvris les yeux et vis venir à moi un homme d'un aspect sauvage, qui portait un grand bâton noueux. Sa structure était d'un géant (c'est du moins ce que m'avait fait croire mon premier saisissement); la couleur de sa peau était un jaune de mulâtre tirant sur le noir, d'où ressortait affreusement la blancheur d'un œil louche. Il avait, au lieu de ceinture, une grosse corde qui faisait deux fois le tour d'un surtout de laine verte, et dans laquelle était passé un large coutelas auprès d'un pistolet. Le cri de halte fut répété, et un bras vigoureux me saisit fortement. La voix d'un homme m'avait effrayé; mais la vue d'un scélérat me donna du cœur. Dans l'état où je me trouvais en ce moment, j'avais des raisons de trembler devant tout honnête homme, mais devant un brigand, je n'en avais plus.

« Qui es-tu? dit cette apparition.

« — Ton semblable, répondis-je, si tu es véritablement ce « que tu parais.

« — Ce n'est pas là la route. Qu'as-tu à chercher ici?

« — Et toi, répliquai-je d'un ton de défi, de quel droit m'in-« terroges-tu ? »

« L'homme m'examina deux fois des pieds à la tête. On eût dit qu'il voulait comparer ma figure à la sienne et ma réponse à ma figure.... « Tu parles brutalement, comme un mendiant, » dit-il enfin.

« — Cela peut être. Je l'étais encore hier.... »

---

[1]. Dans la *Thalie* il y a quelques mots de plus : « Souffrances dont la miséricorde divine me fera grâce au gibet. »

« L'homme se mit à rire. « On jugerait, s'écria-t-il, que main-
« tenant encore tu n'as pas envie de passer pour mieux que cela.

« — Alors, pour pis que cela, sans doute? » — Je voulus continuer mon chemin.

« Tout doux, l'ami! Qu'est-ce qui te presse donc ainsi? Ton
« temps est-il si précieux? »

« Je réfléchis un instant. Je ne sais comment cette parole me vint à la bouche : « La vie est courte, dis-je lentement, et
« l'enfer est éternel. »

« Il me regarda fixement. « Dieu me damne, dit-il enfin, si
« tu n'as point effleuré de bien près la potence!

« — Cela pourra bien venir. Au revoir donc, camarade!

« — Tôpe, camarade! » cria-t-il, en tirant de sa gibecière une bouteille d'étain, dont il but une bonne gorgée, et qu'il me tendit. La fuite et l'inquiétude avaient épuisé mes forces, et, dans tout le cours de cette épouvantable journée, rien encore n'avait passé par mes lèvres. Je craignais déjà de mourir d'inanition dans ce pays boisé, où, à trois milles à la ronde, je n'avais rien à attendre pour me restaurer. Qu'on juge avec quelle joie je fis raison à cette santé qu'on me portait. Avec la boisson bienfaisante, de nouvelles forces coulèrent dans mes membres, et dans mon cœur un nouveau courage, avec l'espérance et l'amour de la vie. Je commençai à croire que je n'étais pourtant pas tout à fait misérable : ce fut l'effet de ce bienheureux breuvage. Oui, je l'avoue, ma situation touchait de nouveau au bonheur; car à la fin, après mille espérances déçues, j'avais trouvé une créature qui paraissait semblable à moi. Dans l'état où j'étais tombé, j'aurais fait amitié, le verre en main, avec un démon de l'enfer, rien que pour avoir un confident.

« L'homme s'était étendu sur l'herbe ; j'en fis autant.

« Ton breuvage, dis-je, m'a fait du bien. Il faut que nous
« fassions connaissance. »

« Il battit le briquet, pour allumer sa pipe.

« Y a-t-il déjà longtemps que tu fais le métier? »

« Il me regarda fixement.... « Qu'entends-tu par là?

« — Y a-t-il eu déjà souvent du sang là? » Je tirai le couteau de sa ceinture.

« — Qui es-tu? dit-il d'une voix terrible, et il posa sa pipe.

« — Un meurtrier, comme toi.... mais seulement un apprenti.... »

« L'homme me regarda en face, et reprit sa pipe.

« Tu n'es point du pays? dit-il enfin.

« — Mon pays est à trois milles d'ici. Je suis l'hôte du Soleil, de L..., si tu as entendu parler de moi. »

« L'homme se leva d'un bond, comme un possédé. « Le braconnier Wolf? cria-t-il vivement.

« — Lui-même....

« — Sois le bienvenu, camarade! le bienvenu! s'écria-t-il en me secouant les mains avec force. Quel bonheur que je t'aie enfin, hôte du Soleil! Voilà des années que je songe à t'avoir. Je te connais parfaitement. Je sais tout. J'ai depuis longtemps compté sur toi.

« — Compté sur moi? Pour quoi donc faire?

« — Tout le pays ne parle que de toi. Tu as des ennemis; « un bailli t'a opprimé, Wolf! On t'a ruiné, on t'a traité d'une « façon qui crie vengeance. »

« Mon homme se passionnait.... « Parce que tu as tiré une « couple de ces sangliers que le prince engraisse sur nos terres « et dans nos champs, ils t'ont tenu des années entières dans la « maison de correction et dans la forteresse, ils t'ont pris ta « maison et ton auberge, ils ont fait de toi un mendiant. En « sommes-nous venus là, frère, qu'un homme n'ait pas plus de « prix qu'un lièvre[1]? Ne valons-nous pas mieux que le bétail « des champs?... Et un gaillard comme toi a pu souffrir cela?

« — Que pouvais-je y faire?

« — C'est ce que nous verrons. Mais dis-moi donc, d'où « viens-tu maintenant, et quel dessein couves-tu? »

« Je lui racontai toute mon histoire. L'homme, sans attendre que j'eusse fini, se leva avec une joyeuse impatience, et m'entraîna avec lui. « Viens, hôte du Soleil, viens, frère, me « dit-il : maintenant tu es mûr, tu es au point maintenant où je « te voulais. Tu vas me faire honneur. Suis-moi!

---

1. Il y a une phrase de plus dans la *Thalie* : « Un sujet du prince doit-il être traité comme l'équivalent d'un sanglier du prince? »

« — Où veux-tu me conduire ?

« — N'en demande pas si long. Suis-moi ! » Il m'entraîna de force.

« Nous avions fait un petit quart de mille. Le terrain devenait de plus en plus escarpé, le bois plus sauvage et plus impraticable ; ni lui ni moi nous ne disions mot, lorsque tout à coup le sifflet de mon guide m'éveilla en sursaut de mes réflexions. J'ouvris les yeux, nous étions au bord d'un rocher à pic qui dominait un profond ravin. Un second coup de sifflet répondit des entrailles du rocher à celui de mon conducteur, et une échelle sortit lentement, et comme d'elle-même, de l'abîme, et monta jusqu'à nous. Mon guide descendit le premier, et m'enjoignit d'attendre qu'il revînt. « Il faut d'abord, ajouta-t-il, que « je fasse mettre le chien à la chaîne : tu es ici un étranger, la « bête féroce te déchirerait. » Là-dessus il s'en alla.

« Je me trouvai alors seul devant le précipice, et je savais fort bien que j'étais seul. L'imprudence de mon guide n'échappa point à mon attention. Il ne m'en aurait coûté qu'une résolution hardie pour tirer à moi l'échelle : j'étais libre alors, et ma fuite assurée. J'eus cette idée, je l'avoue. Je plongeai mon regard dans le gouffre qui devait me recevoir ; il me fit penser confusément à l'abîme de l'enfer, d'où jamais l'on ne sort. Je me mis à frissonner à la pensée de la carrière où j'allais entrer ; une prompte fuite pouvait seule me sauver. Je me décide à cette fuite.... déjà j'étends le bras vers l'échelle.... mais, tout à coup, comme si un coup de tonnerre eût frappé mes oreilles, et qu'un rire moqueur parti des enfers eût éclaté autour de moi, j'entends ces mots au dedans de moi : « Que peut risquer un meur-« trier ?... » et mon bras retombe paralysé. Mon compte était réglé, le temps du repentir était passé, le meurtre que j'avais commis se dressait derrière moi comme un roc infranchissable, et me fermait à jamais le retour. En même temps, mon guide reparut et m'annonça qu'il fallait descendre. De toute façon, il n'y avait plus à choisir. Je descendis.

« A peine avions-nous fait quelques pas sous les parois de la roche, que je vis le fond s'agrandir, et aperçus quelques cabanes. Au milieu de ces cabanes, s'ouvrait une pelouse ronde, sur laquelle une troupe de dix-huit ou vingt personnes était étendue autour d'un feu de charbon. « Le voilà, camarades, » dit mon conducteur, et il me plaça au milieu du cercle ; « voilà « notre cher hôte du Soleil ! souhaitez-lui la bienvenue ! »

« L'hôte du Soleil ! » crièrent-ils tous ensemble ; et ils se levèrent précipitamment, et se pressèrent, hommes et femmes, autour de moi. Faut-il l'avouer? La joie était sincère et cordiale. La confiance, la considération même se lisaient sur chaque visage : l'un me serrait la main, l'autre me tirait familièrement par mon habit ; toute la scène était comme la fête du retour d'une ancienne connaissance que l'on aime. Mon arrivée avait interrompu le festin qui commençait justement alors. On le reprit aussitôt, et l'on m'obligea à boire à ma bienvenue. Le repas consistait en gibier de toute sorte ; la bouteille passait infatigable d'un voisin à l'autre. La bonne chère et l'intimité paraissaient animer toute la troupe, et tous rivalisaient à qui témoignerait à mon sujet la joie la plus effrénée.

« On m'avait fait asseoir entre deux femmes : c'était la place d'honneur de la table. Je m'attendais à trouver en elles le rebut de leur sexe ; mais combien fut grande ma surprise quand je découvris, au milieu de cette bande infâme, les deux plus belles personnes qui eussent jamais paru devant mes yeux! Marguerite, la plus âgée et la plus belle des deux, se faisait appeler mademoiselle, et pouvait avoir vingt-cinq ans à peine. Elle parlait avec beaucoup d'effronterie, et ses gestes en disaient plus encore. Marie, la plus jeune, était mariée, mais elle avait fui son mari, qui l'avait maltraitée. Elle avait les traits plus fins, mais elle était pâle et mince, et frappait moins les yeux que son ardente voisine. Ces deux femmes rivalisèrent pour exciter mes désirs ; la belle Marguerite allait au-devant de ma timidité par d'audacieuses plaisanteries ; mais toute sa personne me répugnait, et la modeste Marie avait pour toujours conquis mon cœur.

« Tu vois, hôte du Soleil, dit alors mon introducteur, tu vois, « frère, comment nous vivons entre nous ; et tous les jours sont « semblables à celui-ci. N'est-ce pas, camarades ?

« — Tous les jours comme celui-ci, répéta toute la bande.

« — Eh bien! si tu peux te décider à prendre goût à notre « manière de vivre, touche là et sois notre chef. C'est moi qui

« l'ai été jusqu'ici, mais je veux te céder ce rang. Êtes-vous sa-
« tisfaits, camarades ? »

« Un « oui ! » joyeux sortit de toutes les bouches.

« Ma tête était embrasée, mon cerveau étourdi, le vin et les désirs faisaient bouillir mon sang. Le monde m'avait rejeté comme un pestiféré.... ici, je trouvais un accueil fraternel, la bonne chère, l'honneur. Quel que fût mon choix, la mort m'attendait ; mais ici je pouvais au moins vendre plus chèrement ma vie. La volupté était ma passion la plus ardente : le sexe ne m'avait témoigné jusque-là que du mépris; ici m'attendaient sa faveur et des plaisirs effrénés. Ma résolution me coûta peu.
« Je reste avec vous, camarades, » criai-je d'une voix haute et résolue, en m'avançant au milieu de la bande; « je reste avec
« vous, criai-je une seconde fois, si vous me cédez ma belle
« voisine.... » Ils m'accordèrent tout d'une voix ma demande ; j'étais le possesseur déclaré d'une prostituée, et le chef d'une bande de voleurs. »

Je passe toute la partie suivante de l'histoire : ce qui n'est qu'horrible n'a rien d'instructif pour le lecteur. Un malheureux, tombé à une telle profondeur, dut enfin nécessairement se permettre tout ce qui révolte l'humanité.... mais il ne commit pas un second meurtre, comme lui-même le déclara à la question.

La renommée de cet homme s'étendit promptement dans toute la province. Les grandes routes n'étaient plus sûres, des irruptions nocturnes inquiétèrent les habitants des villes, le nom de l'hôte du Soleil devint l'effroi des paysans, la justice le poursuivit, et sa tête fut mise à prix. Il fut assez heureux pour déjouer toute tentative dirigée contre sa liberté, et assez habile pour faire servir à sa sûreté la superstition des campagnards, amis du merveilleux. Ses compagnons eurent ordre de répandre le bruit qu'il avait fait un pacte avec le diable, et qu'il opérait des maléfices. Le district où il jouait son rôle appartenait alors moins encore qu'à présent aux pays éclairés de l'Allemagne ; on croyait à ce bruit, et par là il était en sûreté. Personne ne se souciait de se jouer à un dangereux gaillard qui avait le diable à ses ordres.

Il y avait déjà un an qu'il exerçait ce triste métier, lorsqu'il commença à lui devenir insupportable. La bande à la tête de laquelle il s'était placé ne remplissait point ses brillantes espérances. Une apparence séduisante l'avait d'abord aveuglé dans le vertige de l'ivresse ; mais il s'apercevait maintenant avec effroi qu'on l'avait affreusement trompé. La faim et la misère avaient remplacé l'abondance dont on l'avait bercé ; très-souvent il lui fallait risquer sa vie pour un repas, qui suffisait à peine à l'empêcher de mourir de faim. La vaine ombre de concorde fraternelle s'était évanouie ; l'envie, la défiance et la jalousie étaient déchaînées au cœur de cette bande de réprouvés. La justice avait promis une récompense à qui le livrerait vivant, et en outre, si c'était un de ses complices, une grâce solennelle.... puissante tentation pour ce rebut du genre humain ! Le malheureux connaissait le danger qu'il courait. La probité de gens qui trahissaient Dieu et les hommes, était une triste garantie pour sa vie. Désormais, plus de sommeil pour lui ; une crainte continuelle de la mort lui ôtait tout repos ; le spectre affreux du soupçon s'agitait avec un bruit sourd derrière lui en quelque lieu qu'il se réfugiât, le tourmentait quand il veillait, se glissait dans son lit lorsqu'il se couchait, et l'effrayait dans des rêves épouvantables. En même temps, sa conscience, quelque temps muette, avait retrouvé la voix, et, dans cette tempête intérieure, le serpent assoupi du remords se réveilla. Sa haine cessait maintenant de s'en prendre à l'humanité, pour s'acharner impitoyablement sur lui-même. Il pardonnait à toute la nature, et ne trouvait plus personne à maudire, que lui.

Le vice avait terminé l'éducation de ce malheureux ; son bon sens naturel triompha enfin d'une funeste illusion. Maintenant, il sentait dans quel profond abîme il était tombé : une mélancolie plus calme remplaça les grincements du désespoir. Il regrettait sa vie passée, avec des larmes amères ; maintenant, il savait, à n'en point douter, qu'il l'eût recommencée d'une tout autre façon. Il se prit à espérer qu'il lui serait encore donné de redevenir un honnête homme, car il sentait en lui-même qu'il le pourrait. Au plus haut degré de sa perversité, il était peut-être plus près du bien qu'il ne l'avait été avant son premier faux pas.

C'est précisément vers cette époque que la guerre de sept ans éclata, et le recrutement était fort actif. Le malheureux conçut de l'espoir de cette circonstance, et écrivit à son souverain une lettre, dont je cite ici un extrait :

« Si votre auguste faveur ne répugne point à descendre jusqu'à moi, si des criminels tels que moi ne sont point en dehors de votre pitié, daignez m'entendre, très-illustre souverain ! Je suis meurtrier et voleur, la loi me condamne à mort, la justice me cherche.... et j'offre de me livrer moi-même. Mais, en même temps, je dépose une étrange prière au pied de votre trône. Je déteste ma vie et je ne crains point la mort, mais il m'est affreux de mourir sans avoir vécu. Je voudrais vivre pour réparer en partie le passé ; je voudrais vivre pour mériter mon pardon de la société que j'ai offensée. Mon supplice sera un exemple pour le monde, mais non une réparation de mes crimes. Je hais le mal, et j'aspire ardemment à l'honnêteté et à la vertu. J'ai fait preuve de talents quand il s'est agi de me rendre redoutable à ma patrie ; j'espère qu'il m'en restera pour lui être utile.

« Je sais que je demande quelque chose d'inouï. Ma vie n'est plus à moi ; il ne m'appartient pas d'entrer en négociation avec la justice. Mais je ne comparais pas devant vous lié et enchaîné.... je suis encore libre.... et la peur est le sentiment qui a le moins de part à ma prière.

« C'est une grâce que j'implore. Les droits à la justice, en eussé-je même, je n'ose plus les faire valoir.... Et pourtant il m'est permis de rappeler une chose à mon juge. Mes crimes datent de la sentence qui me priva à tout jamais de mon honneur. Si alors on eût été moins rigoureux envers moi, peut-être aujourd'hui n'aurais-je pas besoin de grâce.

« Faites grâce, au lieu de justice, mon prince ! S'il dépend de votre souverain pouvoir de fléchir pour moi la loi, faites-moi don de la vie. Cette vie, à partir de ce moment, sera dévouée à votre service. Si vous pouvez ce que je demande, faites-moi savoir votre gracieuse volonté par les feuilles publiques, et, sur la foi de votre parole souveraine, je me présenterai dans la capitale. Si vous avez autrement décidé de mon sort, eh bien ! que la justice fasse son devoir ; moi, je ferai le mien. »

Cette requête demeura sans réponse, ainsi qu'une seconde

et une troisième, où le suppliant demandait à être admis dans la cavalerie au service du prince. Son espoir de pardon s'éteignit complétement : il prit alors la résolution de s'enfuir du pays, et de mourir, comme un brave soldat, au service du roi de Prusse.

Il s'échappa heureusement de sa bande, et commença son voyage. Son chemin le menait par une petite ville, où il comptait passer la nuit. Peu de temps auparavant, on avait publié dans tout le pays de sévères ordonnances, prescrivant d'examiner rigoureusement les voyageurs, parce que le souverain, qui était un prince de l'Empire, avait pris parti dans la guerre. Un ordre de ce genre avait aussi été donné au commis de la porte de cette petite ville, lequel était assis sur un banc devant la barrière lorsque l'hôte du Soleil arriva à cheval. L'accoutrement de celui-ci avait quelque chose de comique, et, en même temps, d'effrayant et de sauvage. Le maigre bidet qu'il montait, et le choix burlesque des diverses pièces de sa toilette, lequel marquait moins son goût que la date de ses soustractions, contrastaient d'une façon passablement étrange avec un visage sur lequel s'étalaient, comme des cadavres mutilés sur un champ de bataille, tant de passions violentes. A la vue de ce singulier voyageur, le commis de barrière s'étonna. Il avait blanchi à la garde de la porte, et une pratique de quarante ans avait fait de lui un physionomiste infaillible à l'endroit de tous les vagabonds. En cette occasion, le regard perçant de ce limier ne manqua pas non plus son homme. Il ferma sans retard la porte de la ville, et demanda au cavalier son passe-port, tout en s'assurant de la bride de son cheval. Wolf était préparé aux accidents de cette nature, et il avait sur lui un vrai passe-port, qu'il avait pris, peu de temps auparavant, en dévalisant un marchand. Mais ce témoignage unique ne suffisait point pour dépister une expérience de quarante ans et pour forcer à rétractation l'oracle de la barrière. Le commis en crut ses yeux plus que ce papier, et Wolf fut obligé de le suivre au bailliage.

Le bailli du lieu examina le passe-port et le déclara en règle. C'était un grand amateur de nouvelles, et il aimait particulièrement à causer, près d'une bouteille, sur les événements du jour. Le passe-port lui disait que son possesseur arrivait directement des pays ennemis, où était le théâtre de la guerre. Il espéra tirer de l'étranger des nouvelles particulières, et envoya vers lui un secrétaire avec le passe-port, pour l'inviter à venir boire une bouteille de vin.

Cependant l'hôte du Soleil est demeuré devant le bailliage; son plaisant aspect a rassemblé en foule autour de lui la populace de la petite ville. On se parle à l'oreille, on se montre alternativement le cheval et le cavalier : la gaieté moqueuse du peuple finit par dégénérer en un bruyant tumulte. Malheureusement, la monture, que tout le monde alors indiquait du doigt, était un cheval volé; Wolf s'imagine que ce cheval a été décrit dans quelque signalement, et qu'on le reconnaît. La politesse inattendue du bailli met le comble à ses soupçons. Il lui paraît évident que la fraude de son passe-port est découverte, et que cette invitation n'est qu'un piége pour le prendre vivant et sans résistance. Sa mauvaise conscience lui fait faire une sottise : il pique des deux, et part au galop sans donner de réponse.

Cette fuite soudaine est le signal d'un soulèvement général.

« Un coquin ! » s'écrie la foule, et tous se précipitent sur ses pas. Il y va, pour le cavalier, de la vie ou de la mort; il a déjà de l'avance, ceux qui le poursuivent courent derrière lui hors d'haleine, il est presque sauvé; mais une main invisible s'appesantit sur lui, son heure a sonné, l'impitoyable Némésis arrête son débiteur. La rue où il s'est engagé se termine en cul-de-sac : il faut qu'il se retourne vers ceux qui le poursuivent.

Cependant le tumulte de cette aventure a soulevé toute la petite ville, les groupes se joignent aux groupes, toutes les rues sont fermées, une armée d'ennemis est en marche contre lui. Il montre un pistolet, le peuple recule; il veut se frayer un chemin par la force à travers la foule. « Ce coup, s'écrie-t-il, « pour le téméraire qui oserait m'arrêter! » La crainte commande une halte générale.... Enfin, un hardi compagnon serrurier se jette par derrière sur son bras, saisit le doigt avec lequel le furieux veut presser la détente, et le serre à le déboîter. Le pistolet tombe, l'homme sans défense est arraché de dessus son cheval, et traîné en triomphe au bailliage.

« Qui es-tu ? demande le magistrat d'un ton passablement brutal.

— Un homme décidé à ne répondre à aucune question, tant qu'on ne lui parlera pas plus poliment.

— Qui êtes-vous ?

— Je suis ce que j'ai dit. J'ai voyagé à travers toute l'Allemagne, et je n'ai trouvé aucun lieu où régnât l'impudence comme elle fait ici.

— Votre prompte fuite vous rend fort suspect. Pourquoi fuyiez-vous ?

— Parce que j'étais las d'être la risée de votre populace.

— Vous menaciez de faire feu.

— Mon pistolet n'était point chargé. »

On examina l'arme, on n'y trouva point de balle.

« Pourquoi portez-vous des armes cachées ?

— Parce que j'ai sur moi des objets de prix, et que l'on m'a engagé à me garder d'un certain hôte du Soleil, qui doit rôder dans ces environs.

— Vos réponses prouvent beaucoup votre audace, mais nullement la bonté de votre cause. Je vous donne jusqu'à demain pour me découvrir la vérité.

— Je m'en tiendrai à ce que j'ai dit.

— Qu'on le mène à la tour.

— A la tour ?... Monsieur le bailli, j'espère qu'il y a encore de la justice dans ce pays.... Je demanderai satisfaction.

— Je vous la donnerai aussitôt que vous serez justifié. »

Le lendemain matin, le bailli réfléchit que l'étranger pourrait pourtant bien être innocent ; que le ton impérieux n'obtiendrait rien de son opiniâtreté, qu'il ferait peut-être mieux de le traiter avec modération et convenance. Il rassembla les jurés de l'endroit, et fit amener le prisonnier.

« Pardonnez, monsieur, à un premier mouvement d'irritation, si je vous ai paru hier un peu dur.

— Très-volontiers, si vous me prenez ainsi.

— Nos lois sont sévères, et votre aventure a fait du bruit. Je ne puis vous rendre la liberté, sans manquer à mon devoir. L'apparence est contre vous. Je souhaiterais que vous dissiez quelque chose qui la démentît.

— Et si je n'ai rien à dire ?...

— Alors, il me faudra informer le gouvernement de ce qui s'est passé, et vous resterez jusque-là en lieu sûr.

— Et ensuite?...

— Ensuite, vous courez risque d'être chassé à coups de fouet du pays, comme un vagabond, ou, si l'on est indulgent, de tomber entre les mains des enrôleurs. »

Wolf se tut quelques minutes, et parut soutenir au dedans de lui un rude combat; puis il se tourna vivement vers le magistrat.

« Puis-je être un quart d'heure seul avec vous? »

Les jurés se regardèrent d'un air équivoque, mais ils s'éloignèrent sur un geste impératif de leur supérieur.

« Maintenant, que voulez-vous?

— Votre conduite d'hier, monsieur le bailli, ne m'aurait jamais amené à un aveu, car je brave la violence. L amodération avec laquelle vous me traitez aujourd'hui m'a donné pour vous de la confiance et du respect. Je crois que vous avez un noble cœur.

— Qu'avez-vous à me dire?

— Je vois que vous avez un noble cœur. J'ai longtemps désiré rencontrer un homme comme vous. Permettez-moi de toucher votre main droite.

— Où en voulez-vous venir?

— Votre tête est grise et vénérable. Vous êtes depuis longtemps dans le monde.... vous avez sans doute beaucoup souffert.... n'est-ce pas? et vous êtes devenu plus humain?

— Monsieur.... où tend tout cela?

— Vous n'êtes plus qu'à un pas de l'éternité; bientôt.... bientôt, vous aurez besoin de la miséricorde de Dieu. Vous ne refuserez point la vôtre aux hommes.... Ne devinez-vous rien? Avec qui croyez-vous parler?

— Qu'est-ce que cela? Vous m'effrayez.

— Vous ne devinez pas encore?... Écrivez à votre prince comment vous m'avez pris, dites-lui que moi-même, par un libre choix, je me suis livré.... que Dieu lui sera un jour miséricordieux comme lui-même me le sera aujourd'hui.... Priez pour moi, vieillard, et sur votre rapport laissez tomber une larme : je suis l'hôte du Soleil. »

# LE JEU DU SORT

(FRAGMENT D'UNE HISTOIRE VÉRITABLE)

# LE JEU DU SORT.

(FRAGMENT D'UNE HISTOIRE VÉRITABLE[1].)

Aloysius de G*** avait pour père un homme de la haute bourgeoisie au service de ***, et les germes de son heureux naturel furent développés de bonne heure par une éducation libérale. Encore très-jeune, mais pourvu de solides connaissances, il entra au service dans l'armée de son souverain, à qui un jeune homme de grand mérite comme lui, et de plus grande espérance encore, ne demeura pas longtemps caché. G*** était dans tout le feu de la jeunesse, le prince également; G*** était vif, entreprenant; le prince, qui l'était aussi, aimait de tels caractères. Par une riche veine d'esprit, et une grande variété de connaissances, G*** savait animer toutes ses relations, égayer, par un enjouement toujours égal, les cercles auxquels il se mêlait, répandre sur tout ce qui s'offrait à lui du charme et de la vie; et le prince était tout disposé à estimer des qualités que lui-même possédait à un haut degré. Tout ce que G*** entreprenait et jusqu'à ses jeux même, avait une teinte de grandeur. Les obstacles ne l'effrayaient pas; aucun échec ne triomphait de sa persévérance. Le prix de ces qualités était rehaussé par un extérieur avantageux, par une riche apparence de santé florissante et de force herculéenne, animée par le jeu éloquent d'une vive intelligence. Joignez-y une majesté naturelle et

---

[1]. Ce récit a paru d'abord dans le *Mercure allemand*, cahier de janvier 1789, p. 52-71. Dans la table des matières du *Mercure* le titre est : *Jeu du sort anecdote*.

innée qui régnait, tempérée par une noble modestie, dans son regard, sa démarche et toute sa personne. Si le prince était enchanté de l'esprit de son jeune compagnon, cet extérieur séduisant subjuguait ses sens d'une manière irrésistible. La conformité des âges, l'harmonie des penchants et des caractères établirent bientôt entre eux une liaison qui réunissait à toute la force de l'amitié tout le feu, toute la vivacité d'un amour passionné. G*** volait de grade en grade; mais ces marques extérieures semblaient rester bien au-dessous de ce qu'il était en réalité pour son souverain. Sa fortune s'élevait avec une étonnante rapidité, parce qu'elle avait pour auteur son ami passionné, son adorateur. Avant l'âge de vingt-deux ans, il se voyait parvenu à une hauteur que les plus heureux n'atteignent qu'à la fin de leur carrière. Mais son esprit actif ne pouvait longtemps se reposer au sein d'une oisive frivolité, ni se contenter des brillants dehors d'une grandeur dont il se sentait le courage et la force de faire un emploi réel et solide. Pendant que le prince courait aux réunions joyeuses, le jeune favori s'enterrait parmi les dossiers et les livres, et se consacrait, avec une diligence infatigable, aux affaires, qu'il finit par posséder si habilement et si pleinement qu'il n'en était aucune, pour peu qu'elle eût d'importance, qui ne passât par ses mains. De compagnon des plaisirs du souverain, il devint bientôt son premier conseiller, son ministre, et enfin son maître. Bientôt il n'y eut pour arriver au prince d'autre chemin que de passer par lui. Il conférait toutes les charges, toutes les dignités. C'était sa main qui distribuait toutes les récompenses.

G*** était parvenu trop jeune et d'un pas trop rapide à cette grandeur pour en jouir avec modération. La hauteur où il se voyait donna le vertige à son ambition. Sa modestie l'abandonna, dès qu'il eut atteint le dernier but de ses désirs. La soumission pleine d'humilité que lui témoignaient les premiers personnages du pays, tous ceux qui, par leur naissance, leur rang, leurs richesses, lui étaient si supérieurs, les vieillards même, tout jeune qu'il était, enivra son orgueil, et la puissance absolue dont il avait pris possession, rendit bientôt sensible, dans toute sa conduite, une certaine dureté qui avait été de tout temps un des traits de son caractère, et qui lui resta à travers toutes les vicissitudes de sa fortune. Il n'y avait point de service, si pénible et si grand qu'il fût, que ses amis ne pussent se promettre de lui ; mais ses ennemis avaient lieu de trembler ; car autant d'une part il exagérait la bienveillance, autant de l'autre il mettait peu de mesure dans sa vengeance. Il se servait de son autorité, moins pour s'enrichir lui-même, que pour faire beaucoup d'heureux, afin qu'ils lui rendissent hommage, comme à l'artisan de leur fortune. Mais c'était sa fantaisie, non la justice, qui choisissait les objets de ses faveurs. Par ses manières hautaines et impérieuses il s'aliénait le cœur de ceux même qu'il avait le plus obligés, tandis qu'il se faisait de tous ses rivaux et de ses envieux cachés autant d'ennemis irréconciliables.

Parmi ceux qui épiaient toutes ses démarches avec les yeux de la rivalité et de l'envie, et qui déjà préparaient en silence les instruments de sa ruine, était un comte piémontais, Joseph Martinengo, de la suite du prince, que G*** lui-même avait glissé dans ce poste, comme une créature insignifiante et dévouée à sa personne, pour lui faire remplir dans les divertissements du souverain la place dont il commençait lui-même à se lasser, et qu'il échangeait volontiers contre une occupation plus sérieuse. Considérant cet homme comme une œuvre de ses mains, qu'il pourrait, dès qu'il lui en prendrait fantaisie, rejeter dans le néant d'où il l'avait tiré, il se croyait assuré de lui par la crainte aussi bien que par la reconnaissance, et il tomba ainsi dans la même faute précisément que commit Richelieu, lorsqu'il donna, comme un jouet, à Louis XIII le jeune Cinq-Mars[1]. Mais, sans avoir le génie de Richelieu pour réparer cette faute, il avait affaire à un ennemi plus rusé que celui qu'avait eu à combattre le ministre français. Au lieu de se prévaloir de sa faveur, et de faire sentir à son bienfaiteur qu'il n'avait plus besoin de lui, Martinengo s'efforçait avec le plus grand soin d'entretenir le semblant de cette dépendance, et de s'attacher de plus en plus, avec une feinte humilité, à l'au-

---

1. Dans le texte allemand il y a, au lieu du nom propre, le titre de dignité *le Grand*. L'appellation de *Monsieur le Grand* désignait autrefois, comme l'on sait, le grand écuyer du roi.

teur de sa fortune. Mais, en même temps, il ne négligea pas de mettre à profit de son mieux l'occasion que lui procurait son poste, d'être fréquemment auprès du prince, et de lui devenir peu à peu nécessaire et indispensable. En peu de temps il sut par cœur le caractère de son maître, découvrit tous les chemins qui menaient à sa confiance, et s'insinua furtivement dans ses bonnes grâces. Tous ces artifices, dont un noble orgueil et une élévation d'âme innée avaient enseigné le mépris au ministre, furent mis en usage par l'Italien, qui, pour atteindre son but, ne dédaignait pas les moyens les plus vils. Sachant parfaitement que nulle part l'homme n'a plus besoin d'un guide et d'un compagnon que sur le chemin du vice, et que rien n'autorise mieux les familiarités hardies que la complicité de faiblesses tenues secrètes, il éveilla chez le prince des passions qui jusqu'alors avaient sommeillé, et s'imposa à lui comme confident et auxiliaire. Il l'entraîna dans ces sortes d'excès qui supportent le moins de témoins et d'affidés, et par là l'habitua insensiblement à lui confier des secrets dont tout tiers était exclu. C'est ainsi qu'il réussit enfin à fonder sur la dépravation du prince l'infâme édifice de sa fortune, et précisément parce que le secret était pour cela un moyen essentiel, le cœur du prince lui appartint avant même que G*** se doutât qu'un autre le partageait avec lui.

On serait en droit de s'étonner qu'un changement si important échappât à l'attention de ce dernier; mais G*** était trop sûr de son propre mérite pour soupçonner seulement un rival dans un homme comme Martinengo, et celui-ci s'observait trop lui-même, se tenait trop bien sur ses gardes, pour tirer, par quelque étourderie, son adversaire de cette orgueilleuse sécurité. Ce qui en avait fait trébucher mille autres avant G*** sur le terrain glissant de la faveur des princes, la trop grande confiance en soi-même, fut aussi ce qui causa sa chute. L'intimité secrète de Martinengo et de son maître ne lui donnait pas d'inquiétude. Il n'enviait pas à un parvenu un bonheur que lui-même méprisait au fond de son cœur, et qui n'avait jamais été le but de ses efforts. C'est parce que seule elle pouvait lui frayer la route au faîte de la puissance, que l'amitié du prince avait eu du charme pour lui, et il laissa étourdiment tomber l'échelle derrière lui, dès qu'elle l'eut aidé à parvenir à la hauteur où il aspirait.

Martinengo n'était pas homme à se contenter d'un rôle aussi subalterne. A chaque pas en avant qu'il faisait dans la faveur de son maître, ses désirs devenaient plus hardis, et son ambition commençait à tendre à [1] une satisfaction plus solide. Le rôle artificiel de soumission qu'il avait toujours jusqu'alors joué envers son bienfaiteur, lui devenait chaque jour plus pesant, à mesure que l'accroissement de son crédit éveillait son arrogance. Comme, dans la conduite du ministre envers lui, les égards n'augmentaient pas à raison de ses rapides progrès dans les bonnes grâces du prince, comme souvent, au contraire, cette conduite paraissait tendre à rabattre son orgueil croissant, par un retour salutaire sur son origine, ces relations contraintes, et alors si choquantes, finirent par lui peser à un tel point, qu'il forma sérieusement le projet d'y mettre un terme tout d'un coup par la ruine de son rival. Il couva et mûrit son plan sous le voile de la plus impénétrable dissimulation. Il n'osait pas risquer encore de se mesurer avec G\*\*\* dans une lutte ouverte; car bien que la faveur de celui-ci ne fût plus dans sa fleur première, cependant elle datait de trop loin, et avait jeté de trop profondes racines dans l'âme du jeune prince, pour en être si vite extirpée. La plus petite circonstance pouvait lui rendre son ancienne force : aussi Martinengo comprit-il bien que le coup qu'il voulait lui porter devrait être un coup mortel. Ce que G\*\*\* avait peut-être perdu dans l'amour du prince, il l'avait gagné dans son respect. Plus le prince se dérobait aux affaires du gouvernement, moins il pouvait se passer de l'homme qui soignait ses intérêts, même aux dépens du pays, avec le dévouement le plus scrupuleux et la plus grande fidélité : autant il lui avait été cher autrefois comme ami, autant il lui était précieux maintenant comme ministre.

Quel fut proprement le moyen par lequel l'Italien parvint à son but, cela est demeuré un secret entre le petit nombre de ceux qui portèrent et reçurent le coup. On conjecture qu'il mit sous les yeux du prince les originaux d'une correspondance

---

1. Au lieu de *streben*, « tendre à, » le *Mercure* a *dürsten*, « avoir soif de. »

mystérieuse et très-suspecte que G*** aurait entretenue avec une cour voisine : étaient-ils authentiques ou supposés? Les avis sont partagés à cet égard. Quoi qu'il en soit, son dessein eut le succès le plus épouvantable. G*** parut aux yeux du prince le plus ingrat et le plus noir des traîtres, et son crime fut considéré comme tellement hors de doute, qu'on crut pouvoir, sans autre information, procéder aussitôt contre lui. Tout fut arrangé dans le plus profond mystère entre Martinengo et son maître, de façon que G*** ne vit pas même de loin venir l'orage qui s'amassait au-dessus de sa tête. Il demeura dans cette sécurité funeste jusqu'au moment terrible où il devait devenir, d'un objet d'admiration universelle et d'envie, l'objet de la plus grande pitié.

Lorsque ce jour décisif fut arrivé, G***, selon sa coutume, vint à la parade. Du grade d'enseigne, il était monté, en peu d'années, à celui de colonel; et encore ce poste n'était-il qu'un titre modeste pour la charge de ministre, qu'il exerçait en réalité, et qui l'élevait au-dessus des premiers du pays. La place de la parade était le lieu ordinaire où son orgueil recevait l'hommage de tous, où il jouissait, durant une heure rapide, d'une grandeur et d'une dignité en vue desquelles il avait plié tout le jour sous le poids des affaires. Là les plus hauts personnages ne s'approchaient de lui qu'avec une timidité respectueuse; et ceux qui ne se savaient pas très-sûrs de sa bienveillance, avec tremblement. Le prince lui-même, si parfois il venait à la parade, se voyait négligé à côté de son vizir, parce qu'il était bien plus dangereux de déplaire à ce dernier, que profitable d'avoir le premier pour ami. Et c'est précisément ce lieu où il se faisait ordinairement rendre hommage comme à un Dieu, qui en ce moment était choisi pour être le terrible théâtre de son abaissement.

Il s'avança avec sécurité au milieu de ce cercle bien connu, qui, ignorant tout autant que lui-même ce qui devait arriver, s'ouvrit respectueusement devant lui, alors comme toujours, attendant ses ordres. Peu de temps après parut Martinengo, accompagné de deux adjudants, non plus le souple courtisan, humblement courbé, souriant.... mais insolent, grossièrement orgueilleux, comme un laquais devenu maître, il s'avance vers

G\*\*\* d'un pas ferme, avec un air de défi, s'arrête devant lui, la tête couverte, et lui demande son épée au nom du prince. G\*\*\* la lui présente avec un regard de muette consternation; Martinengo appuie contre terre la lame nue, la brise en deux d'un coup de pied, et en laisse tomber les fragments aux pieds de G\*\*\*. A ce signal, les deux adjudants se jettent sur lui : l'un lui arrache sa plaque de la poitrine, l'autre détache ses deux épaulettes, les revers de son uniforme, le cordon et le plumet de son chapeau. Pendant cette terrible opération, qui s'accomplit avec une rapidité incroyable, on n'entend pas un son, pas un souffle, dans cette réunion de plus de cinq cents hommes, qui se pressent alentour. Le visage pâle, le cœur palpitant, glacée d'effroi et comme inanimée, la foule se tient en cercle autour de cet homme, qui durant cette scène singulière de dégradation (spectacle étrange, à la fois plaisant et horrible!) passe par un de ces moments affreux dont rien n'approche que les angoisses de l'échafaud. Mille autres à sa place, dans le premier saisissement de terreur, seraient tombés à terre, privés de sentiment; mais la forte trempe de ses nerfs et son âme énergique résistèrent à cette affreuse situation, et lui permirent d'en épuiser toute l'horreur.

L'opération à peine terminée, on le conduit, à travers les rangs d'innombrables spectateurs, à l'extrémité de la place de la parade, où une voiture couverte l'attend. Un geste muet lui ordonne d'y monter; une escorte de hussards l'accompagne. Cependant le bruit de cet événement s'est répandu dans toute la résidence; toutes les fenêtres s'ouvrent, toutes les rues sont remplies de curieux, qui suivent le convoi en criant, et répètent son nom avec des acclamations successives de raillerie, de joie maligne, et de pitié bien plus blessante encore. Enfin il se voit en pleine campagne, mais là une nouvelle frayeur l'attend. Quittant la grande route, la voiture prend un chemin peu fréquenté, alors désert, le chemin qui mène au gibet, vers lequel, d'après l'ordre exprès du prince, on le conduit lentement. Après lui avoir fait éprouver en ce lieu toutes les angoisses de la mort, on regagne une route fréquentée. Sous le feu brûlant du jour, sans aucun rafraîchissement, sans entendre une voix humaine qui s'adresse à lui, il passe sept heures épouvantables dans cette voiture, qui enfin, au coucher du soleil, s'arrête au lieu de sa destination, à la forteresse. Privé de connaissance, entre la vie et la mort (un jeûne de douze heures et une soif brûlante avaient enfin dompté sa constitution de géant), on le tire de la voiture.... Il revient à lui dans une fosse horrible, sous terre. La première chose qui s'offre à ses yeux, lorsqu'il les ouvre de nouveau à la vie, est le mur affreux de sa prison, faiblement éclairé par quelques rayons de la lune, qui tombent sur lui par des fentes étroites ouvertes à dix-neuf toises de hauteur.... A ses côtés, il trouve un peu de pain avec une cruche d'eau, et auprès, pour couche, un amas de paille. Dans cette situation, il attend jusqu'au lendemain à midi : enfin, au milieu de la tour s'ouvre un volet; deux mains paraissent, qui dans un panier suspendu font descendre la même nourriture qu'il a trouvée la veille. Pour la première fois, depuis cette terrible catastrophe, la douleur, l'ardente impatience lui arrachèrent quelques questions : « Comment est-il venu ici? Quel est son crime? » Mais point de réponse d'en haut : les deux mains disparaissent, et le volet se referme. Sans voir le visage, sans même entendre la voix d'aucun homme, sans nul éclaircissement sur cette affreuse destinée, dans une incertitude également effroyable sur l'avenir et sur le passé, sans qu'un chaud rayon de soleil vienne le ranimer, ou un souffle pur le rafraîchir, inaccessible à toute assistance, privé de la commune pitié, il compte dans ce lieu de damnation quatre cent quatre-vingt-dix jours affreux, au moyen des pains misérables qu'on lui descend à chaque heure de midi, avec une triste uniformité. Mais une découverte, qu'il a faite dès les premières journées de son séjour, comble la mesure de sa détresse. Il connaît ce cachot.... Lui-même, poussé par une basse vengeance, l'a fait bâtir quelques mois auparavant, pour laisser s'y consumer un officier de mérite qui avait eu le malheur d'encourir son mécontentement. Avec une cruauté ingénieuse, il avait lui-même indiqué le moyen de rendre plus horrible le séjour de ce cachot. Peu de temps auparavant, il avait fait en personne un voyage en ce lieu pour inspecter les constructions, et en presser l'achèvement. Pour que rien ne manque à son martyre, la fatalité veut que ce même officier, pour lequel avait été construit le cachot, un ancien et digne colonel, remplace dans sa charge le commandant de la forteresse, mort en ce temps-là même, et, de victime qu'il était de la rage du ministre, devienne le maître de son sort. Ainsi lui échappait la dernière et triste consolation de s'apitoyer sur lui-même, et d'accuser le sort d'injustice, quelle que fût sa rigueur. Au sentiment physique de sa misère se joignait encore un furieux mépris de lui-même, et la douleur, qui pour les cœurs orgueilleux est de toutes la plus amère, de dépendre de la générosité d'un ennemi, pour qui lui-même n'en avait montré aucune.

Toutefois cet homme loyal était au-dessus d'une basse vengeance. La sévérité que ses instructions lui imposaient envers son prisonnier lui coûtait infiniment; mais habitué, comme un vieux soldat, à suivre avec une fidélité aveugle la lettre de ses ordres, il était réduit à se contenter de le plaindre. Le malheureux trouva un secours plus efficace dans l'aumônier de la garnison du fort, qui, touché de la misère du captif, dont il n'eut connaissance que bien tard et par des rumeurs vagues et incohérentes, prit aussitôt la ferme résolution de faire quelque chose pour le soulager. Ce respectable ecclésiastique, dont je tais le nom à regret, crut qu'il ne pourrait jamais mieux remplir son ministère pastoral qu'en le consacrant au bien d'un malheureux qu'il n'était plus possible d'assister autrement.

Ne pouvant obtenir du commandant de la forteresse d'être admis auprès du prisonnier, il entreprit en personne le voyage de la capitale, pour y adresser sa requête directement au prince. Il se jeta à ses pieds, et implora sa pitié pour un infortuné qui, privé des bienfaits de la religion chrétienne, qu'on ne saurait refuser au plus grand criminel, languissait dans l'abandon, et peut-être était près du désespoir. Avec toute l'assurance et la dignité que donne le sentiment d'un devoir accompli, il réclama un libre accès auprès du captif, qui lui appartenait comme son pénitent, et de l'âme duquel il répondait au ciel. La justice de sa cause le rendit éloquent; le temps d'ailleurs avait déjà affaibli la première indignation du prince. Il lui accorda sa demande et lui permit de consoler le prisonnier par une pieuse visite.

Le premier visage d'homme que le malheureux G\*\*\* aperçut

après un espace de seize mois, fut celui de son consolateur. Le seul ami qu'il eût sur la terre, il le devait à son infortune : sa prospérité ne lui en avait donné aucun. La visite du pasteur fut pour lui une apparition angélique. Je ne décris point ses sensations; mais, à partir de ce jour, ses larmes coulèrent plus doucement, parce qu'il se voyait pleuré par un être humain.

Un sentiment d'horreur avait saisi l'ecclésiastique lorsqu'il entra dans cette caverne meurtrière. Ses yeux cherchaient un homme.... et il vit un épouvantail hideux ramper vers lui d'un coin sombre, qui ressemblait plutôt à la tanière d'une bête sauvage qu'à la demeure d'une créature humaine. Un squelette pâle, semblable à un mort, un visage d'où avaient disparu les couleurs de la vie, où le chagrin et le désespoir avaient creusé de profonds sillons, une barbe et des ongles qui avaient pris, par suite d'un si long manque de soin, un accroissement épouvantable, des vêtements à moitié pourris par le long usage, l'air empesté autour de lui par le complet défaut de propreté.... c'est dans cet état qu'il trouva le favori de la fortune, et sa santé de fer avait résisté à toutes ces épreuves! Hors de lui-même à cette vue, le pasteur courut sur-le-champ chez le gouverneur, afin d'obtenir pour le pauvre malheureux un second bienfait, sans lequel le premier ne pouvait compter pour rien.

Comme celui-ci s'excuse de nouveau sur la lettre expresse de sa consigne, l'aumônier se décide généreusement à faire un second voyage à la capitale, afin d'implorer encore une fois la clémence du prince.

Il déclare qu'il ne pourra jamais, sans blesser la dignité du sacrement, se résoudre à accomplir aucune action sainte avec le prisonnier, si on ne lui rend d'abord l'apparence humaine. Cette prière encore fut exaucée, et ce n'est qu'à partir de ce jour que le captif recommença à vivre.

G*** demeura encore dans la forteresse plusieurs années, mais sa position devint bien plus supportable quand le court printemps du nouveau favori fut passé, et que d'autres lui succédèrent, ou plus humains, ou qui n'avaient du moins aucune vengeance à assouvir. Enfin, après une captivité de dix années, brilla le jour de la délivrance.... mais il fut élargi sans enquête judiciaire ni acquittement formel. Il reçut la liberté comme un don des mains de la clémence ; en même temps il lui fut ordonné de quitter pour toujours le pays.

Ici m'abandonnent les informations que j'ai pu recueillir sur son histoire par des communications purement orales, et je me vois forcé de sauter un espace de vingt années. Pendant ce temps, G*** recommença à l'étranger sa carrière militaire, qui là aussi finit par l'élever de nouveau à ce faîte brillant, d'où il avait été précipité si affreusement dans sa patrie. Enfin le temps, l'ami des malheureux, qui exerce une lente, mais immanquable justice, se chargea aussi de sa première cause.

L'âge des passions était écoulé pour le prince, et l'humanité commençait peu à peu à acquérir quelque prix à ses yeux, à mesure que ses cheveux blanchissaient. Au bord de la tombe, un violent désir s'éveilla en lui de revoir le favori de sa jeunesse. Pour dédommager, autant qu'il le pouvait, le vieillard des chagrins qu'il avait entassés sur l'homme mûr, il invita amicalement l'exilé à revenir dans sa patrie, après laquelle aussi le cœur de G*** soupirait depuis longtemps en silence. L'entrevue fut touchante, l'accueil chaleureux et fait pour donner le change : on eût dit qu'on ne s'était séparé que la veille. Le prince arrêta un regard pensif sur ce visage qui lui était si connu, et pourtant si étranger : il semblait vouloir compter les rides que lui-même y avait creusées. Il s'efforçait de reconnaître sur la figure du vieillard les traits aimés du jeune homme; mais ce qu'il cherchait, il ne le trouvait plus. On se forçait de part et d'autre à une intimité glaciale.... La honte et la crainte avaient à tout jamais séparé ces deux cœurs. Une vue qui lui rappelait sa précipitation cruelle, ne pouvait faire plaisir au prince. G*** ne pouvait plus aimer l'auteur de son infortune. Pourtant il regardait dans le passé, le cœur consolé et paisible, comme on se réjouit d'être délivré d'un rêve accablant.

Bientôt on vit G*** rentrer en pleine possession de toutes ses anciennes dignités, et le prince fit violence à son aversion secrète, pour lui offrir une éclatante réparation du passé. Mais pouvait-il lui rendre aussi ce cœur qu'il avait à jamais flétri et rendu incapable de jouir de la vie? Pouvait-il lui rendre les années de l'espérance, ou imaginer pour le vieillard décrépit un bonheur qui compensât, même faiblement, le vol qu'il avait fait à l'homme mûr?

G\*\*\* jouit encore dix-neuf ans de ce soir serein de sa vie. Ni les événements, ni les années n'avaient pu éteindre en lui le feu de la passion, ni entièrement assombrir l'enjouement de son esprit. Dans sa soixante-dixième année il courait encore après l'ombre d'un bonheur, qu'à vingt ans il avait réellement possédé. Il mourut enfin.... commandant de la forteresse de \*\*\*, où l'on gardait des prisonniers d'État. On croit sans doute qu'il montra envers eux une humanité dont il avait dû apprendre par son expérience à priser la valeur; non, il les traita durement et avec caprice, et un accès de colère contre l'un d'eux le mit au cercueil dans sa quatre-vingtième année.

# DE LA CONNEXION

## DE LA

# NATURE ANIMALE DE L'HOMME

## AVEC SA NATURE SPIRITUELLE

# DE LA CONNEXION
# DE LA NATURE ANIMALE DE L'HOMME
## AVEC SA NATURE SPIRITUELLE[1].

## INTRODUCTION.

### § 1.

Plusieurs philosophes ont affirmé que le corps est en quelque sorte la prison de l'esprit; qu'il l'attache par trop à la terre, et entrave son essor, comme l'on dit, vers la perfection. Mais,

---

1. Cette thèse, que Schiller composa à la fin de son cours de médecine à l'école de Charles, et qu'il devait soutenir, dit le titre primitif, en présence du Duc de Wurtemberg, fut d'abord publiée à Stuttgart, chez Cotta (1780, in-4°), puis réimprimée à Vienne, chez Wallishauser (1811, in-8°). Schiller ne l'avait point admise dans ses œuvres; ses fils l'y firent insérer, dans l'édition de 1838. Le verso du feuillet de titre porte, dans l'édition in-4°, les vers suivants d'Ovide :

>  Natus homo est, sive hunc divino semine fecit
>  Ille opifex rerum, mundi melioris origo,
>  Sive recens tellus . . . . . . . . .
>  . . . . . . retinebat semina cœli.
>
>  Pronaque quum spectent animalia cætera terram,
>  Os homini sublime dedit, cœlumque tueri
>  Jussit, et erectos ad sidera tollere vultus.
>      (*Metamorph.*, I, 78-86.)

La première édition est en outre précédée de la dédicace que voici, au duc Charles-Eugène de Wurtemberg :

> « Duc très-auguste,
> « Très-gracieux duc et seigneur,

« Je vois enfin aujourd'hui, avec un plaisir extraordinaire, s'accomplir le vœu

d'autre part, maint philosophe a professé l'opinion, plus ou moins arrêtée, que la science et la vertu sont moins un but qu'un moyen pour arriver au bonheur, et que toute la perfection de l'homme se résume dans l'amélioration de son corps.

Il me paraît que des deux côtés l'affirmation est également exclusive. Nos doctrines morales et philosophiques proscrivent à peu près complétement, si je ne me trompe, le dernier système,

que je formais de remercier publiquement, en fils dévoué, Votre Altesse Ducale, de sa très-haute faveur et de la direction plus que paternelle dont j'ai le bonheur de jouir, depuis huit ans déjà, dans cette illustre institution. Les mesures excellentes et pleines de sagesse que Votre Altesse a prises pour éclairer notre esprit et ennoblir nos sentiments; les maîtres si dignes et si intelligents que Votre Altesse, avec le regard pénétrant d'un profond observateur, a choisis dans la classe commune des savants et dont elle a fait les heureux instruments d'un grand et immortel plan d'éducation; l'enseignement oral ineffaçable d'un prince qui met sa grandeur à se montrer ici comme un maître parmi ses disciples, comme un père parmi ses fils : la réunion de toutes ces heureuses dispositions, dans lesquelles j'admire les voies d'une suprême Providence, a posé les fondements de tout mon bonheur futur, et ce bonheur ne me pourra manquer que si mes propres efforts contrariaient jamais les vues du meilleur des princes.

« Votre Altesse, de ce regard profond avec lequel elle pénètre l'âme de tous ses disciples, m'a aussi examiné moi-même et a cru remarquer en moi certaines qualités qui peut-être me rendraient propre à servir un jour ma patrie comme médecin. Je me réjouis de cette vocation et consacrerai d'autant plus à atteindre ce but toutes les forces de mon esprit, que Votre Altesse Ducale m'a ouvert pour un tel avenir les plus favorables perspectives.

« Un médecin dont la vue ne s'étend pas au delà de l'étude historique de la machine, qui connaît d'une manière purement technique et locale les plus grossiers rouages d'un mécanisme où l'âme a tant de part, pourra devant le lit du malade faire peut-être des miracles et être divinisé par le peuple.... Mais Votre Altesse Ducale a tiré l'art hippocratique de cette sphère étroite où il n'est qu'une science mécanique, et un gagne-pain, et l'a élevé au rang sublime de doctrine philosophique. La philosophie et la science médicale sont entre elles dans la plus parfaite harmonie. Celle-ci prête à celle-là de sa richesse et de sa lumière, celle-là fait part à celle-ci de son intérêt, de sa dignité, de son charme. J'ai cherché cette année à me familiariser davantage avec toutes deux : que ce peu de pages soient la justification de mon entreprise, qu'elles soient consacrées à l'auteur de mon bonheur; mais que l'indulgence du père protége ce faible essai contre les légitimes exigences du prince.

« Profondément pénétré de la plus intime reconnaissance pour la gracieuse sollicitude avec laquelle Votre Altesse s'efforce sans cesse de me rendre plus parfait; transporté du vif désir d'apprendre à mériter cette faveur,

« Je serai jusqu'à ma dernière heure,

« De Votre Altesse Ducale,

« Le très-soumis et très-obéissant

« JEAN-CHRISTOPHE-FRÉDÉRIC SCHILLER,
« Élève. »

Stuttgart, le 30 novembre 1780.

et, à mon avis, c'est quelquefois avec un zèle fanatique qu'il a été rejeté : le plus grand danger assurément pour la vérité, c'est que des opinions exclusives trouvent des adversaires exclusifs. Quant au premier système, c'est bien celui qui a été le plus toléré dans son ensemble, par la raison qu'il est le plus capable d'échauffer les cœurs, de les porter à la vertu, et qu'il a déjà montré dans des âmes vraiment grandes quelle était sa valeur. Qui n'admire la fermeté d'un Caton, la haute vertu d'un Brutus et d'un Marc-Aurèle, l'égalité d'âme d'un Épictète et d'un Sénèque ? Nonobstant cela, ce n'est rien de plus cependant qu'un noble égarement de l'intelligence, une véritable exagération, qui rabaisse avec trop d'enthousiasme une partie de l'homme et veut nous élever au rang d'être idéal, sans nous dépouiller en même temps de notre humanité ; un système qui est en contradiction directe avec les enseignements de l'histoire et les explications de la philosophie sur l'évolution de l'individu et de l'espèce entière, et qui ne peut absolument se concilier avec la nature bornée de l'âme humaine. En ceci, comme en toute chose, le parti le plus sage est donc de garder l'équilibre entre les deux théories, pour atteindre d'autant plus sûrement le juste milieu de la vérité. Mais comme l'erreur la plus ordinaire a été de faire trop grande la part propre à l'esprit, en se le figurant indépendant du corps et en négligeant celui-ci, le présent essai aura surtout pour objet de mieux mettre en lumière le rôle important que joue le corps dans les opérations de l'âme, et la grande et réelle influence du système sensitif animal sur la substance spirituelle. Pour cela toutefois cette théorie n'est nullement la philosophie d'Épicure, pas plus que ce n'est le stoïcisme de tenir la vertu pour le souverain bien.

*

Avant que nous essayions de rechercher quelles sont les hautes fins morales qui sont atteintes avec le secours de la nature animale, il faut d'abord que nous établissions la nécessité physique de cette nature, et que nous nous mettions d'accord sur quelques idées fondamentales. De là le premier point de vue sous lequel nous envisagerons la connexion des deux natures.

# CONNEXION PHYSIQUE.

LA NATURE ANIMALE ASSURE L'ACTIVITÉ DE L'ESPRIT.

§ 2.

Organisme des opérations de l'âme, de la nutrition, de la génération.

Toutes les institutions, tendant à la perfection de l'homme, que nous remarquons dans le monde moral et le monde physique, semblent en dernière analyse se résumer dans cette proposition élémentaire : « La perfection de l'homme consiste dans l'exercice de ses facultés eu égard au plan de l'univers; » et, comme il doit y avoir la plus exacte harmonie entre le degré de la force employée et l'objet auquel elle s'applique, la perfection consistera dans la plus grande activité possible des facultés et dans leur subordination réciproque. Mais, par une nécessité que je n'ai pas encore reconnue, d'une manière que je ne comprends pas encore, l'activité de l'âme humaine est liée à l'activité de la matière. Avant de pouvoir éveiller en moi une perception, les changements qui s'accomplissent dans le monde des corps doivent être modifiés, et raffinés, pour ainsi dire, par une classe spéciale de forces organiques intermédiaires : les *sens*. A leur tour, d'autres forces organiques, machines du mouvement volontaire, doivent s'interposer entre l'âme et le monde, pour transmettre à celui-ci les changements qui ont lieu dans celle-là. Enfin les opérations de l'entendement et de la sensibilité doivent correspondre à certains mouvements du sensorium intérieur. Tout cela constitue l'organisme des opérations de l'âme.

Mais la matière est la proie de l'éternelle vicissitude des choses ; elle se détruit elle-même en agissant ; pendant qu'elle se meut, les éléments constitutifs sont désunis, déplacés violemment, perdus. Comme, au contraire, l'essence simple de l'âme possède en soi-même ses principes constituants et la durée, et qu'elle ne peut ni s'accroître ni diminuer, la matière ne peut marcher d'un pas égal avec l'esprit, et ainsi, l'organisme de la vie spirituelle ne tarderait pas à périr, et, avec lui, toute activité de l'âme. Pour obvier à cela, il fallut qu'un nouveau système de forces organiques fût adapté en quelque sorte au premier, afin d'en réparer les pertes et de le maintenir, par une chaîne continue de créations nouvelles, dans ce bon état d'où, sans cela, il ne pourrait que déchoir. C'est l'organisme de la nutrition.

Il y a plus. Après une courte période d'action, l'équilibre entre la perte et la réparation se trouvant rompu, l'homme quitte la scène de la vie, et la loi de la mortalité dépeuple la terre. D'ailleurs, le nombre des êtres sentants que l'amour et la sagesse éternelle ont voulu appeler au bonheur de l'existence, ne trouverait pas un espace suffisant pour vivre simultanément dans les bornes étroites de ce monde, et la vie d'une génération exclut la vie d'une autre. Il était donc nécessaire que des hommes nouveaux prissent la place des anciens, qui disparaissent, et que la vie fût conservée par une succession non interrompue. Mais aujourd'hui rien n'est créé, et si quelque chose de nouveau naît ici-bas, ce n'est que par suite d'un développement. Le développement de l'homme devait nécessairement se faire par l'homme, afin d'être en rapport avec la mortalité, afin que l'humanité arrivât progressivement au point de perfection qui lui est marqué. Par cette raison, un nouveau système de forces organiques ayant pour objet la vivification et le développement du genre humain, fut ajouté aux deux précédents. C'est l'organisme de la génération. Ces trois organismes, étroitement liés entre eux par leurs fonctions et la place qu'ils occupent, constituent le corps humain.

### § 3.

#### Le corps.

Les forces organiques du corps humain se divisent d'elles-mêmes en deux classes principales. La première renferme celles que nous ne pouvons expliquer par aucune loi, aucun phénomène connu du monde physique : par exemple la sensibilité des nerfs et l'irritabilité des muscles. Comme il a été impossible jusqu'à présent de pénétrer dans l'économie de l'invisible, on a essayé de rendre compte du mécanisme inconnu par le mécanisme connu. Considérant les nerfs comme des canaux dans lesquels circule un fluide éminemment subtil et actif, qui surpasserait en rapidité et en finesse l'éther et l'électricité, on a regardé ce fluide comme le principe de la sensibilité et du mouvement; et on lui a donné en conséquence le nom d'esprits vitaux. De plus, on a fait consister l'irritabilité des fibres musculaires dans un certain *nisus*, ayant pour objet de se raccourcir et de rapprocher leurs extrémités sous l'influence d'une excitation étrangère. Ces deux principes forment le caractère spécifique de l'organisme animal.

La seconde classe de forces comprend celles que nous pouvons subordonner aux lois générales et connues de la physique. Je fais rentrer dans cette catégorie la mécanique du mouvement et la chimie du corps humain, d'où résulte la vie végétative. Ainsi, la végétation et la mécanique animale, mêlées de la manière la plus intime, forment, à proprement parler, la vie physique du corps humain.

### § 4.

#### La vie animale.

Ce n'est pas tout encore. Comme la perte est plus ou moins au pouvoir de l'esprit, il devait nécessairement en être de même de la réparation. De plus, comme le corps est soumis à toutes les conséquences de la composition et exposé à une multitude innombrable d'actions délétères de la part des agents qui l'environnent, il devait être au pouvoir de l'âme de le garantir de l'influence pernicieuse de ces derniers et d'établir entre lui et le monde physique les rapports les plus favorables à sa durée. Il fallait donc qu'elle fût instruite de l'état bon ou mauvais de ses organes; il fallait qu'elle trouvât du déplaisir dans le malaise du corps, du plaisir dans son bien-être, afin de prolonger ou d'éloigner l'un ou l'autre de ces états, de les chercher ou de les fuir. Voilà donc déjà l'organisme lié, pour ainsi dire, à la faculté de sentir, et l'âme associée aux intérêts du corps. Nous avons déjà là quelque chose de plus que la végétation, quelque chose de plus qu'un automate inanimé, qu'un mécanisme de nerfs et de muscles : nous avons la vie animale [1].

L'état florissant de la vie animale est, comme nous le savons, extrêmement important pour l'heureux accomplissement des opérations de l'âme, et ne peut jamais être supprimé sans que les fonctions de celle-ci en soient sensiblement troublées. Il faut, en conséquence, que cet état florissant ait un fondement solide, qui ne soit pas aisément ébranlé, c'est-à-dire il faut que l'âme soit déterminée par une force irrésistible aux actes de la vie physique. S'il en est ainsi, les sentiments du bien-être ou du malaise animal pourraient-ils bien avoir une origine spirituelle, être le produit de la pensée? Que de fois alors ne seraient-ils pas obscurcis par l'éclat plus vif des passions, assoupis par l'inertie ou la sottise, négligés au milieu des affaires ou des distractions? D'ailleurs l'homme-animal ne devrait-il pas, dans ce cas, avoir la connaissance la plus complète de son organisation? Ne faudrait-il pas que l'enfant fût passé maître dans cet ordre de connaissances où les Harvey, les Boerhave, les Haller sont encore restés des apprentis après des investigations d'un demi-siècle?

Nous admettrons donc que l'âme ne pouvait avoir absolument aucune *idée* de l'état qu'elle doit modifier. Comment en sera-t-elle avertie, comment entrera-t-elle en action?

---

1. Mais aussi quelque chose de plus que la vie animale de la bête. La bête vit de la vie animale pour éprouver des sensations agréables. Elle éprouve des sensations agréables pour conserver la vie animale. Ainsi, elle vit maintenant pour vivre encore demain; elle est heureuse maintenant pour être heureuse demain. Mais c'est là un bonheur étroit, incertain, réglé sur les périodes de l'organisme, livré à la destinée, au hasard aveugle, parce qu'il ne repose que sur la sensation. L'homme vit aussi de la vie animale et participe à ses plaisirs et à ses douleurs. Mais pourquoi? Il jouit et souffre afin de conserver sa vie animale; il conserve sa vie animale afin de prolonger sa vie spirituelle. Ici donc le moyen et le but sont distincts, tandis que là ils nous ont paru coïncider. C'est là une des lignes de démarcation entre l'homme et la bête. (*Note de l'auteur.*)

## § 5.

#### Sentiments animaux.

Nous ne connaissons encore d'autres sentiments que ceux qui résultent d'une opération antérieure de l'entendement; maintenant nous allons assister à la naissance de sentiments dans lesquels l'entendement ne joue aucune espèce de rôle. Ces sentiments doivent, sinon exprimer la constitution actuelle de mes organes, du moins l'indiquer en quelque sorte spécifiquement, ou pour mieux dire l'accompagner. Ces sentiments doivent rapidement et vivement déterminer la volonté à la répugnance ou au désir, mais ils doivent planer seulement à la surface de l'âme et ne jamais pénétrer dans le domaine de la raison. Le rôle de la pensée dans les sentiments spirituels est rempli ici par cette modification des parties animales qui menace l'organisme de destruction, ou en assure la durée, c'est-à-dire qu'en vertu d'une loi éternelle de la sagesse infinie, à cette manière d'être de la machine qui en garantit la santé florissante, correspond un sentiment agréable, et, au contraire, un état qui en détruit le bien-être et en accélère la ruine est accompagné d'une émotion douloureuse de l'âme ; et cela, sans que le sentiment lui-même ait la moindre ressemblance avec cet état des organes, qu'il indique. Ainsi naissent des sentiments animaux. Les sentiments animaux ont donc une double raison d'être : 1° dans l'état actuel de la machine ; 2° dans la faculté de sentir.

On comprend maintenant pourquoi les sentiments animaux entraînent l'âme aux passions et aux actes avec une puissance irrésistible, tyrannique en quelque sorte, et prennent même parfois la prépondérance sur les sentiments les plus spirituels. Ces derniers, l'âme les a produits au moyen de la pensée, et par la pensée elle peut, en revanche, les détruire et les annihiler complétement. C'est la puissance de l'abstraction et en général de la philosophie sur les passions, les opinions, en un mot, sur toutes les situations de la vie. Mais les sentiments animaux sont imposés à l'âme par une nécessité aveugle, la loi du mécanisme ; l'entendement qui ne les a point créés ne peut pas non plus les détruire, quoiqu'il puisse les affaiblir, les obscurcir notablement, par une direction opposée de l'attention. Étendu sur sa couche, en proie aux tortures de la pierre, le stoïcien le plus opiniâtre ne pourra jamais se vanter de n'avoir pas éprouvé de douleur ; mais, absorbé dans ses méditations sur les causes finales, il divisera la faculté de sentir ; et le plaisir qu'il éprouvera à l'idée de la perfection qui subordonne même la douleur à la félicité générale, l'emportera sur la souffrance. Ce ne fut pas le défaut, l'annihilation de la sensibilité, qui permit à Mucius, rôtissant sa main dans un brasier ardent, de fixer sur l'ennemi ce regard romain plein d'un calme orgueilleux. Non, la pensée de cette grande Rome qui allait l'admirer régnait dans son âme, et la tenait pour ainsi dire captive au dedans d'elle-même, de sorte que le poignant aiguillon de la douleur physique était insuffisant pour la faire sortir de son équilibre. Mais la douleur du Romain n'était pas moindre pour cela que celle du voluptueux le plus efféminé. Sans doute au moment critique de la souffrance physique, celui qui vit habituellement dans une atmosphère d'idées obscures sera moins capable d'un effort énergique, que celui qui vit toujours au sein d'idées claires et nettes ; mais néanmoins, ni la vertu la plus sublime, ni la philosophie la plus profonde ne peuvent soustraire à la loi de la nécessité ; pas même la divine religion, quoiqu'elle puisse rendre heureux ses confesseurs sur le bûcher s'écroulant dans les flammes.

Cette puissance des impressions animales sur la sensibilité de l'âme a sa raison dans le dessein le plus sage. Une fois initié aux mystères d'une plus belle volupté, l'esprit aurait abaissé un regard de mépris sur les mouvements de son compagnon, et se fût difficilement décidé à sacrifier aux besoins infimes de la vie physique, si le sentiment animal ne l'y eût forcé. Le mathématicien errant dans les régions de l'infini et oubliant le monde réel pour le monde de l'abstraction, est réveillé par la faim de son assoupissement intellectuel ; le physicien qui analyse la mécanique du système solaire et accompagne la planète errante dans l'espace sans bornes, est ramené à la terre par une piqûre d'épingle ; le philosophe qui développe les mystères de la nature divine et croit avoir franchi les bornes de l'humanité, est ramené à lui-même par le vent glacial qui, pénétrant à travers son taudis délabré, lui enseigne que son être n'est qu'un terme moyen misérable entre la bête et l'ange.

Enfin, le plus violent effort de l'esprit devient impuissant lorsque les sentiments animaux prennent le dessus. A mesure que leur énergie s'accroît, la raison est assourdie de plus en plus, et l'âme est violemment enchaînée à l'organisme. Pour assouvir sa faim et sa soif, l'homme accomplira des actes qui font frémir l'humanité : il devient malgré lui traître et meurtrier, il devient cannibale....

« Tigre tu voulais enfoncer tes dents dans le sein de ta mère¹ ? »

Tant est violente l'action des sentiments animaux sur l'esprit, tant est grande la sollicitude avec laquelle le Créateur a pourvu à la conservation de la machine humaine! Elle repose sur les bases les plus solides, et l'expérience a montré que l'excès plus que le manque de sentiments animaux a été fertile en conséquences funestes.

Ainsi, les sentiments animaux assurent le bien-être de la nature animale; comme les sentiments moraux ou intellectuels, le bien-être de la nature spirituelle, ou la perfection. Le système des sentiments et des mouvements animaux épuise l'idée de la nature animale. Celle-ci est le fondement sur lequel repose la constitution des instruments de l'âme, et la constitution de ces derniers détermine la facilité et la durée de l'activité de l'âme elle-même. Voilà donc déjà le premier anneau de la chaîne qui lie entre elles les deux natures.

## § 6.

#### Objections contre l'union des deux natures, tirées de la morale.

Mais, tout en accordant cela, on pourrait ajouter : Ici finit la mission du corps; au delà, c'est pour l'âme un compagnon pa-

1. Gerstenberg, *Ugolino*, acte V (ce drame n'est pas divisé par scènes).

resseux, avec lequel elle a sans cesse à lutter, dont les besoins lui ôtent tout loisir pour la pensée, dont les attaques rompent le fil des spéculations les plus profondes, et détournent l'esprit des idées les plus claires et les plus distinctes pour le jeter dans la confusion des impressions sensibles, dont les appétits détournent la plus grande partie de nos semblables du type idéal sur lequel ils devraient se modeler, et les ravalent à la condition de la brute : bref, c'est le corps qui les enchaîne dans un esclavage dont il faut à la fin que la mort les délivre. N'est-il pas absurde et injuste, pourrait-on dire encore, en continuant ces plaintes, d'associer l'être simple, nécessaire, subsistant par lui-même, avec un autre être entraîné par un éternel tourbillon, en butte à tous les hasards, victime de toutes les nécessités?... Peut-être, en réfléchissant plus froidement, verrons-nous sortir une grande beauté de cette apparence de confusion et de défaut de plan.

## CONNEXION PHILOSOPHIQUE.

#### LES INCLINATIONS ANIMALES ÉVEILLENT ET DÉVELOPPENT LES INCLINATIONS SPIRITUELLES.

### § 7.

#### Méthode.

La méthode la plus sûre pour jeter quelque jour sur cette matière est peut-être la suivante : on abstrait dans l'homme tout ce qui s'appelle organisation, c'est-à-dire qu'on sépare le corps de l'esprit, sans cependant enlever à celui-ci la possibilité d'arriver à des perceptions, et d'agir sur le monde des corps; et l'on se demande ensuite comment, dans ce cas, il serait entré en action, comment il eût développé ses facultés, quels sont les progrès qu'il aurait pu faire vers sa perfection : le résultat de ces recherches doit être confirmé par des faits. En conséquence, on étudie la culture effective de l'homme individu, et l'on jette un coup d'œil sur le développement de l'espèce entière. Commençons donc par le cas abstrait. Il y a la faculté perceptive et la volonté; il y a la sphère d'activité et la libre communication de l'âme au monde, du monde à l'âme. La question est de savoir maintenant comment l'action a lieu.

### § 8.

#### L'âme sans union avec le corps

Nous ne pouvons supposer nulle idée sans une volonté antérieure de la produire; nulle volonté, sans l'expérience que notre état sera amélioré par l'acte qui doit s'accomplir, c'est-à-dire sans un fait de sensibilité; nul fait de sensibilité, sans une idée précédente (car en excluant le corps, nous avons par cela même exclu les sensations corporelles) : ainsi, nulle idée sans idée.

Maintenant, que l'on considère l'enfant, c'est-à-dire, suivant l'hypothèse, un esprit qui a la faculté de former des idées, mais qui doit pour la première fois faire entrer cette faculté en exercice. Qu'est-ce qui peut le déterminer à penser, si ce n'est le sentiment agréable qui en résulte? qu'est-ce qui peut lui avoir donné l'expérience de ce sentiment agréable? Nous venons de voir que ce ne pouvait être que la pensée : or il s'agit précisément pour lui de penser pour la première fois. De plus, qu'est-ce qui peut l'inviter à la contemplation du monde? rien, si ce n'est l'expérience de la perfection du monde, en tant qu'il satisfait son besoin d'activité, et que cette satisfaction lui procure du plaisir. Qu'est-ce qui peut le déterminer à mettre en jeu ses facultés? rien autre chose que l'expérience de leur existence; mais toutes ces expériences, il doit les faire pour la première fois. Ainsi donc, il aurait dû être actif de toute éternité (ce qui est contre l'hypothèse adoptée), ou il restera à tout jamais inactif, de même que la machine, à moins d'une impulsion, demeure inerte et immobile.

## § 9.

### L'âme unie au corps.

Maintenant, à l'esprit ajoutons la bête. Mêlons ces deux natures aussi intimement qu'elles sont mêlées en effet, et laissons je ne sais quoi d'inconnu, qui naît de l'économie du corps animal, assaillir la sensibilité : plaçons l'âme dans l'état de souffrance physique. Voilà la première impulsion, le premier rayon lumineux dans la nuit où sommeillent les facultés, le premier son qui fait vibrer les cordes d'or de la lyre de la nature. Actuellement il y a sentiment, et c'était tout juste ce qui précédemment nous manquait. Cette espèce de sentiment paraît être créée tout exprès pour lever les difficultés qui nous embarrassaient tout à l'heure. Nous ne pouvions pas produire le sentiment, parce que nous n'avions pas le droit de supposer une idée antérieure. Maintenant la modification des organes corporels prend la place des idées, et le sentiment animal sert, si j'ose le dire, à mettre en mouvement les rouages intérieurs de l'esprit. Le passage de la douleur à la répugnance est une loi fondamentale de l'âme. La volonté est active, et l'activité d'une seule force suffit pour mettre toutes les autres en action. Les opérations suivantes se développent d'elles-mêmes, et n'appartiennent pas d'ailleurs à ce chapitre.

## § 10.

### L'union de l'âme et du corps étudiée dans l'histoire de l'individu.

Suivons maintenant, en vue de la thèse qu'il s'agit de démontrer, le développement de l'âme dans l'homme individu, et observons comment toutes les facultés spirituelles s'épanouissent sous l'influence d'une excitation sensible.

*a. La première enfance.* L'enfant est encore tout à fait animal, ou, pour mieux dire, il est tout à la fois plus et moins que l'animal : il est animal humain, car il était impossible que l'être qui devait un jour s'appeler homme, eût jamais été simplement un animal. Il est plus malheureux que l'animal, parce qu'il n'a pas même l'instinct. Chez les animaux, la mère peut abandonner son petit plus tôt que la mère humaine son enfant. La douleur peut bien arracher des cris à cette frêle créature, mais ne dirigera jamais son attention sur la cause qui la produit ; le lait lui procurera des plaisirs, mais jamais il ne saura le chercher. Il est entièrement passif :

> Sa pensée ne s'élève que jusqu'au sentiment ;
> Toute sa connaissance se borne à la douleur, à la faim, et aux liens qui le tiennent captif.

*b. La seconde enfance.* La réflexion se montre déjà, mais elle ne s'applique qu'à la satisfaction des besoins animaux. « L'enfant, comme dit Garve[1], apprend d'abord à apprécier les choses qui appartiennent aux autres hommes, et ses actions envers eux, par le plaisir (sensible) qu'elles lui procurent. » L'amour du travail, l'amour envers les parents, les amis, et même l'amour envers Dieu, n'arrive dans son âme que par l'intermédiaire des impressions sensibles. « La sensibilité seule, comme Garve le remarque dans un autre endroit[2], est le soleil qui éclaire et réchauffe par lui-même ; tous les autres objets sont obscurs et froids, mais ils peuvent aussi être échauffés et éclairés s'ils entrent avec ce soleil dans un rapport tel qu'ils puissent recevoir ses rayons. » Chez l'enfant, les biens de l'esprit n'ont quelque valeur que par transmission : ce sont des moyens spirituels pour un but matériel.

*c. La jeunesse et l'âge viril.* La répétition fréquente de cette association d'idées la convertit peu à peu en habitude ; et en pratiquant la transmission, l'homme finit par trouver de la beauté dans le moyen lui-même. Il s'y arrête avec plus de plaisir, sans trop savoir pourquoi ; involontairement il se sent entraîné à y réfléchir. Déjà maintenant les

---

1. *Remarques sur la philosophie morale de Ferguson*, p. 319.
2. *Ibid*, p. 393.

rayons de la beauté spirituelle peuvent toucher son âme épanouie; le sentiment de l'exercice de sa force le remplit de joie et lui inspire du penchant pour l'objet qui jusqu'alors n'était qu'un moyen; le premier but est oublié. Les lumières, l'accroissement des idées lui révèlent enfin toute la dignité des plaisirs de l'esprit : le moyen est devenu le but suprême.

Voilà ce qu'enseigne plus ou moins l'histoire individuelle de tout homme qui a quelque culture, et certes l'éternelle Sagesse ne pouvait choisir pour conduire l'homme une route meilleure : maintenant encore ne mène-t-on pas la plèbe à la lisière comme notre adolescent? Et le prophète de Médine ne nous a-t-il pas montré, par un clair et frappant exemple, comment il fallait tenir en bride le sens grossier des Sarrasins?

Sur ce point on ne saurait rien dire de mieux que ce qui a été développé de la manière suivante par Garve, dans ses notes sur le chapitre de la philosophie morale de Ferguson qui traite des penchants naturels : « C'est l'instinct de la conservation et l'attrait du plaisir physique qui éveillent d'abord l'activité chez l'homme comme chez l'animal. Il apprend d'abord à apprécier les choses qui appartiennent aux autres hommes, et ses actions envers eux, par le plaisir qu'elles lui procurent. A mesure que s'étend le nombre des choses dont l'expérience lui enseigne les effets, ses idées s'étendent aussi; à mesure que s'allonge le chemin par lequel il parvient à produire ces effets, ses désirs deviennent plus raffinés. Là est la première ligne de démarcation entre l'homme et l'animal; là se manifeste une différence, même entre les animaux d'espèce différente. Ce n'est que chez un petit nombre d'animaux que l'action de manger suit immédiatement la sensation de la faim; l'ardeur de la chasse ou le soin d'amasser des provisions précède la satisfaction de l'appétit. Mais chez aucun animal le contentement du désir ne suit aussi tard que chez l'homme les préparatifs faits pour cette fin; aucun ne parcourt une si longue chaîne de moyens et de combinaisons avant d'arriver à ce dernier résultat. Bien que tous les travaux de l'ouvrier ou de l'agriculteur n'aient pas d'autre but que le pain ou le vêtement, par quelle distance ces travaux ne sont-ils pas séparés de ce but? Mais ce n'est pas tout encore. Dès que les moyens de conservation pour l'homme se sont accrus par l'institution de la société, lorsqu'il jouit d'une abondance qu'il n'est pas obligé d'acheter au prix de tout son temps et de toute son énergie, lorsqu'en même temps il est éclairé par l'échange des idées, alors il commence à trouver en lui-même un but final de son activité, alors il remarque que même pleinement rassasié, vêtu, à l'abri sous un bon toit, pourvu d'ustensiles de toute sorte, il lui reste cependant quelque chose à faire. Il fait encore un pas en avant: il s'aperçoit qu'en tant qu'ils résultent de certaines facultés spirituelles et qu'ils exercent ces facultés, les actes par lesquels l'homme s'est procuré la nourriture et les commodités de la vie, renferment un bien plus précieux que les fins extérieures que ces actes atteignent. A dater de ce moment, de concert avec le reste de l'espèce humaine et de tous les êtres vivants, il travaille à se conserver, sans doute, à pourvoir aux besoins de sa vie matérielle et à ceux des personnes qui lui sont chères (comment pourrait-il faire autrement? quelle autre sphère d'activité pourrait-il se créer s'il sortait de celle-là?); mais il sait maintenant que, si la nature a éveillé en lui ces appétits multiples, si elle lui a montré en perspective l'attrait du plaisir et des avantages qu'il peut trouver à les satisfaire, c'est beaucoup moins pour lui procurer les douceurs de la vie que pour fournir à un être pensant la matière des perceptions, à une âme sensible la matière des sentiments, à un esprit bienveillant des moyens de pratiquer la bienfaisance, à un esprit actif l'occasion d'exercer son activité.... Dès lors, il n'est pas d'être vivant ou inanimé qui ne se présente à lui sous une face nouvelle. Auparavant les objets et les changements qu'ils subissent n'étaient considérés par lui qu'au point de vue des sensations agréables ou pénibles qu'ils lui procuraient; maintenant c'est comme donnant lieu à des actes, à la pleine manifestation de la perfection de son être, qu'il les envisage. Au premier point de vue, les occurrences étaient tantôt bonnes, tantôt mauvaises; au second, elles sont toutes bonnes sans exception; car il n'en est aucune qui ne rende possible l'exercice d'une vertu ou l'application d'une faculté particulière. Auparavant il aimait les hommes, parce qu'il supposait qu'ils pouvaient lui être utiles; maintenant il les aime plus encore, parce qu'il regarde la bienveillance comme l'état d'un esprit accompli. » ]

### § 11.

##### L'union de l'âme et du corps étudiée dans l'histoire du genre humain.

Maintenant jetons un regard encore plus hardi sur l'histoire universelle du genre humain, depuis son berceau jusqu'à son âge viril, et la vérité de ce qui précède se montrera dans tout son jour.

La faim et la nudité ont fait d'abord de l'homme un pêcheur, un pâtre, un laboureur et un architecte. La volupté fonda des familles, et la faiblesse sans défense de l'individu donna naissance à l'agglomération par hordes. Voilà déjà les premières racines des devoirs sociaux. Bientôt les productions de la terre n'étant plus en rapport avec la population croissante, la faim dispersa les hommes dans des climats et des pays lointains, qui découvrirent à la nécessité industrieuse leurs produits, et lui enseignèrent de nouveaux raffinements pour les mettre en œuvre, et échapper à leur influence pernicieuse. Ces connaissances isolées se transmirent par tradition de l'aïeul à l'arrière-neveu, et en même temps elles s'étendirent. On apprit à tourner les forces de la nature contre la nature elle-même, on la plaça dans des rapports nouveaux, et l'on découvrit dès lors les premiers rudiments des arts simples et salutaires. Sans doute, les arts, les découvertes, n'avaient encore pour objet que le bien-être de l'homme physique; mais cependant ils exerçaient la force et augmentaient la somme des connaissances. Auprès de ce feu où le grossier enfant de la nature cuisait ses poissons, Boerhave épia plus tard le mystère du mélange des corps; ce couteau avec lequel le sauvage dépeçait son gibier, amena Lionet à découvrir celui avec lequel il mit à nu les nerfs des insectes; avec ce compas qui ne servait d'abord qu'à circonscrire des champs, Newton mesura le ciel et la terre. C'est ainsi que le corps força l'esprit à donner son attention aux phénomènes qui se passent autour de lui ; c'est ainsi qu'il rendit le monde intéressant et important pour lui, en le lui rendant indispensable. D'une part, l'impulsion interne d'une nature active ; de l'autre, la pauvreté du sol maternel enseignèrent à nos premiers parents à imprimer à leur pensée un essor plus hardi, et les amenèrent à la découverte d'une demeure flottante, dans laquelle, guidés par les étoiles, ils glissèrent sur les fleuves et les mers, et naviguèrent à la recherche de zones nouvelles :

> Fluctibus ignotis insultavere carinæ[1].

Ici encore nous voyons paraître de nouveaux produits, de nouveaux dangers, de nouveaux besoins, de nouveaux efforts de l'esprit. La collision des penchants animaux pousse les hordes contre les hordes, forge en glaive le minerai grossier, engendre des aventuriers, des héros, des despotes. Les villes se fortifient, les États se fondent ; avec les États prennent naissance les droits et les devoirs sociaux, les arts, les chiffres, les codes, les prêtres rusés.... et les dieux.

Et quand les besoins ont dégénéré en luxe, quel champ immense se déroule à nos yeux ! Maintenant on creuse les entrailles de la terre, maintenant on explore le sein des mers ; le commerce et le négoce fleurissent :

> Latet sub classibus æquor[2].

Les produits de l'Orient sont admirés en Occident, ceux de l'Occident en Orient ; les plantes exotiques s'acclimatent sous des cieux artificiels, et l'horticulteur réunit dans un même jardin les productions des trois parties du monde. Les artistes arrachent à la nature le secret de ses œuvres, de doux accents amollissent le sauvage, la beauté et l'harmonie ennoblissent les mœurs et le goût, et l'art conduit à la science et à la vertu. « L'homme, ce puissant demi-dieu, dit Schlœzer[3], enlève les rochers qui lui font obstacle, creuse la terre pour détourner les lacs, et laboure là où autrefois on naviguait. Par des ca-

---

1, Ovide, *Métamorphoses*, I, 133.
2. Virgile, *Énéide*, IV, 582.
3. Voy. l'*Idée de l'Histoire universelle* de Schlœzer, § 6.

maux, il sépare les continents et les provinces; il réunit les torrents dans un même lit, et les dirige vers des déserts sablonneux, qu'il transforme ainsi en riantes campagnes. Il dérobe leurs produits à trois parties du monde, et les transplante dans la quatrième. Le climat même, l'air, la température, obéissent à son pouvoir. En défrichant les bois, en desséchant les marais, il fait briller sur sa tête un ciel plus serein. L'humidité et le brouillard se dissipent, les hivers deviennent plus doux et plus courts, la glace n'enchaîne plus le cours des fleuves, » et l'esprit s'épure avec le climat.

L'État occupe le citoyen à pourvoir aux besoins et aux commodités de la vie. Grâce au travail, l'État acquiert au dedans et au dehors la sûreté et le repos, qui procurent au penseur et à l'artiste ce loisir fécond qui a fait du siècle d'Auguste un âge d'or. Alors les arts prennent un essor plus hardi et plus libre; alors les sciences arrivent à une lumière pure et brillante. L'histoire naturelle et la physique renversent la superstition; l'histoire présente le miroir du passé, et la philosophie rit de la folie des hommes. Mais comme le luxe, dégénérant en mollesse et en débauche, commence à exercer ses ravages dans le corps humain, couve des épidémies, et empeste l'atmosphère, l'homme, en proie à la souffrance, demande successivement à tous les règnes de la nature un adoucissement à ses maux. Il trouve l'écorce divine du quinquina, arrache aux entrailles des montagnes le mercure à l'action puissante, et exprime le suc précieux du pavot oriental. Les recoins les plus cachés de la nature sont explorés, la chimie décompose les corps dans leurs derniers éléments, et se crée des mondes nouveaux; les alchimistes enrichissent l'histoire naturelle; armé du microscope, l'œil de Swammerdam surprend la nature dans ses procédés les plus mystérieux. L'homme va plus loin encore. Le besoin et la curiosité franchissent les barrières de la superstition : il saisit courageusement le scalpel et découvre le plus beau chef-d'œuvre de la nature, l'homme. C'est ainsi que le plus grand bien devait sortir de l'excès du mal, c'est ainsi que la maladie et la mort devaient nous amener de force au γνῶθι σεαυτόν[1]. La

---

1. « Connais-toi toi-même. »

peste forma nos Hippocrate et nos Sydenham, comme la guerre engendra des généraux, et c'est à l'irruption de la contagion syphilitique que nous devons une réforme complète des doctrines médicales.

Nous avons voulu ramener à la perfection de l'âme la satisfaction légitime des appétits physiques, et quelle merveilleuse tournure cette matière a prise dans nos mains! Nous avons trouvé que l'excès même et l'abus des plaisirs sensuels ont, en somme, favorisé les progrès réels de l'humanité. Les égarements qui semblent nous avoir écartés du but primitif de la nature, les marchands, les conquérants, le luxe, ont, sans aucun doute, accéléré dans d'énormes proportions un progrès qui aurait été réalisé d'une manière plus régulière, mais passablement lente, par un genre de vie plus simple. Que l'on compare le monde ancien au monde moderne : là, les désirs étaient simples et leur satisfaction facile, mais aussi quels exécrables jugements on portait sur la nature et ses lois! Maintenant une foule de détours rendent cette satisfaction plus difficile, mais aussi quelle vive lumière s'est répandue sur toutes les idées!

En résumé, il fallait que l'homme fût animal avant de savoir qu'il était esprit; qu'il rampât sur la poussière avant d'oser s'élancer dans l'univers avec le génie de Newton. *Ainsi le corps est le premier aiguillon de l'activité; les impressions sensibles, les premiers degrés qui élèvent à la perfection.*

---

LES SENTIMENTS ANIMAUX ACCOMPAGNENT LES SENTIMENTS SPIRITUELS.

§ 12.

Loi.

L'intelligence de l'homme est extrêmement bornée, et, par suite, tous les sentiments qui résultent de son activité doivent nécessairement l'être aussi. Pour leur donner un plus grand essor, doubler la force qui entraîne la volonté vers le parfait et l'arrache au mal, la nature spirituelle et la nature animale furent si étroitement enlacées, que leurs modifications se transmettent de l'une à l'autre et se fortifient mutuellement. Or, de là résulte une loi fondamentale de l'union des deux natures, qui, analysée dans ses derniers éléments, pourrait s'exprimer à peu près ainsi : *Les facultés du corps correspondent aux facultés de l'esprit, c'est-à-dire que toute surexcitation de l'activité spirituelle a toujours pour conséquence la surexcitation d'un certain mode de l'activité physique, tout comme aussi l'équilibre, l'activité harmonique des forces spirituelles est dans l'accord le plus parfait avec la manière d'être du corps. De plus, la nonchalance de l'âme alourdit les mouvements corporels ; son inactivité les détruit complètement.* Mais, comme la perfection est toujours associée à un plaisir et l'imperfection à une peine, on peut aussi ramener cette loi à la formule suivante : *Le plaisir spirituel est toujours accompagné d'un plaisir matériel, et la peine spirituelle d'une peine matérielle.*

## § 13.

#### Le plaisir spirituel favorise le bien-être de la machine.

Ainsi donc, un sentiment qui s'empare de l'âme tout entière ébranle au même degré tout l'édifice de l'organisme corporel. Le cœur, le sang et les veines, les fibres musculaires et les nerfs, depuis ceux qui, puissants et énergiques, impriment au cœur le mouvement vital, jusqu'à ceux qui, chétifs et insignifiants, font hérisser les petits poils de la peau, tout participe à cette impulsion. Le mouvement est plus fort dans la machine entière. Le sentiment est-il agréable, toutes les parties du corps acquièrent un degré plus élevé d'activité harmonique : le cœur bat librement, vivement, avec régularité ; dans les canaux assouplis, le sang circule sans obstacle, soit paisiblement, soit avec une ardente rapidité, selon que l'âme est affectée ou doucement ou vivement ; la coction, la sécrétion, l'excrétion, ont une marche libre et normale ; les fibres irritables jouent avec souplesse dans un doux bain de vapeur : l'excitabilité en général et la sensibilité s'élèvent à une plus haute puissance. Voilà pourquoi le moment du plus grand plaisir de l'âme est aussi le moment du plus grand bien-être du corps.

Autant il y a de ces fonctions partielles (et n'en faut-il pas des milliers peut-être pour déterminer dans le pouls une seule pulsation?), autant il afflue dans l'âme de sensations obscures, dont chacune indique la plénitude de l'existence. De la réunion de toutes ces sensations confuses, résulte le sentiment total de l'harmonie animale, c'est-à-dire le sentiment extrêmement complexe du plaisir animal, qui vient s'ajouter en quelque sorte au plaisir intellectuel ou moral d'où il découle, et l'augmente infiniment. Ainsi toute affection agréable de l'âme est la source de plaisirs corporels innombrables.

Cela est confirmé de la manière la plus évidente par l'exemple des malades que la joie a guéris. Ramenez dans sa patrie celui que le terrible mal du pays a réduit à l'état de squelette, et il reprendra une santé florissante, une jeunesse nouvelle. Entrez dans les cachots où, depuis dix, vingt ans, des malheureux sont comme ensevelis dans les émanations empestées de leurs propres ordures et trouvent à peine la force de bouger de place, et annoncez-leur tout à coup la délivrance. Ce seul mot versera dans leurs membres des forces nouvelles, et de leurs yeux éteints jailliront le feu et la vie. En proie, sur une mer incertaine, à la langueur et à la misère, désespérés par le manque d'eau et de pain, que les navigateurs entendent le pilote qui veille au haut du tillac crier : « Terre ! » la santé est déjà revenue à demi ; et certes, il serait dans une grave erreur celui qui attribuerait uniquement aux vivres frais cet heureux changement. La vue d'une personne chérie, après laquelle il a longtemps soupiré, retient encore l'âme de l'agonisant prête à s'envoler, et, pour un instant, ses forces reviennent, son état s'améliore. Il est incontestable que la joie peut donner au système nerveux une activité plus vive que tous les cordiaux qu'il faut aller querir dans les pharmacies, et que, dans le labyrinthe intestinal, elle a triomphé d'obstructions invétérées, impénétrables à la garance[1], et que le mercure même ne peut rompre. Qui ne comprend après cela que cette constitution de l'âme qui sait puiser un plaisir dans chaque événement, et résoudre la dissonance de la douleur dans l'accord parfait de l'univers, est aussi la plus favorable aux fonctions de la machine? Or, cette constitution, c'est la vertu.

### § 14.

#### La douleur spirituelle détruit le bien-être de la machine.

Les mêmes phénomènes se reproduisent en sens inverse lorsque l'âme est désagréablement affectée. Ces idées qui ressortent avec un si haut degré d'intensité dans la colère et la frayeur, on pourrait, à aussi bon droit que Platon a nommé les passions des fièvres de l'âme, les envisager comme des convulsions de l'organe de la pensée. Ces convulsions se propagent rapidement dans tout le réseau du système nerveux, mettent les forces vitales dans cet état de dissonance qui anéantit la parfaite harmonie de la vie et détruit l'équilibre de toutes les fonctions de la machine. Le cœur bat avec irrégularité et violence, le sang est comprimé dans les poumons, tandis que les extrémités en conservent à peine assez pour maintenir le pouls qui s'éteint. Toutes les opérations de la chimie animale s'entrecroisent. La sécrétion des humeurs se fait précipitamment ; les sucs de nature bienfaisante s'égarent et viennent exercer une influence funeste dans des domaines étrangers, tandis qu'en même temps les humeurs malignes, qui devraient être entraînées avec les excréments, reviennent affluer au cœur de la machine ; en un mot, l'état de la plus grande douleur de l'âme est aussi l'état de la plus grande maladie corporelle.

L'âme est avertie par mille sensations confuses de la dissolution qui menace ses organes ; elle est envahie tout entière par un sentiment de souffrance générale, qui vient s'ajouter à la douleur spirituelle, principe du mal, et en aiguise l'aiguillon.

---

1. Les anciens formulaires mettaient la garance (*rubia tinctorum*) parmi les racines apéritives.

## § 15.

#### Exemples

Les douleurs profondes et chroniques de l'âme, surtout lorsqu'elles sont accompagnées d'un violent effort de la pensée (et je fais particulièrement rentrer dans cette classe cette sourde colère qu'on nomme indignation), minent en quelque sorte les fondements de l'organisme et dessèchent les sucs de la vie. Les hommes en proie à ces peines morales sont pâles et exténués, et leurs yeux caves et enfoncés trahissent leur souffrance intérieure. « Il me faut autour de moi, dit César, des hommes gras, aux joues arrondies, des hommes qui dorment la nuit. Cassius que voilà, a une figure hâve et famélique; il pense trop : les gens de cette espèce sont dangereux. » La peur, l'inquiétude, le remords, le désespoir n'agissent guère moins que la fièvre la plus violente. En proie à l'inquiétude, Richard n'a plus sa gaieté ordinaire, et il s'imagine qu'un verre de vin la lui rendra[1]. Ce n'est pas une souffrance uniquement morale qui met en fuite sa gaieté; c'est une sensation de malaise qui du cœur même de la machine vient s'imposer à lui; c'est exactement la même sensation qui annonce les fièvres malignes.

Accablé sous le poids des forfaits, (Franz) Moor, qui autrefois était assez subtil pour réduire à rien, par la dissection des idées, tous les sentiments de l'humanité, Moor vient de s'éveiller en sursaut d'un songe épouvantable : pâle, hors d'haleine, une sueur froide baigne son front. Toutes ces images des peines futures, qu'il avait peut-être sucées avec le lait dans sa première enfance, et étouffées dans l'âge viril, ont assailli, pendant son rêve, son intelligence voilée. Les sensations sont

---

1. Voy. Shakspeare, *Richard III*, acte V, scène 3 :

>   Give me a bowl of wine;
>   I have not that alacrity of spirit,
>   Nor cheer of mind that I was wont to have.

« Donne-moi une coupe de vin; je n'ai pas cette allégresse de cœur, cette gaieté d'esprit que j'avais d'ordinaire. »

trop confuses pour que la marche plus lente de la raison puisse les saisir et les analyser de nouveau. Elle lutte encore contre l'imagination, et l'esprit contre les terreurs de l'organisme [1].

« Moor. Non, je ne tremble pas. C'était simplement un rêve.... Les morts ne ressuscitent pas encore.... Qui dit que je tremble et que je suis pâle? Je me sens si bien, si léger.

Le domestique. Vous êtes pâle comme la mort; votre voix est inquiète et bégaye.

Moor. J'ai la fièvre.... Je me ferai saigner demain. Dis seulement au pasteur, quand il viendra, que j'ai la fièvre.

Le domestique. Oh! vous êtes sérieusement malade.

Moor. Oui, certainement! Voilà tout. Et la maladie dérange le cerveau et fait éclore des rêves insensés, étranges.... Les rêves ne signifient rien.... Fi de cette lâcheté de femmelette.... Les rêves viennent du ventre, et les rêves ne signifient rien.... Je faisais tout juste un plaisant rêve.... *(Il tombe évanoui.)* »

Ici, l'image totale du songe se présentant subitement à l'esprit, met en mouvement tout le système des idées obscures, et ébranle, pour ainsi dire, dans ses fondements, l'organe de la pensée. Tous les sentiments douloureux se résolvent dans un sentiment unique, extrêmement complexe, qui bouleverse l'âme dans ses profondeurs et paralyse *per consensum* le tissu nerveux tout entier.

Les frissons qui saisissent l'homme au moment qu'il va commettre un acte criminel ou qu'il vient de l'accomplir, ne sont pas autre chose que cet *horror* qui secoue le fiévreux et que l'on éprouve aussi en prenant des remèdes repoussants. Les agitations nocturnes de ceux que les remords tourmentent, agitations toujours accompagnées de pulsations fébriles, constituent de véritables fièvres, occasionnées par l'accord de la machine avec l'âme, et lady Macbeth, quand elle marche en dormant [2], est en proie à un délire frénétique. Bien plus, l'imitation même de la passion donne à l'acteur une maladie momentanée, et

---

1. Life of Moor, Tragedy by Krako, act. V, sc. 1. (*Note de Schiller.* — Il cite son propre drame des *Brigands*, qu'il a composé en cachette à l'École militaire, et il se cache lui-même sous cet étrange pseudonyme. — Voyez la *Vie de Schiller*, p. 17.)
2. Voyez le *Macbeth* de Shakspeare, acte V, scène 1.

lorsque Garrick avait joué Lear ou Othello, il passait quelques heures au lit avec des spasmes convulsifs. L'illusion du spectateur, la sympathie pour les passions feintes ont pu produire aussi des frissons, des convulsions, et des évanouissements.

En conséquence, celui qui, tourmenté par l'humeur noire, extrait de toutes les situations de la vie le poison et la bile; le vicieux qui, dans un état constant de colère chronique, ne vit que pour la haine; l'envieux, qu'un avantage quelconque de son prochain met au supplice : tous ces hommes ne sont-ils pas les plus grands ennemis de leur santé? Que manquerait-il donc au vice pour être repoussant, s'il détruit la santé en même temps que le bonheur?

## § 16.

### Exceptions.

Mais, il est arrivé aussi qu'une impression agréable a causé la mort, et qu'une impression désagréable a produit des cures merveilleuses.... L'expérience nous enseigne ce double fait. Cela ne dérange-t-il pas les limites de la loi que nous avons posée?

La joie tue quand elle s'élève jusqu'à l'extase : la nature ne peut supporter l'essor imprimé dans un seul instant au système nerveux tout entier. Le mouvement du cerveau n'est plus harmonie, il est convulsion; c'est une énergie momentanée, extrême, mais qui aussitôt aboutit à la ruine de l'organisme, parce qu'elle a dépassé la ligne de démarcation de la santé. En effet, l'idée de santé est étroitement associée à l'idée d'un certain tempérament dans les mouvements naturels. Pour les êtres finis, la joie elle-même a ses limites comme la douleur, et elle ne peut les dépasser sans qu'ils périssent.

Pour ce qui regarde le second cas, on a de nombreux exemples qu'un degré modéré de colère, ayant le champ libre pour s'épancher, a triomphé des obstructions les plus obstinées; que la frayeur, d'un incendie, par exemple, a guéri subitement d'anciennes douleurs rhumatismales et des paralysies désespérées. Mais la dyssenterie a pu résoudre aussi les obstructions de la veine-porte ; la gale aussi a guéri la mélancolie et la frénésie. La gale en est-elle moins une maladie? la dyssenterie est-elle plus pour cela une condition de santé?

### § 17.

##### La torpeur de l'âme rend les mouvements de la machine plus lourds.

Si, d'après le témoignage de Haller, l'activité de l'âme pendant les occupations du jour peut accélérer le soir les pulsations des artères, sa torpeur ne doit-elle pas les ralentir, et son inactivité absolue les supprimer peut-être complétement? Car, bien que la circulation du sang ne paraisse pas dépendre absolument de l'âme, on peut induire, non sans quelque raison, que le cœur, qui, en tout cas, emprunte au cerveau la plus grande partie de son énergie, doit subir une grande déperdition de force lorsque l'âme n'entretient plus le mouvement du cerveau. Le flegme rend le pouls lent et paresseux ; le sang est aqueux et plein de sérosité ; la circulation éprouve de l'embarras dans le bas-ventre. Les idiots que nous a décrits Muzell[1], respiraient lentement et avec peine ; ils n'avaient nulle appétence pour le boire et le manger, ni pour l'accomplissement des excrétions naturelles. Le pouls était rare, et toutes les fonctions du corps engourdies et languissantes. La torpeur de l'âme produite par la frayeur, la stupeur, etc., est quelquefois accompagnée de la suppression générale de toute activité physique. Est-ce l'âme qui est la cause de cet état, ou bien est-ce le corps qui a déterminé cette torpeur de l'âme? Mais cette matière nous amènerait à des arguties, et d'ailleurs il n'est pas nécessaire de la développer ici.

[1]. Muzell, *Observations médicales et chirurgicales*.

## § 18.

#### Seconde loi.

Ce que nous avons dit de l'influence des sentiments spirituels sur les sentiments animaux est vrai aussi, et réciproquement, de l'influence des sentiments animaux sur les sentiments spirituels. Les maladies du corps, qui sont le plus souvent les suites naturelles de l'intempérance, deviennent déjà en soi une punition par les peines physiques qu'elles causent; mais, ici encore, il fallait que l'âme fût attaquée dans son essence intime, afin que la souffrance doublée l'engageât plus fortement à mettre un frein à ses désirs. De même, au bien-être sensible de la santé corporelle devait s'ajouter le sentiment plus délicat d'une amélioration spirituelle positive, afin que l'homme fût excité avec d'autant plus de force à maintenir son corps en bon état. Il y a donc une seconde loi de l'union des deux substances, qui peut s'exprimer ainsi : *A la libre activité des organes, est associé nécessairement le libre cours des sentiments et des idées ; au désordre des organes, le désordre de l'entendement et de la sensibilité.* Plus brièvement: *Le sentiment général de l'harmonie animale est la source de plaisirs spirituels, et la peine animale la source de peines spirituelles.*

A ces divers points de vue, on peut, non sans raison, comparer l'âme et le corps à deux instruments à corde mis à l'unisson et juxtaposés. Si, touchant une corde de l'un d'eux, on produit un son déterminé, la corde correspondante vibrera spontanément dans l'autre, et fera entendre le même son, à un degré plus faible. Ainsi, pour parler métaphoriquement, la corde joyeuse du corps éveillera la corde joyeuse dans l'âme; le son triste du premier, le son triste dans la seconde. Voilà la merveilleuse et remarquable sympathie qui fait en quelque sorte un seul être des principes hétérogènes de l'homme. L'homme n'est pas âme et corps, l'homme est le mélange le plus intime de ces deux substances.

## § 19.

*Les dispositions du corps sont accompagnées de dispositions analogues dans l'esprit.*

De là, la pesanteur, le vide de pensées, l'humeur chagrine, qui suivent la surcharge de l'estomac et l'excès de tous les plaisirs des sens ; de là, ces merveilleux effets du vin chez ceux qui en boivent avec modération. « Quand vous avez bu du vin, dit frère Martin[1], votre existence est doublée ; la pensée est une fois plus facile, la résolution plus aisée, l'exécution plus prompte. » De là, par un temps pur et sain, la bonne humeur, le sentiment de bien-être, qui résultent en partie, il est vrai, de l'association des idées, mais qui ont leur raison principale dans le jeu alors plus facile des fonctions naturelles. « Je me trouve bien, » disent ordinairement les personnes placées dans ces conditions, et, dans le même temps, elles sont mieux disposées à tous les travaux de l'esprit, et leur cœur est plus ouvert aux sentiments d'humanité et à la pratique des devoirs moraux. Il en est de même du caractère national des peuples. L'habitant de sombres contrées partage la tristesse de la nature environnante ; l'homme devient sauvage dans les zones sauvages et orageuses ; il est riant sous un doux climat ; il est sympathique dans une atmosphère purifiée. Ce n'est que sous le ciel aimable de la Grèce qu'il y eut un Homère, un Platon, un Phidias ; là seulement prirent naissance les Muses et les Grâces, tandis que la brumeuse Laponie enfante à peine des hommes, et jamais un génie. Quand notre Allemagne était encore couverte de forêts, rude et marécageuse, l'Allemand était un chasseur aussi farouche que les bêtes fauves dont la peau couvrait ses épaules. Aussitôt que le travail eut changé la face de son pays, commença pour lui l'époque de la civilisation. Je ne prétends pas que le climat soit la source unique du caractère ; mais, sans au-

---

[1]. Frère Martin est un des personnages du *Gœtz de Berlichingen* de Goethe. C'est dans une des premières scènes du premier acte qu'il prononce les paroles que cite Schiller.

cun doute, pour civiliser un peuple, une des conditions les plus importantes, c'est d'améliorer le ciel sous lequel il vit.

Des désordres dans le corps peuvent aussi porter le trouble dans tout le système des sentiments moraux, et frayer la route aux plus mauvaises passions. Un homme ruiné par les voluptés se laissera plus facilement entraîner aux partis extrêmes que celui qui maintient son corps dans l'état de santé. C'est en cela précisément que consiste l'épouvantable artifice des corrupteurs de la jeunesse, et il devait bien connaître l'homme ce recruteur de bandits, lorsqu'il disait : « Il faut corrompre le corps et l'âme[1]. » Catilina était un débauché avant de devenir un incendiaire, et Doria se trompait étrangement en croyant n'avoir rien à craindre du voluptueux Fiesco. En général, on remarque que la méchanceté de l'âme habite très-souvent dans un corps malade.

Dans les maladies, cette sympathie est encore plus frappante. Toutes les maladies graves, surtout celles qu'on nomme malignes et qui proviennent de l'économie du bas-ventre, se révèlent, à des degrés divers, par une révolution étrange dans le caractère. Alors qu'elles se glissent, sourdement encore, dans les replis les plus cachés de l'organisme et minent la force vitale des nerfs, l'âme commence à sentir, par de vagues pressentiments, l'approche de la ruine qui menace son compagnon. C'est un des éléments principaux de cet état qu'un grand médecin nous a décrit de main de maître sous le nom de frissons avant-coureurs (*horrores*). De là, chez ces personnes, une morosité dont nul ne peut indiquer la cause, le changement dans les inclinations, le dégoût pour tout ce qu'elles aimaient le plus auparavant. L'homme doux de caractère devient querelleur; le rieur, bourru ; et celui qui naguère aimait à se lancer dans le tumulte du monde affairé, fuit le regard de ses semblables, et va cacher dans la solitude sa mélancolie silencieuse. Sous le voile de ce repos perfide, la maladie s'apprête à son attaque meurtrière. Le tumulte général de la machine, lorsque le mal

---

1. C'est encore une allusion au drame des *Brigands* : « Tu perds ta peine, » dit Spiegelberg parlant du malheureux qu'il enrôle dans la bande, « tu perds ta peine si tu ne lui gâtes le corps et l'âme. » (Voy. act. II, sc. 3.)

éclate ouvertement avec toute sa fureur, nous fournit la preuve la plus claire de la dépendance étonnante de l'âme par rapport au corps. Composé de mille impressions douloureuses, le sentiment de la dissolution générale des organes occasionne dans le système des sentiments spirituels un épouvantable désordre. Les idées les plus effrayantes se réveillent. Le scélérat que rien n'a touché, succombe sous le poids des terreurs de l'organisme. Winchester mourant hurle dans les fureurs du désespoir. L'âme paraît rechercher à plaisir ce qui peut la plonger dans de plus profondes ténèbres, et se roidir avec une aversion frénétique contre toute espèce de consolations. Le sentiment de la souffrance donne le ton à tout l'être, et cette douleur profonde de l'âme, déterminée par les désordres de la machine, contribue à rendre ces désordres plus violents et plus généraux.

§ 20.

Restriction apportée à ce qui précède.

Mais on a des exemples journaliers de malades qui dominent, pleins de courage, les souffrances du corps, de mourants qui, au milieu des angoisses de l'agonie du corps, s'écrient : « O mort, où est ton aiguillon? » La sagesse, pourrait-on objecter, serait-elle impuissante à fournir des armes contre les aveugles terreurs de l'organisme? Ce qui est encore plus que la sagesse, la religion aurait-elle si peu de pouvoir pour protéger ses amis contre les attaques de la poussière? ou, ce qui revient au même, la manière dont l'âme supporte les altérations des mouvements vitaux, ne dépend-elle pas aussi de son état antérieur?

C'est là une vérité incontestable. La philosophie, et bien plus encore un esprit courageux, exalté par la religion, sont capables d'affaiblir considérablement l'influence des sensations animales qui assiégent l'âme du malade, et, pour ainsi dire, d'arracher l'âme à toute cohérence avec la matière. La pensée de Dieu, présent et actif dans la mort comme il l'est dans tout l'univers, l'harmonie de la vie passée, et les pressentiments d'un avenir éternellement heureux, répandent une vive lumière sur toutes les idées, tandis que les obscures impressions de l'organisme couvrent de ténèbres l'âme de l'insensé et de l'incrédule. Lors même que d'involontaires douleurs s'emparent du sage et du chrétien (car n'est-il pas toujours homme?), il résout en volupté jusqu'au sentiment de la ruine de son corps.

> The Soul, secur'd in her existence, smiles
> At the drawn dagger, and defies its point.
> The stars shall fade away, the sun himself
> Grow dim with age, and nature sink in years,
> But thou shalt flourish in immortal youth,
> Unhurt amidst the war of Elements,
> The wreck of Matter, and the crush of Worlds [1].

Cette sérénité extraordinaire dans les maladies mortelles a parfois aussi sa raison dans une cause physique, et est extrêmement importante pour le praticien. On la trouve fréquemment associée aux signes hippocratiques les mieux caractérisés, et sans qu'on puisse l'expliquer par une crise antérieure quelconque : cette sérénité est un mauvais symptôme. Les nerfs, qui avaient été surexcités de la manière la plus vive durant la violence de la fièvre, ont perdu maintenant leur sensibilité. Les parties enflammées cessent, on le sait, d'être douloureuses, aussitôt que la gangrène survient; mais ce serait bien à tort qu'on se féliciterait de voir la fin de la période inflammatoire. L'irritation abandonne les nerfs inanimés, et une mortelle indolence inspire l'espoir trompeur d'une prochaine guérison. L'âme se trouve dans l'illusion d'un sentiment agréable, parce qu'elle est délivrée d'un long sentiment de souffrance. Elle est exempte de douleur, non parce que l'harmonie de ses organes se trouve rétablie, mais parce qu'elle ne sent plus la dissonance. La sympathie cesse, dès que la connexion est détruite.

---

1. « L'âme, ne craignant rien pour son existence, sourit au glaive nu et en défie la pointe. Les étoiles s'évanouiront, le soleil lui-même s'obscurcira, et la nature tombera dans la vieillesse; mais toi, tu fleuriras dans une jeunesse immortelle, saine et sauve au milieu du combat des éléments, du naufrage de la matière, et du choc qui brisera les mondes. » (Addison, *Cato*, acte V, sc. 1.)

## § 21.

*Considérations ultérieures sur la connexion de l'âme et du corps.*

Maintenant, si je pouvais entrer plus avant dans mon sujet, si je pouvais parler de la folie, de l'assoupissement, de la stupeur, du mal caduc, de la catalepsie, etc., où l'esprit libre et raisonnable est soumis au despotisme du bas-ventre ; si je pouvais parcourir le vaste champ de l'hystérie et de l'hypocondrie ; s'il m'était permis de traiter des tempéraments, de l'idiosyncrasie et du *consensus*, questions qui sont un abîme pour les médecins et les philosophes.... en un mot, si je voulais prouver la vérité de ce qui a été dit jusqu'à présent, par des observations faites auprès du lit des malades, qui est après tout une des écoles principales du psychologue, mon sujet s'étendrait à l'infini. Il me semble déjà suffisamment démontré d'ailleurs que la nature animale est intimement mélangée avec la nature spirituelle, et que ce mélange constitue la plénitude de l'existence.

---

## LES PHÉNOMÈNES CORPORELS RÉVÈLENT LES MOUVEMENTS DE L'ESPRIT.

### § 22.

*Physiognomonie des sentiments.*

C'est précisément sur cette corrélation intime des deux natures que s'appuie la doctrine entière de la physiognomonie. Grâce à cette connexion des nerfs, qui, comme on nous l'enseigne, est le principe de la transmission du sentiment, les mouvements les plus secrets de l'âme se révèlent à la surface du corps, et la passion perce, même à travers le voile de l'hypocrisie. Chaque affection de l'âme a ses manifestations spécifiques et, pour ainsi dire, son dialecte particulier, auquel on la reconnaît; et certes c'est une loi bien admirable de la sagesse suprême que les sentiments nobles et bienveillants embellissent le corps, tandis que les sentiments bas et haineux lui impriment le cachet de la bestialité. Plus l'esprit s'éloigne du type divin, plus la conformation extérieure paraît se rapprocher de l'animal, surtout de celui dont il partage l'inclination dominante. C'est ainsi que l'extérieur plein de mansuétude du philanthrope attire le malheureux qui a besoin de secours, tandis que le regard hautain de l'homme colère effarouche tout le monde. Rien de plus indispensable que ces indices, pour nous guider dans la vie sociale. La ressemblance frappante que présentent les phénomènes corporels avec les affections de l'âme est vraiment digne d'attention. La bravoure et l'intrépidité répandent la force et la vie dans les veines et les muscles : les yeux étincellent, la poitrine se gonfle, tous les membres se préparent pour ainsi dire au combat : l'homme a l'apparence du coursier belliqueux. La crainte et l'épouvante éteignent le feu du regard, les membres s'affaissent, lourds et débiles; il semble que la moelle se soit glacée dans les os; le sang devient un fardeau pour le cœur; une atonie générale paralyse les organes de la vie. Une pensée grande, hardie, sublime, nous force à nous dresser sur la pointe des pieds, à porter la tête haute, à rester la bouche béante et les narines dilatées. Le sentiment de l'infini, la vue d'un vaste horizon, la mer et autres choses semblables, nous font étendre les bras comme si nous voulions nous écouler dans l'immensité. Nous voulons nous élever vers le ciel avec les montagnes, rouler en mugissant avec les tempêtes et les vagues; les abîmes escarpés nous donnent le vertige et nous attirent dans leurs profondeurs. La haine s'exprime à sa manière dans l'organisme, par une force répulsive, tandis qu'au contraire, dans tout serrement de main, dans chaque embrassement, notre corps semble vouloir se confondre avec celui d'un ami, et imiter l'union harmonique des âmes. L'orgueil, qui exalte l'âme, redresse le corps ; la pusillanimité courbe la tête, les membres sont flasques et pendants; la crainte servile se révèle par une démarche rampante ; l'idée de la douleur contracte notre visage, tandis que des images voluptueuses répandent une sorte de grâce sur tout le corps. Enfin, l'on a vu la colère rompre les plus forts liens, et la nécessité triompher presque de l'impossible.... Et maintenant, je pourrais demander : En vertu de quel mécanisme arrive-t-il que ces mouvements déterminés répondent à ces sentiments? que précisément tels ou tels organes soient modifiés par ces affections de l'âme? Poser cette question, n'est-ce pas comme si je voulais savoir pourquoi telle lésion donnée des membranes ligamenteuses amène une contraction convulsive de la mâchoire inférieure?

Si l'affection qui éveille sympathiquement ces mouvements de la machine est fréquemment renouvelée, si cette manière de sentir de l'âme devient habituelle, ces mouvements du corps le deviennent aussi. Si cette affection, passée à l'état d'habitude, devient un caractère durable, les traits consensuels dans la machine se gravent aussi plus profondément; ils restent, pour me servir de l'expression des pathologues, à l'état deutéropathique, et deviennent enfin organiques. C'est ainsi que la physionomie humaine finit par se modeler d'une manière si ferme et si constante, qu'il est presque moins difficile à la longue de transformer l'âme que l'aspect extérieur. Dans ce sens, on peut donc dire, sans être sectateur de Stahl, que l'âme façonne le corps, et que les premières années de la jeunesse déterminent peut-être pour tout le reste de la vie les traits du visage, de même qu'elles sont en général la base du caractère moral de l'homme. Une âme faible et inactive, que les passions n'agitent jamais, n'a pas de physionomie, si toutefois ce manque de physionomie n'est pas justement celle des imbéciles. Les traits que la nature leur donna et que la nutrition a développés, persistent sans altération. Le visage est lisse, car jamais une âme ne s'y est jouée. Les sourcils gardent une courbure parfaite, car nulle affection farouche ne les a contractés. L'organisme tout entier conserve des formes arrondies, car la graisse repose paisiblement dans ses cellules; le visage est régulier, et même beau peut-être, mais je plains l'âme.

Une physiognomonie des parties organiques, par exemple,

de la forme et de la grandeur du nez, des yeux, de la bouche, des oreilles, etc., de la couleur des cheveux, de la longueur du cou, etc., etc., n'est peut-être pas une œuvre impossible, mais il pourrait bien se faire qu'elle ne parût pas de sitôt, dût Lavater remplir encore dix volumes in-quarto de ses rêveries. Celui qui voudrait ramener à des classifications les jeux capricieux de la nature, les formes qu'elle a dispensées en mère ou en marâtre, comme châtiments ou comme récompenses, tenterait une entreprise plus hardie que celle de Linné, et, passant en revue cette foule immense et plaisante d'originaux, il faudrait qu'il prît bien garde de n'en pas devenir un lui-même.

[Il est encore une espèce de sympathie qui mérite d'être remarquée, vu sa grande importance en physiologie, je veux parler de la sympathie de certaines sensations avec les organes qui leur ont donné naissance. Telle crampe de l'estomac a éveillé en nous le sentiment du dégoût; la reproduction de ce sentiment détermine à son tour cette crampe. Comment cela se fait-il?]

---

## LES DÉFAILLANCES DE LA NATURE ANIMALE SONT AUSSI UNE SOURCE DE PERFECTION.

### § 23.

#### Elles paraissent empêcher la perfection.

Mais, peut-on dire encore, lors même que la partie animale de l'homme lui procurerait les grands avantages dont il a été question jusqu'ici, toujours est-il qu'à un autre point de vue elle demeure préjudiciable. En effet, l'âme est liée si servilement à l'activité de ses organes, que leur relâchement périodique lui impose des intervalles d'inertie, et l'anéantit périodiquement pour ainsi dire. Je veux parler du sommeil qui, on ne peut le nier, nous ravit au moins le tiers de notre existence. De plus, notre esprit est tellement dépendant des lois de la machine, que les défaillances de celle-ci arrêtent subitement le cours de nos pensées, juste au moment où nous sommes sur la voie libre et droite de la vérité. A peine l'entendement s'est-il attaché un instant à une idée, que la matière paresseuse lui refuse son concours. Après avoir été quelque peu tendues, les cordes de l'organe de la pensée se relâchent; le corps nous abandonne quand nous aurions surtout besoin de lui. Quels progrès étonnants, peut-on objecter, l'homme ne ferait-il pas dans l'exercice de ses facultés, si sa pensée pouvait persévérer dans un état non interrompu d'intensité? Comme il analyserait chaque idée dans ses derniers éléments, comme il poursuivrait chaque phénomène jusqu'à ses sources les plus cachées, s'il pouvait le tenir continuellement devant le regard de son âme!... Mais enfin il n'en est pas ainsi : pourquoi?

### § 24.

#### Nécessité des défaillances du corps.

Ce qui suit nous mettra sur la trace de la vérité.

1. Le sentiment agréable était nécessaire pour amener l'homme à la perfection de son être, et pourquoi d'ailleurs l'homme est-il parfait, sinon pour éprouver des sentiments agréables?

2. La nature d'un être fini rend inévitable le sentiment désagréable. Le mal n'est pas banni du meilleur monde : les philosophes ne veulent-ils pas voir en cela une perfection?

3. La nature d'un être composé entraîne nécessairement avec elle l'existence de la douleur, car c'est sur elle qu'en très-grande partie cette nature repose.

Ainsi : la douleur et le plaisir sont nécessaires.

Voici qui paraît plus difficile à admettre, mais qui cependant est vrai aussi :

4. En vertu de sa nature, chaque douleur, et de même chaque plaisir, croît à l'infini.

5. Chaque douleur et chaque plaisir d'un être composé tend à la destruction de cet être.

## § 25.

### Éclaircissement.

Voici ce que cela veut dire. C'est une loi connue, une loi de l'association des idées qu'un sentiment, de quelque nature qu'il soit d'ailleurs, s'empare aussitôt d'un sentiment de même espèce, et s'accroisse par cette annexion. Plus un sentiment grandit et devient complexe, plus il éveille de sentiments analogues dans toutes les directions de l'organe de la pensée, jusqu'à ce que peu à peu il devienne dominant et occupe la surface entière de l'âme. Ainsi chaque sentiment s'augmente par lui-même; chaque état présent de la sensibilité renferme virtuellement un état futur semblable, mais plus intense. Cela est clair de soi-même. Or, tout sentiment spirituel est associé, comme l'on sait, à un sentiment physique analogue, ou, en d'autres termes, est lié à plus ou moins de mouvements nerveux qui se comportent suivant son degré d'énergie et d'étendue. Donc, les mouvements du système nerveux doivent croître comme les mouvements spirituels. Cela n'est pas moins clair. Mais la pathologie nous enseigne qu'un nerf n'est jamais affecté isolément, et que dire : « Ici il y a excès de force, » revient à dire : « Là il y a manque de force. » Ainsi, tout mouvement nerveux s'augmente aussi par lui-même. De plus, il a été dit précédemment que les mouvements du système nerveux réagissent sur l'âme, et renforcent les sentiments spirituels. Les sentiments de l'esprit devenus plus forts augmentent et renforcent à leur tour les mouvements nerveux. Il y a donc ici un cercle : le sentiment doit croître sans cesse, et les mouvements des nerfs doivent à chaque instant acquérir plus d'étendue et de violence. D'un autre côté, nous savons que les mouvements de la machine qui occasionnent le sentiment de la douleur, vont à l'encontre du rhythme harmonique par lequel la machine est conservée, c'est-à-dire qu'ils constituent la maladie. Mais la maladie ne peut croître à l'infini; donc ces mouvements finissent par la destruction totale de la machine. A l'égard de la douleur, il est donc démontré qu'elle tend à la mort du sujet.

Mais, dira-t-on, sous l'influence d'un sentiment agréable, les mouvements des nerfs sont si harmoniques, si favorables à la durée de la machine! l'état où l'âme éprouve le plus grand plaisir, est aussi pour le corps l'état de santé le plus parfait. D'après cela, le sentiment agréable ne devrait-il pas, réciproquement, prolonger à l'infini l'état florissant du corps? Cette conséquence est bien hasardée. Dans un certain degré de modération, ces mouvements nerveux sont salutaires et constituent la santé véritable. S'ils dépassent cette limite, ils peuvent bien être momentanément l'activité la plus élevée, la perfection de l'existence; mais alors ils sont un excès de santé, alors ils ne sont plus la santé. Nous ne nommons santé que cette bonne constitution des actions naturelles qui renferme le germe d'actions futures analogues, c'est-à-dire qui garantit la perfection des actions suivantes : ainsi l'idée de permanence entre nécessairement dans celle de santé. Au moment de ses excès, par exemple, le corps du voluptueux le plus affaibli a atteint sa plus haute harmonie; mais cette harmonie n'est que momentanée, et une défaillance d'autant plus profonde montre suffisamment que la surexcitation n'était pas la santé. On peut donc affirmer avec raison que la vigueur exagérée des actes physiques hâte la mort tout autant que la plus grande discordance ou la maladie la plus violente. En conséquence, la douleur et le plaisir nous entraînent tous deux à une mort inévitable, s'il n'est rien qui vienne limiter leur progrès.

## § 26.

#### Avantages de ces défaillances du corps.

C'est là précisément le rôle que remplissent ces défaillances de la nature animale. Cette limitation de notre frêle machine qui paraissait avoir prêté à nos adversaires un argument si péremptoire contre sa perfection, est justement ce qui devait servir à corriger les conséquences fâcheuses que, d'autre part, le mécanisme entraîne nécessairement. Cette atonie, ce relâchement des organes dont les penseurs se plaignent tant, est justement ce qui empêche que notre propre énergie ne nous détruise en peu de temps, et qui ne permet pas que nos sentiments croissent pour notre ruine dans une proportion de plus en plus grande. La mesure de nos forces assigne à chaque sentiment la période de sa croissance, de son apogée, de sa défervescence, si même il ne s'éteint pas complétement dans une relaxation totale du corps, et cette défervescence laisse aux esprits surexcités le temps de reprendre leur ton harmonique et aux organes de se reposer. C'est pour cela que le plus haut degré de l'enthousiasme, de la terreur, de la colère, est une même chose, à savoir, lassitude, faiblesse ou évanouissement.

« Alors il fallut, est-il dit, ou qu'il tombât évanoui, ou.... »

Le sommeil fait plus encore, le sommeil qui, comme le dit notre Shakspeare, « démêle l'écheveau embrouillé des soucis, et qui est le bain salutaire du travail endolori, l'enfantement de la vie de chaque jour, le second service à la table de la grande nature[1]. » Dans le sommeil, les esprits animaux reprennent cet heureux équilibre si nécessaire à la persistance de notre être; toutes ces idées et ces sentiments convulsifs, toutes ces forces surexcitées qui nous ont tourmentés le jour durant, s'éteignent dans le relâchement général du sensorium;

---

1. Voy. Shakspeare, *Macbeth*, acte II, sc. 2. — Schiller paraît citer de mémoire; dans l'anglais, au lieu d'*enfantement* il y a *mort*.

l'harmonie des opérations de l'âme est rétablie, et, plus paisible, l'homme, à son réveil, salue le retour de l'aurore.

Même au point de vue de l'organisation sociale, nous ne saurions trop admirer la valeur et l'importance de ce relâchement du corps. Une conséquence nécessaire de cette organisation était qu'un certain nombre d'hommes qui avaient les mêmes droits au bonheur fussent sacrifiés à l'ordre général, et eussent l'oppression en partage. A son tour, une classe nombreuse, que d'ordinaire nous envions, à tort peut-être, fut réduite à torturer par de continuels efforts son énergie morale et physique, afin que le repos de la société entière fût conservé. Ajoutez à cela les malades, ajoutez les bêtes sans raison. Le sommeil scelle en quelque sorte l'œil de la douleur ; il décharge le prince et l'homme d'État du lourd fardeau du gouvernement; il répand la force vitale dans les veines du malade, et le repos dans son âme déchirée; de son côté, le manœuvre n'entend plus la voix impérieuse de celui qui le presse, et la bête maltraitée échappe à la tyrannie de l'homme. Le sommeil ensevelit tous les soucis et les fardeaux des créatures, met tout en équilibre, et donne à chacun des forces nouvelles pour supporter les joies et les douleurs du jour suivant.

### § 27.

#### Dissolution de l'âme et du corps.

Enfin, quand le moment est venu où l'esprit a atteint dans cette sphère le but de son existence, un mécanisme interne, incompréhensible, a aussi rendu le corps incapable d'être plus longtemps son instrument. Toutes les dispositions prises pour maintenir le corps dans un état florissant, paraissent ne s'étendre que jusqu'à cette époque. La sagesse suprême, en posant les fondements de notre nature physique, a observé, à ce qu'il me semble, une économie telle, que, malgré les compensations constantes, la consomption doit toujours avoir le dessus; que *la liberté abuse du mécanisme, et que la mort doit sortir de la vie comme de son germe.* La matière se décompose de nouveau en ses derniers éléments, qui se répandent sous des formes et avec des relations nouvelles dans les règnes de la nature, pour servir à d'autres vues. L'âme continue à exercer son intelligence dans d'autres sphères, et à contempler l'univers sous de nouveaux aspects. On peut dire, sans doute, qu'elle est loin d'avoir épuisé cette sphère, qu'elle aurait pu ne l'abandonner qu'après y être parvenue à une plus haute perfection; mais qui donc sait que cette sphère soit perdue pour elle? Nous mettons aujourd'hui de côté tel livre que nous ne comprenons pas : peut-être le comprendrons-nous mieux dans quelques années.

# PHILOSOPHIE
# DE LA PHYSIOLOGIE

# PHILOSOPHIE
# DE LA PHYSIOLOGIE[1].

---

### PLAN.

Chapitre I. La vie intellectuelle.
Chapitre II. La vie nutritive.
Chapitre III. La génération.
Chapitre IV. Connexion de ces trois systèmes.
Chapitre V. Le sommeil et la mort naturelle.

## I

## LA VIE INTELLECTUELLE.

### § 1.

#### Destination de l'homme.

On peut regarder, je pense, comme suffisamment démontré que l'univers est l'œuvre d'une intelligence infinie, et qu'il a été conçu d'après un plan excellent.

---

[1] Nous plaçons à la suite de la thèse sur la *Connexion animale de l'homme avec sa nature spirituelle* un fragment d'une autre dissertation, que Schiller avait composée en 1779, pendant sa quatrième année d'études à l'Académie militaire, et que les professeurs avaient trouvée trop hardie de toute manière pour en autoriser l'impression. Ce fragment, qui ne forme pas même tout le chapitre premier de l'ouvrage, est, avec le plan que nous donnons après le titre, tout ce qui nous reste de cette composition. Il a été publié pour la première fois dans le tome IV des *Suppléments* de M. Hoffmeister.

De même que cet univers, par l'influence toute-puissante de la force divine, a jailli de la conception dans la réalité, et que toutes ses forces agissent, et agissent de concert, réunissant, pareilles aux cordes d'un instrument, leurs mille sons divers en une seule mélodie, de même l'esprit de l'homme, ennobli par de divines facultés, doit par les effets partiels découvrir la cause et le dessein, par la connexion des causes et des desseins, tout le vaste plan de l'ensemble ; à ce plan reconnaître le Créateur, l'aimer, le glorifier : ou, pour le dire en moins de mots, mais avec des paroles qui résonnent plus noblement à nos oreilles, l'homme est là pour aspirer à la grandeur de son Créateur, pour embrasser le monde du même regard dont l'embrasse le Créateur.... la ressemblance avec Dieu est la destination de l'homme. A la vérité, cet idéal est infini, mais l'esprit est éternel. L'éternité est la mesure de l'infinité, c'est-à-dire, l'esprit croîtra sans cesse, mais n'atteindra jamais à cet idéal.

Une âme, dit un sage de notre siècle, éclairée au point d'avoir devant les yeux, dans son ensemble, le plan de la divine Providence, est l'âme la plus heureuse. Une loi éternelle, grande et belle, a attaché la perfection au plaisir et le déplaisir à l'imperfection. Tout ce qui rapproche l'homme, directement ou indirectement, de la destination que nous avons dite, le réjouira. Ce qui l'en éloigne, lui causera de la douleur. Ce qui lui cause de la douleur, il l'évitera, et il recherchera ce qui le réjouit. Il cherchera la perfection parce que l'imperfection le fait souffrir; il la cherchera, parce qu'elle-même elle le réjouit. La somme des plus grandes perfections avec le moins possible d'imperfections, est la somme des plus hautes jouissances avec le moins possible de douleurs. C'est là la félicité. Quand donc je dis : « L'homme existe pour être heureux, » cela revient à dire : « Il existe pour être parfait. » Il n'est parfait que lorsqu'il est heureux. Il n'est heureux que lorsqu'il est parfait.

Mais une loi non moins belle, non moins sage, annexe de la première, a lié la perfection de l'ensemble à la félicité de l'individu ; elle a, par les liens de l'amour universel, attaché les hommes aux hommes, et même les hommes aux bêtes. Ainsi l'amour, le plus beau, le plus noble penchant de l'âme humaine, la grande chaîne de la nature sensible, n'est rien autre chose que la confusion de mon propre moi avec l'être de mon prochain. Et cette confusion est volupté. L'amour donc fait du plaisir de mon prochain mon plaisir; de sa douleur ma douleur. Mais cette douleur aussi est perfection et ne peut pas être sans plaisir. Que serait la pitié, si ce n'est une affection mêlée de volupté et de douleur? De douleur, parce que le prochain souffre; de volupté, parce que je partage avec lui sa souffrance, parce que je l'aime. Douleur et plaisir, parce que je détourne de lui sa souffrance.

Et pourquoi l'amour universel? pourquoi toutes les jouissances de l'amour universel?... Pour une seule raison, une raison dernière et fondamentale : pour favoriser la perfection du prochain. Et cette perfection est l'étude, la contemplation, l'admiration du grand dessein de la nature. Oui, en dernier résultat, toutes les jouissances des sens, dont il sera parlé en leur lieu, aboutissent par maints détours, et malgré d'apparentes contradictions, à ce grand dessein. C'est une vérité qui demeurera toujours invariablement semblable à elle-même : L'homme est destiné à l'étude, à la contemplation, à l'admiration du grand dessein de la nature.

§ 2.

Influence de la matière sur l'esprit.

Ceci posé pour fondement, je continue. Si l'on veut que l'homme découvre l'ensemble au moyen du particulier, il faut qu'il éprouve chaque effet particulier. Il faut que le monde agisse sur lui. Or le monde est en partie hors de lui, en partie dans lui. Ce qui se passe dans le labyrinthe de mon propre être est plutôt l'objet d'une psychologie que d'une physiologie générale. Nous en supposerons la connaissance chez le lecteur, et nous n'empiéterons sur ce domaine que lorsque la liaison de l'ensemble l'exigera.

Les effets qui ont lieu en dehors de mon moi sont des mouvements de la matière. Tout mouvement de la matière est fondé sur l'impénétrabilité, qualité propre à cette substance, qui principalement la distingue de l'esprit, autant que nous connaissons ce dernier. Mais si l'esprit n'est pas impénétrable, comment la matière agira-t-elle sur lui, elle qui n'agit que sur l'impénétrable? Elle doit être morte pour lui, la vivante beauté de la création; la force active de l'esprit doit sommeiller morte dans cette sphère d'action infiniment féconde.... Et cependant elle ne sommeille pas morte dans cette sphère d'action infiniment féconde. Elle n'est pas morte pour lui, la vivante beauté de la création. Il est heureux, il est actif. Il faut donc : ou que l'esprit puisse être impénétrable sans être matière (mais qui peut séparer l'idée de matière de l'impénétrabilité propre à la matière?), ou que l'esprit soit lui-même matière. Dans ce cas, le penser serait mouvement. L'immortalité serait une illusion. Il faudrait que l'esprit pérît. Cette opinion, violemment imaginée pour déprimer la sublimité de l'esprit et endormir la crainte d'une éternité future, ne peut égarer que des fous et des méchants : le sage la dédaigne.... Ou bien encore, toute cette notion que nous avons d'un monde serait-elle uniquement une fiction tirée de notre propre moi? Nous nous trompons, nous rêvons, quand nous croyons recevoir du dehors nos idées et nos sentiments. Nous sommes indépendants du monde, il est indépendant de nous. En vertu d'une harmonie préétablie de toute éternité, nous marquons, nous et lui, comme deux montres également réglées, la même seconde.... Le monde existerait donc sans dessein. La liberté et la culture morale seraient des fantômes. Ma félicité est un rêve.... Cette opinion n'est autre chose que la saillie plaisante d'une tête ingénieuse, qui elle-même n'y a jamais cru.

Ou bien est-ce l'influence immédiate de la toute-puissance divine qui donne à la matière la force d'agir sur moi? Alors chacune de mes idées sensibles est un miracle qui contredit les premières lois de la nature.... Si l'on a voulu par là représenter le Créateur plus puissant, on s'est étrangement trompé. De constants miracles trahissent un défaut dans le plan du monde. Faible comme un artiste humain, il faut que le Créateur vienne en tous lieux au secours de son œuvre. Il serait grand encore, mais je puis me le figurer plus grand ; je puis me figurer son œuvre encore meilleure. Il est excellent, mais non parfait; il est grand, mais il n'est pas l'être infini.

Ou bien enfin il faut qu'il y ait une force qui intervienne entre l'esprit et la matière et qui les unisse : une force qui puisse être modifiée par la matière et modifier l'esprit. Ce serait donc là une force qui d'une part serait spirituelle, et de l'autre matérielle ; un être qui d'une part serait pénétrable, et de l'autre impénétrable. Or un tel être se peut-il imaginer? Assurément non !

Quoi qu'il en soit, entre l'esprit et la matière (celle à savoir dont l'esprit doit se représenter les effets) il existe réellement une force. Cette force est toute différente du monde et de l'esprit. Je la supprime : aussitôt toute influence du monde sur l'esprit cesse. Et pourtant l'esprit existe encore. La suppression de cette force a produit une rupture entre le monde et l'esprit. Son existence, au contraire, éclaire, éveille, anime toutes choses autour de ce dernier.... Je la nomme force intermédiaire.

## § 3.

#### Force intermédiaire.

Que cette force soit ou non un être distinct de l'esprit et de la matière, ou qu'elle soit plutôt le principe simple de la matière : cela est ici tout à fait indifférent. Qu'elle soit même une série et une chaîne de diverses forces qui s'éloignent de plus en plus de la nature des corps et qui aient une affinité toujours croissante avec l'esprit : ceci encore m'est indifférent. J'avoue en outre volontiers qu'une force intermédiaire est peut-être inconcevable ; je vois même pourquoi elle l'est. Si à chaque idée je me représente, non la force intermédiaire elle-même, mais seulement ses modifications, comme signe des modifications extérieures, alors elle se trouve d'elle-même exclue de la sphère de mes idées. Alors toutes mes idées sont à un degré au-dessous d'elle, et toutes par conséquent matérielles. Je puis me représenter la matière, parce qu'elle agit médiatement sur moi. Je puis me représenter un esprit, plus facilement encore ; je peux même avoir des idées du Créateur, parce que je les puis déduire des opérations de mon âme. Mais la force intermédiaire, je ne me la représente ni médiatement ni immédiatement. Et serait-ce là une raison suffisante pour qu'elle fût impossible ?... Je ne suis pas en état de me représenter une modification sans mouvement ; et pourtant je suis convaincu que la pensée n'est pas un mouvement. Qui serait assez injuste pour ne pas admettre la même chose de la force intermédiaire ? Elle n'est donc pas absolument impossible philosophiquement, et elle n'a pas besoin d'être vraisemblable, pourvu qu'elle soit réelle.

L'expérience la démontre. Comment la théorie peut-elle la rejeter ?

## § 4.

#### Force intermédiaire. — Force mécanique. — Organe.

Mais comme il y a tant d'espèces différentes de forces matérielles, dont chacune agit d'après d'autres lois, il fallait que chaque espèce en particulier eût, par rapport à la force intermédiaire, une direction propre, répondant aux lois propres à l'espèce. Et comme, d'autre part, la force intermédiaire se comporte différemment envers chaque espèce, il fallait qu'elle eût aussi par rapport à chaque espèce une direction propre. Entre le monde et la force intermédiaire furent donc placées des forces mécaniques, que je nomme les sous-forces mécaniques. Et comme celles-ci, et même ma force intermédiaire, sont exposées à l'influence constamment destructrice des forces extérieures, et même à celle de l'excès qu'il peut y avoir dans l'objet à percevoir, d'autres forces mécaniques leur furent en quelque sorte associées, qui les protégent. Ce sont les forces protectrices. Toutes ces forces mécaniques et sous-forces et forces protectrices, réunies nous les nommons la structure. La structure et la force intermédiaire, réunies nous les nommons organes. Il s'entendra donc de soi-même que la diversité des organes ne réside pas dans la force, mais dans la structure. Les modifications dans le monde ont donc deux routes à parcourir, avant d'être communiquées à l'esprit. C'est-à-dire que de la nature matérielle part, se dirigeant au dedans vers l'esprit, cette chaîne de forces qui est absolument nécessaire à celui-ci pour avoir des idées.

Sans la force intermédiaire aucune idée n'arrive à l'âme. Sans la structure, il ne lui en arrive pas de déterminée tout au moins.

Nous nommons sensation toute l'opération de la perception ; la modification dans la structure, direction ; la modification dans la force intermédiaire, idée matérielle ; la modification de l'esprit à l'occasion de celle-ci, idée dans le sens le plus rigoureux.

### § 5.

#### Division des organes de la perception.

Les organes de la perception ou les sens se partagent en deux classes principales. Dans la première, l'objet est modifié par la structure ; dans la seconde, il se présente, non modifié, à la force intermédiaire. Nous rangeons les organes dans la première classe, selon la diversité des forces extérieures. A la lumière agitée correspond l'œil ; à l'air agité, l'oreille ; aux plus délicates surfaces des corps, l'organe du goût. La seconde classe, de son côté, contient deux organes. A l'atmosphère délicate des corps correspond l'organe de l'odorat ou le nez. Aux surfaces plus grandes des corps, le sens du toucher ou toute la machine. La somme de tous ces organes forme le système de la perception sensible.

#### SYSTÈME DE LA PERCEPTION SENSIBLE.

### § 6.

#### Les nerfs. — L'esprit nerveux.

La force intermédiaire réside dans le nerf ; car lorsque je blesse celui-ci, le lien entre le monde et l'âme est rompu. Mais ce nerf est-il une corde élastique agissant par des vibrations, ou le canal d'un être spirituel extrêmement subtil et qui seul agit dans le nerf, ou bien encore un agrégat de globules agissant je ne sais comment? C'est précisément là la question. Je me trouve sur un terrain où maint don Quichotte médical et métaphysique s'est déjà violemment démené et se démène maintenant encore. Dois-je maintenant avec les vieilles objections inquiéter dans leurs tombes les esprits des morts, ou exciter contre moi les âmes irritables de ceux qui sont littérairement défunts, ou mettre en avant une nouvelle théorie et jouer le *Deus ex machina?* Je ne veux faire aucune de ces trois choses, mais je veux me contenter d'établir un petit nombre de points dont je ne puis me passer pour étayer toute ma thèse et auxquels je crois avec conviction. Je suppose donc que chacun de mes lecteurs connaît toutes les théories qu'on a imaginées jusqu'ici pour l'explication des phénomènes nerveux; j'espère qu'il les a toutes examinées et toutes pesées dans la balance de la raison et de l'impartialité; je ne doute pas non plus que déjà il n'incline vers l'une ou vers l'autre. Moi-même, à travers mille doutes, je suis à la fin parvenu à la ferme conviction que la force intermédiaire réside dans un être infiniment subtil, simple, mobile, qui coule dans le nerf, son canal, et que j'appelle, non pas feu élémentaire, ni lumière ou éther, ni matière électrique ou magnétique, mais l'esprit nerveux. Que tel soit désormais le nom de la force intermédiaire. Une loi éternelle a fait des modifications de l'esprit nerveux les signes de la modification des forces.

L'esprit nerveux est le même dans tous les organes, et il n'y a de divers dans chacun d'eux que la direction de cet esprit à l'égard des objets. Cette direction il l'obtient par le nerf, son canal, et l'œil même, au moins l'œil armé d'un verre, peut aisément découvrir la différence. Autres sont pour l'observateur les extrémités des nerfs dans l'œil, autres dans l'oreille, autres sur la langue. Mais en quoi consiste cette différence? Dans le nombre plus ou moins grand des esprits, en ce qu'ils sont plus ou moins à nu, ou dans leur mouvement plus prompt ou plus faible? Ce sont là des questions que la plus délicate anatomie est encore loin de suffire à résoudre.

A ce peu de mots sur la direction de la force intermédiaire à l'égard des objets, je vais ajouter encore quelques détails sur la direction des objets à l'égard de la force intermédiaire.

## § 7.

### La direction.

Parmi les organes qui modifient l'objet, l'œil est le plus étendu, le plus beau, le plus noble. Je vois les corps, quand j'aperçois le tremblement de la lumière sur leurs surfaces. Et, comme mes esprits nerveux ne peuvent exister sur les surfaces de ces corps, il faut que les sous-forces de l'œil fassent trembler la lumière sur ces esprits mêmes, comme elle a tremblé sur les surfaces des corps. C'est là ce qu'on appelle peindre l'objet. Cela a lieu par les humeurs de l'œil. Les forces qui déterminent et conservent ces humeurs sont nommées forces auxiliaires. Ce sont les membranes. Les forces protectrices sont les paupières, les sourcils, les cils, les larmes, la chassie, l'iris, etc. C'est par l'œil que j'apprends originairement la distribution de la lumière et de l'ombre sur les corps, la couleur des corps, leur forme; par la comparaison avec d'autres perceptions des autres sens, leur grandeur et leur distance.

J'entends un son lorsque j'éprouve le tremblement de l'air; mais, comme les vibrations de l'air s'affaiblissent de plus en plus, à mesure qu'elles s'éloignent des cordes qui tremblent, de façon que nous aurions peine à percevoir même ce qui est le plus proche de nous, il faut que des sous-forces de l'oreille rehaussent les vibrations et les portent rehaussées à mes esprits nerveux. A cela servent les os, les cartilages, les membranes tendues, les canaux coniques de l'oreille, etc. Les forces protectrices de l'oreille sont encore les os, les petits poils, le cérumen, la vapeur. Cette vapeur condensée dans un corps glacé par la mort, et n'étant plus pompée par suite de la paralysie des vaisseaux résorbants, se voit sous forme de liquide dans les chambres de l'oreille, et elle avait amené Cotunni à cette hypothèse erronée, que l'air n'agissait pas immédiatement sur l'esprit nerveux, mais médiatement par les liquides de l'oreille. Qui croira que le son, le plus grand produit de l'élasticité, soit indiqué à l'âme par l'eau, la substance la moins élastique ? Par l'oreille j'apprends originairement le son avec ses divers degrés d'élévation ; par la comparaison avec d'autres perceptions des sens, j'apprends l'élasticité, la dureté, la distance des corps.

Le goût me fait connaître les plus fines surfaces des corps : c'est ce qui se conclut surtout de la ressemblance de sa structure avec celle de l'organe du toucher. Ses perceptions m'informent de la saveur et de l'insipidité, du goût âcre, doux, sur, amer, etc. Mais ce sens appartient à un tout autre chapitre, de sorte que je ne puis ici l'analyser. On verra aussi en son lieu pourquoi il a été rangé dans la première classe des sens.

L'odorat me donne la perception des plus délicates atmosphères de certains corps. Ces atmosphères des corps parviennent, il est vrai, sans modification, aux esprits nerveux de l'organe de l'odorat ; malgré cela cependant, des forces mécaniques étaient encore nécessaires pour les leur amener. Ce sont les forces de la respiration. Les os, les cartilages, la membrane du nez et le mucus sont les forces protectrices. Les perceptions que nous obtenons par l'odorat n'ont pas de noms qui leur soient propres, et sont désignées par les noms de celles du goût. Ce sens a également un plus grand rapport à moi, dont il sera parlé ailleurs.

Le tact me représente les surfaces plus grossières des corps. L'organe du toucher est le plus simple de tous; sa structure n'a d'autre objet que de mettre les esprits nerveux dans une relation convenable avec les objets et de les protéger contre l'influence perturbatrice des forces extérieures. Il y a plusieurs sortes de toucher. Ou bien c'est un toucher général, plus obtus, ayant pour organe toute la surface de la peau; ou bien un toucher plus vif et particulier, ayant pour organe les pointes des doigts. Il n'est nullement ici question de la perception du sentiment et de ses organes particuliers [1]. Le mot *Gefühl*, dans le sens où nous le prenons ici, est de la vie animale; dans son autre sens, il est de la vie spirituelle. Les perceptions que j'ob-

---

1. Le mot *Gefühl*, de *fühlen*, « sentir, » signifie à la fois, en allemand, « tact » et « sensation, sentiment. »

tiens par le tact sont celles de froid et de chaud, de finesse et de rudesse, de dureté et de mollesse.

---

### LE PENSER MATÉRIEL.

### § 8.

**L'organe de la pensée. — L'imagination matérielle. — Théories.**

Au moyen de ces cinq organes, toute la nature matérielle a un accès ouvert et libre à la faculté spirituelle. Les modifications extérieures deviennent par eux modifications intérieures. Par eux le monde extérieur reflète son image dans l'âme. Et c'est là le premier fondement de la vie spirituelle : la représentation des objets, l'idée perçue. Cette représentation n'est pas autre chose qu'une modification de l'âme qui est égale à la modification du monde sensible, et dans laquelle l'âme distingue son propre moi de la modification. Je suis donc dans le moment entièrement identique avec ce que je me représente, et la personnalité seule en distingue mon moi et m'apprend que c'est une modification extérieure. Mais la représentation, l'idée perçue, n'est pas encore la vue complète de l'objet, l'examen des forces, des intentions : elle n'est que le fondement sur lequel cette opération repose, la matière sur laquelle l'entendement opère et crée. La seconde, la principale affaire, serait donc l'activité de l'entendement appliquée à cette matière sensible qui lui est offerte, à savoir la pensée.

Mais, comme la représentation de l'objet n'est qu'un acte unique d'une faculté simple, à l'occasion d'une modification de l'esprit nerveux au moment de la sensation (voyez la dissertation de Garve sur les inclinations, dans les *Actes de l'Académie de Berlin*, p. 110, 111), et comme la sensation n'est autre chose que la conséquence d'une modification dans les organes des sens, que celle-ci est le résultat d'une modification dans le monde matériel, que cette dernière est fugitive et passagère : il s'ensuivrait que la représentation d'un objet disparaîtrait dès que sa cause n'existerait plus, et qu'un premier objet aurait fui quand je m'occuperais d'un second. De cette façon, l'entendement, qui n'agit que par la comparaison, serait tout aussi inutile qu'il l'eût été sans force intermédiaire, sans organe, sans monde. Il fallait donc qu'il y eût de nouvelles forces intermédiaires, pour fixer ces modifications sensibles de l'esprit nerveux au moment de la sensation, et les faire durer encore dans le temps même où leurs causes, les modifications des organes des sens, ont depuis longtemps cessé d'agir. Ceci me mène à un nouvel organe, qui n'est ni sens ni âme : on le nomme communément le sensorium commun; j'aime mieux l'appeler l'organe de la pensée ou l'instrument de l'entendement. Dans cet organe le grand univers, en tant, bien entendu, qu'il a déjà passé par la voie des organes des sens, doit reposer dessiné en petit et être présent à l'entendement. [ N'est-il pas à présumer après cela que la modification même de l'esprit nerveux au moment de la sensation, passe, sans effet, devant l'âme, et que c'est seulement cette modification de même nature dans l'organe de la pensée qui agit sur elle? que par conséquent l'âme, si elle peut être enfermée dans un lieu, habite dans cet organe? ]

Si maintenant l'on demande ce que sont les idées matérielles de l'organe de la pensée ou de l'imagination, et comment elles sont produites par les idées matérielles de la sensation ? on a imaginé à cet égard diverses théories, que je vais examiner ici de plus près.

1° Ces idées sont-elles des impressions dans le canal de l'esprit nerveux, dans les nerfs, causées par l'afflux de l'esprit nerveux? Ce serait alors une modification dans la partie la plus grossière du nerf, dans la structure. A quoi bon, dans ce cas, un être si subtil, si immatériel que l'esprit nerveux, si la lourde et matérielle masse doit agir sur lui? Mais c'est, dit-on, une impression? Qui expliquera par la forme ou la profondeur de l'impression la variété prodigieuse des idées, leurs nuances infinies depuis la plus grande vivacité jusqu'à la plus grande langueur? Qui peut comprendre comment une impression, une impression passive, morte, inerte, comment quelque chose de négatif agit sur l'âme? Ne suis-je pas absolument obligé de me représenter toute influence comme un mouvement? et ici j'admets précisément le contraire. De plus, comment se fait-il que le courant des esprits, qui sans cesse monte et descend rapidement le long des parois des nerfs, n'ait pas bientôt effacé ces impressions? Il faut ou que ces impressions soient si subtiles et l'esprit nerveux relativement si grossier, qu'il ne puisse les effacer, ou, au contraire, que l'esprit nerveux soit si extraordinairement subtil, et les impressions si grossières par rapport à lui, que ce soit à cause de cela qu'il ne les puisse effacer. Dans la première hypothèse, toute la théorie de l'esprit nerveux est renversée : sa rapidité, son influence, sa nature spirituelle n'existent plus. Haller lui-même n'accorderait pas cela. Dans la seconde.... mais je ne veux pas faire éclore un tel monstre.... Il y a plus : comme les canaux des nerfs perdent de leurs parties constitutives, et que des parties nouvelles remplacent celles qui sont perdues, je demande si ces parties qui se perdent sont plus considérables que l'étendue de l'impression ou infiniment plus petites. Dans le premier cas, chaque battement du pouls arracherait plusieurs idées, l'urine en entraînerait, la sueur en évaporerait. Dans le second, il faut que l'impression soit étonnamment grossière, puisque les parties perdues et substituées n'en sont pas les éléments. On fera peut-être une objection : les cicatrices se conservent, malgré la perte et la substitution, jusqu'à la vieillesse la plus avancée, pourquoi n'en serait-il pas de même des impressions? Sans doute, si l'on peut se représenter les impressions comme des cicatrices; mais alors malheur à toi, bel organisme de la pensée! malheur à ta nature, substance simple de l'esprit! Cette opinion perdra plus encore lorsque dans la suite il sera question de l'association. En attendant, elle est un don du ciel pour les gens qui aiment mieux s'en tenir à ce qui est palpable que peser la chose même d'après de saines conceptions; car je suis forcé de laisser à cette théorie cet avantage, qu'on la peut toucher au doigt. Plus raisonnable déjà est la pensée de ceux qui placent l'idée matérielle de l'imagination

2° dans les mouvements de l'esprit nerveux, en harmonie avec les mouvements originels des esprits des sens. De cette manière la saine conception d'esprit nerveux et d'âme est au moins intacte, et l'on gagne précisément du côté où les premiers perdaient. En effet, l'expérience enseigne que l'imagination est plus prompte et plus vive quand le sang se précipite, avec la rapidité du vol, par les veines; que dans les violents bouillonnements de la fièvre les idées ont souvent une vivacité qui va jusqu'à la furie, tandis qu'au contraire, chez les phlegmatiques au pouls paresseux, la suite des idées est excessivement lente et languissante. Or, si les idées matérielles consistaient dans des impressions, elles seraient nécessairement d'autant plus languissantes que les humeurs couleraient plus rapidement, parce qu'alors ces impressions seraient effacées; mais si l'idée matérielle est mouvement, tout se trouve démontré. En même temps, je puis au moins me figurer l'intervention d'une influence active; avec l'impression morte, je ne le pouvais. Avec le mouvement de l'esprit nerveux je puis me représenter une action exercée sur un être matériel; avec l'impression faite sur le canal, je ne le pouvais sans rougir de honte. Cependant cette théorie ne suffit pas non plus à écarter toutes les objections, à rendre raison de tous les phénomènes du penser matériel. Elle aussi nous laissera dans l'embarras à l'article de l'association, où pourtant nous aurons surtout besoin d'elle. Autre opinion : les idées matérielles de l'imagination seraient-elles peut-être

3° des vibrations de fibres tendues comme les cordes d'un instrument, et dont la somme et la connexion constitueraient l'organe de la pensée? Qui croira que le plus ou moins de tension de ces fibres puisse entrer en comparaison avec cette indescriptible variété des idées sensibles et abstraites à leurs degrés divers? La variété surprenante des corps élastiques ne nous donne pourtant que peu de tons essentiellement différents; la variété surprenante des corps qui font trembler la lumière ne nous donne pourtant que sept couleurs diverses. Et l'on veut que ces fibres, instruments de pensée, puissent marquer tous les tons, toutes les couleurs, toutes les autres notions infiniment variées, tant matérielles que spirituelles! En outre, ni l'anatomie, ni l'analogie, ni quoi que ce soit dans toute la structure de l'homme, n'ont rien qui mène à cette théorie. L'anatomiste a trouvé qu'entre toutes les parties du corps, l'organe de la pensée était la moins élastique et la plus molle. Ce n'est qu'une pure théorie sans preuves, et dans le chapitre de l'association elle sera complétement renversée.

C'est de la combinaison fortuite des trois théories que s'est formée l'hypothèse de M. Bonnet, à peu près comme les éléments d'Épicure se sont accrochés entre eux. Avec une impardonnable légèreté, le jongleur français saute par-dessus les points les plus difficiles ; il s'appuie sur des choses qu'il lui est impossible de démontrer, et en tire des conséquences que personne, à l'exception d'un Français, ne peut hasarder. Que sa théorie plaise à sa patrie, je le veux bien : l'Allemand plus pesant se révolte quand il a soufflé la poudre d'or et ne voit dessous rien que du vent.

§ 9.

Association. — Application des théories.

Mais les idées matérielles de l'imagination sont-elles toujours dans un tel état de vivacité qu'elles puissent représenter les objets à l'âme, ou n'y sont-elles pas?

La première hypothèse est impossible : sans quoi, endormis et éveillés, nous penserions toujours, et nous ne pourrions ainsi penser avec ordre. Si la seconde est vraie, il faut que des causes interviennent qui éveillent l'idée endormie en quelque sorte, et qui la présentent à l'âme.

Or ce sont là de nouvelles idées de l'imagination, soit sensibles, soit éveillées par des idées sensibles, qui, en vertu d'une affinité de temps ou de lieu ou d'effet, ont rapport à l'idée endormie, et y sont rattachées par le mécanisme intérieur de l'organe de la pensée. Supposons, par exemple, que l'idée matérielle d'une source sommeille dans l'organe de la pensée. Puis, par la voie des sens, faisons parvenir le mot source dans cet organe : la modification dont il sera affecté se rattachera, par son mécanisme même, à l'idée matérielle de source, qui sommeille. Celle-ci est alors éveillée, agit sur l'âme, et lui présente l'image d'une source, mais plus faible sans doute que ne l'a été l'image sensible primitive. Mais l'idée matérielle de source, qui revit ainsi, éveillera sa voisine la plus proche, l'idée d'un homme, si vous voulez, qui dans le temps se tenait auprès[1], ou d'un son qui fut alors entendu : elle l'éveillera exactement de la même façon qu'elle a été elle-même éveillée par l'idée sensible, et l'âme aura la perception de cet homme ou de ce son. Cette idée, revivant, réveillera, elle aussi, sa voisine, celle-ci une autre; l'âme aura d'autres perceptions, et ainsi de suite, sans cesse et en tous sens, jusqu'à ce qu'une nouvelle idée sensible d'une autre espèce rompe cette chaîne et en commence une autre. C'est là la série des idées fondée sur l'association, série qui repose sur l'affinité de temps, de lieu ou d'effet. Faisons maintenant l'application des théories exposées plus haut, et voyons quelle est, entre toutes, celle qui nous satisfait le plus.

Parlons d'abord des vibrations de cordes. Je veux emprunter aux sons et aux couleurs une démonstration par analogie, qui paraît extrêmement favorable à ce système. Si dans une chambre obscure j'apporte toute sorte de couleurs, et si par une petite fente j'amène la lumière sur une d'elles, sur la rouge par exemple, alors toutes les couleurs rouges deviendront visibles dans la chambre, toutes les autres resteront invisibles. Si je place deux claviers l'un à côté de l'autre, et que je touche sur l'un d'eux une corde et produise un son, alors, sur l'autre clavier, la même corde, et nulle autre sans mon intervention, tremblera, et rendra, plus faiblement il est vrai, le même son.

Nous pourrions donc dire : Le monde, tel qu'il se trouve dans les organes des sens, tient la place du premier clavier; et l'esprit nerveux la place de l'air. L'organe de la pensée représente le second clavier. Il y a dans le monde des sens autant de cordes que d'objets; autant de fibres dans l'organe de la pensée que de cordes dans le monde des sens, et, des deux parts, le monde et l'organe de la pensée, les cordes de l'une, les fibres

---

[1]. Il y a dans le texte « auprès de l'arbre. » Ne serait-ce pas plutôt « auprès de la source? »

de l'autre, se correspondent aussi exactement que font entre eux les deux claviers et leurs cordes.

Certaines cordes tremblent donc dans les organes des sens. Ce tremblement, l'esprit nerveux le propage dans l'organe de la pensée. L'âme l'éprouve : c'est l'idée sensible. Mais quelles fibres trembleront? Pas d'autres que celles qui sont en tout pareilles aux fibres du monde. Quelle idée aura l'âme? Pas d'autre que la même absolument, de même que la corde du second clavier n'a rendu que le son du premier. La couleur rouge ne me fera songer qu'à la couleur rouge, de même que la couleur rouge dans la chambre obscure ne rend visible que la rouge. Est-ce là l'association? Ce n'est rien qu'un écho de la même idée, qui n'est bon à rien. Mais, supposé qu'une association eût réellement lieu avec ce mécanisme, que suit-il de là? On est forcé d'admettre que tous les objets ont d'avance dans l'organe de la pensée des fibres correspondantes, avant d'être perçus sensiblement. Supposons donc que je voie la mer. La mer me fait songer à un vaisseau; le vaisseau à la guerre d'Amérique. Il faut alors que les fibres de ces diverses idées se ressemblent en quelque chose, pour que l'une mette l'autre en mouvement. Mais si je n'ai pas encore vu de vaisseaux, si je n'ai pas entendu parler d'une guerre d'Amérique, il faudrait donc, quand la fibre de la mer est mise en mouvement, que je songeasse à un vaisseau, à la guerre d'Amérique, avant d'avoir sensiblement perçu ces objets. Ce que Bonnet met en avant pour répondre à cette objection, n'a ici nulle application.

Je ne veux rien dire de suites plus monstrueuses de cette théorie, car chacun doit être déjà convaincu qu'elle n'a point de fondement. Je n'ai pas jugé nécessaire de l'attaquer autrement qu'avec ses propres armes, et mon but est atteint.

Je viens donc à la seconde, et elle me conduit dans le même labyrinthe. Il me faut nécessairement admettre que toute idée, même la plus simple, répond à ses esprits propres, à ses canaux propres. Ces canaux ont une place déterminée, qu'elles changent aussi peu que les veines la leur. En outre, il faut que j'admette également, d'après la très-pénétrante observation de M. de Haller, qu'aucun canal ne s'anastomose avec un autre, mais que chacun d'eux continue à part depuis sa pointe extrême dans l'organe sensible jusqu'à son autre extrémité[1]. Or les associations sont extrêmement capricieuses, très-accidentelles et très-variées, et pourtant les canaux n'ont qu'une place déterminée, et pourtant les esprits ne s'anastomosent point les uns avec les autres.

Cette même difficulté précisément et d'autres encore se trouvent dans la théorie des impressions. Ici, de plus, il est impossible de concevoir comment une impression est mise en mouvement de manière à donner une idée à l'âme. Une impression en mouvement? Je ne puis poursuivre cette analyse, à moins de refuser le bon sens à mon lecteur. Il est vrai, sans doute, que plus d'un évitera d'arrêter là-dessus sa pensée, afin de ne pas voir le vice de son opinion, et de ne pas perdre entièrement dans cette mer sans étoiles l'ancre même de son intelligence.... Mais que Haller ait pu ainsi flotter à la surface, c'est ce que je ne comprends point. Haller est trop grand pour que cette erreur lui fasse tort :

Quandoque bonus dormitat Hallerus.

Ne pouvant donc expliquer l'association matérielle par le mécanisme de l'organe de la pensée, parce que celui-ci est déterminé et constant, et celle-là infiniment variée et changeante, dois-je faire de l'âme le principe régulateur, dois-je admettre qu'à chaque idée sensible elle parcoure, pour en trouver une semblable, toute la masse des idées qui sommeillent dans l'organe de la pensée? Il faudrait alors qu'elle se les représentât toutes, il faudrait qu'elle les comparât toutes avec cette idée sensible, il faudrait qu'elle accomplît toute l'opération de la pensée pour avoir une seule idée. Non, il faut absolument que l'association ait son fondement dans les idées matérielles, bien que nous ne puissions l'expliquer d'après nos lois mécaniques. Mais c'est la preuve d'un entendement malade de témoigner la

---

1. Je crains qu'ici le texte de Schiller ne soit altéré; au moins m'est-il impossible de trouver un sens exact et satisfaisant aux mots *sondernde Ader*, que j'ai été obligé de remplacer dans la traduction par un terme général. J'ai peine à croire que *das sinnliche Organ* désigne « le sensorium, » ou « le cerveau, » et que *die sondernde Ader* indique « le nerf, » en sa qualité de canal, de conduit de l'esprit nerveux.

moindre envie de trouver ce mécanisme ; quant à en poursuivre la recherche, je crois que ce serait le chemin le plus court pour perdre entièrement la raison. Dans le fait, je n'éprouve aucune démangeaison de ce genre, et il me paraît plus conforme à mon objet de renverser des théories, que d'en créer ou vouloir créer de nouvelles et de meilleures. Si je faisais cela, il ne serait pas besoin qu'il y eût une Abdère pour qu'on me traitât avec de l'ellébore[1].

### § 10.

#### Action de l'âme sur l'organe de la pensée.

L'association matérielle est le fondement sur lequel repose la pensée, c'est le fil conducteur de l'intelligence créatrice. Par elle seulement, celle-ci peut combiner et séparer les idées, comparer, conclure, et amener la volonté soit à vouloir, soit à rejeter les choses. Peut-être serait-on tenté de regarder cette assertion comme dangereuse pour la liberté. Car, si la succession des idées matérielles est déterminée par le mécanisme de l'organe de la pensée, l'entendement par les idées matérielles, et la volonté par l'entendement, il s'ensuit qu'à la fin la volonté est déterminée mécaniquement. Mais qu'on écoute la suite.

L'âme a une influence active sur l'organe de la pensée. Elle peut fortifier les idées matérielles et s'y arrêter à son gré, et de la sorte elle fortifie aussi les idées spirituelles. C'est là l'œuvre de l'attention. Elle a donc du pouvoir sur la force des motifs déterminants ; disons plus, c'est elle-même qui se fait des motifs déterminants. Cela posé, nous voyons nettement ce que c'est que la liberté. Ce n'est que la confusion du premier et du second vouloir qui a donné lieu à une querelle à cet égard. Le premier vouloir, celui qui détermine mon attention, est le libre ; le dernier, celui qui détermine l'action, est esclave de l'entendement. La liberté ne consiste donc pas pour moi à choisir ce que mon entendement a reconnu pour le meilleur

---

1. C'est-à-dire on pourrait à bon droit me traiter de fou : ce ne serait pas une accusation injuste comme lorsque les Abdéritains firent venir Hippocrate pour guérir Démocrite de la folie.

(car c'est là une loi éternelle); mais à choisir ce qui peut déterminer mon entendement à ce qu'il y a de mieux. Toute la moralité de l'homme est fondée sur l'attention, c'est-à-dire sur l'influence active que l'âme exerce sur les idées matérielles dans l'organe de la pensée.

Qu'en vertu de cette influence active, une idée matérielle acquière fréquemment une grande vivacité[1], elle conservera même postérieurement une certaine force, et ressortira entre toutes d'une manière, si je puis ainsi parler, deutéropathique. Elle touchera l'âme plus énergiquement. Elle s'imposera plus puissamment à l'intelligence, dans toutes les associations; plus puissamment elle la déterminera; elle deviendra le tyran du second vouloir, le premier n'ayant pas été du tout exercé. C'est ainsi qu'il peut y avoir des personnes qui finissent par faire machinalement le bien ou le mal. Elles avaient commencé par le faire librement, moralement, parce que leur attention était encore indéterminée. Mais maintenant l'idée, même sans attention, devient la plus vive : elle enchaîne l'âme à une chose unique, elle règne sur l'intelligence et le vouloir. C'est là que gît le fondement de toutes les passions et de toutes les idées dominantes, et c'est là que nous trouvons en même temps l'indication du remède propre à affaiblir les unes et les autres.

Quand l'âme attache son attention à plusieurs idées et les introduit dans de nouvelles associations, on dit qu'elle invente. Quand elle laisse reposer son attention sur les attributs particuliers de plusieurs idées, et que par la pensée elle dégage ces attributs des associations qu'ils forment, on dit qu'elle abstrait. Ces idées introduites, par la pensée, dans de nouvelles associations, ces autres tirées, par l'abstraction, de leurs associations naturelles, l'âme les fixe à part dans l'organe de la pensée, et jusqu'à la conscience que l'âme a d'elle-même dans ces opérations, elle paraît la fixer aussi dans des formes matérielles, parce que, au retour des anciennes idées, elle ramène tou-

---

[1]. Ce commencement de phrase est inintelligible dans les *Suppléments* de M. Hoffmeister (aussi bien dans l'édition de 1841 que dans celle de 1858). Voici quel est le texte imprimé : *Wiederum eine materielle Ideekraft dieses thætigen Einflusses æfters in starke Lebhaftigkeit gesetzt*. Il faut lire, je pense : *Wird nun eine materielle Idee kraft dieses thætigen Einflusses*, etc.

jours cette conscience. Dans ce cas nous disons : elle se souvient. Quand l'âme, en vertu de son attention, ébranle plus fortement quelque idée matérielle, celle-ci, à son tour, ébranle plus fortement l'idée la plus proche : l'association deviendra donc plus prompte, plus vive. C'est ce que nous faisons quand nous réfléchissons à quelque chose ou que nous laissons notre imagination se jouer. C'est donc par l'attention que nous exerçons notre imagination, que nous nous souvenons, que nous abstrayons et inventons; par elle que nous voulons. C'est l'influence active de l'âme sur l'organe de la pensée qui accomplit tout cela.

L'organe de la pensée est donc le vrai tribunal de l'entendement, et est soumis à ce dernier tout aussi bien que ce dernier lui est soumis à lui. L'entendement est en conséquence dépendant en tout, excepté pour l'attention. Voilà pourquoi le trouble des esprits dans la maladie, peut, s'il est propagé jusque dans cet organe (et combien il est aisé qu'il le soit!), changer le plus sage en un fou ridicule entre tous, le penseur en imbécile, la personne la plus douce en furie. L'organe de la pensée est dépendant de l'entendement en tout, excepté pour l'influence de la sensation. Voilà pourquoi un entendement sain peut produire la mémoire la plus juste; voilà pourquoi un entendement toujours actif peut la détruire par l'excès de tension : l'un et l'autre nous est prouvé par l'exemple de grands penseurs, des Garve, des Mendelssohn, des Swift, qui ont faussé l'instrument de leur entendement, de manière qu'il ne rendait plus de sons justes. Et c'est parce que cet instrument est dans une si exacte connexion avec la faculté de penser, que je l'ai nommé l'organe de la pensée; mais il ne s'ensuit pas que je regarde la pensée comme une conséquence du mécanisme.

## § 11.

#### Les sentiments de la vie spirituelle.

Mon âme n'est pas seulement un être qui pense, mais encore un être qui sent. C'est ce dernier caractère qui seul la rend heureuse; le premier seul la rend capable du second. Nous verrons comment le créateur des hommes a étroitement attaché la pensée au sentiment. Le sentiment est cet état de mon âme où elle a conscience d'un changement en mieux ou en pis : état qui se distingue de la perception des idées en ce que l'âme n'éprouve d'un côté que la manière d'être d'un objet extérieur, et de l'autre la sienne.

Je vois le ciel éclairé par le soleil, le ciel étoilé, je vois un tas confus de pierres ; j'entends murmurer une source, résonner un clavier ; j'entends le croassement d'un corbeau. Dans toutes ces modifications de ma manière d'être il y a quelque chose de commun : la représentation d'un objet extérieur. Mais d'autre part combien mon état n'est-il pas différent à chacune de ces perceptions ! Je vois avec plaisir le ciel éclairé par le soleil, avec plus de plaisir encore le ciel étoilé. Je détourne les yeux du tas de pierres. De même j'entends volontiers le murmure de la source, plus volontiers encore le clavier qui résonne ; et j'ai envie de boucher mon oreille au croassement du corbeau. Ce qui me réjouit, je le nomme mélodieux et beau ; laid et discordant, ce qui me cause de la peine.

Mais, en vertu de la première loi, qui est en tête de cette description de l'homme, rien ne me peut réjouir que ce qui me rend plus parfait ; ni rien me causer de la peine que ce qui me rend plus imparfait. Le mélodieux et le beau me rend-il plus parfait que le discordant et le laid ? En d'autres termes, est-ce mon propre état qui devient meilleur ou pire.... [1]

---

1. Le fragment se termine à ce membre de phrase, suivi d'une virgule dans le manuscrit. Ce manuscrit, d'une écriture égale, propre et soignée, est sans doute le commencement de la mise au net de la dissertation.

SUR

LE THÉÂTRE ALLEMAND

D'À PRÉSENT

SUR

# LE THÉÂTRE ALLEMAND

## D'À PRÉSENT[1].

Une des choses qui distinguent particulièrement, en Allemagne, l'esprit de la présente dizaine d'années de celui des précédentes, c'est qu'il a donné au drame une plus vive impulsion, dans presque toutes les provinces de la patrie; et il est remarquable que jamais on n'a trouvé plus d'occasions qu'à cette époque, d'applaudir la grandeur d'âme et de siffler les faiblesses humaines.... Il est dommage que ce ne soit que sur le théâtre. Les Égyptiens instituaient pour chaque membre du corps un médecin particulier, et le malade sous le poids de ses médecins périssait.... Nous, nous entretenons pour chacune des passions un bourreau particulier, et nous avons journellement à pleurer quelqu'une de leurs victimes. Chaque vertu trouve chez nous son panégyriste, et tout entiers à notre admiration, nous paraissons en oublier l'objet. Il me semble à moi, qu'il en est de ceci comme des trésors souterrains dans les contes de revenants. « N'effarouchez pas l'esprit par vos cris, » telle est constamment la condition imposée par le conjurateur.... On lève l'or en silence.... Qu'un son franchisse les lèvres, et la caisse tombe à dix mille toises de profondeur.

1. Cet opuscule a été publié en 1782, dans le *Répertoire wurtembergeois de la littérature* (1er cahier, pages 93 à 106).

On supposerait assurément qu'un miroir patent de la vie humaine sur lequel les recoins les plus secrets du cœur se reflètent enluminés et à fresque, où toutes les évolutions de la vertu et du vice, toutes les intrigues les plus embrouillées de la fortune, la remarquable économie de la Providence suprême, économie qui souvent, dans la vie réelle, va se perdre dans de longues chaînes d'événements à perte de vue, où tout cela est saisi sous des formes réduites et dans des espaces limités, et exposé à la vue de manière à être embrassé même par les yeux les plus obtus.... on supposerait, dis-je, qu'un temple où le véritable Apollon en personne, comme autrefois à Dodone ou à Delphes, rend de vive voix au cœur ses divins oracles.... qu' une institution enfin telle que le théâtre devrait imprimer dans l'âme les pures notions du bonheur et du malheur, et cela d'autant plus énergiquement que l'intuition sensible est plus vive que la simple tradition et les sentences.... *Devrait*, ai-je dit.... et que ne *devraient* pas être les marchandises, à entendre ceux qui les vendent? Quelle vertu ne *devraient* pas avoir ces gouttes, ces poudres, si seulement l'estomac du patient les digérait, si elles ne répugnaient pas à son palais?... Il y a tant de don Quichottes qui voient apparaître, fous qu'ils sont, leur propre tête dans l'optique de la comédie ; tant de Tartuffes, leurs masques ; tant de Falstaffs, leurs cornes : et pourtant chacun applique à la tête d'autrui l'oreille d'âne et applaudit le poëte spirituel qui a su affubler le voisin de ces ridicules. De touchantes peintures qui arrachent des larmes à toute une salle.... des scènes d'horreur à la vue desquelles se brisent les délicates toiles d'araignée d'un système nerveux hystérique.... des situations pleines d'une attente fluctuante, qui enchaîne la respiration devenue insensible et berce par d'inquiets battements le cœur oppressé.... que produit tout cela, sinon, à la surface, un jeu de couleurs diverses, pareil au tremblement gracieux de la lumière du soleil sur une vague? Tout le ciel vous paraît descendu dans les flots, vous y plongez, ivres de volupté et.... vous enfoncez dans de l'eau froide. Quand le diabolique Macbeth, le front mouillé d'une sueur froide, l'œil fixé en avant avec horreur, sort, à pas chancelants, de la chambre à coucher où il vient de commettre le crime.... quel spectateur ne sent courir dans tous ses os des frissons glacés?... Et pourtant quel Macbeth, dans le monde, laisse tomber son poignard de dessous son vêtement, avant d'accomplir son action? ou son masque après l'avoir faite?... Eh! mais ce n'est pas le roi Duncan qu'il court mettre à mort. Moins de filles sont-elles séduites, parce que Sara Sampson expie sa faute par le poison[1]? Un seul mari devient-il moins jaloux, parce que la précipitation du More de Venise a eu un résultat si tragique? Les convenances, peut-être, tyrannisent-elles moins la nature, parce que cette mère dénaturée, repentante de son action, fait résonner à vos oreilles son rire plein de rage? Je pourrais multiplier les exemples. Qu'Odoardo jette le poignard, fumant encore du sang de son enfant, immolée aux pieds de l'auguste coupable, dont c'est le supplice de recevoir ainsi sa maîtresse[2].... Quel prince pour cela rend à un père sa fille déshonorée?... Ce sera beaucoup, acteurs habiles, que votre jeu, atteignant son cœur, le fasse battre un peu plus fort, deux ou trois fois, sous son grand cordon. Un allégro bruyant dissipera bientôt cette légère émotion[3]. Oui, ce sera beaucoup que votre Émilie, quand elle gémit d'une manière si séduisante, quand elle tombe avec un si charmant abandon, et donne au râle de la mort tant de délicatesse et de grâce, qu'elle n'allume pas encore, vous dis-je, par ses attraits expirants la flamme de la volupté, et qu'à l'improviste, derrière les coulisses, on ne rende pas à votre talent tragique quelque humiliant hommage. On serait presque tenté de plaider la cause des marionnettes et d'exciter les mécaniciens à transplanter dans leurs héros de bois l'art des Garricks : alors du moins l'attention du public, qui d'ordinaire se partage en trois, entre le sujet, le poëte et l'acteur, s'éloignerait du dernier et se porterait davantage sur le premier. Une Iphigénie rouée, venue d'Italie, qui peut-être par la magie de son jeu nous a transportés à Aulis, sait, avec un regard fripon à travers son masque, détruire bien sciemment le charme qu'elle a opéré :

1. Voy. *Miss Sara Sampson*, tragédie de Lessing.
2. Voyez la dernière scène de l'*Emilia Galotti* du même auteur.
3. Ce passage, depuis les mots : « Je pourrais multiplier les exemples, » avait été supprimé dans les Œuvres complètes. On l'a rétabli dans les éditions les plus récentes.

un souffle emporte Iphigénie et Aulis, et la sympathie s'éteint et fait place à l'admiration de celle qui l'a excitée. Nous devrions certes connaître les inclinations du beau sexe par l'exemple de sa grande reine. La fière Élisabeth aurait plutôt pardonné une violation de Sa Majesté qu'un doute sur sa beauté. Une actrice aurait-elle donc des sentiments plus philosophiques? Aurait-elle, s'il s'agissait de sacrifier quelque chose, plus de souci de sa gloire sur le théâtre que de celle qui s'acquiert derrière les coulisses? J'en doute fort. Tant que les victimes de la volupté seront représentées par les filles de la volupté, tant que les scènes de douleur, de crainte, de terreur, serviront surtout à faire parade de la taille élégante, des jolis pieds, des manières gracieuses des actrices; en un mot, tant que le rôle de la tragédie sera de fournir des occasions de volupté raffinée; je dis trop, tant que le théâtre sera moins une école qu'un passe-temps, qu'il aura pour principal objet de prévenir les bâillements de l'ennui, de tromper les tristes nuits d'hiver, et d'enrichir la grande troupe de nos petits-maîtres oisifs avec l'écume légère de la sagesse, le papier-monnaie du sentiment, et de galantes obscénités; aussi longtemps qu'il travaillera surtout pour la toilette et la taverne : aussi longtemps nos auteurs dramatiques devront renoncer à la vanité patriotique d'enseigner le peuple. Avant qu'il y ait un public formé pour son théâtre, il sera, je crois, difficile que le théâtre forme son public.

Mais craignons pourtant ici d'aller trop loin, de mettre à la charge du public les défauts du poëte. Je remarque dans le drame deux modes principales, deux extrêmes entre lesquels se trouvent la vérité et la nature. Les hommes de Pierre Corneille sont de froids écouteurs de leur propre passion, des pédants de sentiment pleins de morgue. J'entends Rodrigue, dans sa peine, professer en plein théâtre sur l'embarras où il se trouve, et passer soigneusement en revue les mouvements de son âme, comme une Parisienne ses mines devant le miroir. Chez les Français la triste bienséance a châtré l'homme de la nature. Leur cothurne s'est changé en élégant soulier de danse. En Angleterre et en Allemagne (mais ici toutefois pas avant que Goethe eût chassé au delà du Rhin les contrebandiers du bon goût), on offre aux yeux, si j'ose ainsi parler, jusqu'à la nudité de la Nature ; on lui grossit sous le miroir concave d'une verve effrénée ses taches de rousseur et ses boutons; la pétulante imagination des poëtes enflammés la transforme en monstre dans ces fictions exagérées, et publie d'elle les plus honteuses anecdotes. A Paris on aime les poupées élégantes et polies, que l'art a raclées pour enlever tout le hardi relief de la nature; on pèse le sentiment non à la livre, mais au grain; on vous découpe et vous sert, d'après une sévère diététique, les mets de l'esprit, pour ménager l'estomac délicat d'une marquise langoureuse. Nous autres Allemands, nous nous permettons, comme les Anglais au cœur fort, des doses plus hardies; nos héros ressemblent à un Goliath sur de vieilles tapisseries, grossier et gigantesque, peint pour la distance. Pour bien copier la nature, il faut les deux choses : une généreuse hardiesse pour sucer sa moelle et atteindre à la puissance de son élan ; mais en même temps une délicatesse pleine de réserve pour adoucir dans des miniatures les traits trop forts[1] qu'on se permet dans de grandes peintures murales. Nous sommes devant l'univers, nous autres hommes, comme la fourmi devant un grand et majestueux palais. C'est un immense édifice : notre regard d'insecte s'arrête sur une des ailes, et y trouve peut-être telles statues, telles colonnes mal placées. L'œil d'un être supérieur embrasse en même temps l'aile opposée, et y aperçoit des statues et des colonnes qui répondent symétriquement à leurs compagnes de l'autre aile. Que le poëte peigne pour des yeux de fourmis, qu'il rapetisse l'autre moitié pour la transporter aussi dans notre champ d'observation ; qu'il nous prépare par l'harmonie du petit à l'harmonie du grand ; par la symétrie d'une partie à la symétrie de l'ensemble, et qu'il nous fasse admirer celle-ci dans celle-là. Une méprise en ce point est une injustice envers l'Être éternel, qui veut être jugé sur le plan infini du monde, non d'après des fragments particuliers qu'on en extrait.

Quelque fidèle que soit, aussi loin que nos yeux la suivent, une copie de la nature, elle fait tort à la Providence, qui ne

---

[1]. L'adjectif *grassen*, qui se trouve dans la première édition, avait été changé, dans les éditions postérieures, en *grossen* et *groben* ; on l'a rétabli dans les plus récentes.

mettra peut-être le sceau que dans le siècle prochain à l'œuvre commencée dans ce siècle-ci.

Mais il est possible aussi que le coupable ne soit pas le poëte quand la fin du drame est manquée. Qu'on monte sur la scène et qu'on observe comment les jeux de l'imagination prennent un corps dans la personne de l'acteur. Celui-ci a deux tâches difficiles, mais nécessaires. Il faut d'abord qu'il s'oublie lui-même, ainsi que la foule qui l'écoute, pour vivre dans son rôle; puis, d'un autre côté, il faut qu'il pense qu'il est en scène, qu'il pense à la présence du spectateur, qu'il ait égard au goût de ce dernier, et qu'il modère la nature. Dix fois contre une je trouve le premier de ces devoirs sacrifié au second, et pourtant, si le génie de l'acteur ne peut suffire à tous deux, mieux vaudrait toujours qu'il manquât au second dans l'intérêt du premier. Entre le sentiment et l'expression du sentiment, il y a la même succession rapide et certaine qu'entre l'éclair et le coup de tonnerre; et si je suis vraiment ému, j'ai si peu besoin de régler mon corps sur le ton de la passion, qu'il me serait plutôt difficile, impossible même, de réprimer les mouvements spontanés de mes membres. Le comédien est, jusqu'à un certain point, dans l'état d'un somnambule, et je remarque entre eux une frappante analogie. Si ce dernier, bien qu'il paraisse n'avoir nullement conscience de ce qu'il fait, peut, dans sa marche nocturne, quand tous ses sens extérieurs dorment en quelque sorte du sommeil de la tombe, assurer chacun de ses pas, avec la plus inconcevable précision, contre un danger qui exigerait de lui, tout éveillé, la plus grande présence d'esprit; si l'habitude peut affermir ses pieds si merveilleusement; si, enfin, car il nous faut recourir à quelque chose de plus pour expliquer ce phénomène, si un crépuscule de la connaissance, si un mouvement superficiel et fugitif des sens peut tant faire : pourquoi le corps, qui du reste suit toujours l'âme si fidèlement dans toutes ses modifications, serait-il condamné, dans le cas présent, à franchir violemment les limites au point de fausser le ton du sentiment? Si la passion ne se permet pas d'extravagance, et elle ne peut s'en permettre si elle est vraie, ni ne le doit dans une âme cultivée, alors, j'en suis bien sûr, les organes ne s'égareront non plus dans aucun excès monstrueux.

Quelque grande que soit cette absence de perception dont l'illusion seule rend l'acteur capable, ne devrait-il pas lui rester, tout aussi bien qu'au somnambule, sans qu'il en ait conscience, un certain sentiment du présent, qui le conduirait sans peine, lui aussi, le long de l'abîme de l'exagération et de l'inconvenance, par le pont étroit du beau et du vrai? Je ne vois pas pourquoi cela serait impossible. Mais dans l'autre cas, au contraire, quel état fâcheux si l'acteur garde soigneusement la conscience de sa situation actuelle, et détruit le rêve de l'art par l'idée du monde réel qui l'entoure! Tant pis pour lui s'il sait que peut-être un millier d'yeux et plus sont attentifs à chacun de ses gestes, que tout autant d'oreilles dévorent le moindre son de ses lèvres! Je me souviens de m'être trouvé là un jour au moment où cette malheureuse pensée : « On m'observe! » vint enlever le tendre Roméo à son extase.... C'était exactement la chute du somnambule auquel un avertissement, un cri qui le saisit sur le faîte d'un toit à pic, donne tout à coup le vertige. Le danger caché n'existait pas pour lui, mais la vue soudaine de la hauteur abrupte l'a précipité d'une chute mortelle. L'acteur effrayé s'arrêta roide et sot; la grâce naturelle de sa pose disparut : à le voir se courber gauchement, on eût dit qu'on allait lui prendre mesure d'un habit.... La sympathie des spectateurs s'éteignit dans un éclat de rire.

En général, nos acteurs ont étudié, pour chaque genre de passion, une attitude à part, qu'ils savent prendre avec une prestesse qui parfois va jusqu'à devancer le sentiment. A l'orgueil manque rarement le tour de tête vers l'épaule et le poing sur la hanche. La colère réside dans le poing fermé et le grincement des dents. J'ai vu sur un certain théâtre caractériser régulièrement le mépris par un coup de pied. La tristesse des héroïnes de théâtre se cache derrière un mouchoir bien lavé. Quant à la terreur, qui de toutes les passions s'en tire encore au meilleur marché, elle choisit le premier bloc venu, pour se débarrasser, elle de son fardeau, et le public d'un mauvais cabotin. Les acteurs des plus forts rôles tragiques, et ce sont ordinairement les voix de basse-taille, les matadors de la scène, ont coutume de nous grogner leurs sentiments avec une humeur grondeuse; leur ignorance de la vraie passion, qu'ils torturent, qu'ils rouent du bas en haut comme un malfaiteur, ils la cachent bruyamment sous le tumulte de leur voix et de leurs gestes, tandis qu'au contraire les acteurs doux et touchants traînent leur tendresse et leur mélancolie dans un gémissement monotone, qui lasse les oreilles jusqu'au dégoût. La déclamation est toujours le premier écueil où échouent la plupart de nos comédiens, et la déclamation forme les deux tiers de l'illusion de la scène. Le chemin de l'oreille est le plus praticable et le plus court pour aller au cœur. La musique a dompté le farouche conquérant de Bagdad, et certes Mengs et le Corrége y auraient épuisé en vain tout leur talent de peintres. Aussi bien il nous est plus facile de fermer nos yeux qu'on blesse, que de boucher avec du coton nos oreilles maltraitées [1].

Sans doute si poëte, acteur et public font faillite, il ne restera guère de la grosse somme qu'un défenseur patriotique de la scène accumule sur le papier qu'une fraction misérable. Mais cela doit-il détourner notre attention un seul instant de cette utile institution ? Que le théâtre se console avec ses sœurs plus dignes encore, la morale, et, je hasarde la comparaison timidement, la religion, qui, bien qu'elles se présentent avec leurs vêtements sacrés, ne sont point à l'abri des souillures de la foule imbécile et impure. C'est déjà pour le théâtre un assez grand mérite, que çà et là un ami de la vérité et de la saine nature y retrouve son monde à lui, rêve son propre sort dans

---

1. « C'est encore une question de savoir si un rôle ne gagne pas à être joué par un simple amateur plutôt que par un acteur de profession. Chez le dernier, le sentiment tout au moins se perd aussi vite que dans la médecine, chez un praticien occupé, le fin diagnostic. Il ne reste qu'une facilité machinale, une affectation, une coquetterie qui se joue avec les grimaces de la passion. On doit se souvenir du succès avec lequel le rôle de Zaïre a été rendu en France et en Angleterre par des actrices débutantes et non exercées. (Voy. Lessing dans la *Dramaturgie de Hambourg*, 16ᵉ article, t. VII, p. 71, éd. Lachmann.) Il serait désirable qu'on revînt partout de ce préjugé, que les exercices dramatiques font honte aux gens d'honneur et de condition. Cela répandrait plus généralement le bon goût sans aucun doute, animerait partout et raffinerait le sentiment du beau, du bon et du vrai, et en même temps les acteurs de profession s'appliqueraient avec une plus vive émulation à soutenir la gloire de leur état. » (*Note de l'auteur*.) — On avait supprimé dans les éditions complètes la fin de cette note, depuis les mots : « On doit se souvenir, etc. » On l'a donnée tout entière dans les plus récentes.

le sort d'autrui, fortifie son courage par les scènes de souffrances, et exerce sa sensibilité à la vue des situations malheureuses. Un noble cœur, non corrompu, puise au spectacle une nouvelle et vivifiante chaleur; pour la foule plus grossière, elle y entend du moins vibrer encore les derniers sons perdus de quelque corde, négligée et oubliée, de l'âme humaine [1].

1. Dans le *Répertoire wurtembergeois*, cet article est signé de la lettre U.

# LE THÉÂTRE

## CONSIDÉRÉ COMME UNE INSTITUTION MORALE

DISSERTATION LUE A UNE SÉANCE PUBLIQUE
DE LA SOCIÉTÉ ALLEMANDE DE L'ÉLECTORAT PALATIN
A MANNHEIM, LE 26 JUIN DE L'ANNÉE 1784

# LE THÉÂTRE

## CONSIDÉRÉ COMME UNE INSTITUTION MORALE [1].

Un penchant [2] général et irrésistible pour le nouveau et l'extraordinaire, le désir que l'homme éprouve de se sentir dans une disposition passionnée, ont, comme l'a remarqué Sulzer, donné naissance au théâtre [3]. Épuisé par les grands efforts de l'esprit, énervé par les occupations monotones et souvent accablantes de son état, et rassasié de sensualité, l'homme devait sentir dans son être un vide qui répugnait à son éternel besoin d'activité. Notre nature, également incapable de demeurer longtemps dans l'état de la bête, et de continuer sans interruption les travaux délicats de l'intelligence, demandait un état moyen qui unît les deux fins opposées, qui, baissant les cordes trop tendues, les amenât à une douce harmonie, et qui pût faciliter le passage alternatif d'un état à l'autre. Or, c'est surtout le sens esthétique, ou le sentiment du beau, qui procure cet avantage. Mais, comme la première sollicitude

---

1. Ce morceau est le premier article du premier cahier de la *Thalie rhénane*, publié à Mannheim en 1785. Le titre y est différent : « Quels effets peut produire un bon théâtre permanent? » Le nom de l'auteur, placé en tête, est suivi de la double qualification de membre de la Société allemande de l'électorat palatin et de conseiller du duc de Weimar. — Schiller a réimprimé cet opuscule dans ses *Petits écrits en prose*, sous son titre actuel, et avec des modifications et des suppressions que nous indiquerons en note.

2. Dans la *Thalie*, ces mots sont précédés d'une introduction assez longue, dont on trouvera la traduction à la fin de l'opuscule.

3. Voyez la *Théorie générale des Beaux-Arts* de Sulzer, à l'article *Schauspiel*, « Spectacle. »

d'un sage législateur doit être de choisir, de deux influences, la plus élevée, il ne se contentera point d'avoir désarmé les penchants de son peuple : il les emploiera, en outre, pour peu que ce soit possible, comme instruments pour exécuter des plans supérieurs, et s'efforcera de les changer en des principes de félicité. Dans cette vue, il a choisi, avant toute autre chose, le théâtre, qui ouvre une carrière sans limites à l'esprit altéré d'activité, qui donne des aliments à toutes les facultés de l'âme, sans en exalter une seule, et qui unit la culture de l'esprit et du cœur au plus noble passe-temps.

Celui qui, le premier, fit la remarque que la plus ferme colonne d'un État est la religion, que, sans elle, les lois elles-mêmes perdent leur force, a peut-être, sans le vouloir ou sans le savoir, soutenu le théâtre par son côté le plus noble. Cette insuffisance, ce caractère d'incertitude des lois politiques, qui rendent la religion indispensable à un État, sont précisément aussi ce qui détermine l'influence morale du théâtre [1]. Les lois, voulait dire ce sage, ne s'occupent que de devoirs négatifs.... La religion étend ses préceptes à l'activité positive. Les lois ne font qu'empêcher les actes qui délient les liens sociaux.... La religion en commande qui rendent ces liens plus étroits. Celles-là n'exercent leur empire que sur les manifestations extérieures de la volonté, les actions seules leur sont soumises.... celle-ci étend sa juridiction jusqu'aux recoins les plus secrets du cœur, et poursuit la pensée dans sa source la plus intime. Les lois sont glissantes et élastiques, changeantes comme le caprice ou la passion.... La religion oblige rigoureusement et pour toujours. Mais si même nous supposons ce qui ne peut être, si nous accordons à la religion cette puissante influence sur le cœur de chaque homme en particulier, fera-t-elle, pourra-t-elle faire à elle seule tout le travail de la culture humaine? La religion (je distingue ici son côté politique de son côté divin) agit plutôt, en général, sur la partie la plus matérielle du peuple, et peut-être est-ce surtout par les sens qu'elle agit d'une manière si infaillible. Sa force est perdue si nous lui ôtons ce moyen d'action. Et par quoi agit la scène? La

---

[1]. Dans la *Thalie* : « Toute l'influence du théâtre. »

religion n'est plus rien pour le plus grand nombre des hommes, si nous détruisons ses images, ses problèmes, si nous anéantissons ses peintures du ciel et de l'enfer.... et pourtant ce ne sont que des peintures de l'imagination, des énigmes sans solution, des épouvantails et des séductions lointaines. Quel renfort pour la religion et la loi, si elles s'allient avec le théâtre, où il y a contemplation directe et présence vivante, où le vice et la vertu, la félicité et le malheur, la folie et la sagesse, passent devant l'homme, sous une forme réelle et saisissable, en mille tableaux animés ; où la Providence résout ses énigmes, dénoue ses nœuds devant nos yeux; où, sur le chevalet de la passion, le cœur humain confesse ses plus secrets mouvements: où tous les masques tombent, où tout fard s'évapore, où la vérité tient ses assises, incorruptible comme Rhadamanthe !

La juridiction du théâtre commence où se termine le domaine des lois humaines. Si la justice se laisse éblouir par l'or et s'énerve à la solde du vice, si les crimes des grands se rient de son impuissance et que la crainte des hommes lie le bras du magistrat, le théâtre s'empare de la balance et du glaive, et traîne les vices devant un redoutable tribunal. Tout l'empire de la fantaisie et de l'histoire, le passé et l'avenir, lui obéissent au moindre signe. D'audacieux criminels, qui, depuis longtemps déjà, sont réduits en poussière, assignés aujourd'hui par la voix toute-puissante de la poésie, recommencent leur vie infâme, pour donner à la postérité une affreuse leçon. Ceux qui furent la terreur de leur siècle passent devant nos yeux, ils passent impuissants, pareils aux ombres dans un miroir concave, et c'est avec une voluptueuse horreur que nous maudissons leur souvenir. Si même aucune morale n'était plus enseignée, si aucune religion ne trouvait plus de croyance, s'il n'y avait plus de loi, Médée nous ferait encore frémir, lorsqu'elle descend en chancelant l'escalier du palais, et qu'elle vient d'accomplir le meurtre de ses enfants[1]. Toujours des frissons salutaires saisiront les

---

1. Je ne sais si l'auteur fait ici allusion à une scène de la *Médée* de Gotter (car il n'y a rien de semblable dans les deux *Médées* de Klinger), ou à quelque traduction allemande de la *Médée* de Corneille, où le traducteur aurait modifié certaines scènes ou au moins certains jeux de scène.

hommes, et, tout bas, chacun sentira le prix de la bonne conscience, lorsque lady Macbeth[1], la terrible somnambule, se lave les mains et demande tous les parfums de l'Arabie pour dissiper l'horrible odeur du meurtre[2]. S'il est certain qu'une représentation visible produit un plus puissant effet qu'une lettre morte et une froide narration, il l'est aussi que le théâtre agit d'une manière plus profonde et plus durable que la morale et les lois.

Mais, jusqu'ici, nous ne voyons le théâtre que venir en aide à la justice mondaine; un champ plus vaste encore lui est ouvert. Mille vices, que celle-ci laisse passer sans les punir, le théâtre les punit; mille vertus, dont elle ne parle point, sont recommandées par le théâtre. En cela, il seconde la sagesse et la religion. C'est à cette source pure qu'il puise ses leçons et ses modèles, et il revêt l'austère devoir de dehors pleins de charme et d'attrait. Par quels beaux sentiments, par quelles résolutions et passions généreuses il élève nos âmes! Quels idéals divins il présente à notre émulation! Quand le bienveillant Auguste, grand comme ses dieux, tend la main au traître Cinna, qui croit déjà lire sur ses lèvres son arrêt de mort, et qu'il lui dit : « Soyons amis, Cinna[3]! » qui, dans la foule des spectateurs, ne voudrait, en ce moment, serrer la main de son ennemi mortel, pour ressembler au divin Romain? Lorsque

---

1. Voyez la scène première du cinquième acte du *Macbeth* de Shakspeare.
2. Ici Schiller a supprimé le morceau suivant, qu'on lit dans la *Thalie*, et où il prend pour exemple son propre drame des *Brigands* (voy. la première scène du cinquième acte) : « Qui de nous a regardé sans trembler, qui n'a été pénétré d'une vive ardeur pour la vertu, d'une haine brûlante pour le vice, quand Franz de Moor, sortant d'un songe affreux qui lui montrait l'éternité, entouré des terreurs du jugement qui approche, s'élance de son sommeil; quand, pour dominer les tonnerres de sa conscience éveillée, il veut exterminer Dieu du milieu de la création, et que sa poitrine oppressée, qui n'a point de voix pour la dernière prière, se soulage par d'insolents blasphèmes?... Ce n'est point une exagération de soutenir que ces tableaux présentés sur la scène finissent par ne faire qu'un avec la morale de l'homme vulgaire et déterminent, dans certains cas, sa manière de sentir. Moi-même, plus d'une fois, j'ai entendu des gens, à la vue d'actions coupables, accumuler toute leur exécration dans cette injure : « Cet homme est un Franz Moor. » Ces impressions sont ineffaçables, et, au plus léger attouchement, tout le tableau avec ses terreurs, tel que l'art l'a créé, sort comme de la tombe et se dresse dans le cœur de l'homme. »
3. Voyez la dernière scène du *Cinna* de Corneille.

Franz de Sickingen[1], qui s'est mis en route pour aller châtier un prince, et combattre pour des droits qui lui sont étrangers, regarde tout à coup derrière lui, et voit monter la fumée de l'incendie qui consume son château, où sa femme et son enfant sont restés sans secours, et que lui cependant continue son chemin, pour tenir sa parole.... combien alors l'homme est grand à mes yeux, combien petit et méprisable l'effrayant et invincible destin !

Autant la vertu paraît aimable, autant les vices se montrent haïssables dans le terrible miroir de la scène. Lorsque Lear, sans secours et tombé en enfance, frappe en vain, au milieu de la nuit et de l'orage, à la porte de ses filles, lorsqu'il arrache et jette aux vents ses cheveux blancs, et qu'il raconte aux éléments déchaînés combien sa Régane a été dénaturée, lorsque sa douleur furieuse s'exhale enfin dans ces mots terribles : « Je vous ai tout donné[2]!... » combien alors l'ingratitude nous paraît abominable! Quel serment solennel de respect et d'amour filial nous jurons alors[3] !

Mais la sphère d'influence du théâtre s'étend plus loin encore. Là même où la religion et les lois jugent au-dessous de leur dignité de suivre les sentiments des hommes, il est encore occupé de notre éducation. Le bonheur de la société est troublé tout autant par la folie que par le crime et le vice. Une expérience aussi vieille que le monde nous enseigne que, dans le tissu des choses humaines, les plus grands poids sont souvent suspendus aux moindres fils, aux plus minces de tous, et, si nous remontons jusqu'à l'origine de certaines actions, nous

---

1. Franz de Sickingen est un des principaux personnages du *Gœtz de Berlichingen* de Goethe; mais il n'y a aucune scène dans ce drame qui réponde exactement à ce que Schiller dit ici. S'est-il trompé en parlant de souvenir, ou bien avait-il en vue quelque autre pièce que je ne connais pas?
2. Voyez les premières scènes du troisième acte du *Roi Lear* de Shakspeare.
3. Ici encore Schiller a supprimé quelques phrases qui se trouvent dans la *Thalie :* « Il reste à notre théâtre une grande conquête à faire, de l'importance de laquelle le résultat seul peut témoigner. Le *Timon d'Athènes* de Shakspeare n'a paru jusqu'ici, autant qu'il m'en souvient, sur aucune scène allemande. Dans Shakspeare je cherche avant tout l'homme, et parmi toutes ses pièces je n'en sais aucune où l'homme soit plus réellement devant mes yeux et parle plus haut et plus éloquemment à mon cœur que dans le *Timon d'Athènes*. Ce sera rendre un véritable service à l'art que d'exploiter cette mine d'or »

aurons dix fois l'occasion de sourire avant d'en trouver une de frémir d'horreur. Ma liste de scélérats diminue de jour en jour, à mesure que je vieillis, et mon catalogue de fous s'allonge et devient plus complet. Si toute la culpabilité morale de l'un des deux sexes sort d'une seule et même source, si tous les excès monstrueux qui, en quelque temps que ce soit, l'ont flétri, ne sont que des formes différentes et de plus hauts degrés d'une disposition qui, en fin de compte, excite nos sourires et nous charme : pourquoi la nature, chez l'autre sexe, n'aurait-elle pas suivi la même voie? Je ne connais qu'un secret pour préserver l'homme de la perversion, et ce secret est de défendre son cœur contre ses faiblesses.

En ceci le théâtre peut être d'un grand secours. C'est lui qui présente le miroir à la grande classe des fous, et couvre d'un ridicule salutaire leurs variétés sans nombre. L'effet que plus haut nous lui avons vu produire par l'émotion et l'effroi, il l'obtient ici, plus prompt peut-être et plus infaillible, par la plaisanterie et la satire. Si nous voulons entreprendre d'apprécier la comédie et la tragédie d'après la mesure de l'effet produit, peut-être l'expérience donnerait-elle le premier rang à la comédie. La raillerie et le dédain blessent plus sensiblement l'orgueil de l'homme, que l'exécration ne torture sa conscience. Devant ce qui est épouvantable notre lâcheté fuit, et cette lâcheté même nous livre à l'aiguillon de la satire. La loi et la conscience nous préservent souvent des crimes et des vices : pour se garantir des ridicules, il faut un sens particulier, plus délicat, que nous n'exerçons nulle part plus qu'au théâtre. Peut-être donnons-nous plein pouvoir à un ami pour attaquer nos mœurs et notre cœur, mais nous avons de la peine à lui pardonner une seule moquerie. Nos fautes tolèrent un surveillant et un juge; nos travers et nos ridicules à peine un témoin. La scène peut seule railler nos faiblesses, parce qu'elle ménage notre susceptibilité, et ne nomme ni ne veut connaître le fou qu'elle blâme. Dans son miroir nous voyons, sans rougir, tomber nos masques, et nous la remercions tout bas de sa douce leçon.

Mais nous sommes loin d'avoir vu toute l'étendue de son influence. Le théâtre est, plus que toute autre institution publique, une école de sagesse pratique, un guide pour la vie civile, une clef infaillible pour les plus secrètes avenues de l'âme humaine. J'admets qu'il n'est pas rare que l'amour-propre et l'endurcissement de la conscience annulent la meilleure influence de la scène, que mille vices affrontent impudemment son miroir, que mille bons sentiments soient repoussés, sans porter de fruit, par le cœur glacé du spectateur; je suis même d'avis que l'Harpagon de Molière n'a peut-être pas corrigé jusqu'ici un seul usurier; que le suicide de Beverley [1] a détourné peu de ses frères de l'horrible passion du jeu; que la malheureuse histoire des brigandages de Charles Moor ne rendra pas les grandes routes beaucoup plus sûres : mais quand nous restreindrions ces grands effets du théâtre, quand nous serions injustes au point de les nier, quelle immense influence ne lui reste-t-il pas encore ! S'il ne détruit pas les vices, s'il n'en diminue pas le nombre, au moins nous les fait-il connaître. C'est avec ces gens vicieux, avec ces fous, qu'il nous faut vivre. Il nous faut les éviter ou leur tenir tête; déjouer leurs attaques ou y succomber. Mais, grâce à la scène, ils ne peuvent plus nous surprendre. Nous sommes prémunis contre leur agression. Le théâtre nous a trahi le secret de les découvrir et de les empêcher de nuire. Il a enlevé à l'hypocrite son masque artificiel, et nous a montré le filet dans lequel la ruse et l'intrigue nous enlaçaient. Il a arraché la fourberie et la fausseté de leurs tortueux labyrinthes, et fait paraître au grand jour leur face effroyable. Peut-être que Sara mourante [2] n'effraye pas un seul libertin, que tous les tableaux de la séduction punie ne refroidissent pas l'ardeur de la débauche, et même qu'une coquette de comédienne s'étudie sérieusement à prévenir cet effet salutaire; mais du moins, grâce à Dieu, la naïve innocence connaît désormais les filets du séducteur : le théâtre lui a appris à se méfier des serments et à trembler devant son adorateur.

Ce n'est pas seulement sur les hommes et leurs caractères,

---

1. Personnage principal de la pièce de ce nom que Saurin a imitée de la tragédie anglaise *The Gamester*, dont l'auteur est Edward Moore.
2. Voyez la fin de *miss Sara Sampson*, drame de Lessing, déjà cité dans le précédent opuscule.

c'est encore sur les destinées diverses que le théâtre attire notre attention, et il nous enseigne le grand art de les supporter. Dans le tissu de notre vie, le hasard et le calcul jouent un rôle également important. De ces deux principes, le second dépend de nous, mais il faut nous soumettre aveuglément au premier : trop heureux si les coups inévitables du sort ne nous prennent pas tout à fait au dépourvu, si notre courage, notre prudence se sont déjà exercés dans des conjonctures analogues, si notre cœur s'est endurci contre de telles atteintes. Le théâtre nous présente les scènes diverses des souffrances humaines. Il nous fait entrer par un habile artifice dans les afflictions d'autrui, et nous dédommage de la douleur d'un instant par des larmes délicieuses et un heureux accroissement de courage et d'expérience. Avec lui, nous suivons à travers l'île de Naxos, qui retentit de ses plaintes, Ariane abandonnée; nous descendons avec Ugolino[1] dans la tour de la faim; nous gravissons l'effroyable échafaud, et nous épions l'heure solennelle de la mort. Au théâtre, nous entendons la nature, surprise sans défense, confirmer hautement, irrésistiblement, ce que notre âme sentait par une vague divination. Sous la voûte de la Tour de Londres, la faveur de sa reine abandonne le favori trompé[2]. Maintenant qu'il va mourir, sa fausse et sophistique sagesse échappe à Moor inquiet[3]. L'éternité renvoie un mort pour révéler des mystères que nul vivant ne peut connaître, et la sécurité du scélérat perd son affreux et dernier refuge : car la tombe même divulgue les secrets[4].

Mais le théâtre ne se contente pas de nous familiariser avec les destinées de l'humanité, il nous apprend encore à être plus justes pour le malheureux et à le juger avec plus d'indulgence. Ce n'est qu'après avoir mesuré la profondeur de son infortune que nous avons le droit de prononcer sa sentence. Aucune faute n'est plus dégradante que celle du voleur; mais, tous tant que

---

[1]. Schiller a sans doute en vue l'*Ariane* et l'*Ugolino* de Gerstenberg.
[2]. C'est vraisemblablement une allusion au *Comte d'Essex* de Th. Corneille, ou à celui de l'Anglais Banks, qui l'un et l'autre, je crois, avaient été traduits en allemand.
[3]. Voy. le dernier acte des *Brigands* de Schiller.
[4]. Je suppose que l'auteur pense ici à l'*Hamlet* de Shakspeare.

nous sommes, ne mêlons-nous pas une larme de pitié à notre arrêt de condamnation, quand nous nous égarons avec Édouard Ruhberg[1] dans l'affreux labyrinthe des circonstances qui le poussèrent à cet acte coupable? Le suicide est, en général, abhorré comme un crime; mais, lorsque, assaillie par les menaces d'un père furieux, par l'amour, par la perspective des horribles murs d'un couvent, Mariane[2] boit le poison, qui d'entre nous voudrait être le premier à condamner sans appel la déplorable victime d'un infâme préjugé? L'humanité et la tolérance commencent à devenir l'esprit dominant de notre temps; leurs rayons ont pénétré jusque dans les tribunaux, et, plus loin encore.... jusqu'au cœur de nos princes. Quelle part n'ont point eue nos théâtres à cette œuvre divine? Ne sont-ce pas eux qui ont fait connaître l'homme à l'homme, et qui ont découvert les secrets rouages qui le font agir?

Une classe remarquable de l'humanité a plus de raisons encore que les autres d'être reconnaissante envers le théâtre. Les grands du monde n'entendent que là ce qu'ailleurs ils n'entendent jamais ou n'entendent que rarement.... la vérité. Là ils voient ce qu'ailleurs ils ne voient jamais ou ne voient que rarement.... l'homme.

Telle est la grandeur, la variété des fruits que la culture morale retire d'un bon théâtre; pour l'entier développement de l'intelligence, le théâtre n'est pas moins efficace. C'est surtout à cet égard, dans cette sphère élevée, que le grand génie, le patriote ardent, fait produire à la scène tout son effet.

Il jette un regard sur la race humaine, compare les peuples aux peuples, les siècles aux siècles, et voit avec quelle servilité la grande masse du peuple se laisse tyranniser par le préjugé et l'opinion, qui éternellement font obstacle à son bonheur; il voit que les rayons plus purs de la vérité ne luisent que pour un petit nombre d'individus, qui peut-être ont acheté ce faible

---

1. Personnage du drame, ou tableau de famille, d'Iffland, intitulé : *Verbrechen aus Ehrsucht*, « Crime commis par ambition. » Édouard Ruhberg vole cinq mille thalers dans la caisse de son père, qui est officier comptable.

2. Il y a une tragédie de ce nom de Gotter, qui passe pour être la meilleure pièce de son théâtre.

avantage en y consacrant une vie entière. Par quel moyen le sage législateur peut-il faire participer toute la nation à cette lumière?

Le théâtre est le canal commun par lequel la lumière de la sagesse va, découlant de la meilleure partie du peuple, de celle qui pense, se répandre de là, en rayons plus doux, à travers tout l'État. Par là des idées plus justes, des maximes plus saines, des sentiments plus épurés, s'insinuent dans toutes les veines du peuple; le brouillard de la barbarie, de la sombre superstition se dissipe, la nuit cède à la lumière victorieuse. Parmi tant de nobles fruits d'un bon théâtre, je n'en veux indiquer que deux. Combien est devenue générale, depuis quelques années seulement, la tolérance des religions et des sectes! Avant même que Nathan le juif et Saladin le Sarrasin[1] nous fissent rougir et nous prêchassent ce dogme divin, que notre soumission à Dieu ne dépend pas si absolument des idées que nous nous faisons de Dieu; avant même que Joseph II combattît l'hydre épouvantable de la haine dévote : le théâtre semait dans notre cœur les germes de l'humanité et de la mansuétude; les peintures horribles de la rage des prêtres païens nous apprenaient à éviter les haines religieuses : en se voyant dans cet effrayant miroir, le christianisme se lavait de ses souillures. Avec non moins de succès on pourrait combattre du haut de la scène les erreurs de l'éducation : nous attendons encore la pièce où sera traité cet important sujet. L'État n'a nul intérêt aussi grave par ses suites que celui-là, et pourtant il n'en est aucun d'aussi négligé, aucun qui soit livré aussi absolument que celui-là aux vaines fantaisies et à la frivolité du citoyen. Le théâtre seul pourrait faire passer sous ses yeux, dans des peintures touchantes, propres à ébranler l'âme, les victimes malheureuses d'une éducation négligée; là nos pères pourraient apprendre à renoncer aux maximes d'une routine opiniâtre, nos mères à nous aimer plus raisonnablement. De fausses idées peuvent égarer le cœur du meilleur maître; c'est bien pis encore quand on se pique d'une méthode, et qu'on perd systé-

---

[1] Ce sont les deux principaux personnages de *Nathan le Sage*, poëme dramatique de Lessing.

matiquement dans des serres chaudes et des *Philanthropines*[1] les tendres rejetons, objets de la culture.

On ne réussirait pas moins bien, si les chefs et les tuteurs de l'État savaient s'y bien prendre, à rectifier, par le moyen du théâtre, les opinions de la nation sur le gouvernement et sur ceux qui gouvernent. Le pouvoir législatif y parlerait au citoyen par des emblèmes et des exemples étrangers; il répondrait à ses plaintes avant même qu'elles eussent éclaté, et, sans qu'il y parût, préviendrait ses doutes. L'industrie même et l'esprit d'invention pourraient recevoir et recevraient de la scène une impulsion puissante, si les poètes jugeaient qu'il valût la peine d'être patriotes, et si le gouvernement voulait descendre à les écouter.

Je ne puis omettre ici la grande influence qu'exercerait sur l'esprit national un bon théâtre permanent. J'entends par esprit national d'un peuple l'harmonie et l'accord de ses opinions et de ses penchants sur certains points au sujet desquels une autre nation pense et sent autrement. Le théâtre seul peut produire à un haut degré cet accord, parce qu'il parcourt tout le domaine de la science humaine, épuise toutes les situations de la vie, et éclaire tous les replis du cœur; parce qu'il réunit toutes les conditions et toutes les classes, et qu'il suit de toutes les routes la plus frayée, pour arriver à l'intelligence et au cœur. Si, dans toutes nos pièces, dominait un trait saillant, si nos poètes voulaient s'unir et former entre eux une ferme alliance pour atteindre ce but, si un choix sévère présidait à leurs travaux, s'ils ne consacraient leur pinceau qu'à des sujets propres à intéresser tout le peuple : en un mot, si nous parvenions à avoir un

---

[1]. Les *Philanthropines* devaient être, d'après Basedow, des institutions dans lesquelles les enfants fussent traités d'une manière plus conforme que par le passé à la nature humaine et élevés en vue de la destination de l'homme en ce monde. Semler voulait qu'on substituât au mot *Philanthropine*, celui de *Philanthropium*.

Dans la *Thalie*, ce développement continue de la manière suivante :

« La manie présente de faire montre des créatures de Dieu, comme des marionnettes à la foire; cette rage, devenue fameuse, de fabriquer des hommes au tour, d'imiter Deucalion, avec cette différence, il est vrai, que maintenant des hommes on fait des pierres, comme lui des pierres faisait des hommes : c'est là, entre tous les égarements de la raison, celui qui mériterait le plus le fouet de la satire. »

théâtre national, nous deviendrions aussi une nation. Qu'est-ce qui liait si fortement les Grecs entre eux? Qu'est-ce qui attirait, d'une façon si irrésistible, le peuple à ses théâtres? Rien autre chose que le sujet patriotique des pièces, l'esprit national grec qui y respirait, le grand et dominant intérêt de l'État et des progrès de l'humanité.

Le théâtre a encore un mérite, un mérite que je puis d'autant mieux faire valoir maintenant, que, même sans cela, son procès contre ses adversaires est déjà gagné, je suppose. Ce que nous avons entrepris de prouver jusqu'ici, à savoir que le théâtre avait une influence puissante sur les mœurs et sur la culture de l'esprit, était douteux. Que, parmi toutes les inventions du luxe et toutes les institutions qui ont pour but le divertissement social, le théâtre mérite la préférence, ses ennemis même l'ont reconnu. Mais le service qu'il rend en ce genre a plus d'importance qu'on ne le croit généralement.

La nature humaine ne supporte pas d'être appliquée toujours et sans interruption à la torture des affaires; les plaisirs des sens perdent tout leur charme dès que les sens sont satisfaits. Surchargé de jouissances animales, fatigué par de longs efforts, tourmenté par un éternel besoin d'activité, l'homme a soif de divertissements meilleurs et plus exquis, à défaut desquels il se précipite dans des distractions fougueuses et effrénées, qui accélèrent sa ruine et troublent le repos de la société. Des plaisirs désordonnés, un jeu ruineux, mille actes de folie, enfantés par le désœuvrement, sont inévitables si le législateur ne sait pas diriger ce penchant du peuple. L'homme politique est en danger d'expier par le funeste spleen son dévouement si généreux à l'État; le savant de déchoir jusqu'à n'être qu'un pédant obtus; le peuple de descendre au rang de la bête. Le théâtre est une institution où le divertissement s'unit à l'enseignement, le repos à l'application, l'amusement à la culture; où nulle force de l'âme n'est tendue au détriment d'une autre, où nul plaisir n'est goûté aux dépens de l'ensemble. Lorsque le chagrin nous ronge le cœur, lorsqu'une humeur sombre empoisonne nos heures solitaires, que le monde et les affaires nous dégoûtent, que mille fardeaux accablent notre âme, et que les travaux de notre état menacent d'étouffer notre sensibilité, alors le théâtre nous accueille. Dans ce monde artificiel, nos rêves nous éloignent du monde réel, nous sommes rendus à nous-mêmes, nos sensations se réveillent, de salutaires passions secouent notre nature assoupie, et raniment la circulation du sang. Le malheureux, en pleurant sur la peine d'autrui, oublie la sienne. Le bonheur perd son ivresse, la sécurité devient prudente. Le voluptueux amolli se trempe et veut être un homme; le farouche, le barbare commence à sentir. Et, enfin, quel triomphe pour toi, Nature (Nature qu'on a beau fouler aux pieds, qui te relèves toujours!), quand des hommes de toutes les classes, de toutes les zones, de toutes les conditions, secouant le joug du raffinement et de la mode, délivrés de toute tyrannie du sort, fraternellement unis par une commune sympathie, se fondant de nouveau en une seule famille, oublient eux et le monde, et se rapprochent de leur céleste origine! Chaque individu jouit du ravissement de tous, qui jaillit sur lui de cent yeux, accru et embelli, et dans sa poitrine il n'y a plus place que pour un seul sentiment, qui est d'être un homme.

―――

Dans la *Thalie* la dissertation est précédée de l'introduction suivante, qu'on a supprimée dans les *OEuvres complètes* :

« Si la fierté naturelle (j'appelle ainsi l'appréciation légitime de notre propre mérite) ne doit nous abandonner dans aucune relation de la vie civile, notre premier devoir est sans doute de nous poser, pour la résoudre, la question suivante : L'affaire à laquelle nous consacrons maintenant la meilleure partie de la force de notre esprit, se concilie-t-elle avec la dignité de cet esprit, et répond-elle à ce que la communauté a droit d'attendre de notre intervention? Ce n'est pas toujours le plus haut degré de tension de nos forces, c'est leur plus noble emploi qui fait la grandeur des choses. Plus est élevé le but auquel nous tendons, plus est vaste et compréhensif le cercle dans lequel nous agissons : plus aussi notre courage s'élève, plus aussi devient pure et indépendante de l'opinion du monde notre confiance en nous-mêmes. Car c'est seulement après que nous avons déterminé au dedans de nous ce que nous sommes et ce que nous ne sommes pas, que nous échappons au danger de souffrir du jugement d'autrui, d'être enflés par l'admiration, ou rendus pusillanimes par le dédain.

« Mais d'où vient donc (cette remarque s'est imposée à mon esprit depuis que j'observe les hommes), d'où vient que l'orgueil de ceux qui ont un emploi est si généralement en raison inverse du mérite réel? D'où vient que la plupart élèvent d'autant plus leurs prétentions à l'estime de la société que leur influence sur cette société est moindre?.... Combien le ministre qui tient le gouvernail de l'État et meut avec une force de géant les grands rouages du gouvernement, ne paraît-il pas bien souvent modeste auprès du petit histrion qui dirige un théâtre et rédige des arrêtés réglementaires? Combien modeste le grand savant qui a étendu la sphère de la pensée humaine et fait luire sur des parties entières du monde le flambeau du progrès, en comparaison de l'obscur pédant qui veille sur ses in-quarto?... L'on condamne le jeune homme qui, poussé par une force intérieure, sort de l'étroite prison d'une profession vénale, et suit l'appel du Dieu qui est au dedans de lui. Est-ce une vengeance exercée par les petits esprits sur le génie, qu'ils désespèrent de suivre dans son essor? Attachent-ils peut-être tant de prix à leur travail par la seule raison qu'ils ont eu tant de peine à le faire?... L'aridité, une diligence de fourmi, une érudition mercenaire, sont estimées, rémunérées et admirées, sous le nom de qualités foncières, de sérieux, de sens profond. Rien n'est plus connu, et rien ne fait plus de honte à la sainte raison, que la haine irréconciliable, l'orgueilleux dédain, avec lequel les Facultés, du haut de leur grandeur, regardent les talents libres.... et les choses continueront sur ce pied d'une génération à l'autre, jusqu'à ce que l'érudition et le bon goût, la vérité et le beau s'embrassent comme frères et sœurs réconciliés.

« Il est facile de voir comment cette observation se rattache à la question suivante : « Quel effet produit le théâtre?... » Ce que le philosophe législateur peut demander, finalement et surtout, à une institution publique, c'est de contribuer à la commune félicité. Ce qui assure la durée de la vie physique sera toujours le premier objet de son attention ; ce qui peut ennoblir l'humanité dans son essence même, sa préoccupation la plus haute. Le besoin de l'homme-animal est antérieur et plus pressant.... Le besoin de l'esprit est supérieur et plus inépuisable. Si donc on pouvait prouver d'une manière incontestable que le théâtre a pour effet la culture des individus et de la société, on lui aurait assuré son rang auprès des premières institutions de l'État.

« L'art dramatique suppose plus de génie qu'aucun des arts ses frères. Le plus haut produit en ce genre est peut-être aussi le produit le plus haut de l'esprit humain. Comparez le système de l'attraction des corps et le *Jules César* de Shakspeare, placez-les dans les deux plateaux de cette balance où les esprits supérieurs pèsent les œuvres de l'intelligence humaine : je ne sais si, d'un côté ou de l'autre, l'aiguille descendra d'un seul point mathématique. Si cela est.... et n'est-ce point l'avis du plus incorruptible des juges, de la postérité?... pourquoi ne s'appliquerait-on pas avant tout à mettre hors de doute la dignité d'un art dont l'exercice occupe toutes les forces de l'âme, de l'esprit et du cœur? C'est un crime contre soi-même, c'est le meurtre du talent, de dépenser la même mesure de capacité qui aurait servi surabondamment les plus grands intérêts de l'humanité, de la dépenser, dis-je, sur un objet moins important. Est-il encore douteux, ô Thalie, que tu descendes du ciel? Toute ton influence si vantée n'est-elle qu'une chimère de tes admirateurs, l'humanité n'est-elle point ta débitrice?... Oh! alors, déchire ton laurier immortel; et toi, éternelle Renommée, fais taire ta trompette, ne publie plus sa gloire.... Cette *Iphigénie* admirée n'a été qu'un moment de faiblesse de son auteur, oublieux de sa dignité.... cet *Hamlet* si prisé, qu'un crime de lèse-majesté contre le génie céleste.

« Il n'est point d'art sur lequel, autant que je sache, on ait plus discuté et écrit, sans rien décider. Le monde, ici plus que partout ailleurs, s'est partagé entre l'apothéose et la damnation, et la vérité s'est perdue dans l'exagération. La plus rude attaque que l'art dramatique ait eu à souffrir est venue d'un côté d'où l'on ne devait point l'attendre.... La légèreté, la témérité, les abominations même de ceux qui l'exercent, ne peuvent être imputées à l'art lui-même. La plupart de vos peintures dramatiques, et même les plus vantées, que sont-elles autre chose, dit-on, qu'un subtil et secret empoisonnement, que la parure artificielle du vice, que des vertus amollies ou fanfaronnes? Vos représentants de l'humanité, vos comédiens et vos comédiennes, que de fois ne sont-ils point la flétrissure du nom qu'ils portent, les parodies de leur fonction sacrée! que de fois le rebut de l'humanité! Votre école si célébrée de morale, que de fois n'est-elle que le dernier refuge du luxe rassasié jusqu'au dégoût! une embuscade de la licence et de la satire! Que de fois cette auguste et divine Thalie devient-elle la bouffonne de la plèbe ou une flatteuse qui lèche la poussière au pied des plus petits trônes.... Toutes ces exclamations sont incontestablement vraies, mais aucune d'elles n'atteint la scène. La religion du Christ fut le cri de guerre quand on dépeupla l'Amérique.... C'est pour glorifier la religion du Christ que Damiens et Ravaillac commirent le meurtre, et que Charles IX, à Paris, tira sur les huguenots fugitifs.... Et pourtant qui aurait la pensée d'accuser la plus douce des religions d'une infamie que la plus rude barbarie elle-même désavouerait solennellement?

« C'est tout aussi peu à l'art qu'il faut s'en prendre, s'il n'est point en Europe ce qu'il fut en Asie; au dix-huitième siècle, ce qu'il a été sous Aspasie et Périclès. Il lui suffit qu'il l'ait été alors, et que la nation chez qui il a fleuri soit encore aujourd'hui notre modèle.... Mais je passe à la dissertation même. »

# LETTRES PHILOSOPHIQUES

# LETTRES PHILOSOPHIQUES [1].

## AVANT-PROPOS.

La raison a, de même que le cœur, ses époques et ses destinées, mais on s'occupe bien plus rarement de son histoire. On paraît se contenter d'offrir un tableau du développement des passions dans leurs excès, leurs erreurs, leurs conséquences, sans avoir égard à la connexion intime qu'elles présentent avec l'ensemble des pensées dans l'individu. La racine commune de la dégradation morale est une philosophie étroite et chancelante, d'autant plus dangereuse, qu'elle éblouit la raison offusquée, par un semblant de justice, de vérité et de conviction, et que par cela même elle est moins réfrénée par le sens moral inné à l'homme. Au contraire, une intelligence éclairée ennoblit aussi les sentiments : il faut que la tête forme le cœur.

A une époque comme la nôtre, où la facilité et la diffusion de la lecture accroît si merveilleusement la partie pensante du

---

1. Ces lettres ont paru d'abord dans la *Thalie*; l'avant-propos et les quatre premières dans le troisième cahier, en 1786; la dernière dans le septième, en 1789. Cette dernière est signée d'un K., initiale sous laquelle on a cru reconnaître le nom de Kœrner, et elle est suivie des mots : « Il y aura une suite, » promesse qui n'a pas été tenue. Les précédentes n'ont pas de signature. — Sur cette correspondance philosophique, voyez la *Vie de Schiller*, p. 72.

public, où la béate résignation de l'ignorance commence à faire place à des demi-lumières, et où bien peu consentent à rester où les a jetés le hasard de la naissance, il semble n'être pas absolument indifférent d'appeler l'attention sur certaines périodes du réveil et des progrès de la raison, de rectifier certaines vérités et certaines erreurs qui se rattachent à la moralité, et peuvent être une source de bonheur ou d'infortune, et de montrer du moins les écueils cachés contre lesquels l'orgueilleuse raison est déjà venue faire naufrage. Rarement nous arrivons à la vérité autrement que par les extrêmes; nous sommes condamnés à épuiser l'erreur, et souvent l'absurde, avant que nos efforts atteignent le noble but de la paisible sagesse.

Quelques amis, animés d'une même ardeur pour la vérité et la beauté morale, et qui, arrivés par des routes très-diverses à la même conviction, embrassent d'un regard serein la carrière qu'ils ont parcourue, ont formé en commun le dessein de présenter au public, dans la peinture de deux jeunes gens de caractère différent, et sous forme de correspondance, le tableau de quelques révolutions et époques de la pensée, et de certains écarts où les raffinements de la spéculation peuvent jeter la raison. Les lettres suivantes sont le commencement de cet essai.

Les opinions exposées dans ces lettres ne peuvent donc être vraies ou fausses que relativement, selon l'aspect sous lequel le monde se réfléchit dans telle âme en particulier, et dans celle-là seulement. La continuation de cette correspondance montrera comment ces affirmations exclusives, souvent outrées, souvent contradictoires, viennent enfin se résoudre en une vérité universelle, purifiée de toute erreur, et solidement établie.

Le scepticisme et le libertinage d'opinion sont les paroxysmes fiévreux de l'esprit humain, et l'ébranlement anomal qu'ils occasionnent dans une âme bien organisée doit justement finir par contribuer à l'affermissement de la santé. Plus l'erreur est éblouissante et séduisante, plus grand est le triomphe de la vérité; plus le doute a de tourments, plus on sent le besoin de conviction, de ferme certitude. Mais il était nécessaire d'exposer ces doutes et ces erreurs : la connaissance de la maladie devait précéder la guérison. La vérité ne perd rien à être méconnue par un bouillant jeune homme, pas plus que la vertu et la religion à être niées par un homme dépravé.

Ces explications préliminaires étaient indispensables pour indiquer le point de vue où nous désirons qu'on se place pour lire et juger les lettres suivantes.

## JULES A RAPHAËL.

Octobre.

Tu es parti, Raphaël, et la belle nature se meurt : les feuilles jaunies tombent des arbres, un sombre brouillard d'automne s'étend comme un linceul sur la campagne inanimée. Solitaire, je parcours ces lieux mélancoliques, je t'appelle à haute voix, et je m'irrite de ce que mon Raphaël ne répond pas.

J'avais surmonté la douleur de tes derniers embrassements. Le triste roulement de la voiture qui t'emportait loin de moi s'était enfin évanoui à mon oreille. Déjà je me félicitais d'avoir soulagé mon cœur en recouvrant comme d'un tertre funèbre les joies du passé, et voilà qu'à mes yeux (on dirait ton esprit affranchi par la mort) tu ressuscites dans ces contrées : tu me révèles ta présence dans chacun des lieux favoris de nos promenades. Ce rocher, je l'ai gravi avec toi ; avec toi, j'ai parcouru cette immense perspective. Dans le noir sanctuaire de ces hêtres, nous conçûmes hardiment le type idéal de notre amitié. C'est ici que pour la première fois nous déroulâmes la généalogie des esprits, et que Jules trouva dans Raphaël un si proche parent. Il n'est pas ici une source, un buisson, une colline, où quelque souvenir du bonheur évanoui ne conspire contre mon repos. Tout, oui tout est conjuré contre ma guérison. Partout où je vais, je répète la scène déchirante de notre séparation....

Qu'as-tu fait de moi, Raphaël? Que suis-je depuis peu devenu? Grand homme, homme dangereux, plût à Dieu que je ne t'eusse connu jamais ou jamais perdu! Reviens, reviens bien vite sur les ailes de l'amitié, ou c'en est fait de la plante délicate que tes soins ont fait éclore. Quoi! ton âme tendre a-t-elle osé abandonner l'œuvre commencée, quand elle était encore si loin de la perfection? Les piliers qui étayent ton orgueilleuse sagesse, chancellent dans ma tête et dans mon cœur; tous les splendides palais que tu as construits s'écroulent, et le ver écrasé se tord, en gémissant, sous les ruines.

Heureux temps de primitive innocence, où, les yeux encore voilés d'un bandeau, je marchais dans la vie d'un pas mal assuré, comme un homme ivre, où toute ma curiosité, tous mes souhaits rebroussaient chemin aux limites de l'horizon paternel, où la sérénité du soleil couchant ne me faisait rien pressentir de plus élevé qu'un beau lendemain, où il fallait un journal politique pour réveiller en moi le souvenir du monde; le glas funèbre pour me faire penser à l'éternité; une histoire de revenant pour me rappeler le compte à rendre après la mort; où, tremblant encore devant le diable, je m'attachais à la Divinité avec d'autant plus d'amour! Je sentais et j'étais heureux. Raphaël m'a appris à penser, et je suis en voie de maudire ma création.

Création? Non, ce n'est là qu'un mot vide de sens que ma raison ne peut admettre. Il fut un temps où, ignorant tout, j'étais ignoré de tous : donc, je n'étais pas, dit-on. Ce temps n'est plus : donc, ajoute-t-on, j'ai été créé. Mais ces millions d'hommes qui existaient sur la terre il y a des siècles, on ne sait plus rien d'eux, et cependant on dit qu'ils sont. Sur quoi fondons-nous le droit d'affirmer le commencement et de nier la fin? On prétend que l'annihilation d'êtres pensants est en contradiction avec la bonté infinie. Cette bonté infinie n'a-t-elle donc pris naissance qu'avec la création du monde? S'il y a eu une période où nul esprit n'existait encore, la bonté infinie est donc restée inactive pendant toute une éternité antérieure? Si l'édifice du monde est une perfection du Créateur, il lui manquait donc une perfection avant la création du monde? Mais une telle hypothèse contredit l'idée d'un Dieu infini, donc il n'y a pas eu de création.... Où suis-je conduit, mon cher Raphaël! Effrayant labyrinthe de mes arguments! Je nie le Créateur, dès que j'admets un Dieu ; et qu'ai-je à faire d'un Dieu, si je puis me passer de Créateur ?

Tu m'as ravi la foi qui me donnait la paix ; tu m'as appris à mépriser là où j'adorais. Mille choses étaient si vénérables pour moi avant que ta triste sagesse les eût dépouillées à mes yeux ! Je voyais le peuple se porter en foule à l'église ; j'entendais les accents inspirés de la piété se réunir dans une prière fraternelle ; deux fois je me suis trouvé devant un lit de mort, et deux fois j'ai vu l'œuvre puissante, l'œuvre merveilleuse de la religion : j'ai vu l'espérance du ciel triompher des terreurs de la destruction, et le pur rayon de la joie illuminer l'œil terne du mourant.

« Oui, m'écriais-je, elle doit être divine, cette doctrine que professent les meilleurs entre les hommes, cette doctrine qui a de si puissants triomphes et de si merveilleuses consolations. » Ta froide sagesse éteignit mon enthousiasme. « Ils étaient aussi nombreux, me disais-tu, ceux qui se pressaient jadis autour d'Irminsul et dans le temple de Jupiter ; ils étaient aussi nombreux ceux qui, en l'honneur de leur Brahma, montaient joyeusement sur le bûcher. Ce que tu trouves si horrible dans le paganisme, doit-il servir à prouver la divinité de ta doctrine ? »

« N'accepte d'autre témoignage que celui de ta raison, ajoutais-tu. Il n'y a rien de saint que la vérité. Cela est vrai qui est reconnu pour tel par la raison. » Je t'ai obéi, j'ai sacrifié toutes les croyances, et, semblable à ce conquérant désespéré, j'ai brûlé tous mes vaisseaux en abordant à cette île nouvelle, et je me suis fermé tout espoir de retour. Je ne pourrai jamais me réconcilier avec une croyance dont je me suis moqué un jour. Ma raison est maintenant tout pour moi : elle seule me garantit Dieu, la vertu, l'immortalité. Malheur à moi désormais si, en quoi que ce soit, je surprends cet unique garant en contradiction avec lui-même, si mon respect pour ses conclusions s'évanouit, si ses opérations sont troublées par quelque fibre déchirée dans mon cerveau ! A dater de ce jour, mon bonheur dépend du rhythme harmonique de mon sensorium. Malheur à moi, si, dans les périodes critiques de ma vie, les cordes de cet instrument résonnent à faux, si mes convictions varient avec les pulsations de mes artères !

# JULES A RAPHAËL.

Ta doctrine a flatté mon orgueil. J'étais prisonnier, tu m'as tiré de mon cachot pour me conduire au jour. La lumière dorée et l'immense étendue ont ravi mes yeux. Auparavant je me contentais de la gloire modeste d'être appelé un bon fils, un bon ami, un membre utile de la société : tu m'as transformé en citoyen de l'univers. Mes vœux n'avaient pas encore osé mettre en question les droits des grands. Je supportais ces heureux du monde, parce que les mendiants me supportaient. Je ne rougissais pas d'avoir à envier une partie de l'espèce humaine, parce qu'il en était une bien plus grande que je devais plaindre. Alors, pour la première fois, j'appris que mes droits à la jouissance étaient aussi légitimes que ceux du reste de mes frères. Alors je compris qu'à une certaine hauteur au-dessus de cette atmosphère je ne valais ni plus ni moins que les maîtres de la terre. Raphaël brisa tous les liens de l'opinion, des conventions sociales. Je me sentis complétement libre ; car, me dit Raphaël, la seule monarchie du monde spirituel c'est la raison ; dès lors je portai dans mon cerveau mon trône impérial.... Dans le ciel et sur la terre les choses n'ont de prix et d'estime que ce que leur en accorde ma raison. La création m'appartient tout entière, car je possède le droit incontestable de jouir de toute la création. Un degré au-dessous de l'esprit infini, tous les esprits, quels qu'ils soient, sont mes frères, car tous nous obéissons à la même règle, et relevons d'un même suzerain.

Qu'elle paraît noble et splendide cette révélation ! Quelle source abondante ouverte à ma soif de connaissance ! Mais, malheureuse contradiction de la nature! cet esprit libre, entraîné par un sublime essor, il est enlacé dans les rouages inertes, immuables, d'un corps mortel; il participe à ses vils besoins, il est enchaîné à ses mesquines destinées : ce dieu est exilé dans un monde de vermine. L'espace immense de la nature est ouvert à son activité, et il ne peut penser deux idées à la fois. Ses yeux le portent jusqu'au séjour radieux de la Divinité, mais lui-même il faut qu'il y tende en rampant avec peine à travers les éléments du temps. Pour épuiser une jouissance, il faut qu'il renonce à toutes les autres; deux désirs illimités sont trop grands pour son cœur étroit. L'acquisition de toute joie nouvelle lui coûte la somme de ses joies antérieures : le moment présent est le tombeau de tous les moments passés. Une heure consacrée à l'amour est un temps d'arrêt où son cœur cesse de battre pour l'amitié.

Partout où je tourne mes regards, que l'homme est borné, ô Raphaël! Quel abîme entre ses prétentions et leur accomplissement! Oh, ne lui envie pas le sommeil bienfaisant, ne le réveille pas! Il était si heureux avant de s'interroger sur son origine et sur le but qu'il doit atteindre. La raison est une torche dans un cachot. Le prisonnier n'avait nulle idée de la lumière du jour; mais, comme un éclair dans la nuit, un rêve de liberté a lui au-dessus de sa tête, et l'a laissé dans des ténèbres plus profondes. Notre philosophie, c'est la déplorable curiosité d'OEdipe, qui ne cesse d'interroger jusqu'à ce que l'oracle effrayant réponde : « Puisses-tu ne jamais apprendre qui tu es ! »

Ta sagesse remplace-t-elle pour moi ce qu'elle m'a ravi ? Si tu n'avais pas de clef pour m'ouvrir le ciel, pourquoi m'arracher à la terre ? Si tu savais d'avance que le chemin de la vérité passe à travers les affreux précipices du doute, pourquoi exposer dans ce jeu aventureux la tranquille innocence de ton Jules?

>  .... Si le bien
> Que je veux faire confine de trop près
> A quelque chose de par trop mauvais,
> Alors j'aime mieux ne pas faire ce bien.

Tu as renversé une chaumière qui était habitée, et élevé sur ses ruines un palais splendide, mais désert.

Raphaël, je te redemande mon âme. Je ne suis pas heureux, mon courage est à bout. Je désespère de mes propres forces. Écris-moi bientôt. Seule, ta main salutaire peut verser le baume sur ma cuisante blessure.

## RAPHAËL A JULES.

Mon cher Jules, un bonheur comme le nôtre, sans interruption, ce serait trop pour le lot d'un mortel. Souvent cette pensée m'a poursuivi dans la pleine jouissance de notre amitié. Ce qui alors corrompait ma félicité était une préparation salutaire destinée à m'adoucir ma situation présente. Endurci à l'école sévère de la résignation, je n'en suis que plus accessible à cette idée consolante qui me fait voir dans notre séparation un léger sacrifice pour payer au destin les joies de notre réunion future. Tu n'avais pas su jusqu'à présent ce que c'est que la privation : tu souffres pour la première fois.

Et cependant c'est peut-être un bienfait pour toi que je te sois arraché tout juste à présent. Tu as à triompher d'une maladie dont tu ne peux guérir[1] que par toi-même, afin d'être assuré contre toute rechute. Plus tu te sens abandonné, plus tu rassembleras ce qu'il y a en toi de moyens de guérison; moins tu ressentiras ce soulagement momentané que procurent des palliatifs trompeurs, plus tu arriveras sûrement à détruire le mal dans sa racine.

Bien que ton état actuel soit douloureux, je n'éprouve pourtant aucun remords de t'avoir éveillé au milieu de ton doux rêve. Je n'ai fait autre chose que hâter une crise que, tôt ou tard, des âmes comme la tienne doivent inévitablement traverser, et dans laquelle tout dépend de l'époque de la vie où elle est supportée. Il y a des positions où il est affreux de

---

1. Dans la *Thalie* : « guérir entièrement. »

désespérer de la vérité et de la vertu. Malheur à celui qui, au milieu de l'orage des passions, a encore à lutter contre les arguties d'une raison qui subtilise! Ce malheur, je l'ai éprouvé dans toute son étendue, et pour te garantir d'une pareille destinée, le seul parti que j'eusse à prendre, c'était de t'inoculer une contagion inévitable, afin de lui enlever sa malignité.

Et quelle époque plus favorable pouvais-je choisir pour cela, mon cher Jules? Je te voyais dans la pleine vigueur de la jeunesse, dans toute la fleur du corps et de l'esprit, sans aucun de ces soucis qui accablent, sans nulle passion qui t'enchaînât, libre et fort pour soutenir ce grand combat, dont le calme sublime de la conviction est le prix. La vérité et l'erreur n'étaient point encore compliquées de tes intérêts; tes jouissances et tes vertus étaient indépendantes de l'une et de l'autre. Tu n'avais pas besoin d'images effrayantes pour t'arracher à de honteux excès; le sentiment de plus nobles plaisirs t'en avait inspiré le dégoût. Tu étais bon par instinct, par la grâce immaculée de l'innocence; je n'avais rien à craindre pour ta moralité, quand s'écroulerait un édifice sur lequel elle n'était pas fondée. Maintenant encore tes inquiétudes ne me causent aucune appréhension; quoi que puisse t'inspirer une humeur mélancolique, je te connais trop bien, Jules, pour m'en effrayer.

Ingrat! tu médis de la raison, tu oublies les joies qu'elle t'a déjà procurées. Lors même que, pendant ta vie entière, tu aurais pu échapper aux périls du doute, c'était un devoir pour moi de ne pas te frustrer des jouissances dont tu étais capable et digne. Le degré de l'échelle que tu occupais n'était pas digne de toi. Le chemin que tu gravissais t'offrait un dédommagement pour tout ce que je pouvais te ravir. Je me souviens encore de l'enthousiasme avec lequel tu bénis l'instant où le bandeau tomba de tes yeux. Peut-être cette ardeur avec laquelle tu embrassais la vérité a-t-elle conduit ton imagination dévorante à des abîmes devant lesquels tu recules épouvanté.

J'ai besoin de m'éclairer sur la marche de tes investigations, pour découvrir la source de tes plaintes. Jadis, tu écrivis le résultat de tes réflexions: envoie-moi ces papiers, et je te répondrai....

## JULES A RAPHAËL.

Ce matin je bouleverse tous mes papiers, et je retrouve un écrit oublié, ébauché dans ces fortunés moments de mon orgueilleuse inspiration. Comme tout cela me paraît changé maintenant, Raphaël! C'est l'échafaudage de bois de la scène quand la rampe est éteinte. Mon cœur cherchait une théorie philosophique, et, à la place, l'imagination suggéra ses rêves : la plus ardente fut pour moi la vraie.

Je m'enquiers des lois des esprits, je m'élance jusqu'à l'infini, mais j'oublie de démontrer que les esprits existent réellement. Une attaque hardie du matérialisme renverse mon édifice.

Tu liras ce fragment, mon cher Raphaël. Puisses-tu réussir à ranimer mon enthousiasme éteint, à me réconcilier avec mon génie! Mais, mon orgueil est tombé si bas, que l'approbation même de Raphaël aura peine à le relever.

### THÉOSOPHIE DE JULES.

#### LE MONDE ET L'ÊTRE PENSANT.

L'univers est une pensée de Dieu. Cette conception idéale de l'esprit étant passée dans la réalité, et l'enfantement du monde ayant accompli le plan tracé par le Créateur (permets-moi cette image tout humaine), la mission de tous les êtres pensants est de retrouver, dans cet ensemble réalisé, le premier dessin, de chercher la règle dans la machine, l'unité dans la composition, la loi dans le phénomène, et, procédant à rebours, de ramener l'édifice à son plan primitif. Ainsi, dans la nature, il ne m'apparut qu'une seule chose : l'être pensant. Ce vaste ensemble que nous appelons l'univers n'est plus intéressant pour moi que parce qu'il est là pour m'indiquer symboliquement les manifestations diverses de cet être. En moi, hors de moi, tout est l'hiéroglyphe d'une force qui me ressemble. Les lois de la nature sont les chiffres que l'être pensant combine pour se rendre intelligible à l'être pensant, l'alphabet au moyen duquel tous les esprits communiquent avec l'esprit infini et entre eux. L'harmonie, la vérité, l'ordre, la beauté, l'excellence, me causent de la joie, parce qu'ils me font passer à l'état actif d'inventeur, de possesseur de ces perfections, parce qu'ils trahissent la présence d'un être sensible et intelligent, et me font soupçonner une parenté entre cet être et moi. Une nouvelle découverte dans ce domaine de la vérité : la gravitation universelle, la circulation du sang, le système de la nature de Linnée, a pour moi au fond la même signification que la découverte d'une antique dans les fouilles d'Herculanum : l'une et l'autre ne sont que le reflet d'un esprit, une nouvelle connaissance faite avec un être qui me ressemble. Je m'entretiens avec l'infini par l'intermédiaire de la nature et de l'histoire.... je lis l'âme de l'artiste dans son Apollon.

Si tu veux te convaincre, mon cher Raphaël, scrute en remontant de la sorte. Chaque état de l'âme humaine a dans la création physique une parabole quelconque qui l'indique, et ce ne sont pas seulement les artistes et les poëtes, mais encore les penseurs les plus abstraits, qui ont puisé dans ce riche magasin. Nous nommons feu une vive activité; le temps est un torrent qui fuit emporté par un cours impétueux; l'éternité est un cercle; un mystère se voile de ténèbres, et la vérité habite le soleil. Oui, je commence à croire que même la destinée future de l'esprit humain se trouve révélée d'avance dans l'oracle obscur de la création matérielle. Chaque nouveau printemps qui fait éclore du sein de la terre les rejetons des plantes vient éclaircir l'énigme effrayante de la mort, et réfute mon inquiète appréhension d'un sommeil éternel. L'hirondelle que nous trouvons engourdie pendant l'hiver, et que nous voyons se ranimer au printemps, la chenille inerte, qui, devenue papillon, s'élève rajeunie dans les airs, nous offrent un symbole frappant de notre immortalité.

Comme tout, après cela, me paraît intéressant !... Maintenant, Raphaël, tout est peuplé autour de moi. Pour moi il n'est plus de désert dans la nature entière. Partout où je découvre un corps, je devine un esprit; partout où je vois du mouvement, je devine une pensée.

Là où la mort n'a pas de tombeau, où il n'y aura pas de résurrection, là encore la toute-puissance me parle par ses œuvres, et c'est ainsi que je comprends la doctrine de l'ubiquité de Dieu.

## L'IDÉE.

Tous les esprits sont attirés par la perfection. Tous, il peut y avoir ici des égarements, mais pas une seule exception, tous aspirent au plus haut degré de la libre manifestation de leurs forces, ont une tendance commune à agrandir la sphère de leur activité, à attirer à eux, à rassembler en eux, à s'approprier ce qu'ils reconnaissent bon, excellent, délectable. L'intuition du bon, du beau, du vrai, est la prise de possession momentanée de ces attributs. Quand nous percevons un état déterminé de l'âme, nous nous plaçons nous-mêmes dans cet état. Quand notre pensée nous représente une vertu, une félicité, une action, la découverte d'une vérité, à ce moment nous sommes les possesseurs ou les auteurs de ce que notre esprit conçoit : nous devenons nous-mêmes l'objet senti. Ici, ne me trouble point par un sourire équivoque, mon cher Raphaël. Cette hypothèse est la base sur laquelle je fonde tout ce qui suit, et il faut que nous soyons d'accord sur ce point avant que j'aie le courage d'achever mon édifice.

Le sens intime dit déjà à chacun de nous quelque chose d'analogue. Quand, par exemple, nous admirons un trait de magnanimité, de bravoure, de sagesse, ne sentons-nous pas s'éveiller au fond de notre cœur la conscience que nous serions capables d'en faire autant? La rougeur qui colore nos joues au récit d'une pareille histoire, n'est-elle pas déjà un indice que notre modestie tremble d'être admirée? que nous sommes confus de la louange que doit nous attirer l'ennoblissement de notre être? Il y a plus, notre corps lui-même sympathise par ses gestes avec l'action du personnage, et montre clairement que l'état où se trouvait son âme est devenu le nôtre. Si jamais tu assistas au récit d'un grand événement devant une assemblée nombreuse, n'as-tu pas remarqué que le narrateur attendait pour lui-même l'encens dû à son héros, que lui-même il dévorait les applaudissements? Et si tu étais le narrateur, n'as-tu jamais surpris ton cœur dans cette douce illusion? Tu sais par expérience, Raphaël, avec quelle vivacité je puis disputer, même à mon meilleur ami, la lecture d'une anecdote intéressante, d'une belle poésie, et mon cœur m'a avoué tout bas qu'alors je ne faisais que t'envier le laurier qui passe de l'auteur au lecteur. Aussi un sens esthétique, rapide et profond, pour la vertu, est-il considéré généralement comme une grande aptitude à la vertu, et réciproquement on ne se fait nul scrupule de douter du cœur d'un homme dont l'intelligence ne saisit la beauté morale que lentement et avec peine.

Ne m'objecte pas qu'à l'intuition vive d'une perfection se trouve fréquemment associé le vice contraire; que le scélérat lui-même a parfois un accès de grande admiration pour la haute vertu, que souvent le faible lui-même se sent enflammé d'enthousiasme à l'idée d'une grandeur et d'une force héroïque. Je sais, par exemple, que notre Haller si admiré, qui démasqua avec tant d'énergie le néant trop estimé des vains honneurs, et dont la grandeur philosophique recueillit le tribut de toute mon admiration, je sais, dis-je, que ce même Haller n'eut pas le courage de mépriser le néant plus vain encore d'une croix de chevalier, qui insultait à sa grandeur. Je suis convaincu que dans l'heureux instant où l'idéal se révèle à eux, l'artiste, le philosophe, le poëte, sont réellement les grands hommes, les hommes excellents dont ils tracent l'image. Mais, chez un grand nombre, cet ennoblissement de l'esprit n'est qu'un état anomal, violemment produit par un bouillonnement plus vif du sang, par un plus rapide essor de l'imagination, et qui par cela même, fugitif comme tout autre transport, s'évanouit et livre le cœur, d'autant plus épuisé, aux caprices despotiques de viles passions. Je dis d'autant plus épuisé, car une expérience universelle nous enseigne que le criminel qui succombe de nouveau après s'être amendé, est toujours le plus furieux, et que les renégats de la vertu se dédommagent dans les bras du vice avec d'autant plus de volupté, que la contrainte du repentir leur était plus importune.

J'ai voulu prouver, mon cher Raphaël, que lorsque nous avons le sentiment d'un état de l'âme qui nous est étranger, cet état devient le nôtre; que nous entrons en possession de la perfection au moment où nous en éveillons l'idée en nous; que le plaisir que nous prenons à la vérité, à la beauté, à la vertu, se résout en dernière analyse dans la conscience de notre propre ennoblissement, de notre propre enrichissement : et je crois l'avoir prouvé.

Nous avons une idée de la sagesse de l'Être Suprême, de sa bonté, de sa justice.... mais non de sa toute-puissance. Pour marquer sa toute-puissance, nous avons recours à trois notions distinctes, se succédant une à une : le néant, la volonté de l'Être Suprême, puis quelque chose qui existe. Il n'y a que vide et ténèbres. Dieu dit : « Que la lumière soit, » et la lumière est. Si nous avions une idée positive de sa toute-puissance en acte, nous serions créateurs comme lui.

Ainsi donc, chaque perfection que je perçois devient mienne : elle me donne de la joie, parce qu'elle est mienne; je la désire, parce que je m'aime moi-même. La perfection dans la nature n'est pas une propriété de la matière, mais des esprits. Tous les esprits sont heureux par leur perfection. Je désire le bonheur de tous les esprits, parce que je m'aime moi-même. La félicité dont j'ai l'idée devient ma félicité propre. Par conséquent, il m'importe d'éveiller les idées de ce genre, de les multiplier, de les élever. Par conséquent, il m'importe de répandre autour de moi le bonheur. Le beau, l'excellent, le délectable, que je produis hors de moi, je le produis en moi. Le négliger, le détruire hors de moi, c'est le négliger et le détruire en moi-même. Je désire le bonheur d'autrui, parce que je désire le mien propre. Ce désir de la félicité d'autrui, nous le nommons bienveillance, amour [1].

### L'AMOUR.

Maintenant, mon excellent Raphaël, permets que je jette un coup d'œil autour de moi. La hauteur est gravie, le brouillard est tombé; je me trouve au sein de l'immensité, comme dans une campagne fleurie. Une lumière plus pure a éclairci toutes mes idées.

Ainsi, l'amour, le plus beau des phénomènes dans la création animée, est un aimant tout-puissant dans le monde des esprits. Cette source de la piété et de la vertu la plus sublime, l'amour n'est que le reflet d'une force unique : l'attraction du parfait fondée sur un échange momentané de la personnalité, une permutation des êtres.

Quand je hais, je m'enlève quelque chose; lorsque j'aime, je m'enrichis de ce que j'aime. Pardonner, c'est rentrer en possession d'un bien dont on s'était dépouillé. La misanthropie est un suicide prolongé; l'égoïsme, le plus haut degré de pauvreté d'un être créé.

Lorsque Raphaël se déroba à mes derniers embrassements, mon âme se déchira, et je pleure la perte de la plus belle moitié de moi-même. Dans cette soirée bienheureuse (tu te la rappelles!) où, pour la première fois, nos âmes, mises en contact, s'enflammèrent, tous tes grands sentiments devinrent les miens; je n'eus qu'à faire valoir mes droits éternels à tes perfections. J'étais plus fier de t'aimer que d'être aimé de toi; car, en t'aimant, j'étais devenu Raphaël.

N'est-ce pas cette impulsion toute-puissante qui poussa nos cœurs l'un vers l'autre, à l'éternelle alliance, à la fête de l'amour? Raphaël.... ô délice! appuyé sur ton bras.... je m'élance, moi aussi, vers le grand soleil des esprits; je m'engage, joyeux, dans la route de la perfection. Heureux! heureux! je t'ai trouvé! à toi, parmi des millions d'êtres,

---

[1]. Ce dernier mot, qui me paraît nécessaire ici, se trouve dans la *Thalie*. On l'a supprimé dans les éditions postérieures.

je me suis attaché; à moi, parmi des millions d'êtres, tu appartiens....
Que le désordre du chaos revienne, qu'il confonde les atomes : nos
cœurs éternellement voleront l'un vers l'autre.

Ne faut-il pas que dans tes yeux de flamme j'aspire le reflet radieux
de mes joies? Ce n'est qu'en toi que je m'admire.... Dans les traits de
l'ami cette terre, si belle, se peint plus belle encore; le ciel s'y reflète
plus pur, plus enchanteur.

La tristesse, pour se reposer plus doucement de l'orage de la douleur, dépose le fardeau de ses larmes inquiètes dans le sein de l'amitié.... L'extase même du bonheur, ravissante torture, ne cherche-t-elle
pas impatiemment, dans tes regards pleins d'âme, ô Raphaël, une
tombe délicieuse?

Si j'étais seul dans l'immensité de la création, mes rêves donneraient
des âmes aux rochers, et je les baiserais, les serrant dans mes bras....
J'exhalerais mes plaintes dans les airs, et, si les grottes me répondaient, je me réjouirais...., insensé vraiment!... de leur douce sympathie[1].

L'amour n'a pas lieu entre des âmes à l'unisson, mais entre des âmes harmoniques. C'est avec complaisance que je reconnais mes sentiments dans le miroir des tiens; mais c'est avec toute l'ardeur de la passion que je m'assimile les sentiments plus élevés qui me manquent. Une même loi régit l'amour et l'amitié. La douce Desdémona aime son Othello à cause des dangers qu'il a soufferts, et le viril Othello aime Desdémona à cause des pleurs qu'elle a versés sur lui.

Il y a des moments dans la vie où nous voudrions presser sur notre sein la fleur, l'astre perdu dans l'espace, le ver qui rampe dans la poussière, les esprits supérieurs dont nous soupçonnons l'existence; des moments, où nous voudrions embrasser la nature entière comme une amante. Tu me comprends, mon cher Raphaël. L'homme qui en est venu à recueillir dans toutes les sphères de la nature, les plus élevées comme les plus humbles, la beauté, la grandeur, la perfection, et à découvrir la grande unité au sein de cette variété, cet homme a déjà fait un grand pas pour se rapprocher de Dieu : la création entière s'absorbe dans sa personnalité. Si chaque homme aimait tous les hommes, chaque individu posséderait le monde.

La philosophie de notre temps, je le crains, est en contra-

---

1. Ces strophes se retrouvent, avec quelques variantes, dans le poëme de l'Amitié. Voy. t. 1ᵉʳ, p. 439.

diction avec cette doctrine. Bon nombre de nos penseurs ont pris à cœur de bannir de l'âme humaine, par le ridicule, ce céleste penchant, d'effacer l'empreinte de la divinité, et d'éteindre cette énergie, ce noble enthousiasme, au souffle glacé et mortel d'une indifférence pusillanime. Dans le sentiment servile de leur propre dégradation, ils ont eu recours au dangereux ennemi de la bienveillance, l'intérêt, afin d'expliquer un phénomène trop divin pour leur cœur borné. Formant d'un égoïsme misérable la trame de leur doctrine désespérée, ils ont osé assigner au créateur les limites étroites qu'ils trouvent en eux-mêmes : esclaves dégénérés qui au bruit de leurs chaînes décrient la liberté. Swift, qui a poussé la satire de la sottise jusqu'à la flétrissure de l'humanité, et qui a commencé par écrire son nom sur le pilori qu'il a élevé à toute la race, Swift lui-même ne pouvait faire à la nature humaine une blessure aussi mortelle que ces dangereux penseurs employant toute leur pénétration et leur génie à embellir l'égoïsme, et à l'élever à la hauteur d'un système.

Si quelques membres de l'humanité se découragent et doutent de leur valeur, pourquoi l'espèce entière en porterait-elle la peine?

Je l'avoue sincèrement, je crois à la réalité d'un amour désintéressé. Je suis perdu s'il n'existe pas. Je renonce à Dieu, à l'immortalité et à la vertu. Ces espérances ne sont plus appuyées sur aucune preuve, si je cesse de croire à l'amour. Un esprit qui n'aime que soi est un atome nageant dans le vide infini de l'espace.

### DÉVOUEMENT.

Mais l'amour a produit des effets qui semblent répugner à sa nature.

On comprend que j'augmente mon bonheur propre par un sacrifice que je fais au bonheur d'autrui; mais cela est-il encore possible, lorsque ce sacrifice est celui de ma vie? Cependant l'histoire offre des exemples de semblables sacrifices, et je sens vivement qu'il ne m'en coûterait rien de mourir pour le salut de Raphaël. Comment se peut-il faire que nous voyions dans la mort un moyen d'augmenter la somme de nos jouissances? comment la cessation de mon existence peut-elle se concilier avec l'enrichissement de mon être?

L'hypothèse de l'immortalité lève cette contradiction, mais en même temps elle défigure à tout jamais ce qu'il y a de noble grâce dans ce phénomène. La considération d'un avenir rémunérateur exclut l'amour. Il faut qu'il y ait une vertu qui, même sans la croyance de l'immortalité, se suffise ici à elle-même, qui, même au péril de l'anéantissement, accomplisse le même sacrifice.

Sans doute, il y a déjà ennoblissement pour l'âme humaine, à sacrifier un intérêt présent à un intérêt éternel : c'est le degré le plus noble de l'égoïsme. Mais l'égoïsme et l'amour partagent l'humanité en deux races très-dissemblables, dont les limites ne se confondent jamais. L'égoïsme place son centre en lui-même ; l'amour le met hors de lui, dans l'axe de l'éternel ensemble. L'amour tend à l'unité, l'égoïsme est solitude. L'amour est le citoyen participant à la souveraineté dans un État libre et florissant, l'égoïsme est un despote dans un monde désolé. L'égoïsme sème pour la reconnaissance, l'amour pour l'ingratitude. L'amour donne, l'égoïsme prête ; et, devant le tribunal auguste de la vérité, il importe peu que ce soit en vue d'une jouissance immédiate, ou de la couronne du martyre ; il importe peu que les intérêts échoient dans cette vie ou dans l'autre.

Imagine-toi, mon cher Raphaël, une vérité qui doit être salutaire à toute la race humaine dans des siècles éloignés; suppose, en outre, que cette vérité condamne à la mort son apôtre ; qu'elle ne peut être prouvée, qu'elle ne peut être crue que s'il périt. Maintenant, représente-toi cet homme avec le coup d'œil sûr, vaste et lumineux du génie, l'aile de flamme de l'inspiration, une parfaite et sublime tendance à l'amour. Fais que l'idéal bien complet de ce grand effet s'élève dans son âme ; fais passer devant lui, dans un vague pressentiment, tous les heureux qu'il peut faire, laisse le présent et l'avenir se presser et s'unir dans son esprit, et, maintenant, réponds-moi, cet homme a-t-il besoin d'un mandat sur une autre vie?

La somme de tous ces sentiments se confondra avec sa personnalité, ne fera qu'un avec son moi. Il est lui-même l'humanité à laquelle il pense maintenant. Elle est un grand corps, où son existence personnelle n'est qu'une goutte de sang superflue, oubliée : comme il se hâtera de la répandre pour la santé de ce corps !

DIEU.

Toutes les perfections de l'univers sont réunies en Dieu. Dieu et la nature sont deux grandeurs, parfaitement égales l'une à l'autre.

La somme entière d'activité harmonique qui existe simultanément dans la substance divine est morcelée dans la nature, image de cette substance, en une multitude de degrés, de dimensions, de nuances. La nature (permets-moi cette expression figurée), la nature est un dieu divisé à l'infini.

De la même manière que dans un cristal prismatique, un rayon de lumière blanche s'épanouit en sept rayons plus sombres, le moi divin s'est brisé en une multitude innombrable de substances sentantes. Comme les sept rayons colorés se fondent de nouveau en un pur rayon lumineux, de la réunion de toutes ces substances sortirait une essence divine. La forme actuelle de l'univers est le verre optique, et toutes les activités des esprits ne sont que le jeu infini des couleurs de ce rayon divin unique. S'il plaisait un jour à la puissance souveraine de briser ce prisme, la barrière entre elle et le monde s'écroulerait, tous les esprits s'engloutiraient dans un même infini, tous les accords se fondraient en une seule harmonie, tous les ruisseaux se perdraient dans un seul océan.

L'attraction des éléments produisit la forme corporelle de la nature. L'attraction des esprits, multipliée et continuée à l'infini, devrait à la fin faire cesser ce morcellement et (oserai-je le dire, Raphaël?) produire Dieu. Une telle attraction est l'amour.

Ainsi, mon cher Raphaël, l'amour est l'échelle par laquelle nous nous élevons à la ressemblance divine. Sans y prétendre, sans le savoir, nous tendons à ce but.

Nous sommes des groupes inanimés.... lorsque nous haïssons; des dieux..... quand nous nous étreignons avec amour, quand nous soupirons après la douce contrainte des liens du cœur..... Elle monte par les degrés infinis des esprits innombrables qui n'ont point créé, elle règne divinement, cette attraction puissante.

Les bras enlacés, montant, montant toujours, depuis le Barbare jusqu'au Grec inspiré, qui touche au dernier Séraphin, nous avançons, formant une ronde unanime, jusqu'à ce que, bien loin, dans l'océan de l'éternelle lumière, meurent et s'abîment la mesure et le temps.

Il était sans amis, le grand maître des mondes, il sentit un vide.... C'est pour cela qu'il créa des esprits, miroirs bienheureux de sa béatitude. Sans doute l'Être suprême n'a rien trouvé qui lui fût égal; mais du calice immense de tout l'empire des êtres, pour lui monte et déborde l'Infini [1] !

L'amour, mon cher Raphaël, c'est l'arcane fécond qui, avec une chaux sans nulle apparence, refait l'or et rétablit ce roi déchu [2], qui du transitoire dégage l'éternel, et, de l'incendie du temps qui dévore tout, le grand oracle de la durée.

Quel est le résumé de tout ce qui précède?

Concevons la perfection et nous la posséderons. Familiarisons-nous avec la sublime unité idéale, et nous nous attacherons les uns aux autres avec un amour fraternel. Semons la beauté et la joie, et nous recueillerons la joie et la beauté. Ayons des idées claires, et nous aurons un amour ardent. « Soyez parfaits comme votre père céleste est parfait, » dit le fondateur de notre foi. La faible humanité pâlit à ce commandement, et alors il l'expliqua avec plus de clarté : « Aimez-vous les uns les autres. »

Sagesse, au regard de soleil, grande déesse, recule ; cède à l'Amour! Qui te fraya, avec une audace de héros, la voie escarpée des astres, pour monter au séjour de la divinité? Qui déchira le voile du sanctuaire, et te montra l'Élysée par la fente du tombeau? Si lui ne nous y appelait, voudrions-nous être immortels? Sans lui, les esprits chercheraient-ils le Maître Suprême? L'Amour, l'Amour seul, conduit au père de la nature; l'amour mène à lui les esprits [3].

Voilà, mon cher Raphaël, le *credo* de ma raison, une esquisse

---

1. Ces trois strophes terminent le poëme de l'*Amitié* cité plus haut. Voy. t. 1er, p. 439 et 440. Le texte n'offre que deux variantes. A la deuxième strophe il y a, dans le recueil des poésies : « Mongole, » au lieu de « Barbare ; » et à la dernière strophe, « l'empire des âmes, » au lieu de « l'empire des êtres. »

2. En terme d'alchimie, le mot *Kœnig*, « roi, » désigne l'or, le premier des métaux.

3. Ces deux strophes se trouvent vers la fin du poëme intitulé le *Triomphe de l'Amour*. Voy. t. Ier, p. 437, 438. Dans le poëme, la première strophe a trois vers de plus.

rapide de la création que j'ai entreprise. Tu vois de quelle façon est éclose la semence que tu as toi-même jetée dans mon âme. Maintenant, raille, réjouis-toi, ou rougis de ton disciple : c'est comme tu voudras. Mais cette philosophie a ennobli mon cœur et embelli la perspective de mon existence. Il est possible, mon excellent ami, que tout l'échafaudage de mes raisonnements n'ait été qu'un rêve sans consistance. Le monde comme je l'ai dépeint ici, n'existe peut-être en réalité nulle autre part que dans le cerveau de ton Jules ; peut-être, lorsque les mille et mille ans fixés par le juge des âmes se seront écoulés[1], et que l'homme promis, le vrai sage, sera assis sur le trône, je déchirerai en rougissant de honte, à la vue du véritable original, mon dessin d'écolier. Tout cela peut arriver, je m'y attends ; mais, alors, si même la réalité n'a pas la plus légère ressemblance avec mon rêve, la réalité ne brillera que plus ravissante et plus majestueuse à mes yeux étonnés. Eh quoi, mes idées à moi pourraient-elles être plus belles que celles de l'éternel créateur ? Pourrait-il souffrir que son œuvre sublime fût au-dessous de l'attente d'un connaisseur mortel? C'est justement le triomphe le plus doux de l'esprit suprême, l'épreuve décisive de la perfection de son œuvre, que les fausses conclusions et l'erreur n'empêchent pas de reconnaître son grand dessein, que tous les détours tortueux de la raison égarée finissent par aboutir à la voie droite de l'éternelle vérité, et que tous les bras détachés de ce grand fleuve se dirigent, à la fin de leur cours, vers la même embouchure. O Raphaël! quelle idée éveille en moi l'artiste qui, défiguré diversement dans des milliers de copies, demeure toutefois, dans toutes, semblable à lui-même, et à qui même la main du barbouilleur qui ravage son œuvre ne peut ôter le droit à l'adoration!

Du reste, en supposant que mon exposition soit absolument manquée, complètement fausse (et je fais plus que supposer, je suis convaincu qu'elle l'est nécessairement), il se pourrait cependant que tous ses résultats fussent exacts. La somme de

---

1. C'est sans doute une allusion à ces épreuves successives, de mille ans chacune, dont Platon parle en divers endroits, et que le juge des enfers impose aux hommes pour expier leurs fautes et purifier leurs âmes.

notre savoir, comme tous les philosophes en conviennent, se réduit finalement à une illusion conventionnelle, qui, toutefois, n'exclut pas la plus rigoureuse vérité. Nos idées les plus pures ne sont nullement les images des choses, mais seulement leurs signes nécessairement déterminés et coexistants. Ni Dieu, ni l'âme humaine, ni le monde, ne sont en réalité ce que nous en pensons. Les notions que nous avons de ces objets ne sont que les formes endémiques sous lesquelles nous les transmet la planète que nous habitons. Notre cerveau appartient à cette planète, et par suite aussi, les idiomes ou modes spéciaux d'expression de nos idées, qu'il garde comme un dépôt ; mais l'activité de l'âme a sa nature propre, elle est nécessaire, toujours semblable à elle-même. Ce qu'il y a d'arbitraire dans les choses qui sont l'objet de sa manifestation, ne change rien aux lois éternelles d'après lesquelles elle se manifeste, tant que cet arbitraire n'est pas en contradiction avec lui-même, tant que le signe reste absolument fidèle à la chose signifiée. Du moment que l'entendement développe les rapports des idiomes, il faut que ces rapports existent aussi réellement dans les choses. Ainsi, la vérité n'est pas une propriété des idiomes, mais du raisonnement ; elle n'est point la ressemblance du signe avec la chose signifiée, de la notion avec l'objet, mais la concordance de cette notion avec les lois de l'entendement. C'est ainsi que les mathématiques se servent de chiffres qui n'existent nulle autre part que sur le papier, et qu'elles trouvent par leur moyen ce qui existe dans le monde réel. Quelle ressemblance y a-t-il par exemple entre les lettres A et B, les signes : et $=$ et $+$ et $-$, et le fait dont il s'agit de s'assurer ? Et cependant la comète annoncée depuis des siècles s'élève dans les régions lointaines du firmament, et cependant la planète attendue passe devant le disque du soleil ! Confiant dans l'infaillibilité de ses calculs, Colomb tente une périlleuse gageure contre une mer inexplorée, pour aller chercher la seconde moitié, encore à trouver, qui correspondait à l'hémisphère connu, cette grande île Atlantide qui devait remplir la lacune de sa carte géographique. Il la trouva, cette île tracée sur son papier : son calcul était juste. L'aurait-il été moins peut-être, si la tempête ennemie eût brisé ses vaisseaux ou l'eût rejeté sur les rivages de sa patrie ? La raison humaine fait un calcul analogue quand elle mesure le spirituel à l'aide du corporel, et qu'elle applique ses raisonnements mathématiques à la physique mystérieuse du surhumain. Mais la dernière preuve manque encore à ses calculs, car nul voyageur n'est revenu de ces contrées pour raconter sa découverte.

La nature humaine a ses bornes, chaque individu a les siennes. Pour les premières, consolons-nous mutuellement ; les dernières, Raphaël les pardonnera au jeune âge de son Jules. Je suis pauvre d'idées, étranger à un grand nombre de connaissances que l'on suppose, comme indispensables, dans les recherches de cette nature : je n'ai pas suivi de cours de philosophie, et j'ai lu peu de livres. Il se peut que çà et là j'aie substitué mon imagination à la rigueur de la logique ; il se peut que je donne pour une sagesse de sens rassis l'agitation de mon sang, les pressentiments et les besoins de mon cœur. Même en ce cas, mon excellent ami, je n'aurais nul repentir de ces instants perdus. Il entrait dans les desseins de la sagesse suprême (et c'est un profit réel pour la perfection universelle) que la raison, dans ses écarts, peuplât même le chaos des songes, et défrichât le terrain nu de la contradiction. Ce n'est pas seulement l'artiste qui taille en brillant le diamant brut qui est estimable ; celui-là l'est aussi, qui élève des pierres plus communes jusqu'à la valeur apparente du diamant. Le soin donné aux formes peut faire oublier parfois la nature réelle du fond, la valeur massive de la matière. Tout exercice de la faculté de penser, de la finesse et de la pénétration de l'esprit, n'est-il pas un petit échelon qui rapproche l'esprit de la perfection ? et toute perfection a dû nécessairement parvenir à l'existence dans l'univers, dans le monde complet. La réalité ne se borne pas au nécessaire absolu, elle embrasse aussi le nécessaire conditionnel. Chaque produit du cerveau, chaque trame ingénieuse de l'esprit, a sa place, un droit de bourgeoisie incontestable au sein de la création entendue dans ce sens plus large. Dans le plan infini de la nature, nulle activité ne devait faire défaut, nul degré de jouissance ne devait manquer pour la félicité universelle. Ce grand économe de l'univers qui sait utiliser le moindre fragment qui tombe, qui ne laisse inhabité aucun vide, pour peu que la vie puisse y trouver place, qui nourrit l'araignée et la vipère avec le poison nuisible à l'homme, qui sème des plantes dans l'empire désolé de la corruption, qui départit, d'une main généreuse, même à la démence, les faibles germes de bien-être qui peuvent éclore dans cet état de l'âme, qui change finalement le vice et la folie en matériaux de perfection, et qui sut faire sortir de la convoitise de Tarquinius Sextus la vaste trame, la grande idée de la domination universelle de Rome : cet esprit inventif, dis-je, ne saurait-il employer l'erreur elle-même à la réalisation de son plan sublime? Laisserait-il là, inculte et tristement stérile, ce vaste domaine de l'âme humaine? Non, toute aptitude de l'âme, fût-elle appliquée à l'erreur, augmente son aptitude à concevoir la vérité.

Laisse-moi, cher ami de mon âme, laisse-moi toujours ajouter ma part au vaste et frêle tissu de la sagesse humaine. Autre est l'image du soleil dans la goutte de rosée, autre dans le miroir majestueux de l'océan qui ceint la terre ; mais honte au sombre et nébuleux marais qui jamais ne la reçoit et jamais ne la réfléchit! Des millions de plantes se nourrissent des quatre éléments de la nature ; un même et commun réservoir les alimente toutes ; mais elles ont des millions de modes divers de combiner leurs sucs, et nous les rendent variés à l'infini. Cette splendide variété témoigne de la richesse du maître. Il y a aussi quatre éléments où puisent tous les esprits : leur moi, la nature, Dieu et l'avenir. Ils ont des millions de modes divers de combiner ces éléments, et les rendent variés à l'infini ; mais il y a une vérité qui, pareille à un axe inébranlable, traverse toutes les religions et tous les systèmes : « Rapprochez-vous du Dieu que vous croyez. »

# RAPHAËL A JULES.

Il serait vraiment bien malheureux, mon cher Jules, que l'unique moyen de te tranquilliser, fût de te rendre ta foi à tes premières pensées, aux premiers-nés de ta réflexion. C'est avec un vif plaisir que j'ai retrouvé dans ton écrit les idées que j'ai vues germer en toi. Elles sont dignes d'une âme comme la tienne, mais tu ne pouvais ni ne devais en rester là. Il y a des plaisirs pour chaque âge et des jouissances pour chaque degré et chaque ordre d'esprits.

Sans doute, il dut être bien dur pour toi de rompre avec un système qui semblait créé tout exprès pour les besoins de ton cœur. Nul autre, je le gage, ne jettera jamais en toi d'aussi profondes racines, et peut-être te suffirait-il d'être complétement abandonné à toi-même, pour te réconcilier tôt ou tard avec tes idées favorites. Tu remarquerais bientôt les parties faibles des systèmes opposés, et alors, trouvant qu'il est aussi impossible de les démontrer les uns que les autres, tu préférerais celui qui flatte le plus tes penchants; ou tu trouverais peut-être moyen de l'appuyer sur de nouvelles preuves, pour en sauver au moins l'essence, si même tu te voyais condamné à faire bon marché de quelques affirmations trop hasardées.

Mais tout cela ne rentre pas dans mon plan; il faut que tu arrives à une liberté d'esprit telle que tu n'auras plus besoin de ces secours. Sans doute ce n'est pas l'œuvre d'un instant. Le but ordinaire de la première culture est l'asservissement de l'esprit, et, parmi les diverses tâches de l'éducation, c'est presque toujours celle qui réussit le mieux. Toi-même, avec toute l'élasticité de ton caractère, tu paraissais destiné, plus sûrement que mille autres, à te courber volontairement sous le joug des opinions, et cet état de tutelle aurait pu durer chez toi d'autant plus longtemps, que tu sentais moins ce qu'il avait d'accablant. La tête et le cœur sont chez toi dans la connexion la plus étroite; la doctrine te devenait chère à cause du maître. Bientôt tu réussis à y découvrir un côté intéressant, un moyen de l'ennoblir selon les besoins de ton cœur, et, à l'égard des points qui pouvaient te choquer, tu trouvas le repos dans la résignation. Les attaques contre ces doctrines, tu les méprisais, comme la basse vengeance d'une âme servile contre le fouet du geôlier. Tu faisais parade des chaînes que tu croyais porter de ton libre choix.

Voilà l'état dans lequel je te trouvai, et ce fut pour moi un triste spectacle de te voir fréquemment arrêté, par d'inquiètes considérations, dans la jouissance de tes années les plus florissantes, et dans l'exercice de tes plus nobles facultés. La conséquence avec laquelle tu conformais ta conduite à tes convictions et la force d'âme qui allégeait pour toi chaque sacrifice étaient une double barrière à ton activité et à tes joies. Alors je résolus de déjouer les efforts ineptes par lesquels on avait cherché à faire entrer un esprit comme le tien dans le moule des têtes vulgaires. Tout se réduisait à appeler ton attention sur la valeur de la libre pensée et à t'inspirer la confiance en tes propres forces. Le succès de tes premiers essais favorisa mes vues. Sans doute, ton discernement y jouait un moindre rôle que ton imagination. Ce qu'elle pressentait et devinait remplit le vide que te laissait la perte de tes convictions les plus chères, bien plus vite que ne l'aurait pu faire la lenteur d'une froide investigation, s'élevant par degrés du connu à l'inconnu. Mais c'est justement ce système qui, en t'exaltant, te procura la première jouissance dans cette nouvelle sphère d'activité, et je me gardai bien d'entraver un enthousiasme salutaire qui favorisait le développement de tes meilleures aptitudes. Maintenant la scène est changée, ce retour en arrière à la tutelle de ton enfance est à jamais impossible. Ton chemin conduit en avant et tu n'as plus besoin d'aucun ménagement.

Qu'un système comme le tien n'ait pu supporter l'épreuve

d'une critique sévère, c'est ce qui ne doit pas te surprendre. Toutes les tentatives analogues à la tienne par la hardiesse et l'étendue ont eu la même destinée. Il était d'ailleurs très-naturel que la carrière philosophique s'ouvrît pour toi en particulier comme pour l'humanité en général. De tout temps, le premier objet sur lequel s'essaya l'esprit humain fut l'univers. Des hypothèses sur l'origine du monde et l'agencement de ses parties avaient occupé pendant des siècles les plus illustres penseurs, lorsque Socrate fit descendre la philosophie de son temps du ciel sur la terre; mais les bornes de la sagesse pratique furent trop étroites pour l'orgueilleuse curiosité de ses successeurs. De nouveaux systèmes s'élevèrent sur les ruines des anciens. La sagacité des âges postérieurs parcourut le champ immense de toutes les réponses possibles à ces questions qui sans cesse s'imposaient de nouveau, relativement à l'essence mystérieuse de la nature qui se dérobe à toutes les investigations humaines. Quelques-uns réussirent même à donner aux résultats de leurs méditations une apparence de précision, de complet ensemble et d'évidence. Il y a différents tours de gibecière, par lesquels la fière raison cherche à échapper à la honte de ne pouvoir dépasser, dans l'accroissement de ses connaissances, les bornes de la nature humaine. Tantôt on croit avoir découvert des vérités nouvelles quand on n'a fait que décomposer une notion en des éléments dont elle avait été, dans le principe, arbitrairement composée. Tantôt une supposition imperceptible sert de point de départ à une série de déductions dont on sait masquer adroitement les lacunes, et les conséquences subreptices sont prônées comme une merveilleuse sagesse. Tantôt, pour fonder une hypothèse, on entasse des expériences partielles, en passant sous silence les phénomènes opposés; ou bien on change la valeur des mots selon les besoins de la conclusion. Et ce n'est pas seulement le charlatan philosophique qui emploie ces tours d'adresse pour tromper son public : sans en avoir conscience, le penseur le plus loyal et le moins prévenu se sert, pour étancher sa soif de connaissances, de moyens analogues, dès qu'il sort de cette sphère unique où la raison peut légitimement jouir du fruit de son activité.

Après ce que tu m'as entendu dire autrefois, Jules, ces

assertions ne doivent pas te causer un médiocre étonnement, et néanmoins elles ne sont pas le produit d'un caprice sceptique. Je pourrais te rendre compte des fondements sur lesquels elles s'appuient; mais cela exigerait préalablement un examen un peu aride de la nature de la connaissance humaine, et je préfère le réserver pour une époque où il sera un besoin pour toi. Tu n'es pas encore dans cette situation d'esprit où des vérités humiliantes sur les bornes du savoir humain peuvent avoir de l'intérêt pour toi. Fais d'abord un essai sur le système qui, dans ton esprit, a supplanté le tien. Examine-le avec la même impartialité et la même rigueur. Procède de la même manière avec d'autres théories que tu as récemment appris à connaître, et si aucune d'elles ne peut pleinement satisfaire tes exigences, tu te demanderas nécessairement si après tout ces exigences sont vraiment légitimes.

« Triste consolation! diras-tu. La résignation est donc mon unique refuge après tant de brillantes espérances? Était-ce bien la peine de me provoquer au plein exercice de ma raison, pour lui imposer des limites tout juste au moment où elle commençait à me produire les plus beaux fruits? Ne devais-je connaître une plus noble jouissance, que pour sentir doublement ce qu'il y a de pénible à être ainsi borné? »

Et cependant c'est surtout cette impression de découragement que je serais si heureux de bannir de ton âme. Éloigner tout ce qui met obstacle à la libre jouissance de ton être, vivifier en toi le germe de toute inspiration élevée, la conscience de la noblesse de ton âme : voilà mon but. Tu es éveillé du sommeil dans lequel te berçait l'esclavage des opinions étrangères; mais tu n'atteindrais jamais le degré de grandeur auquel tu es destiné, si tu dépensais tes forces dans la poursuite d'un but inaccessible. Cela pouvait aller ainsi jusqu'à présent; c'était d'ailleurs une conséquence naturelle de ta liberté nouvellement conquise. Les idées qui t'avaient le plus occupé précédemment devaient de toute nécessité imprimer la première direction à l'activité de ton esprit. Parmi toutes les directions possibles, était-ce la plus féconde? c'est ce que ta propre expérience devait t'apprendre tôt ou tard. Mon rôle était uniquement de hâter, si faire se pouvait, ce moment de crise.

C'est un préjugé ordinaire de prendre pour mesure de la grandeur de l'homme la matière dont il s'occupe, et non la manière dont il la travaille. Mais certainement un être supérieur honore le sceau de la perfection même dans la plus petite sphère, tandis qu'il abaisse un regard de pitié sur les vaines tentatives de l'insecte dont l'œil veut embrasser l'univers. Aussi, parmi toutes les idées que renferme ton écrit, la proposition que je puis le moins t'accorder, c'est que la plus haute destination de l'homme soit de deviner, dans l'œuvre de la création, l'esprit de l'artiste divin. Pour exprimer l'activité de la perfection infinie, je ne connais pas moi-même, il est vrai, d'image plus sublime que l'art; mais tu parais avoir négligé une différence importante. L'univers n'est pas l'expression pure d'un idéal, comme l'œuvre accomplie d'un artiste humain. Celui-ci gouverne despotiquement la matière inanimée dont il se sert pour donner un corps à ses idées. Mais, dans l'œuvre divine, la valeur propre de chacune des parties est respectée, et ce regard conservateur dont le grand architecte honore tout germe d'activité, même dans la créature la plus infime, le glorifie au même degré que l'harmonie de l'ensemble incommensurable. La vie et la liberté dans toute l'étendue possible sont le sceau de la création divine; elle n'est nulle part plus sublime que là où elle semble s'être écartée le plus de son idéal. Mais c'est précisément cette plus haute perfection qui nous empêche de saisir les limites dans lesquelles nous sommes renfermés actuellement. Nous n'embrassons qu'une trop petite partie de l'univers, et la résolution de la plupart des dissonances est inaccessible à notre oreille. Chaque degré que nous gravirons dans l'échelle des êtres nous rendra plus susceptibles de ces jouissances de l'art; mais, même alors, elles n'auront d'autre valeur que celle de moyen, en tant qu'elles nous exciteront à un exercice analogue de notre activité. La nonchalante admiration d'une grandeur étrangère ne peut jamais être un grand mérite. A l'homme supérieur ne manquent jamais, ni la matière de l'activité, ni les forces nécessaires pour devenir lui-même créateur dans sa sphère. Cette vocation est aussi la tienne, Jules; quand tu l'auras reconnue, il ne te viendra jamais à la pensée de te plaindre des limites que ton désir de connaître ne peut franchir.

Et c'est là le moment que j'attends pour te voir entièrement réconcilié avec moi. Il faut d'abord que l'étendue de tes forces te soit connue parfaitement, avant que tu puisses apprécier la valeur de leur manifestation la plus libre. Jusque-là continue de m'en vouloir, mais seulement ne désespère pas de toi-même.

# SUR EGMONT

TRAGÉDIE DE GOETHE

# SUR EGMONT,

### TRAGÉDIE DE GOETHE[1].

Le poëte tragique peut avoir pour sujet, ou bien des actions et des situations extraordinaires, ou bien des passions, ou enfin des caractères. Quoique ces trois choses, en tant que cause et effet, se trouvent souvent réunies dans une seule et même pièce, il y en a toujours une qui l'emporte, et qui forme l'objet principal du tableau. Quand ce sont les faits ou la situation que le poëte a surtout en vue, il n'a besoin de s'arrêter à la peinture des passions et des caractères qu'autant qu'elle lui sert à amener les faits. La passion proprement dite est-elle pour lui le but principal? Souvent alors la moindre apparence d'action lui suffit, pourvu qu'elle mette les passions en relief et en jeu. Un mouchoir trouvé là où il ne devait pas être donne lieu à

---

1. Cette critique fut insérée, peu de temps après la publication du drame de Goethe, dans la *Gazette universelle de littérature d'Iéna*, numéros 227 a et 227 b de 1788 (20 septembre). Elle a été réimprimée en 1802 dans les *Opuscules en prose* (t. IV, p. 243-267). — Voy. la *Vie de Schiller*, p. 105.

L'article est précédé, dans la *Gazette*, du titre suivant : *Écrits de Goethe*, tome V, 1788. Leipzig, Gœschen, 388 pages in-8°. Dans les *Opuscules en prose*, aussi bien que dans les *OEuvres complètes*, on a supprimé en tête le morceau que voici : « Ce cinquième volume des écrits de Goethe, qui est embelli par une vignette, et par un dessin d'Angélique Kaufmann, gravé par Lips à Rome, pour servir de frontispice, contient, outre une pièce entièrement nouvelle, *Egmont*, les deux opéras depuis longtemps connus, *Claudine de Villa Bella* et *Erwin et Elmire*, mis tous deux maintenant en iambes, et généralement très-modifiés. Nous nous dispenserons de les apprécier, jusqu'à l'entier achèvement de l'édition, et nous nous arrêterons simplement, comme à une œuvre tout à fait nouvelle, à la tragédie d'*Egmont*, qu'on peut aussi acheter à part. »

une scène capitale dans *le More de Venise*. Enfin, quand il a surtout en vue les caractères, il est bien plus libre encore dans le choix et la liaison des faits; et comme, en ce cas, il se propose de peindre avec détail l'homme tout entier, il lui est même interdit de donner trop de place à une seule passion. Les tragiques de l'antiquité se sont bornés, pour ainsi dire exclusivement, aux situations et aux passions : aussi ne trouve-t-on chez eux que peu de traits individuels, peu de détails, et peu de relief dans les caractères. Ce n'est que dans les temps modernes, et, dans les temps modernes, ce n'est qu'à dater de Shakspeare, que la tragédie a enrichi son domaine du troisième élément : c'est Shakspeare qui le premier, dans son *Macbeth*, dans son *Richard III*, etc., a mis sur la scène un homme tout entier, et toute une existence d'homme, et en Allemagne, c'est l'auteur de *Gœtz de Berlichingen*[1] qui nous a donné le premier modèle de ce genre. Nous n'avons pas à rechercher ici jusqu'à quel point ce nouveau genre de drame s'accorde avec l'objet essentiel de la tragédie, qui est d'exciter la terreur et la pitié; nous constatons seulement qu'il existe, et qu'il a ses règles déterminées.

C'est à ce dernier genre qu'appartient la pièce dont nous avons à parler, et il est facile de voir combien les réflexions qui précèdent s'appliquent en effet au *Comte d'Egmont*. Ici, point d'action qui forme l'intérêt principal, point de passion dominante, point de plan dramatique; rien de tout cela : une simple juxtaposition de plusieurs actions particulières, une succession de tableaux, qui ne sont guère rattachés les uns aux autres que par le caractère d'Egmont, par l'intérêt qu'il a dans chacune de ces différentes scènes, et la relation qu'elles ont avec lui. Ainsi il ne faut pas chercher l'unité de cette pièce dans les situations, ni dans une certaine passion, mais bien dans *l'homme*. Aussi bien l'histoire véritable d'Egmont ne pouvait-elle fournir beaucoup plus à l'auteur. Son arrestation et sa condamnation n'ont rien d'extraordinaire : elles ne sont même pas la conséquence de quelque action déterminée et intéressante, mais bien d'une suite de petites actions, que le poëte ne pouvait pas toutes employer

---

[1]. Drame de Goethe, publié d'abord à Hambourg, en 1773.

telles qu'il les trouvait dans l'histoire, et qu'il ne pouvait pas non plus rattacher assez étroitement à la catastrophe pour qu'elles formassent avec elle une seule action dramatique. Si donc il voulait traiter ce sujet dans une tragédie, il lui fallait choisir : ou bien d'imaginer une action toute nouvelle pour l'accommoder à cette catastrophe, et quelque passion dominante pour développer sur ce fond le caractère que lui fournissait l'histoire, ou bien de renoncer purement et simplement à ces deux genres de tragédie, et de prendre le caractère même, vers lequel il se sentait attiré, pour en faire proprement l'objet de son travail. C'est à ce dernier parti, le plus difficile sans contredit, que l'auteur s'est arrêté de préférence, moins sans doute par un respect excessif pour la fidélité historique, que parce qu'il se sentait en fonds pour suppléer à la pauvreté du sujet par la richesse de son génie.

Ainsi cette tragédie, où il faudrait que le critique se fût complétement trompé de point de vue, nous représente un caractère, un homme qui, venu dans des temps difficiles, enlacé de toutes parts dans les filets d'une politique captieuse, s'enveloppant uniquement dans son mérite, plein d'une confiance exagérée dans la justice de sa cause, qui cependant n'est juste que pour lui, s'expose au même danger que le somnambule qui marche sur le faîte d'un toit, entre deux abîmes. Cette assurance excessive, dont le drame nous montre le peu de fondement et le résultat malheureux : voilà avec quoi le poëte s'est proposé de nous inspirer la pitié et la terreur, c'est-à-dire de nous donner une émotion tragique, et cet effet il le produit.

Dans l'histoire, Egmont n'est point un grand caractère : il ne l'est pas non plus dans la tragédie. Ici, c'est un homme bienveillant, généreux et ouvert, ami de tout le monde, plein d'une confiance étourdie en lui-même et dans les autres, libre et hardi comme si le monde lui appartenait, brave et intrépide quand il le faut, en outre libéral, aimable et doux, un caractère enfin des plus beaux temps de la chevalerie : un homme magnifique et quelque peu glorieux ; sensuel, amoureux, en un mot, un joyeux enfant de ce monde, et tous ces attributs se fondent dans une peinture animée, humaine, constamment vraie et individuelle, peinture qui ne doit rien, absolument rien aux enjolivements de l'art. Egmont est un héros, mais aussi ce n'est qu'un héros flamand, un héros du quinzième siècle : patriote, sans toutefois que la misère publique le trouble dans ses plaisirs, amoureux sans en perdre un instant ni le manger ni le boire. Il a de l'ambition et se propose un grand but ; mais cela ne l'empêche pas de cueillir toutes les fleurs qu'il rencontre sur son chemin ; cela ne l'empêche pas de se glisser la nuit chez sa maîtresse, cela ne lui coûte pas une nuit blanche. Il expose témérairement sa vie à Saint-Quentin, à Gravelines ; mais il pleurerait volontiers quand il lui faut renoncer à l'existence, à sa douce et chère habitude de vivre et d'agir : « Ne suis-je donc en vie, » c'est ainsi qu'il se peint lui-même, « que pour penser à la vie ? Me faut-il renoncer à jouir du moment présent pour m'assurer du moment qui doit suivre ? Et celui-ci même, le consumer encore dans des soucis et des craintes chimériques.... Oui, dans un moment de gaieté, nous avons imaginé et mis à exécution telle et telle folie. C'est notre faute si une troupe de parfaits gentilshommes est venue, la besace au dos, adoptant à plaisir un étrange sobriquet, rappeler au roi son devoir avec une humilité railleuse. C'est notre faute si.... Et puis après ? Un divertissement de carnaval peut-il être assimilé à un crime de haute trahison ? Faut-il nous envier ces lambeaux de pourpre éphémères avec lesquels la pétulante jeunesse se plaît à couvrir un moment cette vie pauvre et nue ? Si vous prenez la vie par trop au sérieux, qu'en reste-t-il ? Est-ce pour rêver à ce qui fut hier, que le soleil me luit aujourd'hui[1] ? »

C'est par la beauté de ses qualités tout humaines, et non par l'extraordinaire, que ce caractère doit nous toucher. Nous nous attacherons à lui, il ne nous étonnera pas. Le poëte semble même éviter avec tant de soin d'exciter notre étonnement, qu'il accumule les instincts, les faiblesses humaines, pour faire descendre jusqu'à nous son héros : c'est au point qu'il ne lui laisse pas même ce degré de sérieux et de grandeur absolument nécessaire, selon nous, pour relever ces traits empruntés à la simple nature humaine et pour en rehausser l'intérêt. Je sais bien que ces traits d'humaine faiblesse ont quelquefois un charme irrésis-

---

1. Voy. la seconde scène du deuxième acte d'*Egmont*.

tible : oui, dans une peinture héroïque où ils se mêlent et se
fondent en un bel assemblage avec de grandes actions. Ainsi
Henri IV de France ne saurait être plus intéressant pour nous
après la plus brillante victoire, que dans un nocturne pèlerinage auprès de sa Gabrielle ; mais Egmont, par quelle action
rayonnante, par quels mérites essentiels, a-t-il acheté le droit
de nous inspirer ce genre d'intérêt et d'indulgence? On dira sans
doute que ces mérites, on les suppose acquis avant le moment
où s'ouvre l'action : ils vivent dans le souvenir de la nation tout
entière, et toutes ses paroles sont celles d'un homme qui veut
se rendre digne de cet intérêt, et qui le peut. Fort bien, mais
le malheur est précisément que nous connaissons les services
d'Egmont par ouï-dire, et qu'il nous les faut accepter de confiance, tandis que, pour ses faiblesses, nous les voyons de nos
yeux. Tout désigne Egmont comme le dernier soutien de la
nation : et, à proprement parler, que fait-il de grand pour justifier l'honneur de cette confiance? Je ne pense pas en effet qu'on
me puisse opposer le passage suivant :

EGMONT.

« Les gens qui se mettent le moins en peine de l'inspirer
(l'amour) sont précisément ceux qui y réussissent.

CLAIRE.

Aurais-tu fait cette fière observation sur toi-même, toi que
tout le peuple chérit?

EGMONT.

Si j'avais seulement fait quelque chose pour eux! S'ils m'aiment, c'est pure bonne volonté [1]. »

Je veux bien qu'on ne me fasse pas d'Egmont un grand
homme; mais encore ne faut-il pas trop amollir son caractère.
Il y a une grandeur relative, un certain degré de sérieux que
nous exigeons à bon droit du héros, quel qu'il soit, d'une œuvre dramatique; nous ne pouvons souffrir qu'il fasse passer les
petites choses avant les grandes, ni qu'il prenne mal son temps
pour agir. Qui, par exemple, trouvera bon ce que je vais dire?
Orange vient de le quitter, Orange qui par toute sorte de bonnes

---

1. Voy. le troisième acte d'*Egmont*. Vers la fin, Schiller, dans sa citation, a
retranché quelques mots.

raisons lui a montré sa perte prochaine, et qui, c'est Egmont même qui le confesse, l'a ébranlé un moment par ces raisons :

« Cet homme, dit-il, fait passer en moi son inquiétude.... Arrière !... C'est dans mon sang une goutte de sang étranger. Bonne nature, purges-en mes veines. Pour effacer de mon front les rides de la pensée, il est encore un doux moyen [1]. »

Ce moyen si doux, qui ne l'a deviné? C'est tout simplement une visite à sa maîtresse. Comment? Après une exhortation si solennelle, pas d'autre pensée que des pensées de dissipation? Non, brave comte d'Egmont, laissez à leur temps et à leur place les rides; à leur place, les doux remèdes. Il vous est trop pénible de travailler à votre propre conservation? A la bonne heure! mais tant pis pour vous si le filet vous enveloppe! Nous n'avons pas l'habitude de prodiguer notre pitié.

Si donc il était démontré que cette intrigue amoureuse, jetée dans l'action, nuit réellement à l'intérêt, on aurait deux fois raison de s'en plaindre; car il a fallu que le poëte, pour comble de malheur, violât la vérité historique pour introduire cet épisode. Dans l'histoire, en effet, Egmont est marié, et à sa mort il laissa derrière lui neuf, d'autres disent onze enfants. Le poëte était libre de savoir ou d'ignorer cette circonstance, suivant ce que lui conseillait à cet égard son intérêt comme poëte; mais il n'aurait pas dû la négliger du moment qu'il admettait dans sa tragédie des faits qui en sont la conséquence naturelle. Le véritable Egmont, par la magnificence de son train, avait gravement dérangé sa fortune, et, par cela même, il avait besoin du roi, ce qui entravait singulièrement sa liberté d'action dans la République. Mais ce fut surtout sa famille qui le retint si malheureusement à Bruxelles, au moment où presque tous ses amis sauvaient leur tête par la fuite. Pour Egmont, s'éloigner du pays, ce n'était pas seulement perdre le riche revenu de deux gouvernements : c'était renoncer aussi à la possession de tous ses biens, qui étaient situés dans les États du roi et qui tombaient aussitôt entre les mains du fisc. Or, ni Egmont, ni sa femme, une duchesse de Bavière, n'étaient accoutumés à supporter des privations : ses enfants non plus n'avaient pas

---

[1]. Voy. la fin du deuxième acte d'*Egmont*.

été élevés dans cette habitude. Ces raisons, lui-même, en plusieurs circonstances, il les opposa au prince d'Orange, qui voulait lui persuader de fuir ; c'étaient ces raisons qui le rendaient si enclin à se rattacher aux moindres branches, à envisager ses rapports avec le roi par le côté le plus favorable. Combien, avec ces données historiques, la conduite entière d'Egmont ne nous paraît-elle pas et mieux enchaînée et plus humaine ! Ce n'est plus la victime d'une aveugle et folle confiance, mais celle d'un excès de tendresse et de sollicitude pour les siens. C'est parce qu'il est animé de sentiments trop délicats et trop nobles pour imposer un pénible sacrifice à une famille qu'il aime par-dessus tout, qu'il se précipite lui-même dans l'abîme. Et maintenant, voyons l'Egmont de la tragédie ! En lui ôtant sa femme et ses enfants, le poëte rompt tout l'enchaînement de sa conduite. Le voilà absolument forcé, lorsque Egmont s'obstine si malheureusement à rester dans Bruxelles, d'attribuer son entêtement à une confiance en soi qui est le comble de l'étourderie ; et de la sorte il diminue fort notre estime pour le bon sens de son héros, sans le dédommager du côté du cœur. Loin de là, il nous dérobe le touchant spectacle d'un père de famille, d'un tendre époux, pour nous donner à la place un amoureux de la plus vulgaire espèce, qui trouble à jamais le repos d'une jeune fille aimable, d'une fille qui ne peut pas être sa femme, et qui ne survivra pas à sa perte ; d'une fille dont il ne peut posséder le cœur sans ruiner d'abord un autre amour qui promettait d'être heureux[1] : un amoureux, par conséquent, qui, avec un cœur excellent, je le veux bien, fait le malheur de deux créatures, pour effacer les « rides soucieuses de son front. » Et tout cela, en outre, acheté aux dépens de la vérité de l'histoire, que le poëte dramatique est sans doute maître de sacrifier, mais à la condition de rehausser l'intérêt de sa matière, et non point de l'affaiblir ! Quel prix nous fait-il donc payer cet épisode qui, considéré en lui-même, forme certainement un tableau d'une beauté supérieure, et qui, dans une composition d'un ordre élevé, où il eût été contre-balancé par

---

[1]. L'amour de Brackenbourg pour Claire. Voyz le premier acte d'*Egmont*, vers la fin.

des actions d'une grandeur proportionnée, pouvait produire l'effet le plus saisissant!

La catastrophe tragique d'Egmont est la conséquence de toute sa vie politique, de ses rapports avec la nation et avec le gouvernement. Il fallait donc que la peinture de l'état politique et civil des Pays-Bas à cette époque servît de fondement à l'action dramatique, ou plutôt il fallait faire de cette peinture même une partie de l'action. Mais, si l'on considère combien peu les actes politiques, en général, se prêtent à être mis en œuvre dans le drame; combien il y faut d'art pour réunir tant de traits épars en un seul tableau, animé, facile à saisir; puis pour rendre individuellement sensible le caractère de l'ensemble, comme a fait Shakspeare, par exemple, dans son *Jules César;* si l'on considère en outre la nature propre de ces Pays-Bas, qui ne sont point une nation, mais bien un agrégat de plusieurs petites républiques séparées entre elles par les contrastes les plus tranchés, si bien qu'il était infiniment plus facile de nous transporter à Rome qu'à Bruxelles : si l'on considère enfin quelle quantité innombrable de petites circonstances concourait à produire l'esprit du temps et cet état politique des Pays-Bas, on ne pourra se lasser d'admirer le génie créateur qui a triomphé de toutes ces difficultés, et qui, avec un art merveilleux et n'ayant d'égal que celui qu'il a déployé lui-même dans deux autres pièces où il nous transporte soit aux temps de la chevalerie allemande, soit en Grèce[1], a su évoquer aussi cet autre monde, le monde flamand du seizième siècle. Ces hommes sont là, sous nos yeux, nous les voyons vivre et agir; ou plutôt nous habitons nous-mêmes parmi eux, ils sont pour nous de vieilles connaissances. D'un côté, ces mœurs sociables, l'humeur hospitalière, la loquacité, la jactance de ce peuple, l'esprit républicain qui se soulève à la moindre innovation, et qui retombe tout aussi vite aux plus méchantes raisons qu'on lui oppose; de l'autre, les charges sous lesquelles gémit présentement ce brave peuple, depuis les nouvelles mitres d'évêques, jusqu'aux psaumes français qu'on lui interdit

---

1. Allusion à *Gœtz de Berlichingen*, et à *Iphigénie en Tauride*, publiée en 1787.

de chanter : rien n'est omis; rien n'est exprimé qu'avec le plus parfait naturel et la plus exacte vérité. Ce que nous voyons ici, ce n'est pas seulement la foule, la foule se ressemble partout : ce sont bien des Néerlandais, des Néerlandais du seizième siècle, et non de toute autre époque. Parmi eux nous distinguons encore l'homme de Bruxelles, le Hollandais, le Frison, et parmi ceux du même pays nous reconnaissons l'homme qui a de l'aisance et le mendiant, le charpentier et le tailleur. Pour produire de tels effets, il ne suffit pas de le vouloir, et de déployer toutes les ressources de l'art; il y faut un poëte, et un poëte tout pénétré de son sujet. Ces traits lui échappent comme ils échappent au personnage dont ils forment la peinture, naïvement, sans qu'il le veuille ou s'en aperçoive : une épithète, une simple virgule lui suffisent pour dessiner un caractère. Buyk, Hollandais et soldat sous Egmont, a gagné le prix au tir à l'arbalète, et, en qualité de roi, il veut régaler la compagnie, mais cela est contraire à l'usage.

BUYK.

Je suis étranger et roi, et je ne me soucie point de vos lois et coutumes.

JETTER (*tailleur de Bruxelles*).

Tu es, pardieu! pire que l'Espagnol : lui, du moins, jusqu'à présent, il lui a bien fallu les respecter.

RUYSOM (*Frison*).

Laissez-le faire! mais sans que cela tire à conséquence. C'est aussi la manière de son maître d'être magnifique, et de prodiguer l'argent quand la chance est bonne [1].

Qui ne reconnaît à ces mots : « mais sans que cela tire à conséquence, » le Frison tenace, jaloux de ses priviléges, et qui ne fait pas la plus petite concession sans se mettre en garde et stipuler quelque réserve?

Quelle vérité aussi, quand les bourgeois causent entre eux des personnes qui les gouvernent :

« C'était là un maître (il s'agit de Charles-Quint)! Il avait la main sur tout le globe, et il était, voyez-vous, tout en toutes choses.... Et quand il vous rencontrait, il vous saluait comme

---

1. Voy. le commencement du premier acte d'*Egmont*.

un voisin fait son voisin, etc.... Avons-nous assez pleuré, tous, quand il a cédé le gouvernement d'ici à son fils.... c'est-à-dire, vous m'entendez.... celui-ci, c'est un autre genre, il est plus majestueux.

JETTER.

Il parle peu, disent les gens.

SOEST.

Ce n'est pas là un maître pour nous autres Néerlandais. Il nous faut des princes gaillards et francs comme nous, qui vivent et laissent vivre, etc.[1] »

Comme il nous peint d'une manière frappante, par un seul trait, la misère de ce temps! Egmont passe dans la rue, et les bourgeois le suivent des yeux avec admiration.

LE CHARPENTIER.

Le beau seigneur!

JETTER.

Son cou serait un vrai régal pour un bourreau[2].

Les quelques scènes où les bourgeois de Bruxelles s'entretiennent ainsi paraissent être le résultat d'une profonde étude de cette époque et de ce peuple; et je doute qu'on puisse trouver, en si peu de mots, un plus beau morceau d'histoire sur ce temps-là.

L'auteur n'a pas traité avec moins de vérité l'autre partie de son tableau, celle qui nous fait connaître l'esprit du gouvernement, et les mesures que prend le roi pour opprimer le peuple néerlandais. Toutefois les traits y sont en général plus adoucis, plus humains, et surtout le caractère de la duchesse de Parme a été ennobli. « Je sais qu'on peut être un homme d'honneur et de bon sens quand même on n'aurait pas pris pour le salut de son âme le chemin le plus court et le meilleur[3]. » C'est ce que ne pouvait guère dire une princesse élevée par Ignace de Loyola. Mais où le poëte s'est montré particulièrement habile, c'est à nous laisser entrevoir au fond de ce caractère tout viril, une certaine délicatesse féminine, afin de

---

1. Voy. la suite de la même scène.
2. Voy. la fin de la première scène du deuxième acte.
3. Voy. l'entretien de Marguerite de Parme et de Machiavel, vers le milieu du premier acte.

répandre sur les questions d'État, par elles-mêmes si froides, qu'il est obligé d'exposer par la bouche de Marguerite, une lumière et une chaleur qui les animent, et d'en faire ainsi quelque chose d'individuel et de vivant. Son duc d'Albe nous fait frissonner, sans que nous nous détournions de lui avec horreur. « C'est un caractère ferme, roide, inaccessible, une tour d'airain sans portes, dont il faut que la garnison ait des ailes[1]. » L'habile prévoyance avec laquelle il dresse ses batteries pour l'arrestation d'Egmont, nous force à lui rendre en admiration ce que nous lui refusons du côté de la sympathie. Il nous fait si bien pénétrer jusqu'au plus profond de son âme, et nous rend si attentifs à l'issue de son entreprise, qu'il arrive un moment où nous y prenons quelque part : nous nous y intéressons comme s'il s'agissait de quelque chose qui fût conforme à nos désirs.

C'est une scène admirablement conçue et exécutée que celle d'Egmont et du fils du duc d'Albe dans la prison[2]; et cette scène appartient tout entière au poëte. Que peut-il y avoir de plus touchant que d'entendre le fils même du meurtrier avouer le respect, que depuis longtemps il éprouve en silence pour la victime ?

« Ce fut ton nom qui, dans ma première jeunesse, brilla devant moi comme une étoile du ciel. Que de fois j'ai prêté l'oreille au bruit de ta renommée! Que de questions sur ta personne! L'espoir de l'enfant, c'est le jeune homme; celui du jeune homme, c'est l'homme fait : eh bien! tu marchais ainsi devant moi, toujours devant; et sans jalousie je te voyais devant mes pas, et je marchais sur ta trace, toujours, toujours. J'eus enfin l'espérance de te voir, et je te vis, et mon cœur vola au-devant de toi[3]. J'eus l'espoir d'être avec toi, de vivre avec toi, de m'attacher à toi, de te.... Et tout cela maintenant m'est enlevé, et je te vois ici ! »

Et la réponse d'Egmont[4]!

---

1. C'est Gomez qui parle ainsi. Voy. la seconde scène du quatrième acte.
2. Voy. le cinquième acte d'*Egmont*, vers la fin.
3. Ici Schiller passe une phrase.
4. Dans *Egmont*, cette réponse ne suit pas immédiatement, mais quelques pages plus loin, les paroles qui viennent d'être citées.

« Si ma vie fut pour toi un miroir, où tu aimais à te contempler, eh bien ! que ma mort le soit de même. Les hommes peuvent être ensemble, même lorsqu'ils ne sont pas réunis dans un même lieu : les absents, les morts vivent aussi pour nous. Je vis pour toi; pour moi-même, j'ai assez vécu. J'ai joui de chacun de mes jours, etc. »

Les autres caractères de la pièce sont tracés à peu de frais, d'une manière frappante. Une scène suffit pour nous peindre Guillaume d'Orange, adroit, avare de paroles, combinant tout, et craignant tout. Le duc d'Albe, ainsi qu'Egmont, se peignent dans les hommes qui sont près d'eux : excellente méthode pour dessiner un caractère. Pour projeter sur le seul Egmont toute la lumière, le poëte l'a complétement isolé : c'est aussi pourquoi le comte de Hoorn, qui partagea son destin, ne paraît pas dans la pièce. Brackenbourg, l'amoureux de Claire, supplanté près d'elle par Egmont, est un caractère tout à fait neuf : nature mélancolique, avec toutes les ardeurs de la passion, ce personnage mériterait d'être analysé à part. Claire, qui l'a sacrifié à Egmont, vient de prendre du poison, et elle sort, en lui en laissant le reste. Il se voit seul : quelle effrayante beauté dans cette scène !

> Elle me laisse là, livré à moi-même,
> Elle partage avec moi le breuvage de la mort,
> Et puis elle me renvoie! me renvoie loin d'elle!
> Elle m'attire, puis elle me rejette dans la vie!
> Egmont, à qui est échue cette inappréciable destinée!
> Elle te précède ;
> Elle amènera tout le ciel à ta rencontre!
> Et moi, faut-il la suivre? pour me tenir à l'écart comme toujours ?
> Et l'incurable jalousie,
> L'irai-je porter là-haut, dans les célestes demeures?
> La terre n'a plus rien qui me retienne ;
> Et l'Enfer et le Ciel me réservent les mêmes tortures[1] !

Le personnage même de Claire est d'un dessin supérieur, inimitable. Cette auréole d'innocence qui l'anoblit et la transfigure, n'empêche pas qu'on ne reconnaisse en elle une simple fille bourgeoise, et une fille néerlandaise; une enfant que

---

1. Ici encore Schiller a supprimé quelques phrases dans sa citation.

rien ne relève, si ce n'est son amour, charmante à l'état de calme, irrésistible et sublime dans les transports de la passion. Mais pourquoi chercher à prouver, ce dont personne ne doute, que l'auteur est sans rival dans ce genre, où il n'a d'autre modèle que lui-même?

Plus l'impression est vraie, plus elle est vive[1], moins on comprend que le poëte l'ait troublée comme à plaisir. Egmont a mis ordre à toutes ses affaires, et, vaincu par la fatigue, il finit par s'endormir. Une musique se fait entendre; et, derrière son lit, on voit le mur qui s'entr'ouvre. Une brillante apparition, la Liberté, sous les traits de Claire, se montre dans un nuage.... Bref, au milieu de la situation la plus vraie et la plus touchante, on nous fait passer tout à coup, par un saut périlleux[2], en plein opéra, pour nous faire voir un rêve! Il serait ridicule de prétendre montrer à l'auteur combien il a déconcerté en cela nos sentiments[3] : il le savait d'avance, aussi bien et mieux que nous; mais l'idée de nous offrir à la fois les deux grandes passions d'Egmont, Claire et la liberté se réunissant sous une même figure allégorique dans l'imagination de son héros, lui a paru assez belle et féconde pour faire excuser tout au moins une telle licence. Applaudisse qui voudra à cette invention : pour moi, s'il faut l'avouer, j'aurais mieux aimé être privé de cette ingénieuse fantaisie, et n'être point troublé dans le sentiment que je goûtais[4].

1. Au lieu de cette idée d'*impression vraie et vive*, qui, dans le texte allemand des *Opuscules en prose*, est rendue par *sinnliche Wahrheit*, « vérité sensible, » il y a dans la *Gazette d'Iéna* le seul mot *Illusion*.
2. L'auteur emploie ici deux mots italiens : *salto mortale*, « saut mortel, saut périlleux. »
3. Dans la *Gazette d'Iéna*, on lit, à la place de cette fin de phrase : « Faire voir à l'auteur combien il a péché par là contre la nature et la vérité. »
4. Dans les deux dernières phrases, l'auteur a fait, dans sa seconde édition, deux changements, qu'il serait difficile de rendre bien sensibles dans la traduction. Il a remplacé *sinnreich* par *gehaltreich* et *witzigen* par *sinnreichen*.

DES

# POÉSIES DE BÜRGER

DES

POÉSIES DE BÜRGER[1].

L'indifférence dédaigneuse que notre époque philosophante commence à témoigner aux jeux des Muses, n'atteint, ce semble, aucun genre plus sensiblement que la poésie lyrique. La poésie dramatique trouve du moins une certaine protection dans l'organisation même de la vie sociale, et la poésie narrative, grâce à sa forme plus libre, a le privilége de s'accommoder davantage au ton de la société, à l'esprit du temps. Mais nos almanachs annuels, nos chants de société, et tout le dilettantisme musical de nos dames, ne sont qu'une faible digue pour sauver de la décadence la poésie lyrique. Et pourtant, ce serait une pensée accablante pour tout homme ami du beau, que ces fleurs de la jeunesse de l'esprit dussent ainsi périr dans la saison des fruits; que le progrès des lumières nous dût coûter, ne fût-ce qu'une seule de nos jouissances esthétiques. Mais ne pourrait-on pas plutôt, dans notre siècle si prosaïque, découvrir pour la poésie en général, et pour la poésie lyrique en particulier, une très-digne mission? Peut-être serait-il facile de montrer que, si, d'une part, la poésie doit céder le pas à

---

[1] Cette critique, qui a pour objet l'édition des Poésies de Bürger publiée en 1789, à Gœttingue, chez Dieterich, a paru d'abord dans la *Gazette universelle de littérature d'Iéna*, numéros 13 et 14 de 1791 (15 et 17 janvier). Elle a été réimprimée en 1802 dans les *Opuscules en prose* (t. IV, p. 193-224). — Voy. la *Vie de Schiller*, p. 105 et 106.

des travaux intellectuels d'un ordre supérieur, de l'autre elle n'en est devenue que plus nécessaire. Dans l'état d'isolement et d'activité distincte de nos facultés, état que rend inévitable l'extension même du champ de la connaissance et la séparation tranchée des travaux de chaque profession, il n'y a guère que la poésie qui rétablisse l'union des forces divisées de notre âme; qui occupe, dans un harmonieux accord, la tête et le cœur, la sagacité subtile et la spirituelle finesse, l'imagination et la raison; qui reconstitue, en quelque sorte, au dedans de nous l'unité de l'homme. La poésie seule peut conjurer le danger qui menace l'esprit philosophique. Le plus triste danger qu'il puisse courir, c'est celui de perdre, par l'ardeur même qu'il apporte à ses investigations, tout ce qui fait le prix de ses efforts, et, pour s'être isolé dans le monde abstrait de la pensée, de mourir aux joies du monde réel. Si divergentes que soient ses voies, l'esprit humain, avec la poésie, trouverait encore moyen de s'orienter; et, grâce à cette lumière rajeunissante, il échapperait au froid glacial d'une vieillesse prématurée. Elle serait cette jeune et florissante Hébé, qui, dans le palais de Jupiter, sert les Dieux immortels.

Mais il faudrait pour cela que la poésie même sût marcher avec le siècle à qui elle doit rendre cet inappréciable service, et s'approprier tous les avantages, toutes les conquêtes du temps. Ce que l'expérience et la raison ont accumulé de trésors pour l'humanité, devrait s'animer, se féconder et se revêtir de grâce et de beauté, sous la main créatrice de la poésie. Dans son miroir devraient se concentrer, purifiés et ennoblis, les mœurs, le caractère, toute la sagesse de l'époque; et il faudrait que l'art, idéalisant l'image du siècle, en fît un modèle pour le siècle même. Mais si la poésie peut jouer ce rôle, c'est à la condition de ne tomber elle-même qu'aux mains d'un homme vraiment mûr et à la hauteur de la civilisation. Tant que cette condition ne sera pas remplie, et qu'on ne pourra pas dire que la seule différence entre le poëte, et l'homme élevé par la culture morale au-dessus de tous les préjugés, est que le premier joint, comme par surcroît, à tous les avantages de l'autre, le privilége du talent poétique, la poésie ne parviendra jamais à exercer sa noble influence sur le siècle, et à chacun des progrès de la culture scientifique elle ne pourra que voir diminuer le nombre de ses admirateurs. Il est impossible, en effet, qu'un esprit vraiment cultivé cherche auprès d'un jeune homme sans maturité de quoi récréer et refaire son esprit et son cœur; ni qu'il se résigne à retrouver dans de prétendues poésies les préjugés, les mœurs vulgaires, la frivolité inintelligente, dont il détourne ses regards dans la vie réelle. Il exige à bon droit du poëte, qui doit être pour lui ce qu'était pour le Romain son Horace, un guide et un ami pour traverser la vie; il exige qu'il soit, intellectuellement et moralement, au moins son égal; car même aux heures de distraction et de jouissance esthétique, il ne peut consentir à se ravaler au-dessous de lui-même. Il ne suffit donc pas de peindre le sentiment en relevant les couleurs, il faut encore que le sentiment lui-même soit élevé. L'inspiration seule n'est point assez : on veut que ce soit l'inspiration d'une intelligence cultivée. Or, le poëte ne peut rien nous donner que son individualité propre : il faut donc qu'elle vaille la peine d'être proposée aux contemporains et à la postérité. Cette individualité du poëte, sa grande affaire est avant tout de l'ennoblir, de l'épurer, pour nous offrir en sa personne la plus nette et la plus magnifique idée de l'humaine nature, avant d'oser seulement entreprendre de toucher les âmes d'élite. Le triomphe du poëte et de son œuvre ne peut être que de nous révéler, sous son expression la plus pure et la plus parfaite, une disposition d'âme vraiment digne d'intérêt, un esprit intéressant aussi, et perfectionné par la culture! C'est d'un tel esprit seulement que nous voulons trouver l'empreinte dans les ouvrages de l'art; nous le reconnaîtrons aisément jusque dans ses moindres manifestations; et celui qui n'est pas trempé de cette sorte, s'efforcerait vainement de pallier à force d'art l'infirmité essentielle dont il est atteint. Il en est de la valeur esthétique absolument comme de la valeur morale : de même que c'est l'excellence morale du caractère qui peut seule imprimer aux actions de l'homme le sceau de la perfection morale, de même ici, c'est de la maturité et de l'excellence de l'esprit que découle ce qui est mûr et excellent. Tout le talent du monde ne saurait communiquer à l'œuvre ce qui manque à l'auteur lui-même; et les défauts qui viennent de cette source première, la lime ne peut les enlever.

Nous ne serions pas peu embarrassé si notre tâche était de passer en revue, cette mesure à la main, le Parnasse allemand d'aujourd'hui. Mais l'expérience est là, à ce qu'il semble, pour faire apprécier au juste quelle action exercent sur la plus saine partie du public la plupart des poëtes lyriques, de ceux-là mêmes qu'on ne se lasse pas de vanter. Il arrive aussi parfois que tel de ces poëtes, comme si ce n'était pas assez de ses œuvres pour nous en faire apercevoir, trahit tout à coup l'état de son âme par des confessions étranges, et nous donne lui-même des échantillons de ses mœurs. Pour aujourd'hui, nous nous bornerons à faire l'application de ces prémisses aux poésies de M. Bürger.

Mais avons-nous bien le droit de mesurer à cette aune un poëte qui s'annonce expressément comme « le chantre du peuple, » et qui fait de la *popularité* sa loi la plus haute (voyez la préface du tome premier, page 15 et suivante)? A Dieu ne plaise que nous allions chicaner M. Bürger sur ce mot de *peuple*, dont le sens est tant soit peu flottant : peut-être quelques mots suffiront-ils pour nous entendre avec lui sur ce point. Un poëte populaire, au sens où l'était Homère pour ses contemporains, ou les troubadours pour les leurs, ce serait en vain qu'on le chercherait de nos jours. Notre monde n'est plus ce monde homérique, où tous les membres de la société étaient, à peu de chose près, à la même hauteur les uns que les autres, en fait de pensée et de sentiment, et par conséquent pouvaient se reconnaître sans peine dans la même peinture, se rencontrer dans l'expression des mêmes sentiments. Aujourd'hui, entre l'élite d'une nation et les masses populaires, il y a une grande et sensible distance, qui s'explique en partie par cette première raison, que le progrès des idées et l'ennoblissement des masses forment un tout, dont on gagne peu à n'avoir que des fragments. Indépendamment de cette différence d'éducation, il faut tenir compte aussi des convenances sociales, qui établissent entre les diverses classes de la nation une ligne de démarcation si profonde, et pour la façon de sentir, et pour la manière d'exprimer ce que l'on sent. Ce serait donc perdre son temps et sa peine que de confondre arbitrairement sous une seule idée ce qui depuis longtemps déjà n'est plus susceptible d'aucune espèce d'unité. Ainsi de nos jours un poëte populaire n'aurait à choisir qu'entre la plus facile et la plus difficile de toutes les tâches : il lui faudrait ou s'accommoder exclusivement à la portée du vulgaire, et renoncer aux suffrages de la classe cultivée, ou combler à force d'art l'abîme infini qui sépare ces deux publics, et poursuivre à la fois l'un et l'autre but. Nous ne manquons pas de poëtes qui ont réussi par la première de ces deux voies, et qui ont fait fortune auprès de leur public à eux ; mais il est absolument impossible qu'un auteur tel que M. Bürger ait ravalé son talent et son art jusqu'à rechercher un succès si vulgaire. La popularité pour lui, bien loin de faciliter la tâche du poëte, ou de pallier la médiocrité, n'est qu'une difficulté de plus, et, en vérité, une difficulté si désespérante, que le plus grand triomphe du génie serait précisément de la vaincre. Quel problème en effet, que de satisfaire les délicats et leur goût susceptible, sans par cela même déplaire à la foule ; de se mettre à la portée du peuple et de son intelligence d'enfant, sans déroger en rien à la dignité de l'art ! La difficulté est grande, mais non pas insurmontable ; et tout le secret de s'en tirer, c'est de choisir heureusement sa matière, et de la mettre en œuvre avec une extrême simplicité. En fait de situations et de sentiments, ne prendre que ce qui est commun à tous les hommes, en tant qu'hommes ; s'interdire scrupuleusement tout ce qui suppose des expériences, des raisonnements, des aptitudes, qui ne sont possibles que dans certaines conditions d'art et de culture ; enfin, par cette attention sévère à ne retenir de l'homme que ce qui est proprement humain, le ramener pour ainsi dire à cet état primitif et de nature, qu'il a perdu : voilà ce qu'aurait à faire notre poëte. S'entendant par un tacite accord avec les hommes les plus distingués de son siècle, il s'emparerait de la foule par le côté où les cœurs sont naturellement le plus accessibles et le plus tendres, il exercerait en eux le sentiment du beau, et par là viendrait en aide aux inclinations morales ; il ferait servir ce besoin de passion auquel les poëtes vulgaires donnent une satisfaction si grossière et souvent si pernicieuse, à épurer la passion même. Il serait en quelque sorte l'interprète éclairé et délicat des sentiments populaires ; il donnerait à ces affections qui débordent et qui cherchent une langue : à l'amour, à la joie, à la piété, à la tristesse, à l'espérance, etc., une expression plus spirituelle et plus pure ; et en les traduisant de la sorte, il s'en rendrait maître, et, sur les lèvres mêmes du peuple, il en contiendrait et ennoblirait l'explosion, naturellement rude, grossière et souvent tout animale. Il n'est pas jusqu'à la philosophie morale de l'ordre le plus sublime qu'un poëte ainsi fait ne sût ramener aux sentiments les plus simples de la nature. Il transporterait dans le domaine de l'imagination les résultats des plus pénibles recherches, et donnerait à deviner à ces intelligences enfantines, à déchiffrer, dans la langue des images, dans une langue facile, les secrets mêmes du penseur. Précurseur de la science lumineuse, il répandrait parmi le peuple, sous une enveloppe attrayante et non suspecte, les vérités rationnelles les plus hardies, longtemps avant que le philosophe et le législateur eussent osé les produire dans toute leur splendeur. Grâce à lui, avant de devenir, par la conviction, la propriété de l'esprit, elles exerceraient leur secrète puissance sur le cœur, et il éveillerait d'impatients et unanimes désirs de connaître, que la raison même serait bientôt mise en demeure de satisfaire.

Envisagé de cette sorte, il nous semble que le poëte populaire, soit par les facultés qu'une telle mission lui suppose, soit par le vaste cercle où s'exercerait son action, mériterait une très-haute place dans notre estime. Il n'appartient, en effet, qu'à un talent supérieur de se jouer ainsi avec les résultats de la méditation la plus profonde, de dégager l'idée scientifique de la forme où primitivement elle était attachée, et à qui peut-être elle doit sa naissance, de la transplanter dans un autre ordre d'idées et, pour ainsi dire, dans une région étrangère : de déployer tant d'art avec si peu d'appareil, et de dissimuler sous un voile si simple en apparence une si prodigieuse richesse. M. Bürger n'a donc rien exagéré lorsqu'il dit que « la popularité pour un poëme est le sceau de la perfection. » Mais quand il affirme cela, il sous-entend ce à quoi plus d'un parmi ceux qui le lisent pourrait bien ne pas songer du tout, il sous-entend que la première et indispensable condition pour qu'un poëme soit parfait, c'est qu'il ait un mérite absolu et intrinsèque, parfaitement indépendant du plus ou moins d'intelligence du lecteur. « Quand un poëme, semble-t-il vouloir dire, soutient l'épreuve du véritable goût, et qu'il joint de plus à cet avantage le mérite d'une clarté, d'une simplicité qui lui permet d'être aisément compris et de vivre dans la bouche du peuple, c'est un ouvrage marqué au coin de la perfection : » proposition qui revient exactement à celle-ci : « Ce qui plaît aux esprits excellents est bon ; ce qui plaît à tous, sans distinction, est meilleur encore. »

Ainsi, bien loin de se relâcher en quoi que ce soit des plus hautes exigences de l'art lorsqu'il s'agit de poésies destinées au peuple, il faut au contraire, pour en apprécier le mérite (mérite qui consiste uniquement dans l'heureuse union de qualités si différentes), il faut se poser avant tout cette question essentielle : « Le poëte n'a-t-il sacrifié à la popularité aucune des conditions supérieures du beau? Ces poésies, en devenant plus intéressantes pour les masses, n'ont-elles rien perdu au jugement des connaisseurs? »

Et voilà où nous sommes bien forcé d'avouer que les poésies de M. Bürger nous laissent beaucoup à désirer ; que, dans le plus grand nombre de ces pièces, nous cherchons en vain cette inspiration toujours égale, toujours lumineuse, cet esprit constamment viril, qui, initié aux mystères du beau, du noble et du vrai, descend dans le peuple pour l'instruire et le former, mais sans jamais démentir, dans l'intimité même la plus familière, sa céleste origine. Il arrive trop souvent à M. Bürger de se confondre avec le peuple, au lieu de se baisser avec dignité vers lui ; et, tandis qu'il devrait, en badinant et se jouant, élever son public à sa hauteur, c'est souvent lui qui prend plaisir à se faire semblable à son public. Le peuple pour lequel il écrit n'est pas toujours celui que M. Bürger voudrait nous faire entendre quand il l'appelle de ce nom. Jamais je ne croirai que les lecteurs à qui s'adressent sa *Veillée de Vénus*, sa *Lénore*, son *Chant à l'Espérance*, les *Éléments*, le *Jubilé de Gœttingue*, la *Chasteté virile*, le *Pressentiment de la Santé*, etc., soient les mêmes que ceux pour qui le poëte a rédigé une *Madame Schnips*, le *Pilori de Fortune*, la *Ménagerie des Dieux*, les *Visages humains*, et autres pièces semblables. Et pourtant, si nous apprécions comme il faut le poëte populaire, son mérite ne consiste pas à pourvoir successivement chaque classe de lecteurs de quelque pièce qui s'adresse particulièrement à son goût, mais bien à satisfaire indistinctement, dans toutes ses pièces, le goût de chacune des classes qui composent le peuple.

Mais ne nous arrêtons pas plus longtemps à des fautes qui peuvent trouver leur excuse dans la malheureuse inspiration du moment, et auxquelles il lui serait facile de remédier avec un peu plus de sévérité dans le triage de ses œuvres. Il y a quelque chose de plus difficile, non-seulement à corriger, mais même à excuser, c'est que souvent on retrouve cette inégalité de goût dans le cours d'une seule et même pièce. L'auteur de cet article est forcé d'avouer que, parmi toutes les pièces de M. Bürger (et il ne parle que de celles où le poëte s'est le plus mis en frais d'imagination), il n'en saurait citer presque aucune qui lui ait procuré une satisfaction sans mélange, une jouissance qu'il n'ait fallu payer d'aucun sentiment de déplaisir. Était-ce faute d'harmonie entre l'image et la pensée, faute de dignité dans le sujet, ou manque excessif de relief dans la forme? N'était-ce même qu'une image sans noblesse qui venait, çà et là, gâter la beauté de la pensée, une expression plate, une inutile emphase dans les mots? Était-ce enfin (défaut qui se rencontre plus rarement que tous les autres chez M. Bürger), était-ce une rime inexacte, ou un vers dur, qui troublait l'effet harmonieux de l'ensemble? Quoi qu'il en soit, cette contrariété, au moment d'une jouissance, à cela près, si complète, nous était d'autant plus sensible, qu'elle nous obligeait à reconnaître que l'esprit qui s'offre à nous dans ces compositions, n'a point atteint cette maturité morale, ce dernier degré de culture qu'on doit exiger du poëte; et que ses productions ne pouvaient porter l'empreinte de la perfection, uniquement parce que cette perfection lui manque à lui-même[1].

---

1. Ici Schiller, dans l'édition de 1802, reproduite par les OEuvres complètes, a supprimé le morceau suivant :

« On comprend que ce n'est pas ici le lieu de donner en détail la preuve d'une assertion si générale. Cependant, pour faire voir en petit ce que la muse de M. Bürger est capable de se permettre, je veux parcourir ici, uniquement au

## DES POÉSIES DE BÜRGER.

Une opération nécessaire pour le poëte est d'idéaliser, sans

point de vue de ma critique, un seul de ces chants, intitulé *Élégie, quand Mully voulait s'arracher de mes bras* (t. I, p. 163 et suiv.) :

> Exclamer sa douleur....
> Oui, il faut que je la crie, que je l'exclame!
> . . . . . . . . . . . . . . . . . . . .
>
> Et elle pourrait mentir?
> Dire un seul mot qui fût mensonge?
> Non! Que je sois consumé par les flammes,
> Ici dans le temps, et là-bas dans l'éternité,
> Que je sois la proie du désespoir,
> J'y consens, si je refuse
> De croire à sa moindre parole, etc.!
> . . . . . . . . . . . . . . . . . . . .
>
> Oh! je sais bien ce que je dis.
> Aussi nettement que la terre et la mer
> Paraissent au jour en plein midi,
> Aussi nettement je reconnais cela.
>
> Quand des milliers d'hommes fronceraient le nez,
> .... Oh! vous autres mille, vous n'êtes pas moi.
> Moi, moi, je sais ce que je dis,
> Car je sais ce qu'elle est,
> Ce qu'elle pèse dans la vraie balance,
> Quelle est sa mesure d'après la vraie mesure.
> . . . . . . . . . . . . . . . . . . . .
>
> Toutefois pour représenter vivement
> Ce qu'elle et moi nous avons éprouvé,
> Je me sens maintenant tout aussi dispos
> Que le paralytique pour la danse légère.
>
> C'est un esprit qui a des ailes aussi rapides
> Que cet esprit extrait des épices
> Qui, bien qu'hermétiquement scellé,
> S'échappe de sa prison.
> . . . . . . . . . . . . . . . . . . . .
>
> Oh! je n'y trouve rien à blâmer,
> Bien que cela m'égorge et me terrasse*.
> . . . . . . . . . . . . . . . . . . . .
>
> Comme je deviens franchement inquiet,
> Comme j'ai tour à tour chaud et froid!
> . . . . . . . . . . . . . . . . . . . .
>
> Seigneur mon Dieu, quand viendra-t-il?
> Seigneur mon Dieu, éclaire-moi!
> . . . . . . . . . . . . . . . . . . . .
>
> Sans doute, sans doute, ce qui est bien,
> Ce qui est juste, mon âme l'éprouve encore.
> . . . . . . . . . . . . . . . . . . . .
>
> Un homme sert-il donc de jouet à Dieu,

* Bürger a plus tard remplacé ces mots par : « Bien que cela me brise le cœur. »

quoi il cesse de mériter son nom [1]. Il doit, dans son sujet (que ce sujet soit forme, sentiment, ou action, puisé en lui-même ou hors de lui), dégager ce qu'il y a d'excellent, de tout mélange grossier ou tout au moins étranger; rassembler dans un même objet tous les rayons de beauté dispersés dans des objets divers; subordonner à l'harmonie de l'ensemble les traits particuliers qui troublent les proportions; enfin élever ce qui n'est qu'individuel et local à la hauteur d'un type général. Toutes les conceptions idéales qu'il forme ainsi une à une, ne sont, pour ainsi dire, que des émanations d'un idéal intérieur de perfection qui réside dans l'âme du poëte. Plus il aura épuré, plus il aura fécondé cet idéal intérieur universel, plus ces conceptions particulières, qui en sont le reflet, se rapprocheront de la perfection suprême. Cet art d'idéaliser un sujet, nous ne le trouvons pas chez M. Bürger. Non-seulement sa muse en

> Comme le ver à la main d'un jeune drôle?
> . . . . . . . . . . . . . .
>
> Oh! peut-être, quelque temps que cela dure,
> Un avantage naîtra-t-il encore de là pour nous.
> . . . . . . . . . . . . . .
>
> Souvent je demeure assis pensif, et je m'interroge,
> Et je pèse, avec la plus sincère droiture,
> Dans la balance du meilleur savoir,
> Cette question : « Aimer est-il un péché? »
> . . . . . . . . . . . . . .
>
> Que mon amour soit un libre fleuve,
> Sur lequel je sois un libre batelier.
> . . . . . . . . . . . . . .

Disons cependant, en faveur de M. Bürger, que le chant que nous avons choisi, et dont les quatre dernières strophes ne laissent pas que d'être d'une rare beauté, est au nombre de ses productions les plus faibles; mais, d'autre part, nous devons ajouter que nous n'avons relevé que la moitié de ce qui nous y a choqué. Nous faut-il encore extraire du *Pilori de Fortune* (p. 186) : « Les pommes et les œufs pourris..., » les mots et locutions *Mir nichts, dir nichts...., Lumpenkupfer...., Schinderknochen..., Schurken..., Fuselbrenner..., Galgenschwengel..., Hui und Pfui...*, « faire joujou avec sa foi, comme le chat avec la souris, » etc.? ou bien le lecteur en sait-il assez pour convenir avec moi que le goût qui s'est permis de telles crudités, et devant qui elles ont trouvé grâce dans le travail d'une double révision, ne peut guère avoir été pour M. Bürger, même dans ses pièces les plus heureuses, un guide sûr et fidèle?

1. Cette phrase, qui, dans la *Gazette universelle*, commence le second article, a été un peu modifiée dans la seconde édition. Voici quelle en était la forme primitive : « Une des premières obligations du poëte est d'idéaliser, d'ennoblir : sans quoi il cesse, etc. »

général nous paraît avoir un caractère trop sensuel, et souvent vulgairement sensuel ; non-seulement l'amour n'est le plus ordinairement chez lui qu'une jouissance physique ou une pâture toute sensuelle pour les yeux ; la beauté, une simple fleur de jeunesse, de santé ; le bonheur, uniquement le bien-être ; mais on pourrait dire de ses tableaux qu'ils forment une collection d'images, une compilation de traits divers, et une manière de mosaïque, plutôt qu'un idéal. Veut-il, par exemple, nous peindre la beauté d'une femme? il cherchera de toutes parts, pour chaque attrait de sa maîtresse, une image qui y corresponde dans la nature ; et c'est de tous ces emblèmes qu'il composera sa déité. Voyez, dans la première partie, page 124, la pièce intitulée : *la Fillette*[1] *que j'ai en vue*. Voyez aussi *le Cantique des Cantiques*, et plusieurs autres poésies. Veut-il nous représenter un objet aimable comme un modèle de toutes les perfections? il emprunte ses qualités à toute une troupe de déesses. Voyez, page 86, *les Deux Amants* :

> Pour la pensée c'est Pallas,
> Et Junon pour la noblesse de la démarche,
> Terpsichore dans la danse joyeuse.
> Euterpe l'envie pour son chant;
> Aglaé lui cède, quand elle sourit;
> Melpomène, quand doucement elle se plaint.
> Elle est la Volupté pendant la nuit,
> L'aimable Décence durant le jour[2].

Nous citons cette strophe, non que nous pensions qu'elle dépare la pièce où elle se trouve, mais parce qu'elle nous paraît le plus frappant exemple du procédé habituellement employé par M. Bürger quand il veut idéaliser. A la première vue, cette richesse et cette variété de couleurs ne peuvent manquer de charmer et d'éblouir le lecteur, surtout s'il est de ceux qui ne connaissent d'autres impressions que celles des sens, et qui, semblables aux petits enfants, n'admirent que l'éclat et le

---

1. A côté du mot *Mædel*, « fillette, » Schiller, dans la *Gazette universelle*, a placé un point d'interrogation entre parenthèses (?). Dans une édition postérieure, Bürger a remplacé ce terme familier par *die Holde*, « la Belle, l'Amie. »
2. A la suite de cette strophe Schiller place encore un point d'interrogation (?).

contraste des couleurs. Mais combien ces sortes de peintures ne sont-elles pas insignifiantes pour ceux qui ont ce sentiment plus raffiné de l'art que satisfait non la richesse, mais bien la sage distribution des couleurs; non la matière, mais la beauté de la forme; non la palette du peintre, mais son habileté à fondre les nuances. Nous ne voulons point examiner combien il faut d'art, ou peu d'art, pour inventer de la sorte ; mais nous avons éprouvé par nous-même, à cette occasion, que ces tours de force qui plaisent à la jeunesse, soutiennent malaisément le contrôle d'un goût épuré par les années. Aussi avons-nous été surpris, et d'une façon médiocrement agréable, de retrouver dans ce recueil de poésies, œuvre d'un âge déjà mûr, soit des pièces entières, soit des passages, ou des expressions (sans oublier le *klinglingling; hopp, hopp, hopp! huhu, sasa* [1], *Trallyrum larum* et autres choses de même genre), qui ne pouvaient avoir d'autre excuse que l'inexpérience du poëte, et que l'approbation équivoque de la foule a pu seule maintenir si longtemps dans ses œuvres. Lorsqu'un poëte comme M. Bürger protége par l'autorité de son exemple et la magie de son pinceau de tels enfantillages, comment voulez-vous qu'on se corrige de ce goût efféminé et puéril, que toute une armée de barbouilleurs a importé chez nous dans la poésie lyrique? C'est la même raison qui empêche l'auteur de cet article de louer sans réserve la pièce d'une poésie d'ailleurs si aimable, qui est intitulée : *Fleurette, gracieuse merveille*. M. Bürger a beau se complaire à cette invention et s'en applaudir, toujours est-il qu'une fleurette magique, attachée sur la poitrine, n'est pas un emblème tout à fait digne ni même bien ingénieux pour exprimer la modestie : tranchons le mot, c'est pure fadaise. Quand on nous dit de cette petite fleur :

> Tu donnes le doux son de la flûte
> Au gosier du criard,
> Et changes en pas légers de Zéphyre
> La marche bruyante du tapageur,

parler ainsi, c'est faire assurément trop d'honneur à la mo-

---

[1] Plusieurs de ces onomatopées et d'autres du même genre se trouvent dans la ballade de Lénore et dans celle du Chasseur infernal. *Trallyrum larum* est un de ces fredons ou refrains comme il y en a dans les chansons en tout pays.

destie. Je trouve de plus une expression malencontreuse, *le nez qui renifle l'éther*, et une rime inexacte (*blæhn* et *schœn*), qui déparent cette pièce d'un tour si léger et si beau [1].

C'est surtout quand il veut peindre des sentiments qu'on s'aperçoit que M. Bürger ne sait point idéaliser. Ce reproche s'applique en particulier aux plus récents poëmes dont il a enrichi ce recueil, et qui pour la plupart sont adressés à Molly. La langue et la versification y sont généralement d'une inimitable beauté; mais si, dans ces pièces, l'auteur chante en vrai poëte, il ne me paraît pas sentir de même. Lessing, quelque part, fait une loi au poëte tragique de ne pas représenter des singularités, des caractères, des situations rigoureusement individuels : cela s'adresse bien plus encore au poëte lyrique. Il doit, dans la peinture des émotions de l'âme, s'écarter d'autant moins d'un certain degré de généralité, qu'il a le champ moins libre pour s'étendre sur les circonstances particulières qui ont pu éveiller ces sentiments. Les nouvelles poésies de M. Bürger, pour la plupart, lui sont inspirées par une de ces situations tout à fait particulières, situation moins rigoureusement individuelle, j'en conviens, et moins exceptionnelle, que celle de l'*Heautontimorumenos* dans Térence, mais trop individuelle cependant pour que le lecteur puisse pleinement et nettement s'en rendre compte, et que le défaut d'idéal, défaut inséparable d'une telle donnée, ne trouble pas sa jouissance. Toutefois, ce ne serait là qu'une perfection de moins à admirer dans les pièces où cette situation est exprimée : malheureusement il s'y joint une autre circonstance plus grave, qui leur nuit essentiellement. Je m'explique : ces pièces ne sont pas seulement l'*expression* d'une situation toute particulière (et fort peu poétique); elles sont évidemment le *produit* de cette situation. La susceptibilité du poëte, son humeur, sa mélancolie, ne sont pas seulement l'objet de ses chants; souvent, hélas! c'est son Apollon même et toute son inspiration. Mais les déesses de la grâce comme de la beauté sont de bien singulières divinités : elles ne récompensent d'autre passion que celle qu'elles

---

[1]. Bürger a plus tard effacé ces deux dernières taches; je ne les trouve plus dans l'édition de 1796.

ont elles-mêmes inspirée; et elles ne tolèrent pas volontiers sur leur autel un autre feu que celui d'un enthousiasme pur et désintéressé. Je doute qu'un comédien réellement irrité fût sur la scène un noble représentant de l'indignation : que le poëte aussi prenne bien garde de chanter la douleur, tandis qu'il est en proie à la douleur. Dès que le poëte lui-même a dans sa pièce un intérêt qui le rend purement passif, les sentiments qu'il exprime, au lieu d'atteindre au degré nécessaire de généralité idéale, se réduisent inévitablement à quelque chose d'individuel, c'est-à-dire d'imparfait. Il faut qu'il se place à distance, et attende que le souvenir ait adouci ses impressions, pour les confier à la poésie : alors, plus il aura éprouvé par lui-même ce qu'il chante, mieux cela vaudra; mais, de grâce, qu'il n'exprime jamais, au moment même où elle le domine, la passion dont il doit nous offrir l'image embellie. Dans les poésies même dont on a coutume de dire que l'Amour, l'Amitié, etc., ont guidé de leurs propres mains le pinceau du poëte, le poëte, pour bien faire, a dû commencer par devenir étranger à lui-même, par dégager de son individualité l'objet de son inspiration, par contempler sa passion dans un lointain qui l'adoucit. Le beau idéal, en aucun cas, ne peut s'atteindre qu'à la condition d'une certaine liberté d'esprit, d'une activité propre, incompatible avec la passion tant qu'elle nous domine.

Les nouvelles poésies de M. Bürger sont empreintes d'une sorte d'amertume et de mélancolie presque maladive. C'est surtout par là que la pièce la plus saillante de ce recueil : *le Cantique des Cantiques, à la femme unique*, perd beaucoup de son mérite, du reste incomparable. D'autres critiques se sont prononcés déjà avec plus de détails sur cette magnifique inspiration de la muse de Bürger, et nous sommes heureux de nous associer à la plus grande partie des éloges qu'ils lui ont décernés. Une chose seulement nous étonne, c'est que l'essor du poëte, l'ardeur dont il brûle, la richesse de ses images, l'énergie de son style, l'harmonie de son vers, aient pu faire excuser chez lui tant d'infractions aux lois du bon goût; qu'on ait pu être assez ébloui pour ne pas voir que l'inspiration du poëte l'emporte souvent et tourne au délire, que son ardeur devient de la furie, et que, par cela même, la disposition où nous sommes après avoir lu ce chant n'est point du tout cet état salutaire d'équilibre et d'harmonie où nous voulons que le poëte nous place. Nous concevons bien que M. Bürger, entraîné par la passion qui lui dictait ce chant, et séduit par le rapport intime que la pièce avait avec l'état de son âme, avec ses sentiments personnels, qu'il y déposait comme dans un sanctuaire, nous concevons que M. Bürger ait pu s'écrier, à la fin de son poëme, que cet ouvrage portait le sceau de la perfection; mais, par cette raison même, nous serions tenté de n'y voir, malgré les qualités qui y brillent, qu'une excellente *pièce de circonstance*, c'est-à-dire une de ces pièces qu'on excuse à la rigueur en tenant compte de leur origine et de leur destination, lorsqu'il y manque cette pureté idéale, et ce fini, qui seuls peuvent satisfaire le bon goût.

Ce grand et sensible intérêt que la personne du poëte, son *moi*, avait dans cette pièce, et dans quelques autres du même recueil, nous explique, accessoirement, pourquoi il nous parle si fréquemment de lui-même, et avec si peu de mesure. L'auteur de cet article ne connaît pas de poëte moderne qui ait plus souvent à la bouche que M. Bürger le *Sublimi feriam sidera vertice* d'Horace, et qui en fasse le même abus. Non pas que nous le soupçonnions, quand il parle de la sorte, d'avoir laissé choir de son sein la *Fleurette merveilleuse*[1] : il est évident qu'on ne peut se prodiguer tant de louanges à soi-même que par manière de plaisanterie; mais, à ne prendre au sérieux qu'un dixième tout au plus de ces plaisanteries, un dixième qui revient dix fois dans un même recueil ne laisse pas de faire, en somme, une dose de sérieux passablement forte et amère. Même chez un Horace, cet éloge de soi n'est que pardonnable ; et l'on n'aime pas à pardonner au poëte qui vous charme, on voudrait n'avoir qu'à l'admirer.

Il nous semble que ces indications générales sur l'esprit même du poëte sont tout ce qui se peut dire, dans une gazette, au sujet d'un recueil de plus de cent poésies, dont plusieurs

---

1. C'est-à-dire la *Fleur de modestie*, allusion à la pièce dont quelques vers ont été traduits ci-dessus.

mériteraient une analyse détaillée. Le suffrage unanime du public, depuis longtemps bien décidé, nous dispense de parler des ballades, sorte de composition où il ne sera facile à aucun poëte allemand de l'emporter sur M. Bürger. Quant à ses sonnets qui sont des modèles du genre, et qui, bien déclamés, ont toute l'harmonie d'un morceau de chant, nous souhaitons, avec M. Bürger, qu'ils ne trouvent point d'imitateur[1], à moins que cet imitateur ne soit aussi habile que l'auteur lui-même, ou que son excellent ami, M. Schlegel[2], à manier la lyre du dieu de Delphes. Nous nous serions volontiers passé, dans ce recueil, des pièces qui ne sont que spirituelles, et surtout des épigrammes; comme, en général, nous verrions avec plaisir M. Bürger renoncer à la poésie légère et railleuse qui ne va point à sa forte nature et à son style nerveux. Par exemple, pour vous en convaincre, comparez sa *Chanson à boire* (1<sup>re</sup> partie, p. 142) à quelque pièce analogue d'Anacréon ou d'Horace. Enfin, si l'on nous demandait, en conscience, quelles sont, au fond, de toutes les poésies de M. Bürger, des poésies sérieuses ou des poésies satiriques, des morceaux proprement lyriques ou des narrations de forme lyrique, des pièces les plus anciennes ou des plus récentes, celles qui nous paraissent mériter la préférence, nous nous prononcerions en faveur des poésies sérieuses, des narrations et des pièces les plus anciennes. On ne peut nier que M. Bürger, comme poëte, n'ait gagné en force et en abondance, qu'il ne soit devenu plus maître de la langue, que sa versification ne soit plus belle; mais ni sa manière ne s'est ennoblie, ni son goût ne s'est épuré.

Si, en parlant de poésies où il y a infiniment de belles choses à louer, nous avons surtout signalé le côté défectueux, ce sera, si l'on veut, une injustice, mais une injustice dont nous

---

1. L'édition des *Poésies de Bürger*, publiée en 1789, est précédée d'une assez longue préface, dans laquelle l'auteur dit entre autres choses qu'il éprouve le besoin « de se décharger le cœur et de dire sa façon de penser au sujet de l'imitation ou plutôt de cette manie de singer qui, au lieu de l'amande, prend le noyau. Il craint « une inondation de mauvais sonnets, si les siens, ce petit nombre qu'il a risqué, ont du succès. »

2. Auguste-Guillaume Schlegel, né en 1767, était venu étudier à Gœttingue en 1786, et s'y était lié d'amitié avec Bürger. La préface que nous citions tout à l'heure contient un grand éloge de ce jeune poëte; un de ses sonnets y est cité.

ne pouvions nous rendre coupable qu'envers un poëte du talent et de la réputation de M. Bürger. Il faut un poëte de cet ordre, un poëte sur qui tant de gens ont les yeux ouverts, la plume toute prête à l'imiter, pour qu'il vaille la peine de prendre contre lui le parti de l'art ; et j'ajoute qu'il n'y a qu'un grand génie poétique qui soit en état de réveiller ainsi chez l'ami du beau, la pensée des plus hautes exigences de l'art : avec un homme d'un talent médiocre, on les écarte spontanément, ou l'on risque de les oublier tout à fait. Nous avouons sans difficulté que, parmi tous ceux de nos poëtes aujourd'hui vivants qui disputent à M. Bürger la palme du genre lyrique, il n'en est aucun qui, à nos yeux, ne soit tout aussi loin de ce rival, que M. Bürger lui-même, au moins dans notre opinion, est resté au-dessous de l'idéal même du beau. Nous sentons aussi parfaitement bien que plusieurs des défauts que nous avons signalés dans ses ouvrages, doivent être mis sur le compte des circonstances, qui ont contrarié dans son plus bel essor le génie du poëte : circonstances auxquelles ses poésies mêmes font de si touchantes allusions. Le calme, la sérénité de l'âme est une condition nécessaire pour produire quelque chose de parfait. La lutte avec les circonstances extérieures et avec l'hypocondrie paralyse toute faculté de l'esprit : l'âme du poète, plus que toute autre, a besoin que ces épreuves lui soient épargnées ; il faut qu'il se puisse dégager du présent, pour s'élever, d'un vol libre et hardi, dans le monde de l'idéal. Quelle que soit la tempête déchaînée dans son cœur, nous voulons qu'un éclat serein rayonne autour de son front.

Après tout, s'il est un de nos poëtes qui doive prendre la peine de se perfectionner lui-même pour arriver à produire une œuvre parfaite, c'est assurément M. Bürger. Cette veine si poétique d'imagination pittoresque, cette langue du cœur, si brûlante, si énergique, ce courant de poésie, qui tantôt s'épanche en vagues imposantes, tantôt se joue avec un aimable murmure, et qui distingue si éminemment tous les ouvrages de M. Bürger ; enfin, ce cœur honnête, qui parle, en quelque sorte, à chaque ligne : voilà un fonds qui vaudrait bien la peine qu'on y joignît un sens moral et esthétique toujours soutenu, la dignité virile, la solidité de la pensée, une grandeur enfin haute et calme, de manière à conquérir la couronne souveraine de la perfection classique.

Le public a en ce moment une belle occasion de bien mériter de la poésie nationale. M. Bürger prépare, nous dit-on, une nouvelle édition de ses œuvres, une édition embellie : sera-ce aussi une édition corrigée, et mise au point de la perfection? Cela dépendra du plus ou moins de concours que lui prêteront les amis de sa muse.

Tel est le jugement que nous portions, il y a onze ans[1], du mérite poétique de M. Bürger; notre opinion n'a pas changé : seulement nous l'appuierions aujourd'hui de preuves plus concluantes; car notre sentiment était plus juste en ce temps-là que notre argumentation. La passion et l'esprit de parti se sont mêlés de ce débat; mais qu'on mette de côté tout intérêt personnel, et l'on rendra justice à l'intention qui dictait notre critique.

1. Cette conclusion fut ajoutée lorsque l'auteur, en 1802, inséra la critique qui précède, dans le recueil de ses *Opuscules en prose*. (*Note de la première édition allemande des OEuvres complètes.*)

# RÉPONSE DE BÜRGER.

Bürger, qui refusa longtemps de croire que la critique qui précède fût l'œuvre de Schiller, fit insérer dans la *Gazette universelle de littérature d'Iéna* (*Intelligenzblatt*, n° 46, 6 avril 1791) la réponse suivante. Quoiqu'elle nous paraisse fort peu remarquable, nous l'insérons ici, parce que sans elle la réplique de Schiller ne serait pas intelligible.

### ANTICRITIQUE PROVISOIRE ET ANNONCE.

Le jugement porté sur moi et sur mes poésies dans les n°ˢ 13 et 14 de la *Gazette universelle* de cette année, ne peut manquer d'exciter tout particulièrement mon attention et celle de tout mon public. Car c'est en se donnant les plus respectables apparences de la plus solide profondeur, de la judiciaire la plus exercée, du goût le plus raffiné, bref en prenant ce ton d'autorité d'un seigneur et maître en littérature, qui réduirait à un humble silence l'esprit de contradiction le plus hardi : c'est de cet air que l'auteur de la critique cherche à démontrer que depuis vingt ans nous nous sommes grandement trompés.

Pour ma part, je savais depuis longtemps, et je n'oublierai dans aucun moment de ma vie, d'abord que je ne suis pas une intelligence mûre et parfaite, puis que je n'ai pas exprimé une telle perfection dans mes œuvres. En effet, comment pourrait m'échapper cette vérité triviale, que nul esprit fini n'arrive jamais à la maturité parfaite? Toutefois je croyais que mon esprit, ou du moins quelques-uns de ses fruits, étaient parvenus à un point où ils pouvaient être goûtés, sans grimace de déplaisir, par ces esprits d'élite qui, pour être un peu plus avancés que le commun des hommes, ne sont pour cela absolument, comme nous tous dans ce monde sublunaire, ni mûrs ni parfaits. Mais c'était là une erreur grossière. Il faut (que cela soit possible ou non), il faut être une intelligence mûre et parfaite, et ne donner que des fruits mûrs et parfaits. Mais moi, pour ceux-là même qui ne sont pas mûrs, je suis loin, hélas! d'être mûr assez.

Mon public largement favorable est dupe d'une erreur bien pire encore que la mienne. Car en général il se faisait de mon génie une idée bien supérieure à celle que j'ai jamais pu moi-même en concevoir, même dans ces heures où le jeune homme se complaît le plus en lui-même, et en vérité les lecteurs applaudissaient à outrance à un bien plus grand nombre de mes écrits que je n'eusse voulu. Cette foi exagérée à mon talent, cette sorte de danse dévote autour de certaines de mes pagodes, me remplissait souvent de honte et de mécontentement. Je ne songeais pas sans inquiétude à la mine que ferait cette foule d'admirateurs, si, en soumettant mes œuvres à un nouvel examen plus sévère, je me voyais forcé de lui enlever les plus indignes au moins de ses poupées favorites. Mais maintenant il me faudrait lui enlever jusqu'à mes figures les mieux réussies.

Car, voyez ! un grand critique, un génie mûr et parfait, est descendu d'une sphère supérieure sur la *Gazette universelle de littérature*, d'une sphère où « les courants de poésie ont un murmure aimable comme celui de la flûte[1], » où « les fleurs de la jeunesse de l'esprit durent sans se flétrir jusque dans la saison des fruits, » c'est-à-dire où ce qui précède et ce qui suit peut être considéré comme une même chose dans un seul instant de la durée, et paraître à la fois dans une même image ; d'une sphère où l'on n'a pas besoin de s'exprimer d'une manière aussi exacte et aussi déterminée qu'ici-bas, où l'on peut prendre l'une pour l'autre, comme synonymes, les locutions, « acheter quelque chose *par une seule jouissance esthétique*, » ou « *par une seule privation esthétique*; » d'une sphère où une *lumière* rajeunissante vous préserve, aussi bien qu'une *chaleur* rajeunissante, des glaces d'une vieillesse prématurée ; d'une sphère où les facultés intellectuelles de l'homme agissent séparées et isolées ; où la poésie « rassemble dans son miroir, » en les épurant et les ennoblissant, les mœurs, le caractère et toute la sagesse de son temps ; en un mot, d'une sphère où l'on pense, contemple, sent, combine, où l'on fait les figures du style ou les images et désigne les objets d'après de tout autres lois que celles que nous nous croyons obligés de suivre en ce bas monde, esprits imparfaits et non mûrs que nous sommes.

A ce génie descendu d'en haut il appartient, en vertu des informations statistiques qui précèdent, d'affirmer intrépidement que parmi toutes les poésies de M. Bürger, sans en excepter « la plus riche en beautés, » il n'en peut nommer aucune qui lui procure une jouissance tout à fait pure, qui ne soit achetée par aucun mélange de déplaisir. Cette assertion est immédiatement suivie d'une longue liste de motifs de blâme. Je demande en grâce qu'on la compare au relevé qui précède....

A notre grand étonnement nous apprenons, tous sans exception, ce que ni moi, ni mon grand public ébloui, n'avions rêvé jusqu'ici : non pas seulement que je ne suis pas un poëte accompli.... plût au ciel que ce ne fût que cela !... non, mais que je ne suis pas du tout poëte, que je ne mérite pas du tout ce nom.... Qu'on ne croie pas que je ne fasse ici que chicaner notre critique, ce génie de l'art. Dieu m'en préserve ! Voici la preuve : « Une des premières exigences de la poésie est d'idéaliser, d'ennoblir (seraient-ce bien là des synonymes?), sans quoi le poëte cesse

---

[1]. Schiller s'était servi, dans sa critique, des mots *lieblich flœten*.

de mériter son nom. Or, on ne trouve pas chez moi ce talent d'idéaliser. Donc.... »

A cause de cette impuissance, je ne suis sans doute, autant dire, rien. Mais combien vous devez être moins encore, moins que rien, vous mes très-chers et très-honorés frères en Apollon, qui me disputez la couronne de la poésie lyrique, Asmus[1], Blumauer, Gleim, Gœckingk, Goethe[2], Herder, Jacobi, Langbein, Matthisson, Ramler, C. Schmidt, Schiller[3], Schubart, Stæudlin, Stolberg, Voss, et.... pardonnez-moi, ou plutôt remerciez-moi de ne pas vous faire à tous le chagrin de vous nommer ici ! Car ce génie venu de la voûte étoilée, ce génie mûr et parfait, vous voit « aussi loin au-dessous de moi, » que moi-même, selon lui, « je suis loin encore du beau suprême. » Quel enfant de la terre ne serait pris de vertige rien qu'à l'idée de cette hauteur suprême où réside le beau et ce critique de génie qui plane tout auprès !

Mon élégie intitulée « Quand Molly voulait s'arracher de mes bras » appartient, nous apprend-il encore, « à mes plus faibles productions. » C'est ce que suffisent à prouver évidemment les citations à l'appui[4], dont il aurait pu, dit-il, doubler le nombre; et après lesquelles toute parole devenait inutile. Prenez-en bonne note, vous toutes, tant que vous êtes, âmes grossières, non mûries, imparfaites, d'hommes et de femmes, qui vous êtes laissé pénétrer si intimement, toucher si profondément par les accents naturels et vrais de ce chant. Vous êtes consternées et ne savez ce qui vous arrive? Oh ! croyez-moi, je sais encore moins que vous. Mais, désormais, il me faudra sans doute effacer aussi ce poëme du livre des vivants....

Vous, juges de l'art, qui siégez dans d'autres tribunaux, et qui, conformément à mon propre désir, ne m'avez pourtant pas ménagé, apprenez-le de mon juge suprême et du vôtre : Cette pièce que vous avez tant vantée, « la *Fleurette merveilleuse* est, pour parler franchement, pure fadaise. » Et en effet que pourrait-elle être autre chose que fadaise et niaiserie?

Initiés et profanes, égarés par le mot d'Horace : *Si vis me flere*[5].... avaient cru jusqu'ici que les sentiments exprimés par le poëte devaient être vrais, naturels, humains. Ils avaient cru que le meilleur moyen de les bien rendre était que le poëte ne les imaginât pas artificiellement, mais les éprouvât plutôt dans son propre cœur. Mais notre critique mûr et parfait entend bien mieux la chose. Il faut qu'ils soient idéalisés.... oui, idéalisés. Oh ! vous, Engel, Garve, Herder, Wieland,

---

1. Ce pseudonyme désigne le poëte et prosateur populaire Claudius. Il avait publié ses ouvrages sous le titre d'*Asmus omnia secum portans*, ou Œuvres complètes du *Messager de Wandsbeck*.
2. Dans le huitième volume de ses écrits. (*Note de Bürger.*) — Goethe avait publié en 1787, à Leipzig, les quatre premiers volumes de ses Œuvres; en 1788, le tome V; en 1789, le tome VIII, qui contenait, entre autres choses, les Poésies détachées, les compositions lyriques; en 1790, les tomes VI et VII.
3. Dans ses productions lyriques. (*Note de Bürger.*)
4. Voyez la note de la page 368.
5. *Art poétique*, v. 102.

approchez, de grâce, pour considérer avec moi cette trouvaille merveilleuse tombée de la lune de l'Arioste[1].... Ah! que les Lessing, les Mendelssohn, les Sulzer, n'aillent pas se retourner dans leurs tombes! Mes derniers poëmes, ceux à Molly en particulier, ne valent rien. Car autant « la langue et la versification sont, dans la plupart, inimitablement belles, » et autant ils sont poétiques en tant que *chantés*, autant ils le sont peu en tant que *sentis*. Voilà ce que j'appelle une antithèse aussi fine que profonde. Assurément notre génie de l'art s'y est complu, bien plus que moi dans mon invention de la *Fleurette merveilleuse*. Aussi avait-il de bonnes raisons pour cela. Voyez donc le sens magnifique qui se tire de là. Ce ne sont pas mes sentiments *à moi*, ni ceux d'*aucun* des hommes de ce monde sublunaire, des sentiments vrais, naturels, individuels, mais ce sont des sentiments *idéalisés*, c'est-à-dire n'appartenant à nul homme mortel.... ce sont des abstractions.... songez donc!... des abstractions de sentiments, que ces poëmes devraient contenir pour valoir quelque chose.... O Pétrarque, toi qui as chanté, plus *individuellement* que personne, ce que tu sentais, plus *individuellement* que personne, pour ta Laure; Pétrarque, vrai soleil de la poésie lyrique, qui as ébloui les siècles de tes rayons, que deviens-tu, éclipsé que tu es par l'éclat supérieur de ce critique des régions éthérées?... Et avec tout cela ce juge si profond ne croit pas contredire sa théorie quand il affirme « que le poëte ne nous peut donner rien autre chose que son individualité. »

De telles singularités et d'autres semblables sont pour moi, et incontestablement pour tout le public lettré et ami du beau, si remarquables, qu'il m'était impossible de ne pas m'écarter en cette occasion de ma pratique constante. Jusqu'ici, dans toute ma vie, je n'ai pas fait imprimer un seul petit mot à l'occasion d'une critique de mes œuvres. Mais au sujet de celle-ci, il faut que de tous les taciturnes le plus fier et le plus digne me pardonne de sommer bien haut l'auteur de nous exposer ailleurs, plus en détail qu'il ne l'a pu faire ici, son incompréhensible doctrine, et d'expliquer ainsi une quantité de contradictions dont nous ne pouvons nous tirer. En particulier, je voudrais voir confirmer cette merveilleuse idée du *sentiment idéalisé*, par un exemple, fût-il unique, un exemple intéressant, tiré d'un poëte quelconque, ancien ou moderne, national ou étranger, qui ait bien saisi cette admirable manière de sentiment. J'offre très-volontiers pour y faire cette démonstration mon *Académie des arts de la parole*[2]. Car, étant déjà, comme je le suis, tout couvert de blessures, je consens à ce que dans sa colère notre génie de l'art achève de faire de moi, sur mon propre fonds et mon domaine, un véritable *Ecce homo*, si réellement, et partout, jusque dans mon œuvre la mieux réussie, j'ai péché contre les règles du beau, d'une manière aussi grave que cette critique m'en donne l'air.

Au reste, je sais bien, pour ce qui est de moi, que si une fois je m'étais

---

1. Voy. l'*Orlando furioso*, canto 34, st. 67 et suiv.
2. Titre d'un journal que Bürger avait commencé à publier en 1790.

senti la vocation et le courage de traiter un vieux favori du public, comme m'a traité l'auteur de ces articles, j'aurais eu en même temps assez d'intrépidité pour lever ma visière, si l'on m'en avait prié. Écoute-moi donc, masque sévère et non moins brave sans doute : de grâce, qui es-tu? Je ne le demande pas, comme l'on pourrait croire, pour satisfaire ma vaine curiosité et celle du public. Je n'aspire pas non plus à me venger sur le critique ni sur les enfants de son esprit, qui sans doute seraient vulnérables, ne fût-ce qu'au talon, comme le grand, le divin Achille, et mortels eux aussi. Mais peut-être, comme Macbeth, n'a-t-il point d'enfants.... Je dis *peut-être?* Assurément non, il n'en a point. Ce n'est point un artiste, un poëte; c'est un métaphysicien. Aucun maître, ayant la pratique de l'art, n'imagine en rêve d'aussi vains fantômes que sont les sentiments idéalisés.... Si toutefois, ce que je ne puis croire, si jamais quelqu'une des Muses l'avait rendu père, il aurait certainement, par une telle critique, condamné à mort sa progéniture, et je n'aurais pas besoin d'intervenir. Aussi ne puis-je m'empêcher de rire quand j'entends nommer ce compte rendu l'œuvre d'un maître, et qu'on l'attribue à des écrivains comme Engel ou Schiller. Si des hommes à qui Phébus Apollon a donné des enfants nés de leur génie, voulaient apprêter pour les enfants d'autrui un breuvage empoisonné, ils s'y prendraient de telle sorte que leurs propres enfants ne bussent pas la mort à la même coupe.... Si je souhaite que mon juge dévoile sa face, c'est afin que chacun sache, à première vue, à qui s'en rapporter désormais en fait de goût et de délicate culture. Car, que l'on dise ce qu'on voudra, bien souvent, en matière de goût, où ce ne sont pas, comme dans le domaine des notions intellectuelles, des idées précises et des formules qui dirigent le jugement, mais d'inexprimables instincts, les ἄρρητα du sentiment, comme auraient dit les Grecs : dans une telle matière, la simple autorité d'un génie supérieur, reconnu, et proclamé tel, doit nécessairement être d'un grand poids, et son exemple doit suffire à juste titre pour établir la règle du bon goût. Or, s'il se trouvait que mon juge ne fût pas un de ces génies supérieurs, mais seulement un talent à mon niveau, dans ce cas, nos deux autorités opposées l'une à l'autre se contre-balanceraient tout au moins, comme deux forces égales et indépendantes, et il faudrait que son goût parlât du mien, comme un souverain parle d'un autre, avec une estime, sinon timide, du moins modeste. Mais si, plus que cela, il venait à se découvrir qu'il fût même au-dessous de moi pour le talent acquis et la culture de l'esprit, oh ! alors sa critique pourrait bien moins encore prétendre à servir de loi souveraine à mon jugement à moi et à celui du public qui a la même culture que moi et la même manière de voir. Alors il faudrait plutôt que ce goût à part, que je nommerais volontiers faux goût, en vertu duquel il déclare que la *Fleurette merveilleuse* est « un emblème indigne et médiocre de la modestie » se rectifiât modestement et humblement sur celui de l'auteur et des autres esprits cultivés auxquels la pièce ne paraît pas telle, et qu'ainsi ce faux goût cherchât à se changer en bon goût. On comprend après cela combien il importe de savoir de qui est cette voix qui retentit si arrogamment de derrière le rideau.

Il faut que, malgré moi, je m'arrête ici, mais j'espère que prochainement, dans mon *Académie*¹, où il fait moins cher vivre pour moi qu'ici, je pourrai traiter plus somptueúsement ce critique et d'autres avec lui. Car j'ai l'intention d'écrire quelque chose sur moi-même et sur mes œuvres, non pour l'amour de moi, mais pour l'amour de l'art².

1. Voy. plus haut la note 2 de la page 382.
2. Suit un avis adressé aux personnes qui ont souscrit à l'*Édition extraordinaire* des Œuvres de Bürger. L'auteur se plaint de n'avoir pas encore reçu du quart de ses trop rares souscripteurs la petite somme qu'ils s'étaient engagés à verser d'avance. Il recule le terme du payement jusqu'à la fin de mai. Si alors il n'a pas touché de quoi se préserver au moins d'un dommage considérable, il renverra tout l'argent reçu. « Qu'il advienne ensuite de mes poésies ce qu'il pourra. Ce ne sera plus mon affaire. »

GODEFROI-AUGUSTE BÜRGER.

Gœttingue, le 5 mars 1791.

# RÉPLIQUE DE SCHILLER A BÜRGER [1].

Après l'exposé détaillé des motifs sur lesquels le critique avait fondé le jugement qu'il a porté des poésies de M. Bürger, il s'attendait à être réfuté par quelque chose de plus réfléchi et de plus solide que la simple autorité, que des exclamations, un épluchage de mots, une fausse interprétation volontaire, de pathétiques apostrophes et des tirades comiques. Aussi bien la cause de M. Bürger ne lui paraissait-elle pas assez mauvaise pour ne pas mériter une meilleure défense. Le critique consentira bien volontiers à éprouver sa théorie de l'art, en quelque lieu que ce soit, contre celle de M. Bürger, et en même temps il verrait avec peine qu'on prît l'opinion qu'il a exprimée sur cet auteur, pour autre chose que la conviction d'un seul lecteur, conviction à laquelle il est tout disposé à renoncer si on l'instruit de son erreur. Mais aussi serait-il juste, comme cela convient dans toute affaire d'honneur, que les armes fussent égales, et, quand l'une des parties emploie des arguments logiques, il ne faudrait pas que l'autre eût recours aux artifices de l'escrime. Il ne s'agit point ici d'un fait historique qui ne puisse être confirmé que par l'autorité des témoignages, ou que le défaut de confiance rende suspect (et telle est la méthode dont use M. Bürger envers son critique). Il est question des principes du goût et de l'application de ces principes aux œuvres de M. Bürger. Ces principes et ces œuvres sont sous les yeux du public, qui peut examiner, s'en rapportant, non pas au nom célèbre ou obscur du rédacteur, mais à son propre jugement et à sa propre raison, les assertions contenues dans mes articles, et com-

---

[1]. Cette réplique, intitulée : « Défense du rédacteur contre l'anticritique qui précède, » suit immédiatement, dans la *Gazette universelle*, la réponse de Bürger.

parer le compte que M. Bürger a jugé à propos d'en rendre, avec les termes mêmes et toute la suite des idées du critique. Ce public, qui se souvient de son Wieland, de son Goethe, de Gessner, de Lessing, peut-être serait-il difficile de lui persuader que la maturité et le degré de perfection que nous exigeons d'un poëte excellent, dépasse les bornes de l'humanité. Des lecteurs qui se rappellent les chants, pleins de sentiment, d'un Denis, d'un Gœckingk, de Hœlty, de Kleist, de Klopstock, de Salis; des lecteurs qui comprennent, en général, que les sentiments ne peuvent prétendre à toucher tous les cœurs qu'à la condition de s'élever jusqu'à revêtir le caractère général de l'humanité, et que c'est seulement en se dégageant de tout alliage étranger qu'ils se mettent d'accord avec les lois de la moralité, qu'ils semblent jaillir du sein même de l'humanité ennoblie, et qu'ils deviennent « de *beaux* accents de la nature; » car les accents de la nature purement *touchants* échappent aussi au scélérat à la torture, sans avoir, je l'espère, aucune prétention à la beauté : il serait difficile sans doute d'amener de tels lecteurs à tenir des sentiments *idéalisés*, comme le critique les a nommés dans l'intérêt de la brièveté, pour de vains fantômes ou même pour des abstractions purement artificielles et contraires à la nature. Ces lecteurs savent fort bien que la *vérité*, le *naturel*, le *caractère humain* des sentiments, sont si loin de souffrir du travail de l'artiste pour les idéaliser, que ce sont au contraire ces trois qualités qui leur donnent droit à la sympathie de tous, c'est-à-dire qui constituent leur généralité idéale. Nous nommons *humaine* la peinture d'un sentiment, parce qu'elle représente, je ne dis pas ce qu'un homme, un individu a réellement éprouvé, mais ce que tous les hommes doivent éprouver par un sentiment de sympathie. Et, pour toucher ainsi tout le monde, ne faut-il pas ôter à la peinture ce qui, à force d'être local et individuel, pourrait diminuer la commune sympathie? Quand Klopstock s'identifie pour ainsi dire avec l'âme de sa Cidli, Wieland avec celle de sa Psyché ou de son Amanda, Goethe avec le caractère de son Werther, Rousseau avec celui de sa Julie, Richardson avec celui de sa Clarisse, et que chacun d'eux éprouve et nous peint l'amour tel qu'il devait se montrer dans de tels cœurs, n'ont-ils pas modifié leurs sentiments par cette disposition d'âme que je nommais idéale, ou, pour m'exprimer plus brièvement, idéalisé leurs sentiments? Peut-être M. Bürger pourrait-il objecter que le cas n'est point le même quand le poëte sent et écrit en son propre nom.... mais il faudrait, pour répondre ainsi, qu'il ignorât absolument que la personne du poëte ne peut ici signifier quelque chose qu'autant qu'elle représente toute l'espèce, et que ses poésies seraient de tristes produits s'il n'avait pas commencé par s'élever lui-même à l'idéal. S'il se contente de nous représenter fidèlement et naturellement certains sentiments, tels qu'il les a éprouvés dans certaines circonstances, il peut bien alors atteindre son but comme historien et instruire le public de telle ou telle chose qui s'est passée dans l'âme du poëte, et que le public ignore, sans tenir infiniment, je suppose, à la savoir; mais veut-il atteindre le but de l'art, c'est-à-dire toucher généralement, veut-il même que les cœurs qu'il touche soient ennoblis par cette émotion, alors il faut qu'il se décide à se détacher en certains points de son individualité, quelque chère qu'elle lui soit, à prendre sagement conseil de ces types du beau, du noble, de l'excellent, qui résident réellement en lui, et à les concentrer, autant que faire se peut, en un seul rayon; il faut qu'il s'efforce d'en séparer tout ce qui ne tient qu'à son moi individuel, borné, prévenu, et surtout d'écarter, avant toute autre chose, toutes ces additions grossières de sensualité, d'immoralité, et d'autres éléments du même genre, auxquelles d'ordinaire on ne regarde pas de si près dans la vie active. Plutôt que de prendre goût à des chants où bruit encore et s'agite tout l'impur tourbillon d'une passion effrénée, et où se reflètent, avec le sentiment du poëte inspiré, toutes les taches de son esprit, le lecteur cultivé rejetterait l'autorité d'Horace lui-même, s'il était possible que ce poëte immortel en prononçant cette parole vraie, cette parole d'or : « Pleure toi-même, si tu veux faire pleurer, » eût eu l'idée de prendre sous sa protection toutes les sauvages productions d'un cerveau échauffé. Un certain calme, une certaine liberté d'esprit sont choses tellement indispensables pour la belle représentation de la passion la plus ardente, que.... même des réponses à une critique ne peuvent, comme l'on voit, s'en passer, sans manquer en grande partie leur but.... Et de tout cela M. Bürger ne veut rien savoir ? Tous ces principes élémentaires de l'art qui peint aux yeux et à l'âme résonnent à ses oreilles comme des révélations nouvelles qui tombent des nues. En vérité, c'est un bonheur pour lui et pour ses lecteurs que son génie poétique ait jusqu'ici guidé sa plume à la place de l'art qui lui fait défaut, et ait su se tirer d'affaire très-passablement sans le secours de l'esthétique.

Que le lecteur réfléchi décide si l'auteur de la critique s'est réellement rendu coupable d'une grossière contradiction en tenant, d'une part, à ce qu'un ouvrage de l'art ne manque pas d'individualité, et en ne pouvant toutefois, d'autre part, trouver belle une individualité informe, inculte, offerte aux regards avec toutes ses scories. Ou bien, comme le pense M. Bürger, serait-ce précisément dans cette dernière espèce de personnalité que consisterait l'originalité et la propriété, que l'on considère à bon droit comme un grand avantage pour toute œuvre d'art ? Que le lecteur décide encore si le critique refuse ou non à M. Bürger l'art d'idéaliser en général, quand il se plaint seulement, en termes exprès, de ne pas voir chez lui cette partie de l'art d'idéaliser que le crit'que a en vue, à savoir celle qui rapporte toute création idéale particulière du poëte à un idéal intérieur de suprême perfection.

Ce qui importait à M. Bürger, c'était de contester l'application faite à ses poésies des principes établis par l'auteur des articles, mais non de combattre ces principes mêmes, qu'il ne peut guère nier sérieusement, sur lesquels il ne peut se méprendre sans rendre suspectes les idées qu'il se fait de l'art. Quand il se défend si vivement contre ces exigences, il confirme ou éveille le soupçon, qu'en réalité il a peu d'espoir de mettre à couvert de ce côté ses poëmes. Il aurait dû nommer celle de ses productions à qui le critique a fait tort par son jugement général. Quand, par exemple, M. Bürger tient pour impossible qu'un de ses confrères en poésie se soit oublié au point d'établir un idéal de l'art qui serait la condamnation des œuvres de celui-là même qui l'établit, il montre simplement par là combien son idéal à lui est soumis à l'influence de son amour-propre, si même il n'a été jusqu'à le déduire des productions particulières de son génie. Ce que le moraliste ne se fait aucun scrupule de demander à tout homme, ce que l'instituteur demande déjà en partie à son élève, l'art peut bien, ce semble, l'exiger de ses fils les plus éminents ; et s'il n'y a rien d'absurde dans l'exigence du moraliste, si là l'élévation de l'idéal ne doit pas décourager les efforts faits pour l'atteindre, pourquoi en serait-il autrement de l'art, qui fait dériver ses prétentions de celles de la morale, et dont l'idéal est déjà contenu en grande partie dans celui du moraliste?... Rien n'empêcherait donc qu'un poëte eût rédigé ce jugement sur M. Bürger, un poëte, s'entend, qui n'aurait pas eu la prudence de mettre d'abord en sûreté contre la rigueur de sa théorie les enfants de sa propre muse. Un tel poëte n'eût guère été empêché par la crainte des représailles de dire franchement et ouvertement son opinion sur M. Bürger : plus jaloux de la dignité de son art que de la gloire des écrits par lesquels lui-même peut-être s'est jusqu'ici rendu déjà coupable envers cet art, il lui donne ici plein pouvoir d'avancer contre les fruits de son esprit, tout ce qu'il pourra trouver de raisonnable à dire. Mais aussi il se croit d'autant plus le droit de défendre contre l'exemple de M. Bürger ce qui lui paraît la cause de l'art ; de la défendre contre toutes les *Élégies à Molly* et toutes les *Fleurettes merveilleuses*, et tous les *Cantiques des Cantiques*, dans lesquels on passe de la « pierre aux corbeaux de la potence » et de la « chambre de torture, » au « lit de duvet de la volupté[1] ; » de la défendre

---

1. C'est à la fin de la neuvième strophe du *Cantique des Cantiques* que Schiller fait ici allusion. Cette fin était ainsi conçue dans l'édition de 1789 :

> Das ist mehr, als von der Kette,
> Aus der *Folterkammer* Pein,
> Oder von dem *Rabenstein*,
> In *der Wollust* Flaumenbette
> Durch ein Wort entrückt zu sein.

« Cela est plus que d'être délivré de la chaîne, des souffrances de la chambre de torture, de la pierre aux corbeaux, et transporté par un seul mot dans le lit de duvet de la volupté. »

La critique de Schiller a touché Bürger. Dans l'édition de 1796, je lis ces cinq vers ainsi modifiés :

> Das ist süsser, als der Kette,
> Süsser, als der Geierpein
> An Prometheus rauhem Stein,
> Auf der Ruhe Flaumenbette
> Durch ein Wort entrückt zu sein.

« Cela est plus doux que d'être délivré de la chaîne, de la peine du vautour

avec modestie, comme il espère l'avoir fait, mais non avec *timidité*. C'est à l'artiste de comparaître avec timidité devant la critique et devant le public, mais non à la critique de se montrer timide devant l'artiste, quand cet artiste n'est point un de ceux qui étendent et agrandissent les lois mêmes de la critique.

Serait-ce peut-être pour transporter la lutte sur un terrain étranger, que M. Bürger interpelle toute la troupe des poëtes lyriques allemands, qu'il crie *au feu !* sur tout le Parnasse, qu'il évoque, pour éteindre l'incendie, le génie d'un Wieland et de ses pareils. Qu'il prenne garde d'éveiller l'ombre de Samuel : il pourrait recevoir la même réponse qu'autrefois Saül. L'auteur de la critique se souvient d'avoir élevé M. Bürger au-dessus de tous ceux qui lui disputent la palme de la poésie lyrique. Mais il ne s'ensuit pas que tous ceux-là luttent avec lui pour cette palme, qui ont une fois exhalé dans un chant ou dans une ode la plénitude de leur enthousiasme ; et ces poëtes également ne luttent plus, qui ont depuis longtemps conquis la couronne. Enfin, quelle que soit la supériorité du génie de M. Bürger sur ses concurrents, il pourrait se faire que plus d'un parmi eux, qui le lui céderait en talent de poésie, fût digne de lui servir de modèle dans des parties essentielles de la peinture poétique.

Si « ce public, largement favorable, » de M. Bürger, « a pu tenir son génie pour un être encore supérieur à ce qu'il en pense lui-même, » ce qui est beaucoup dire ; s'il a accueilli « avec une approbation excessive » un bien plus grand nombre de ses productions que l'auteur n'eût voulu ; et si, avec une foi dévote dont l'auteur en personne a rougi, ces admirateurs ont organisé « une danse solennelle autour de ses pagodes : » dans ce cas, ce ne serait réellement pas un aussi grand malheur que le dit M. Bürger, de se trouver jusqu'à un certain point en désaccord avec le jugement de ce public. Aussi n'est-il pas nécessaire d'admettre que tout le monde des écrivains et des lecteurs se soit trompé, s'il se trouve, après examen, que M. Bürger ne soit point un poëte mûri et achevé. Aisément la satisfaction

---

sur la roche escarpée de Prométhée, et transporté par un seul mot sur le lit de duvet du repos. »

personnelle de l'artiste confond avec le jugement *du monde* ce fracas de bruyantes acclamations, qui résonne tout d'abord autour de lui dès sa première apparition, et ainsi bien souvent se décide la renommée d'un écrivain, avant que les voix les plus autorisées aient donné leur avis. Le génie poétique de M. Bürger n'a nullement à redouter ces voix-là, et il ne faut qu'un peu plus d'étude des beaux modèles et un peu plus de sévérité envers soi-même, pour qu'elles aussi souscrivent de bien bon cœur aux glorieuses épithètes qui lui ont été décernées sans elles. Bien que l'auteur de ces articles n'ait eu d'autre guide, dans la rédaction de sa critique, que son propre sentiment, il a été agréablement surpris de s'apercevoir ensuite que, dans son jugement sur M. Bürger, il avait exprimé l'opinion que se font de cet écrivain quelques-uns des juges les plus compétents en matière de goût.

Au reste, pour ne pas faire à une partie considérable du public une confidence superflue, et pour ne pas empêcher auprès d'une autre, par son nom fort innocent, le bon accueil que pourraient rencontrer ses principes, qu'il soit permis au critique de rester fidèle à son incognito : dans les luttes littéraires l'incognito demeurera une chose bonne et louable, aussi longtemps qu'il y aura des écrivains qui donnent la comédie à public, d'une façon peu édifiante, à leurs dépens et aux dépens de toute leur classe. Tant que l'on combat avec des principes rationnels et par pur intérêt pour la vérité, on ne combat point dans les ténèbres : les ténèbres ne commencent que là où les personnes prennent la place des choses.

Le critique.

SUR LES

# POÉSIES DE MATTHISSON

SUR LES

# POÉSIES DE MATTHISSON[1].

Les Grecs, dans le bon temps de l'art, ne semblent pas avoir attaché grande valeur à la peinture des paysages : c'est un fait connu de tout le monde; et aujourd'hui encore les rigoristes en matière d'art en sont à se demander si les peintres de paysage doivent être considérés comme de véritables artistes. Mais, ce qu'on n'a pas encore assez remarqué, c'est que l'antiquité n'offre également que peu d'exemples de poésie de paysage, j'entends d'un certain genre de poésie qui est à l'épopée, à la poésie dramatique et à la poésie lyrique, à peu près ce qu'est la peinture de paysage, à celle qui représente les animaux et les hommes.

Autre chose en effet est de faire entrer dans un tableau la nature inanimée, uniquement comme théâtre d'une action, et de lui emprunter, au besoin, ses couleurs pour représenter la nature animée, comme font fréquemment le peintre d'histoire et le poëte épique : autre chose est de peindre la nature inanimée pour elle-même, d'en faire l'objet principal du tableau, et de n'y placer l'homme qu'à titre de figurant. Des tableaux du premier genre, on en trouve une infinité dans Homère; et

---

1. Ce morceau a paru dans la *Gazette universelle de littérature d'Iéna*, numéros 298 et 299 de 1794 (11 et 12 septembre), à l'occasion de la troisième édition des *Poésies de Matthisson*, publiée à Zurich, chez Orell et C<sup>ie</sup>. Il a été réimprimé, en 1802, dans les *Opuscules en prose*, t. IV, p. 268-309.

qui pourrait égaler ce grand peintre de la nature pour la vérité, l'individualité, la vivacité avec lesquelles il nous rend sensible la scène de ses peintures dramatiques? Mais il était réservé aux modernes (parmi lesquels il faut déjà comprendre en partie les contemporains de Pline) de faire de ce côté de la nature, pour lui-même, l'objet d'une représentation propre, soit dans des peintures, soit dans des poésies de paysage, et d'enrichir ainsi d'une nouvelle province le domaine de l'art, que les anciens semblent avoir borné à l'humanité et à ce qui ressemble à l'homme.

D'où pourrait bien venir cette indifférence des artistes grecs pour un genre si généralement prisé de nous autres modernes? Est-il permis de supposer que le Grec, si fin connaisseur, si enthousiaste du beau, n'ait pas eu le sentiment des charmes de la nature inanimée? Ou ne doit-on pas soupçonner plutôt qu'il a dédaigné à bon escient cette matière, la jugeant incompatible avec ses idées en fait de beaux-arts?

Qu'on ne s'étonne pas de nous voir soulever cette question à propos d'un poëte qui a porté dans la peinture de paysage une force rare, et qui peut-être mieux que tout autre mérite d'être pris pour le représentant du genre, pour l'exemple le plus complet de ce que peut donner la poésie dans cet ordre de compositions. Pour cette raison-là même, avant de le prendre à partie, il convient de jeter un coup d'œil critique sur le genre où il a essayé ses forces.

Je conviens que celui qui est encore sous l'impression toute fraîche et toute vivante du merveilleux pinceau d'un Claude Lorrain, aura peine à se persuader que ces chefs-d'œuvre dont il est ravi, ne relèvent point du beau, mais simplement de l'agréable; et de même celui qui vient de fermer le livre après avoir lu une description de Matthisson, doit trouver assez étrange qu'on lui demande si c'est réellement un poëte qu'il a lu.

Nous laissons à d'autres le soin de maintenir au peintre de paysage son rang parmi les artistes : nous ne toucherons de ce sujet que ce qui intéresse directement le poëte paysagiste. Cette étude nous fournira en même temps les principes d'après lesquels il faut déterminer le mérite dans ces sortes de poésies.

Nous savons que ce n'est jamais la matière, mais bien l'exécution, qui fait l'artiste et le poëte. Un ustensile de ménage, une dissertation de morale, peuvent, par une exécution pleine de goût, s'élever jusqu'à être une libre et véritable œuvre d'art : tandis qu'un portrait d'homme, sous une main malhabile, ne sera qu'une œuvre de métier. Lors donc qu'on fait difficulté d'admettre que des tableaux ou des poésies dont la nature inanimée forme seule le sujet, soient proprement des œuvres d'art (de cet art, j'entends, où l'idéal est possible), ce que l'on conteste, à vrai dire, c'est la possibilité de traiter ces sortes de sujets comme l'exige le caractère essentiel des beaux-arts. Et quel est ce caractère auquel ne peut s'accommoder la nature lorsqu'elle est réduite à de simples paysages? C'est nécessairement celui qui distingue l'art du beau proprement dit, de celui qui n'est fondé que sur l'agréable. Or, la *liberté* est un caractère qui appartient à la fois à ces deux sortes d'art. Il faut donc pour qu'une œuvre d'art *agréable* soit en même temps une *belle* œuvre, qu'elle porte en soi le caractère de la *nécessité*.

Si l'on entend par poésie en général l'art « de nous transporter, par un libre effet de notre imagination créatrice, dans certains états déterminés de sensibilité, » définition qui peut fort bien se soutenir, ce me semble, à côté de tant d'autres qui ont cours sur ce même objet, il faudra reconnaître en poésie deux sortes de conditions auxquelles le poëte qui veut mériter son nom ne peut se soustraire. Il doit d'abord laisser à notre imagination son libre jeu et une activité qui vienne d'elle. En second lieu, il faut néanmoins qu'il soit lui-même sûr de son effet, et qu'il produise en nous un état déterminé de sensibilité. Ces exigences, au premier coup d'œil, paraissent tout à fait contradictoires ; car, d'un côté, notre imagination devrait être la maîtresse, et ne suivre que sa loi ; de l'autre, il faudrait qu'elle se subordonnât à celle d'un autre, et qu'elle obéît à la loi du poëte. Comment donc le poëte fera-t-il disparaître cette contradiction? En n'imprimant pas à notre imagination d'autre marche que celle qu'elle eût nécessairement suivie d'après ses propres lois et dans la plénitude de sa liberté ; en atteignant son but par la voie de la nature, et en changeant la nécessité extérieure en nécessité interne. Il se trouve alors que les deux conditions, loin de s'exclure, semblent, au contraire, s'impliquer l'une l'autre, et que le plus haut degré de liberté n'est possible que par l'impulsion la plus déterminée.

Mais ici se rencontrent deux grandes difficultés pour le poëte. L'imagination, dans sa liberté, ne suit d'autre loi, chacun le sait, que l'association des idées; et l'association des idées, dans son principe, ne repose que sur la connexion fortuite des perceptions dans le temps, c'est-à-dire sur quelque chose de tout empirique. Il faut néanmoins que le poëte sache d'avance calculer cet effet empirique de l'association des idées; car il n'est poëte qu'à la condition d'atteindre son but par l'activité libre et propre de notre imagination. Mais, pour calculer cet effet empirique, il faut qu'il y puisse découvrir une loi, et ramener à un principe nécessaire la connexion arbitraire des idées. Or, nos idées ne sont entre elles dans une connexion nécessaire qu'autant qu'elles se fondent sur une liaison objective des phénomènes, et non pas seulement sur un jeu tout subjectif et arbitraire des pensées. C'est donc à cette association objective des phénomènes que s'en tient le poëte; et ce n'est qu'à la condition d'écarter avec soin de sa matière tout ce qui est sorti, pour s'y joindre, de sources purement subjectives et fortuites, ce n'est qu'autant qu'il est bien sûr de s'en être tenu à l'objet pur et sans mélange, et de s'être d'abord soumis lui-même à la loi que suit l'imagination chez tous les hommes, qu'il peut avoir l'assurance que l'imagination des autres s'accommodera, sans cesser d'être libre, à la marche qu'il lui prescrit.

Mais cette marche déterminée, il ne la veut imprimer à l'imagination que pour exercer par là sur le cœur une action déterminée. Quelle que soit la difficulté du premier problème : imprimer une certaine marche à l'imagination d'autrui sans la gêner dans sa liberté; le second ne sera pas moins difficile à résoudre; car il s'agit, après avoir mis en jeu l'imagination du sujet, de déterminer chez lui par ce moyen un certain état de sensibilité. C'est un fait notoire, que le même objet ne produit pas les mêmes mouvements affectifs chez des personnes diverses, et, qui plus est, que le même homme, selon les temps, en recevra des impressions différentes. Mais nos impressions ont beau dépendre ainsi d'influences fortuites qui sont hors de son pouvoir, il n'en faut pas moins que le poëte détermine en nous tel ou tel état de sensibilité; il faut donc qu'il agisse sur les conditions qui, une fois données, ont *nécessairement* pour conséquence de produire telle ou telle émotion de l'âme. Or, dans la nature et les qualités de celui qu'il doit émouvoir, il n'y a d'essentiel et de nécessaire que ce qui tient au caractère de l'espèce : ainsi le poëte ne peut déterminer nos sentiments qu'en s'adressant dans notre cœur à ceux qui sont communs à toute l'espèce, et non aux sentiments qui nous sont propres, au *moi individuel*. Mais, pour s'assurer que dans l'individu il ne s'adresse purement qu'à l'espèce, il faut, avant tout, qu'en lui-même il ait effacé l'individu, et qu'il se soit élevé aux caractères généraux de l'espèce. Lorsqu'il sentira non plus comme tel ou tel homme déterminé (un individu déterminé ne donne jamais qu'une idée restreinte de l'espèce à laquelle il appartient), mais en tant qu'homme en général; alors seulement il sera sûr de faire partager ses sentiments à toute l'espèce, ou du moins il n'aura pas moins de droit à prétendre à cet effet qu'il n'en a à vouloir retrouver dans chaque individu humain les caractères essentiels de l'espèce humaine.

Ainsi, deux qualités indispensables sont exigées de toute œuvre poétique : premièrement, rapport nécessaire à son objet (ou vérité objective), et secondement, rapport nécessaire de cet objet ou au moins de la peinture qui en est faite, avec la faculté de sentir, non des individus, mais de tous (généralité subjective). Il faut, dans une œuvre de poésie, que tous les objets soient vrais selon la nature, car l'imagination ne reconnaît d'autre loi, et ne subit d'autre pression que celle qui lui est imposée par la nature des choses; mais il faut aussi, dans une œuvre de poésie, que nul objet ne soit vrai d'une vérité absolument réelle (ou historique); car toute réalité restreint plus ou moins cette vérité générale des objets selon la nature. Tout individu est d'autant moins homme, que son individualité est plus marquée, et la manière de sentir de chacun de nous est d'autant moins nécessaire et purement humaine, qu'elle appartient plus en propre à tel ou tel sujet déterminé. Ce n'est que dans le retranchement de ce qui est accidentel et dans l'expression sans mélange de ce qui est nécessaire, que consiste le grand style.

De ce qui vient d'être dit, il ressort manifestement que le domaine des beaux-arts proprement dits ne peut s'étendre que là où il y a une nécessité, que l'esprit découvre, dans l'enchaînement des phénomènes. Hors de là, partout où règnent le hasard et la fantaisie, de deux choses l'une : ou vous ne trouvez plus rien de déterminé, ou vous n'avez plus de liberté; car, du moment que le poëte ne peut plus diriger, au moyen d'une nécessité interne, le jeu de notre imagination, il faut bien ou qu'il le dirige au moyen d'une nécessité extérieure, et alors ce n'est plus *nous* qui agissons, ou qu'il ne le dirige plus, et alors ce n'est plus *lui* qui agit. Or, nous savons qu'il faut de toute nécessité le concours de ces deux conditions pour qu'une œuvre puisse être qualifiée de poétique.

Ne serait-ce pas pour cette raison que, chez les anciens toujours si sages, la poésie, aussi bien que l'art plastique, se renfermaient dans le cercle de l'humanité, parce que les phénomènes qui se remarquent chez l'homme (externe ou interne), leur semblaient seuls capables de donner satisfaction à cette double loi? Pour des esprits plus éclairés que ne sont les nôtres, il n'est pas impossible que les autres créations de la nature ne se prêtent également bien à ces exigences de l'art; mais pour nous, avec notre degré d'expérience, elles ne s'y prêtent pas, et de ce côté déjà un vaste champ est ouvert à l'arbitraire. Le domaine des formes vraiment déterminées ne s'étend pas au delà du corps animal et du cœur humain : là seulement l'érection d'un idéal est possible. *Au-dessus* de l'homme (considéré en tant que phénomène) il n'y a plus d'objets accessibles à l'art, bien qu'il y en ait encore d'accessibles à la science; le domaine de l'imagination ne s'étend pas au delà. *Au-dessous* de l'homme il n'y a plus d'objets propres pour les arts du *beau*, bien qu'il y en ait encore pour les arts de l'*agréable*; car le domaine de la nécessité ne descend point plus bas.

Si les principes que nous venons de poser sont les véritables principes (question que nous abandonnons au jugement des connaisseurs en fait d'art), la conclusion qu'il en faut tirer semble, au premier coup d'œil, devoir être peu favorable aux descriptions de paysage, et il y aura lieu de douter que l'acquisition de cette vaste province puisse être regardée comme ayant réellement reculé les bornes de l'art. Dans ce domaine de la nature où se renferment le peintre et le poëte paysagistes, les formes, les combinaisons ne sont plus, à beaucoup près, aussi nettement déterminées. Non-seulement la figure des corps y est plus arbitraire, et le paraît davantage encore; mais, en outre, dans l'assemblage de ces figures le hasard joue un rôle fort incommode pour l'artiste. L'artiste nous représente-t-il des figures nettement arrêtées et disposées dans un ordre déterminé, alors c'est lui qui détermine et arrête, et non pas nous; car il n'y a aucune règle objective en vertu de laquelle la libre fantaisie du spectateur puisse se mettre d'accord avec l'idée de l'artiste. Ainsi nous subissons sa loi, tandis que nous devrions ne suivre que la nôtre, ou du moins l'action produite sur nous n'est pas une action purement poétique, car elle n'est point le résultat d'un acte parfaitement libre et spontané de notre imagination. L'artiste, au contraire, veut-il respecter entièrement notre liberté d'imagination, il ne peut y parvenir qu'en renonçant à la détermination de la forme, et, par conséquent, à la véritable beauté.

Eh bien, malgré toutes ces raisons, ce domaine de la nature n'est pas absolument perdu pour les beaux-arts : je dis plus, les principes mêmes que nous venons d'établir sont précisément ce qui permet à l'artiste et au poëte, qui prennent là leurs sujets, de prétendre à un rang fort honorable. D'abord, on ne saurait nier qu'en dépit des apparences et malgré tout ce qu'il peut y avoir d'arbitraire dans les formes, il ne règne encore dans cet ordre de phénomènes une grande unité et une régularité très-sensible, propres à guider l'habile artiste quand il imite la nature. Puis il faut remarquer que, si, dans cette branche de l'art, la détermination de la forme doit nécessairement beaucoup perdre (car les détails disparaissent dans l'ensemble, et l'effet ne se produit que par masses), il peut régner cependant dans la composition des tableaux un caractère de nécessité très-frappant encore, ainsi que le prouve, par exemple, la distribution des ombres et des couleurs dans la représentation des objets par la peinture.

Mais la nature de paysage ne nous montre pas dans toutes ses parties ce caractère de rigoureuse nécessité, et, si profondément qu'on l'étudie, il y restera encore beaucoup d'arbitraire, ce qui empêchera toujours l'artiste et le poëte de s'élever au delà d'un certain degré de perfection. Ce caractère de nécessité, que le véritable artiste regrette de n'y point trouver, et qui seul pourtant serait capable de le satisfaire, il ne se rencontre en effet que dans le cercle de la nature humaine : d'où il suit que l'artiste véritable ne se tiendra point en repos jusqu'à ce qu'il ait fait passer son objet dans cette sphère plus haute de la suprême beauté. Je sais bien que, sans sortir de la nature champêtre en elle-même, il saura déjà la rehausser le plus possible, et qu'il s'efforcera de saisir, de représenter en elle le caractère de nécessité ; mais, comme, en dépit de tous ses efforts, il ne saurait parvenir à le lui donner par cette voie au même degré qu'à la nature humaine, il essaye, en définitive, de la transformer, au moyen d'une opération symbolique, en une autre nature humaine, capable de participer ainsi à tous les avantages de l'art, qui n'appartiennent proprement qu'à celle-ci.

Mais comment arriver à ce résultat sans altérer le caractère propre, la vérité, de la nature inanimée? Par une opération familière à tous les artistes, à tous les poëtes dignes de ce nom qui prennent là leurs sujets, opération qu'ils pratiquent sans doute la plupart du temps sans bien s'en rendre compte. Il y a deux manières de transformer ainsi la nature inanimée, de la porter à cet état où elle devient l'expression symbolique de la nature humaine : ou bien elle représentera des sentiments, ou bien elle représentera des idées.

Il est bien vrai que des sentiments, à les considérer proprement et *dans leur essence*, ne sont pas susceptibles de représentation ; mais ils en sont susceptibles si nous les considérons *dans leur forme*; et il existe en effet un art qui plaît à tous et agit sur tous, un art qui n'a précisément pour objet que cette *forme* des sentiments : cet art, c'est la *musique*. Par conséquent, l'art du poëte ou du peintre paysagiste, en tant qu'il agit sur nous à la façon de la musique, c'est la représentation du sentiment, et par conséquent l'imitation de la nature humaine.

Et, dans le fait, ne considérons-nous pas toute composition poétique ou pittoresque comme une sorte de composition musicale? et ne la soumettons-nous pas en partie aux mêmes lois? Il n'est pas jusqu'aux couleurs à qui nous ne demandions de l'*harmonie*, une sorte de *ton*, et en quelque sorte de *modulation*. Dans toute œuvre poétique, nous distinguons l'unité de pensée de l'unité de sentiment, l'exécution musicale de la valeur logique; bref, nous voulons toujours qu'une composition poétique, outre ce qu'elle exprime au fond, soit par sa forme une imitation, une expression de sentiments, et qu'elle agisse sur nous en tant que musique. Du peintre et du poëte paysagistes nous exigeons cela à un plus haut degré encore, et avec un sentiment d'autant plus net de notre droit, que, chez l'un comme chez l'autre, il nous faut rabattre quelque chose de ce que, du reste, nous voulons trouver dans toute œuvre de l'art du beau.

Or, tout l'effet de la musique (considérée comme un des arts du beau, et non pas seulement comme art de l'agréable) est d'accompagner les mouvements internes de notre âme, et de les traduire en formes sensibles au moyen de mouvements externes analogues. Et comme ces mouvements internes (en tant que phénomènes *humains*) se produisent en vertu de lois rigoureusement nécessaires, ce caractère de nécessité et de rigoureuse détermination doit s'étendre aussi aux mouvements externes qui en sont l'expression : et voilà ce qui explique comment cette opération symbolique, dont j'ai parlé, peut communiquer aux phénomènes vulgaires du son et de la lumière quelque part de la dignité esthétique de l'humaine nature. Si donc le musicien ou le peintre paysagiste sait pénétrer le secret de ces lois nécessaires, auxquelles obéit le cœur humain dans ses mouvements internes; s'il étudie l'analogie qui existe entre ces mouvements de l'âme et certains phénomènes extérieurs, il devient, de simple copiste de la nature vulgaire, un vrai peintre de la nature morale, un peintre d'âmes! Il sort du domaine de l'arbitraire et de la fantaisie; il s'élève jusqu'à cet ordre supérieur où règnent des lois nécessaires; et dès lors il peut hardiment se placer, sinon à côté de l'artiste plastique, qui se propose pour objet l'homme *extérieur*, du moins à côté du poëte, qui étudie et représente l'homme intérieur.

Mais la nature inanimée, la nature de paysage, peut encore être ramenée d'une seconde manière dans le cercle de l'humaine nature : c'est lorsqu'on la fait servir à exprimer des idées. Nous ne voulons nullement parler ici de cette façon d'éveiller les idées qui dépend du hasard de l'association (l'association est accidentelle et arbitraire, il n'y a là rien qui réponde à la dignité de l'art); mais bien de celle qui les fait naître nécessairement dans notre esprit en vertu des lois auxquelles obéit l'imagination lorsqu'elle peint des symboles. Quand l'âme est active, quand on a éveillé en elle le sentiment de la dignité morale, la raison ne se contente pas d'assister en spectatrice oisive au jeu de l'imagination ; elle fait effort sans cesse pour établir de l'harmonie entre ce jeu accidentel et ses propres opérations. Si donc, parmi ces différents phénomènes, la raison en découvre quelqu'un qui puisse être traité selon les règles (pratiques) qui lui sont propres à elle, ce phénomène dès lors sera pour elle un emblème de ses propres opérations. La nature, qui jusque-là n'était qu'une lettre morte, se vivifie et devient une langue des esprits, un texte que l'œil extérieur et l'œil intérieur déchiffrent d'une façon toute différente. Cette aimable harmonie des figures, des tons et de la lumière, qui flatte délicieusement le sens esthétique, satisfait à la fois maintenant le sens moral; cette continuité, cette liaison des lignes dans l'espace, des tons dans la durée, est un symbole physique de l'harmonie intérieure de l'âme avec elle-même, et de la connexion morale de ses sentiments avec ses actes; et dans la belle unité d'exécution d'une œuvre pittoresque ou musicale se peint l'unité plus belle encore d'une âme où règne l'harmonie morale.

Le compositeur et le peintre de paysage ne produisent cette sorte d'effet que par la forme qu'ils emploient dans l'exécution; et ils ne peuvent que disposer notre âme à sentir d'une certaine manière ou à concevoir de certaines idées. Mais, quant au fond lui-même, quant à ce qu'il convient de placer sous cette forme, ils s'en remettent, pour le trouver, à l'imagination de l'auditeur ou du spectateur. Le poëte, au contraire, a sur eux cet avantage, qu'il peut donner un corps à ces sentiments et écrire dessous un certain texte ; il peut étayer d'un fond solide cette symbolique de l'imagination, et lui imprimer une direction plus déterminée. Mais qu'il n'oublie pas cependant que son intervention a ici de certaines bornes ! Il peut bien indiquer ces idées, faire allusion à ces sentiments, mais non pas les traiter expressément, ni prévenir l'imagination de son lecteur. Toute détermination trop précise est pour ce dernier une gêne, une barrière importune ; car le charme de ces sortes d'*idées esthétiques* consiste précisément en ce que le fond en est indéterminé, et que le regard y plonge comme dans une profondeur sans fin. Ce que le poëte y met réellement et expressément, n'est jamais qu'une grandeur finie ; ce contenu possible, qu'il nous laisse y mettre nous-mêmes, est une grandeur infinie.

Si nous avons fait ce grand détour, ce n'est pas pour nous éloigner de notre poëte, mais bien pour mieux nous approcher de lui. Et en effet, ces trois sortes de conditions que nous venons d'indiquer, et que nous exigeons de toute représentation de paysage, M. Matthisson les a su réunir dans la plus grande partie de ses tableaux. Ses tableaux nous plaisent par leur vérité et leur vivacité frappante ; ils nous charment par leur beauté musicale ; ils nous occupent enfin par l'esprit qui y respire.

Et d'abord, à ne considérer dans ses paysages que la fidèle imitation de la nature, il faudrait déjà admirer l'art avec lequel il provoque notre imagination à se représenter ces sortes de scènes et la gouverne à sa guise, sans toutefois lui enlever sa liberté. Toutes les diverses parties s'y trouvent réunies en vertu d'une loi nécessaire : rien n'est amené arbitrairement ; le caractère générique des objets naturels représentés par le poëte est saisi avec un rare bonheur de coup d'œil. Aussi notre imagination a-t-elle une facilité extraordinaire à le suivre : on croit avoir sous les yeux la nature même, et il semble qu'on ne fasse que s'abandonner à la réminiscence d'impressions qu'on aurait déjà éprouvées.

Il entend aussi parfaitement les moyens de donner de la vie à ses descriptions et de les rendre sensibles ; il connaît à merveille et les avantages et les bornes naturelles de son art. Je m'explique : le poëte qui exécute une composition de ce genre se trouve toujours dans une certaine infériorité par rapport au peintre, parce qu'une grande partie de l'effet tient à l'impression *simultanée* de l'ensemble, et que lui, poëte, ne peut composer que *successivement* cet ensemble dans l'imagination de son lecteur. Son rôle n'est pas tant de nous représenter ce qui *est*, que ce qui *arrive*; et, s'il entend bien son intérêt, il s'en tiendra toujours à la partie de son sujet qui est susceptible d'une représentation *génétique*, c'est-à-dire qu'il peut représenter naissant et arrivant. La nature de paysage est un ensemble de phénomènes qui se révèle tout à la fois et, en ce sens, un sujet plus favorable au peintre qu'au poëte; mais, à un autre point de vue, c'est aussi un ensemble de phénomènes successifs, car elle change sans cesse; et, par ce côté, l'avantage est pour le poëte. M. Matthisson a bien fait cette distinction, et il s'est gouverné en conséquence avec un esprit très-judicieux. L'objet qu'il se propose, c'est toujours la diversité dans le temps, plutôt que la diversité dans l'espace; la nature *en mouvement*, plutôt que la nature en repos et dans son état permanent. La nature chez lui se déroule devant nos yeux comme un drame toujours changeant, et ses différents phénomènes se succèdent les uns aux autres avec une continuité pleine de charme. Que de vie, par exemple, que de mouvement dans cette délicieuse *Peinture du clair de lune* (p. 85) !

> La pleine lune plane à l'Orient :
> Aux flancs de la vieille tour hantée par les esprits
> Se joue avec des reflets bleuâtres,
> Parmi les pierres couvertes de mousse [1],
> Le ver luisant, l'insecte de feu.
> Le beau sylphe du tilleul
> Glisse timidement aux pâles rayons de la lune,
> Et parmi les sombres roseaux du rivage
> Fuient en dansant les feux follets.
>
> Les vitraux de l'église s'illuminent,
> Le blé ondoie comme des flots argentés;
> De petites étoiles tremblotent et étincellent,
> Dans le lac, dans la source de la prairie :

---

1. Schiller, dans le texte de la *Gazette universelle*, a souligné la rime vicieuse *Osten*, « orient, » et *bemoosten*, « couvertes de mousse. » Dans les Œuvres complètes, on a eu le tort de supprimer les italiques, tant ici qu'en divers autres endroits de cette critique.

> A la lumière s'agitent les plantes qui grimpent
> Parmi les crevasses du rocher désert,
> Et la montagne où se balancent les sapins
> Se voile d'une blanche vapeur.
>
> Que la lune est belle, à franger de lumière
> Les vagues du ruisseau bordé d'aunes,
> Qui écume ici à travers les joncs,
> Là parmi les fleurs ;
> Puis, comme une cascade brillante,
> Pousse le moulin du village,
> Et de la roue bruyante précipité
> En poussière ses étincelles argentées ! etc.

Mais, lors même qu'il s'agit pour lui de mettre sous nos yeux du même coup une décoration tout entière, M. Matthisson a le secret de nous rendre l'intelligence du tableau facile et naturelle, par l'heureux enchaînement et la continuité des images : témoin la peinture que voici (p. 54) :

> Le soleil se couche : une vapeur empourprée
> Flotte autour des coteaux de Savoie assombris par les pins.
> La neige des Alpes se colore de feux au haut des airs ;
> Genève se peint dans le miroir des ondes.

Quoique ces différents traits n'arrivent à notre imagination que l'un après l'autre, ils ne laissent pas de se grouper aisément en un seul et même spectacle, parce que chacune de ces images prépare et soutient l'autre, la rendant en quelque sorte nécessaire. L'imagination a un peu plus de peine à se bien représenter l'ensemble des objets dans la strophe suivante, où la continuité dont je parlais est moins bien observée :

> Les contours des monts boisés se perdent dans la lumière et dans l'or ;
> La prairie, que couvrent comme une neige des touffes de fleurs,
> Exhale de doux parfums ; Zéphyre souffle à peine ;
> L'on entend résonner du haut du Jura les clochettes des troupeaux.

De ce contour doré des monts nous ne pouvons passer aux fleurs et aux parfums de la prairie, sans faire un saut assez brusque, et d'autant plus sensible qu'il faut en même temps mettre en jeu un autre sens ; mais quelle strophe heureuse vient aussitôt après!

> Le pêcheur chante dans sa nacelle, qui, doucement,
> Dans les reflets de pourpre, glisse vers le rivage,
> Où le chêne couvert de mousse étend son toit d'ombrage
> Sur la maisonnette, autour de laquelle pendent des filets.

Si la nature même ne lui offre aucune espèce de mouvement, le poëte emprunte ce mouvement à son imagination et peuple le monde silencieux d'êtres fantastiques, qui errent parmi le brouillard, et qui mènent des danses au clair de lune. Ou bien encore, ce sont des figures des anciens âges qui s'éveillent dans son souvenir, et qui jettent dans le paysage solitaire une sorte de vie artificielle. Mais ces associations, dans son esprit, ne sont nullement arbitraires; elles naissent, d'une façon en quelque sorte nécessaire, soit du lieu, de la physionomie du paysage, soit de la disposition où le met le tableau qu'il trace. Ce n'est là, j'en conviens, qu'un accompagnement *subjectif*, mais il a un caractère si général que le poëte peut tenter hardiment de lui donner une valeur objective.

M. Matthisson n'est pas moins habile à produire ces effets musicaux dont j'ai parlé, et qu'on obtient par un heureux choix d'images naturellement assorties les unes avec les autres, et par une harmonie pleine d'art dans la disposition de ces images. Qui n'éprouve, par exemple, en lisant la petite pièce que voici (p. 91), quelque chose d'analogue à l'impression que ferait sur lui une belle sonate?

*Paysage du soir.*

> Une lueur d'or
> Couvre le bois.
> Un éclat magique illumine doucement
> Les ruines de la Waldbourg entourées de bosquets [1].

---

1. Schiller, dans la *Gazette universelle*, écrit ainsi ce dernier vers :

Der *umbüschten* (?) Waldburg Trümmer.

L'épithète qu'il critique, peut-être comme trop faible, est loin, au reste, d'être inusitée dans la langue poétique. Elle a été employée par Hœlty, Voss, etc.

Calme et majestueuse
Resplendit la mer;
Là-bas, retournant au pays, glissent, doucement comme des cygnes,
Dans le lointain, auprès de l'île, des barques de pêcheurs.

Un sable argenté
Miroite sur la plage :
Là flottent, les uns plus rouges, les autres plus pâles,
Des fantômes de nuages réfléchis dans l'onde.

Bordure bruyante,
Dorée de lumière,
Les roseaux se balancent autour de la colline du cap,
Et tout autour se jouent, en sauvages essaims, les oiseaux de mer.

Charme pittoresque,
Au milieu du bois
Sourit à nos yeux, avec son jardinet, son feuillage,
La cellule de l'ermite, tapissée de mousse.

Mais déjà sur l'onde
Meurent les feux ardents;
Déjà pâlissent les lueurs du soir,
Sur les ruines de la haute Waldbourg.

La lumière de la pleine lune
Couvre la forêt;
Des voix de fantômes murmurent dans le vallon,
Autour des tombes en ruine où dorment des héros.

Qu'on ne se méprenne pas sur notre pensée : ce n'est pas seulement l'heureuse structure du vers qui donne à cette pièce une harmonie musicale d'un si grand effet. Sans doute la mélodie du rhythme soutient et rehausse cet effet, mais elle ne suffit point à le produire. C'est l'heureux assortiment des images, c'est l'aimable continuité avec laquelle elles se succèdent, c'est la modulation, la belle exécution, si bien soutenue, de tout l'ensemble, qui fait de cette pièce l'expression d'une certaine façon de sentir, et par conséquent, une peinture morale.

L'âme reçoit encore une impression semblable, quoique le sujet soit tout différent, à la lecture du *Voyageur des Alpes* (p. 61), et des *Courses alpestres* (p. 66) : deux compositions qui unissent à une description très-heureuse de la nature l'expression la plus variée des sentiments de l'âme. On croit entendre un musicien qui voudrait essayer jusqu'où va son empire sur nos cœurs; et il faut convenir que, pour faire cette épreuve, un voyage dans les Alpes, où le grand et le beau, l'horrible et le riant se succèdent d'une façon si surprenante, était un sujet très-heureusement choisi [1].

Enfin, il y a plusieurs de ces peintures de paysage qui nous touchent en tant qu'expression d'un certain esprit, de certaines idées. Telle est, sans aller plus loin, la première pièce de tout le recueil, *le Lac de Genève*, dont le magnifique début nous rend sensible, de la façon la plus heureuse, le triomphe de la vie sur la nature inanimée, de la forme sur la masse informe. Le poëte ouvre cette belle peinture par un coup d'œil jeté en arrière sur le passé, sur le temps où cette contrée, ce pa-

---

1. Ici a été supprimé, dans les *Opuscules en prose* et dans les *OEuvres complètes*, le morceau suivant, qui se trouve dans la *Gazette universelle* :

« On connaît déjà la magie du pinceau de M. Matthisson lorsqu'il représente des scènes douces et aimables. Voici un petit échantillon de ce qu'il est capable de faire dans les peintures fortes et dans le style sublime (p. 63) :

> Dans le haut domaine des foudres
> L'avalanche se précipite.
> Dans le séjour des nuages,
> L'aigle pousse un cri terrible.
> Tonnant sourdement, comme l'Enfer
> Déchaîné dans les profondeurs de l'Etna,
> Le palais de cristal du glacier
> Craque, auprès de la source du torrent de la montagne.

Ou bien encore la description suivante (p. 67, 69) :

> Ici meurent tous les sons de la nature animée;
> Seules, les eaux, avec un bruit sourd, écument autour de moi [*]
> Les eaux qui là-haut, près de ces bois sombres,
> Distillent du glacier qui fond, etc.
>
> . . . . . . . . . . . . . .
>
> Ici n'a jamais erré le souffle de mai,
> Ici nul oiseau ne se berce sur la branche odorante :
> La mousse, le lichen sont la seule verdure
> Qui sortent de ces ruines sauvages.
>
> De la mer de glace, par une pente insensible,
> Le chemin descend le long d'un mur de granit à pic.
> Comme ils se dressent menaçants, voilés à demi de vapeurs humides,
> Ces colosses de rochers !
>
> Souvent, tout en haut, du sein des nuages répandus alentour,
>                              se détachent »
> Les blocs, avec un bruit de tonnerre,
> Et à la ronde, dans les longs roulements de l'orage,
> Les sommets tremblent.

[*] Dans ce vers, Schiller a souligné, pour marquer qu'ils ne lui plaisaient point, les deux mots *hoch*, « haut, » et *Umwölkungem*, « nuages répandus alentour. »

radis terrestre qui s'étend devant lui, n'était encore qu'un désert :

> Où je vois là-bas, dans les feux du soir,
> Se dresser, ô Genève, les faîtes de tes édifices,
> Là le Rhône tristement roulait ses ondes,
> A travers la nuit des forêts affreuses.

> Là tes prairies et ton Éden,
> O toi, vallée paisible, pleine aujourd'hui de vergers en fleurs,
> N'entendaient que les grandes harmonies du désert,
> L'ouragan, le hurlement des bêtes et les coups de tonnerre.

> Comme si sa clarté douteuse fût descendue
> Sur les restes de l'incendie d'un monde,
> La lune répandait ses lueurs sur ces solitudes,
> Pleines d'un obscur et nébuleux crépuscule.

Puis, le magnifique paysage se dévoilant à lui, il reconnaît le théâtre de ces scènes poétiques qui rappellent à son souvenir l'auteur de *la Nouvelle Héloïse*.

> O Clarens, qui t'élèves paisiblement sur la rive,
> Ton nom vivra dans le livre des temps.
> Et toi, Meillerie, site majestueux et sauvage,
> Ta renommée montera jusqu'aux étoiles.

> A tes sommets, où plane l'aigle
> Et d'où se précipitent, du milieu des nuages, des torrents courroucés,
> Gravira souvent, agité jusqu'au fond de l'âme par de doux frissons,
> Un tendre pèlerin au bras de son amante.

Comme jusque-là tout est plein d'esprit, plein de sentiment, et pittoresque! mais maintenant le poëte veut faire mieux encore, et par là il gâte sa description. Les strophes qui viennent à la suite, quoique fort belles en elles-mêmes, sont d'un poëte de sang-froid, et non plus d'un cœur qui déborde, qui s'abandonne sans réserve à l'impression du moment. Quand le cœur du poëte est tout entier à son sujet, il est impossible qu'il s'en arrache pour se transporter tantôt sur l'Etna, tantôt à Tibur, tantôt au golfe de Naples, etc.; il est impossible, je ne dis pas qu'il fasse allusion en passant à ces objets, mais qu'il s'y arrête. Je veux bien admirer ici la richesse de son pinceau, mais nous en sommes éblouis plutôt que charmés. Une description toute simple eût produit incomparablement plus d'effet. Tous ces changements de décor finissent par dissiper notre âme, à un tel point, que le poëte a beau revenir ensuite à son objet principal, l'intérêt que nous y prenons s'est évanoui. Au lieu de ranimer cet intérêt, il l'affaiblit plus encore par la chute passablement profonde qui dépare la fin de la pièce et contraste d'une manière très-choquante avec l'essor qu'il a pris en commençant et qu'il a si longtemps soutenu. M. Matthisson a déjà retouché trois fois ce morceau, et par là, j'en ai peur, il n'a fait que rendre d'autant plus nécessaire un quatrième remaniement. Les dispositions diverses qui ont ainsi exercé leur influence sur ce petit poëme, en ont dénaturé l'inspiration première ; et, par un excès de richesse, la pièce a beaucoup perdu de sa véritable valeur, qui ne consiste que dans la simplicité.

Nous venons d'envisager M. Matthisson comme un peintre excellent de scènes de paysage ; mais nous sommes bien loin de vouloir borner son talent à ce domaine. Même dans ce petit recueil, son génie poétique se montre, avec un égal bonheur, dans des genres très-divers. Ainsi, il s'est essayé, avec un plein succès, à ces sortes de poëmes où la fantaisie se joue librement en fictions, et il a parfaitement saisi le caractère qui y convient. L'imagination s'y montre, avec toute son indépendance, sans nous rien offrir qui ne soit en harmonie avec l'idée qu'il s'agit de rendre. Dans le chant intitulé *le Pays des Fées*, le poëte se raille avec infiniment d'esprit de la fantaisie aventureuse : il a mis là toute la bigarrure, toute la pompe, tout ce qu'il y a de chargé et de grotesque dans la poétique de ce genre désordonné. Dans *le Chant des Elfes*, tout est léger, vaporeux, aérien, comme tout en effet le doit être dans ce petit monde de clair de lune. La jolie petite pièce qui a pour titre *la Chanson des Faunes*, respire surtout la béatitude d'une vie exempte de souci, entièrement tournée à la satisfaction des sens ; et c'est avec beaucoup de naïveté que les Gnomes, dans leur babil, divulguent leur secret et celui de leurs consorts, le mot d'ordre de la bande :

> L'éclat du jour pèse, éblouit ;
> L'obscurité seule donne le bonheur.
> Voilà pourquoi nous aimons tant à séjourner
> Au plus profond des entrailles du globe.
> Là-haut, où l'air est enflammé,
> Tout ce qui est sorti d'Adam
> Est condamné justement à la lumière et à l'ardeur du jour.

Ce n'est pas seulement d'une façon indirecte, par la manière dont il traite les scènes de paysage, c'est directement aussi que M. Matthisson peint, avec un rare bonheur, les sentiments de l'homme. Aussi bien ne peut-on pas être sûr d'avance qu'un poëte si habile à nous intéresser intimement à ce monde inanimé, ne saurait échouer en peignant la nature morale, qui offre une matière bien autrement riche? On peut de même déterminer par avance quel est à peu près le cercle de sentiments où devra se renfermer cette muse si passionnément adonnée au culte de la belle nature. Ce n'est point dans le tumulte du grand monde, dans les relations et les conventions artificielles; c'est dans la solitude, dans le secret de son propre cœur, dans les situations simples de l'état primitif de l'humanité, que notre poëte va chercher l'homme. Amitié, amour, sentiments religieux, souvenirs d'enfance, bonheur de la vie champêtre, etc., tels sont les sujets de ses chants : sujets qui tous ont un rapport intime à la nature champêtre, et qui sont liés avec elle par une étroite parenté. Le caractère de sa muse est une douce mélancolie, une certaine rêverie contemplative : disposition où la solitude et le spectacle d'une belle nature inclinent si volontiers un homme sensible. Dans le tumulte du monde et des affaires, notre esprit change incessamment de forme; une impression chasse l'autre, et cette diversité de notre être n'est pas toujours à notre avantage : raison de plus pour apprécier la fidélité avec laquelle la nature autour de nous, la nature, toujours simple, toujours égale à elle-même, conserve les sentiments dont nous la faisons confidente; dans son éternelle unité, nous retrouvons, nous aussi, la nôtre. C'est ce qui explique le cercle un peu étroit où notre poëte tourne autour de lui-même; c'est ce qui explique cet écho prolongé d'impressions déjà ressenties, et ce fréquent retour des mêmes sentiments. Les sentiments qui découlent de la nature sont uniformes et je dirais presque pauvres : ce ne sont que les éléments d'où se forment, dans le jeu plus compliqué des relations sociales, ces nuances plus fines, ces combinaisons artificielles qui offrent une inépuisable matière au peintre de l'âme. Aussi se lasse-t-on aisément de ces sentiments simples : ils n'occupent pas assez l'esprit; mais, en revanche, on y revient toujours avec plaisir, et l'on est charmé, au sortir de ces autres genres où il entre plus d'art, mais qui bien souvent sont des déviations de la droite nature, de se retrouver au sein de la primitive humanité. Pour que ce retour au temps de Saturne et à la simplicité de la nature puisse être considéré comme un véritable bienfait pour l'homme cultivé, il faut que cette simplicité lui apparaisse comme le fruit de sa liberté morale, et non comme une loi de la nécessité ; que cette nature soit celle où parvient à la fin l'homme moral, et non pas celle où commence l'homme physique. Par conséquent, si le poëte veut nous tirer de la presse du monde pour nous mener dans sa solitude, il faut que ce soit non pas un besoin de relâchement, mais un besoin d'action ; non pas une aspiration vers le repos, mais bien une aspiration vers l'harmonie, qui le dégoûte de l'art et qui lui rende la nature aimable. S'il cherche à se ménager un Tibur, et s'il se réfugie dans le sein de la nature inanimée, ce n'est pas, ce ne doit pas être parce que le monde moral contrarie ses facultés théoriques, mais parce qu'il contrarie ses facultés pratiques [1].

A la vérité, il faut pour cela quelque chose de plus que ce mince talent de faire contraster la nature avec l'art, qui est bien souvent le talent unique des poëtes d'idylles. Il faut un cœur tout pénétré de la beauté idéale, pour conserver cette simplicité de sentiments au milieu de toutes les influences de la civilisation la plus raffinée, sans lesquelles cette simplicité n'a absolument aucune dignité. Or un tel cœur se reconnaît à cette plénitude qui sait se cacher même sous la forme la plus exempte de prétention ; à cette noblesse qu'il porte jusque dans les jeux de l'imagination et de la fantaisie ; à cette discipline qui le modère jusque dans sa victoire la plus glorieuse ; à cette chasteté de sentiments que jamais rien ne profane ; il se reconnaît enfin à cette puissance irrésistible, et vraiment magique, avec laquelle il nous attire à lui, nous retient et nous force de

---

1. Pour comprendre ce passage il faut connaître le système d'esthétique de Schiller, développé dans les ouvrages contenus au tome VIII de notre traduction, et particulièrement dans le *Traité de la Poésie naïve et de la Poésie de sentiment*.

nous souvenir de notre propre dignité, au moment où nous rendons hommage à la sienne.

M. Matthisson a justifié ses droits à ce titre de poëte et de peintre des âmes, de façon à satisfaire le critique le plus rigoureux. Celui qui a été capable de composer une fantaisie pareille à son *Elyseum* (p. 34), a fait ses preuves comme initié aux mystères les plus intimes de l'art poétique, et comme un des disciples, des amants de la véritable beauté! Un commerce familier avec la nature, et aussi avec les modèles classiques, a nourri son esprit, épuré son goût, et préservé en lui de toute altération la grâce morale. Une âme vraiment humaine, une âme sereine et pure, anime ses poésies ; et les belles images de la nature se peignent dans son esprit calme et limpide, aussi nettement qu'elles se reflètent dans le miroir de l'onde. On sent partout dans ses ouvrages, le choix, la discipline, la sévérité du poëte envers lui-même, la préoccupation de l'artiste qui ne cesse de tendre à un *maximum* de beauté. Ses productions déjà sont assez nombreuses ; et l'on peut croire qu'il n'a pas encore atteint à son apogée. Il ne dépendra que de lui, maintenant qu'il a essayé ses ailes dans une région plus modeste, de prendre enfin son essor vers les hauteurs, de consacrer à l'expression d'idées plus profondes cette imagination qui lui suggère des formes si gracieuses, et cette langue d'une harmonie si musicale ; d'inventer désormais des figures pour ses paysages ; et de placer sur ce fond attrayant l'humanité agissante. Si une modeste défiance de soi-même est toujours la marque du véritable talent, le courage pourtant lui sied bien aussi ; et s'il est beau de voir le vainqueur de Python déposer son arc redoutable pour prendre la lyre, Achille n'est pas moins admirable lorsqu'au milieu des jeunes filles thessaliennes, il se lève tout à coup, et nous révèle un héros !

SUR

# LE CALENDRIER DES JARDINS

## POUR L'ANNÉE 1795

SUR

# LE CALENDRIER DES JARDINS

## POUR L'ANNÉE 1795 [1].

(Publié à Tubingue, chez Cotta.)

Depuis les écrits de Hirschfeld sur l'art des jardins, le goût des beaux jardins dessinés d'après les principes de l'art s'est répandu de plus en plus en Allemagne; mais sans grand profit pour le véritable bon goût, parce qu'on n'avait pas de principes bien établis, et que tout était abandonné au caprice individuel. On trouvera dans le calendrier que nous annonçons au public d'excellentes indications pour redresser sur cette matière le goût qui s'égare : des idées qui méritent d'être étudiées avec attention par ceux qui aiment les arts, et mises en pratique par ceux qui aiment les jardins.

Il n'est pas rare du tout de commencer par exécuter quelque chose, et de se demander, quand on a fini, si cette chose était possible. Il semble que ce soit surtout le cas pour ces jardins, si généralement aimés, qu'on peut nommer esthétiques. Ces fruits du goût septentrional ont une origine si équi-

---

[1]. Ce morceau a été inséré également dans la *Gazette universelle de littérature d'Iéna*, numéro 332 de 1794 (p. 99-104). Schiller en a donné une seconde édition en 1802, dans les *Opuscules en prose* (t. IV, p. 225-242). — Le vrai titre de l'ouvrage qui fait l'objet de cet article est : *Calendrier de poche de l'année 1795, pour les amis de la nature et des jardins*, avec des vues de Hohenheim et d'autres gravures.

voque, et ont offert jusqu'ici un caractère tellement indécis, qu'il faut pardonner au véritable ami de l'art, de les avoir tout au plus jugés dignes d'une attention superficielle, et de les avoir abandonnés à la fantaisie des *dilettanti*. Ne sachant au juste à quelle classe des beaux-arts il fallait rapporter l'art des jardins, on l'a rattaché longtemps à l'architecture, et l'on pliait la végétation vivante sous cet inflexible joug des formes mathématiques, que l'architecte impose à la lourde masse inanimée. L'arbre dut cacher sa nature supérieure d'être organique, pour laisser l'art déployer sa puissance sur sa vulgaire nature de corps inanimé. Il lui fallut dépouiller sa belle vie indépendante, pour obéir à la loi morte de la symétrie; son port léger, flottant, pour revêtir cette apparence de solide immobilité que l'œil cherche et trouve dans les murailles de pierre. Dans ces derniers temps, il est vrai, l'art des jardins est revenu d'une aberration si étrange; mais il n'en est revenu que pour donner dans l'excès contraire. Il a échappé à la discipline rigoureuse de l'architecte, mais pour se jeter, avec le poëte, en pleine fantaisie : à la plus dure servitude il a fait succéder tout à coup la licence la plus effrénée, et n'a plus voulu subir d'autres lois que celle de l'imagination. Désormais, par l'effet de ces caprices aventureux, de cette bigarrure, qui sont le propre de l'imagination lorsque abandonnée à elle-même, elle passe d'une image à une autre, il fallut que l'œil sautât d'une décoration imprévue à une autre décoration qui ne l'était pas moins; et que la nature, dans un espace tantôt plus grand, tantôt plus petit, présentât, comme sur une carte d'échantillons, toute la variété de ses phénomènes. Autant elle perdait de sa liberté dans les jardins à la française, où elle recevait en échange un certain degré d'harmonie et de grandeur architecturale : autant elle est tombée aujourd'hui, avec nos jardins anglais, comme on les appelle, dans la puérilité et la mesquinerie, et, à force de chercher l'indépendance et la variété, elle s'est éloignée de la belle simplicité, et s'est affranchie de toute espèce de règles. Voilà où en est encore, à très-peu d'exceptions près, l'art du jardinage ; et ce qui n'a pas médiocrement contribué à l'encourager dans cette voie, c'est le goût efféminé de notre époque, qui, en toutes choses, a horreur de la précision et des formes tant soit peu arrêtées, et qui trouve infiniment plus commode de plier les objets à ses caprices, que de se guider sur la nature des objets eux-mêmes.

Puisqu'il est si difficile d'assigner sa vraie place, entre les beaux-arts, à l'art des jardins esthétiques, on pourrait aisément être tenté de croire qu'il ne doit pas du tout figurer parmi eux. Mais, parce que les essais jusqu'ici ont été malheureux, ce n'est pas une raison pour conclure que tout succès soit absolument impossible. Ces deux formes contraires sous lesquelles nous avons vu se présenter jusqu'ici l'art du jardinage, renferment toutes deux quelque chose de vrai, et toutes deux sont nées d'un besoin très-légitime. D'abord, pour ce qui regarde le genre architectural, il est incontestable que l'art des jardins et l'architecture ne forment qu'une seule et même catégorie, encore bien qu'on ait eu grand tort de prétendre appliquer au jardinage les règles et les proportions de l'architecture. Ces deux arts, dans leur principe, répondent l'un et l'autre à un besoin physique, qui tout d'abord en a déterminé les formes, jusqu'au jour où le sens du beau, se développant dans les esprits, voulut que ces formes fussent libres, et où le bon goût joignit ses exigences à celles de l'entendement. Considérés de ce point de vue, ces deux arts ne sont pas parfaitement libres, et la beauté des formes qu'ils affectent reste toujours subordonnée à certaines conditions, restreinte à certaines limites, en raison de ce but physique qu'ils se proposent et qu'ils ne peuvent oublier. Tous deux ont encore ceci de commun, qu'ils n'imitent la nature qu'au moyen de la nature même, qu'ils ne peuvent, comme les autres arts, soit l'imiter par l'intervention d'un élément artificiel, soit même renoncer à l'imiter et créer des objets nouveaux. De là vient peut-être qu'on ne demeura point rigoureusement fidèle aux formes que présentait la réalité, et qu'on s'inquiéta peu, pourvu que l'entendement et l'œil fussent satisfaits, l'un par l'ordre et l'harmonie, l'autre par la majesté et la grâce, de traiter la nature comme un simple moyen, et de faire violence aux caractères qui lui sont propres. On pouvait d'autant plus s'y croire autorisé, qu'évidemment dans l'art des jardins, comme dans l'art de construire, c'est précisément en sacrifiant ainsi quelque chose de la liberté de la nature, que, dans bien des cas, on répond le mieux au besoin physique d'où procèdent ces deux arts. Il faut donc pardonner jusqu'à un certain point aux artistes qui les premiers ont fait dominer dans l'art des jardins le goût architectural, de s'être laissé entraîner par l'analogie qui règne sur beaucoup de points entre ces deux arts, jusqu'à oublier les différences qui les séparent, et puisqu'il fallait se prononcer entre l'ordre et la liberté, d'avoir favorisé celui-là aux dépens de celle-ci.

D'un autre côté, l'application du goût poétique à l'art des jardins repose, elle aussi, sur un fait très-légitime, sur un fait de sentiment. Un homme attentif à observer ses propres impressions ne pouvait ne pas reconnaître que le plaisir dont nous sommes touchés à la vue d'une scène de paysage, tient essentiellement à cette idée, que nous avons sous les yeux une œuvre de la libre nature, et non point une conception de l'artiste. Par conséquent, du moment que l'art des jardins se proposa pour but cette sorte de plaisir, il dut se montrer attentif à écarter de ses créations jusqu'à la moindre trace d'une origine artificielle. De ce moment aussi l'artiste fit de la liberté sa loi suprême, comme avant lui le jardinier architecte avait pris pour loi la régularité : la nature, chez lui, dut nécessairement avoir la haute main, comme chez son devancier, l'industrie humaine. Mais le but qu'il poursuivait était beaucoup trop relevé pour les moyens bornés auxquels le réduisait son art : il échoua, parce qu'il voulut sortir de ses limites, et empiéter sur le domaine de la peinture. Il oublia que le procédé de réduction convenable à la peinture, ne saurait être de mise dans un art qui exprime la nature par la nature même, et qui ne peut nous émouvoir qu'à la condition de s'identifier pleinement avec elle aux yeux du spectateur. Il ne faut donc pas s'étonner si l'artiste, en cherchant ici la variété, tomba dans le puéril; et, comme l'espace lui manquait, ainsi que les forces, pour reproduire les transitions par lesquelles la nature prépare et justifie ses changements d'aspects, il s'abandonna tout entier au caprice et à l'arbitraire. L'idéal qu'il s'efforçait d'atteindre n'implique en lui-même aucune espèce de contradiction, mais il y avait répugnance entre le but et les moyens, et cet idéal était chimérique : le succès, quelque heureux qu'il fût, ne pouvant le dédommager des immenses sacrifices qu'il y avait à faire.

Si donc l'on veut que l'art des jardins revienne enfin de ses écarts, et que, comme les autres arts dont il est le frère, il soit ramené à des limites, précisément et nettement fixées, il faut avant tout se rendre bien compte de ce que l'on veut et doit proprement vouloir : question à laquelle, en Allemagne au moins, il ne paraît pas qu'on ait encore suffisamment songé. Alors, selon toute vraisemblance, on trouvera un moyen terme tout à fait satisfaisant entre la roideur du style français et la liberté déréglée de ce qu'on appelle le goût anglais en fait de jardins; on reconnaîtra sans doute que cet art ne doit point aspirer à de si hautes sphères que prétendent nous le persuader ceux qui, dans leurs projets, n'oublient qu'une chose, les moyens d'exécution; que c'est une absurdité et un contre-sens de vouloir enclore le monde tout entier entre les murs d'un jardin; mais que c'est chose très-praticable et très-sensée de vouloir un jardin qui, tout en répondant aux diverses exigences d'une sage culture, offre de plus à l'œil, aussi bien qu'au cœur et à l'entendement, un tableau d'ensemble qui ait un caractère.

Tel est le but que se propose principalement le spirituel auteur « des morceaux détachés, » publiés dans ce calendrier, « pour l'éducation du goût allemand en fait de jardins; » et, de tout ce qui peut avoir été écrit sur ces matières, je ne sache rien de plus propre à satisfaire aux exigences du bon goût. Les idées, il est vrai, sont simplement jetées là comme des fragments; mais cette négligence n'est que dans la forme, et n'atteint pas le fond, qui, d'un bout à l'autre, témoigne au contraire d'un esprit très-fin et d'un sentiment délicat des beaux-arts. Après avoir distingué et judicieusement apprécié les deux directions principales qu'a suivies jusqu'ici l'art du jardinage, et marqué les différents buts qu'on peut se proposer en dessinant des jardins, il s'efforce de ramener cet art à ses véritables limites, et à un but raisonnable : ce but, il le définit très-justement, « c'est d'épurer et de rehausser cette douce satisfaction que fait éprouver le spectacle d'une belle nature champêtre. » Il distingue judicieusement entre les jardins-paysages (les parcs anglais proprement dits), où il faut que la nature se montre dans toute sa grandeur et sa liberté, absorbant et effaçant toute apparence d'art, et les jardins où l'art ne craint pas de se laisser voir avec le caractère qui lui est propre. Sans contester aux parcs anglais leur supériorité esthétique, il se contente de montrer les difficultés que présentent dans l'exécution ces sortes de jardins, et qu'on ne peut vaincre que si l'on dispose de ressources extraordinaires. Il divise les jardins proprement dits en trois espèces: les grands, les petits et les moyens; et détermine brièvement, pour chacune de ces trois classes, les limites où doit se renfermer l'invention. Il proteste énergiquement contre l'anglomanie de tant de propriétaires de jardins en Allemagne, contre ces ponts sans eau, contre ces ermitages au bord d'une grand'route, etc., et il montre à quelles misérables puérilités peut conduire le besoin d'imitation, joint à des idées malentendues de variété et de liberté. Mais, s'il ramène l'art des jardins à de plus justes bornes, c'est pour lui apprendre à devenir, dans ce cercle plus étroit, d'autant plus efficace, et, en sacrifiant tout ce qui est inutile ou contraire à son but, à marquer ses créations d'un caractère déterminé et intéressant. Ainsi, notre auteur ne regarde pas du tout comme impossible de dessiner des jardins symboliques, et j'ai presque dit des jardins pathétiques, capables d'exprimer et de produire en nous, tout aussi bien que les compositions musicales ou poétiques, une certaine disposition de cœur et d'esprit.

Indépendamment de ces observations esthétiques, on trouvera dans ce calendrier un autre morceau du même auteur : c'est le commencement d'une description des magnifiques jardins de Hohenheim[1], description dont il nous promet la suite pour l'an prochain. Tous ceux qui connaissent ces jardins si justement célèbres, soit pour les avoir vus, soit même simplement par ouï-dire, seront charmés de les parcourir en compagnie d'un si fin connaisseur. Ils seront surpris sans doute, ainsi que nous l'avons été nous-mêmes, de voir, dans ces jardins, que l'on était si disposé à prendre pour une œuvre de pure fantaisie, dominer

---

1. A une lieue de Stuttgart.

une idée, qui ne fait pas peu d'honneur, soit à l'auteur du jardin, soit au critique qui nous le décrit. La plupart des voyageurs qui ont eu la bonne fortune de visiter le parc de Hohenheim, ont pu y voir, non sans être grandement dépaysés, des sépultures romaines, des temples, des murs en ruine, etc., alterner avec des chalets suisses, et de riants parterres avec de sombres donjons. Ils n'ont pu comprendre quelle imagination avait osé se permettre de réunir en un seul et même tout des objets si disparates. Mais admettons cette idée, que nous ayons sous les yeux une colonie agricole établie sur les ruines d'une cité romaine : nous ne sommes plus blessés de ce contraste, et voilà l'unité fort ingénieusement rétablie au sein de cette étrange composition. La simplicité champêtre, et les débris de la magnificence d'une cité, c'est-à-dire les deux points extrêmes de l'état social, se rapprochent, dans cette hypothèse, et se réunissent d'une façon touchante : le sentiment sérieux du passé se fond et se perd, avec un charme merveilleux, dans le sentiment de la vie triomphante. Cette heureuse association répand sur tout le paysage un caractère de profondeur, une teinte élégiaque, qui, pour peu que le spectateur soit sensible, le tient en suspens entre le calme et l'émotion, la réflexion et la jouissance, et cette impression vibre encore dans son âme longtemps après que le spectacle a disparu.

Notre auteur prétend que, pour bien juger du mérite des jardins de Hohenheim, il faut les voir en plein été : j'ajouterais volontiers que, pour sentir parfaitement la beauté de cette résidence, il faut s'en approcher par un certain chemin. On n'en goûte bien tout le charme qu'en y arrivant par le château ducal récemment bâti. Le chemin de Stuttgart à Hohenheim est comme une histoire visible de l'art des jardins, qui fournit au spectateur attentif la matière d'observations intéressantes. Ces champs de céréales, ces vignobles, ces jardins de produit, qui bordent la grande route, représentent à nos yeux le point de départ tout physique de l'art du jardinage, vierge encore de tout perfectionnement esthétique. Mais le paysage change : voici le jardin à la française, avec sa fière gravité, avec ses allées de peupliers, longues et roides comme des murailles, qui rattachent la libre campagne à Hohenheim, et, par leur forme pleine d'art, excitent déjà l'attente. Cette impression solennelle tend l'esprit et s'accroît jusqu'à devenir un sentiment presque pénible, lorsqu'on parcourt les appartements du château ducal, où règne une magnificence élégante qu'on aurait peine à retrouver ailleurs, et où le goût le plus fin s'allie, d'une façon rare assurément, avec la prodigalité. Cet éclat, dont l'œil est ici frappé et comme importuné de toute part, la belle architecture des chambres et de l'ameublement, éveillant alors et sollicitent au plus haut point un besoin nouveau, celui de la simplicité, et ménagent à la nature champêtre, qui tout à coup se montre au voyageur dans ce qu'on appelle *le village anglais*, le plus brillant triomphe. Cependant, l'aspect des ruines, les monuments d'une grandeur évanouie, une humble chaumière de cultivateur, qui est venue s'adosser à leurs murailles désolées, produisent sur le cœur une impression qui ne ressemble à aucune autre : à voir ces constructions qui tombent sous la main du temps, on éprouve une joie secrète, il semble qu'on prenne une revanche sur l'art, qui tout à l'heure, dans le splendide palais de la Résidence, allait jusqu'à abuser sur nous de son empire. Mais la nature que nous trouvons dans ce jardin anglais n'est plus celle que nous avions rencontrée au point de départ : c'est une nature animée, ennoblie par le souffle de l'art, faite pour donner satisfaction, non plus seulement à un homme simple, mais même aux besoins factices de l'homme transformé par la civilisation : une nature qui excite le premier à penser, et ramène le second au sentiment.

Quoi qu'on puisse objecter à cette interprétation des jardins de Hohenheim, celui qui les a dessinés a toujours eu un mérite dont nous devons lui savoir gré : c'est de n'avoir rien fait qui démente cette interprétation, et ce serait être trop exigeant de ne pas se prêter, en matière d'esthétique, à prendre le fait pour l'intention, comme on se prête, en morale, à prendre l'intention pour le fait. Quand cette description des jardins de Hohenheim sera un jour achevée, peut-être ne sera-t-il pas d'un médiocre intérêt, pour le lecteur instruit, d'y voir en même temps comme une image symbolique du prince si remarquable qui a créé cette résidence, et qui a su ailleurs encore que dans ses jardins faire violence à la nature, et exiger d'elle des jeux de grandes eaux là où à peine il se trouvait une source ¹.

Le jugement de notre auteur sur les jardins de Schwetzingen ² et sur la vallée de Seifersdorf près de Dresde, ne peut manquer d'être ratifié par tous les lecteurs de goût, qui auront vu de leurs propres yeux ces deux parcs. On ne pourra s'empêcher de reconnaître avec lui que ces sentences inscrites sur de petites tablettes pendues à des arbres, accusent moins de sensibilité que de sensiblerie, et que ce pêle-mêle de mosquées et de temples grecs, si étrangement jetés à côté les uns des autres, est d'un goût barbare ³.

---

1. Il s'agit de Charles-Eugène, duc de Wurtemberg, du fondateur de l'École militaire où Schiller fut élevé.
2. Dans le grand-duché de Bade, à trois lieues de Mannheim.
3. Dans la *Gazette universelle*, l'article se termine par les lignes suivantes : « Aux sept vues, parfaitement choisies et fort bien gravées, qui représentent diverses parties du jardin de Hohenheim, on a joint quatre autres dessins, de vases, d'autels et de monuments, propres à la décoration des jardins, et imaginés par M. Isopi, très-habile ornemaniste romain, aujourd'hui sculpteur de la cour à Stuttgart. Ces compositions sont, en général, d'un excellent goût, et rendent un témoignage très-favorable du talent distingué de cet artiste. Plusieurs autres articles, qui traitent d'économie rurale, font de ce calendrier un ouvrage non moins utile pour la culture des jardins que pour l'art de les dessiner, et tous les lecteurs seront charmés de pouvoir compter sur la suite de ces conseils pratiques. »

A

**L'ÉDITEUR DES PROPYLÉES**

# A
# L'ÉDITEUR DES PROPYLÉES[1].

Je viens d'examiner les tableaux auxquels ont donné lieu vos deux derniers concours; et, encore occupé de ces impressions toutes vives, j'essaye de coordonner et de rendre les idées qu'ont éveillées en moi ces intéressantes œuvres d'art. Les ouvrages de l'imagination ont cela de particulier, qu'ils ne permettent point de jouissance simplement passive, et qu'ils sollicitent l'esprit du spectateur à l'activité. Les œuvres d'art nous ramènent à l'art, que dis-je? ce sont elles qui le produisent en nous.

En donnant ces sujets de prix, vous n'aviez, il est vrai, songé qu'aux artistes, mais de plus, par cette institution, vous avez ouvert aux simples spectateurs une source féconde de plaisir et d'instruction. Ces deux séries, l'une de dix-neuf, l'autre de neuf tableaux, composées chacune sur un même sujet, offrent à l'entendement un intérêt tout particulier, dont ne saurait en vérité se faire aucune idée celui qui ne fait que s'aban-

---

[1]. Cette lettre a été insérée, en 1800, dans le deuxième cahier du tome III des *Propylées*, revue fondée par Goethe et consacrée aux arts du dessin. Les éditeurs de cet ouvrage périodique avaient institué un prix annuel, qui était décerné, après une exposition publique, à l'auteur du meilleur dessin composé sur un sujet indiqué par eux. Un double sujet avait été proposé pour 1800 : les Adieux d'Hector et d'Andromaque et l'Enlèvement des chevaux de Rhésus par Ulysse et Diomède. Le prix était de trente ducats. Vingt-huit concurrents se présentèrent. C'est à l'occasion de ce concours que Schiller, à la demande de Goethe, écrivit ce morceau, qui fut imprimé à la suite d'un article de Goethe lui-même et d'un autre de Meyer.

donner sans réfléchir aux impressions des œuvres d'art. Un aussi grand nombre de véritables chefs-d'œuvre, mais où l'on aurait traité des sujets différents, nous eût incontestablement procuré une plus haute *jouissance* artistique; mais peut-être n'eût-elle pas suscité une aussi féconde *idée* de l'art, que ces façons multiples de traiter un même thème : c'est du moins ce que j'ai éprouvé.

Un mot d'abord sur les sujets proposés. En fait de beaux-arts, la possibilité ne se démontre que par l'effet : *a priori*, on peut tout au plus savoir si un sujet donné ne répugne point à l'exécution artistique. Le succès a justifié le choix des deux sujets, car l'un et l'autre, sous des mains habiles, sont effectivement devenus des tableaux espressifs, originaux et agréables.

Bien que l'art soit un tout indivisible, bien que l'imagination et la sensibilité doivent agir toutes deux pour le produire, il y a toutefois des œuvres d'art d'imagination, et des œuvres d'art de sensibilité, suivant qu'elles se rapprochent surtout de l'un ou de l'autre de ces deux pôles esthétiques ; mais toute œuvre artistique et poétique doit appartenir à l'une de ces deux classes, ou elle n'a absolument aucune valeur au point de vue de l'art. Vous avez fait en sorte, dans ces deux programmes, que chaque artiste fût occupé dans sa sphère, et que celui que la nature aurait doué assez richement pour cela, pût briller dans les deux domaines de l'art.

Les Adieux d'Hector[1] se prêtaient à une peinture sentimentale, naïve et pleine de cœur. L'Enlèvement des chevaux de Rhésus[2], scène nocturne, prêtait au contraire à un tableau de fantaisie, hardi et fort. Les deux sujets, considérés en eux-mêmes, au point de vue de l'intérêt esthétique, sont d'égale valeur, et, à tout prendre, ils offraient peut-être, au point de vue de l'exécution, autant ou aussi peu de difficultés l'un que l'autre. C'est donc le génie propre et l'inclination de l'artiste qui devait déterminer son choix, et l'on pouvait prévoir de quel côté se porterait le plus grand nombre. Le premier sujet

---

1. Voy. l'*Iliade* d'Homère, ch. vi, v. 369-502.
2. Voy. l'*Iliade*, ch. x, v. 465-570.

s'adresse au cœur, et l'Allemand n'a point démenti en cette occasion son estimable caractère.

En indiquant les sujets, on n'avait fixé ni le moment de l'action, ni les circonstances qu'il fallait traiter : c'était donc là le terrain de l'invention. Deux héros, conformes à l'idée que nous nous faisons de Diomède et d'Ulysse, se montrent, au milieu des ténèbres de la nuit, dans le camp troyen, où les guerriers thraces et leur roi sont couchés et dorment. Tandis que Diomède massacre ses victimes endormies, Ulysse s'empare des beaux chevaux blancs de Rhésus. Il faut qu'ils se hâtent pour ne pas être surpris, et Diomède abandonne à regret le théâtre de l'action.

Or, ici le choix du moment était de la dernière importance. L'artiste pouvait prendre les choses soit à l'instant où s'accomplit le massacre même, soit à l'instant qui le suit, et qui précède immédiatement la retraite des deux héros. Dans la première hypothèse, la scène ne perdait pas seulement de sa valeur esthétique ; on s'exposait à faire sur la sensibilité une impression révoltante : massacrer, de nuit, des hommes plongés dans le sommeil, il y a là quelque chose de honteux pour un héros. Le roi ainsi immolé devenait par là le personnage principal, notre pitié était intéressée, et le tableau prenait un caractère pathétique qu'il ne devait nullement avoir. En choisissant, au contraire, le moment qui suit l'action, et où les deux héros pensent à s'éloigner, l'artiste donnait à son tableau un tout autre caractère. Il rejetait dans l'ombre tout ce qui révolte la sensibilité ; les victimes ne restaient plus que comme une masse déjà confuse, sans qu'aucune d'entre elles en particulier prétendît à notre intérêt : nous ne voyons plus immédiatement, nous n'apprenons que par un raisonnement que ces hommes ont été tués pendant leur sommeil ; enfin, et c'est là le point essentiel, Ulysse et Diomède sont alors bien réellement les héros du tableau : c'est leur audace qui nous intéresse, c'est le succès de leur retraite qui nous occupe.

Mais, même en la supposant conçue de la sorte, la scène perdra encore une part essentielle d'expression sensible et de dignité. Ulysse et Diomède ne seront toujours à nos yeux que deux meurtriers nocturnes et deux brigands ; et, par conséquent, l'action, bien qu'elle perde ce qu'elle avait de révoltant, sera du moins commune et moralement indifférente pour nous. Il faut quelque chose pour relever les héros et pour rehausser leur action. Ce quelque chose, c'est la présence et la participation d'une *déesse*. Cette déesse, l'artiste n'avait pas loin à la chercher : dans Homère lui-même, on voit paraître Minerve qui pousse les deux guerriers à faire diligence. L'intervention de la déesse offre encore cet avantage pour la pensée, que l'exploit nocturne a un témoin, que par son geste la nécessité de fuir devient sensiblement évidente. Enfin, dernier avantage, bien précieux pour l'exécution du tableau, on peut éclairer cette scène de nuit d'une lumière divine.

Un artiste même qui n'aurait su mettre dans son tableau aucune idée intéressante et profonde, pouvait être séduit, dans ce second sujet, rien que par l'effet des masses et par les contrastes, et arriver à une exécution satisfaisante. L'habile auteur du tableau n° 5, où deux chevaux blancs comme le lait se détachent sur le premier plan, où Diomède, dans le fond, est encore occupé au carnage, où les deux héros, comme des figures secondaires, s'effacent à côté des chevaux de Rhésus : cet artiste semble s'être contenté de faire jouer agréablement les ombres et la lumière; son tableau est doux, et plaît à l'œil; mais la conception est commune, et l'artiste n'a pris de son sujet que ce qu'il offrait prosaïquement à première vue. A quoi bon en effet évoquer deux figures héroïques, et exciter notre attente en nous annonçant une action considérable, pour ne nous donner que ce qu'on pourrait obtenir en arrangeant agréablement une scène de la vie ordinaire? Il ne faut pas s'étonner, au reste, que ce tableau soit précisément celui auquel beaucoup de spectateurs aient donné la palme. L'agréable ne manque jamais son effet : il ne suppose rien, et l'on en jouit sans qu'il soit besoin pour cela d'avoir l'ombre d'une idée.

Deux autres tableaux, de dimensions plus grandes (les n°° 3 et 4), et composés sur le même sujet, ne représentent également que l'instant du massacre. Le roi est encore couché endormi, le glaive est au-dessus de sa tête, prêt à le frapper; Ulysse s'est emparé des chevaux. L'exécution ici est plus forte, l'action plus riche que dans le tableau précédent : les héros ne sont pas sacrifiés aux chevaux. Mais la pensée ne s'élève pas au-dessus du commun ; le tableau ne parle qu'aux yeux, il n'excite pas l'imagination, et toute l'habileté, toute la diligence du pinceau ne saurait suppléer à ce qui manque du côté de l'esprit.

Deux autres tableaux (n<sup>os</sup> 6 et 7) nous montrent déjà la déesse, cela est vrai ; mais sa présence, tout en motivant chez l'artiste une intention plus élevée, ne rehausse point le tableau. Le moment est plus significatif, le meurtre est accompli. Dans l'un, où les figures ne sont qu'indiquées au trait, Ulysse a sauté déjà sur l'un des chevaux : l'instant de la retraite est exprimé ; dans l'autre, les héros tiennent encore conseil, mais la scène est trop calme, cela manque de vie et d'expression.

Deux autres tableaux, toujours sur le même sujet, sont conçus et exécutés sous une inspiration plus haute.

La déesse apparaît (n° 2) planant sur les cadavres des victimes, et la lumière répandue autour d'elle éclaire cette scène nocturne. Diomède est au repos, dans une attitude pensive, le pied sur un cadavre : il hésite à remettre l'épée au fourreau. La déesse, d'une manière significative, lève l'index de la main droite pour l'avertir, et, de sa main gauche étendue, elle lui montre le chemin. Ulysse, son arc à la main, retient par la bride les deux coursiers qui se cabrent, et déjà il se porte en avant par un mouvement rapide, en même temps qu'il jette un regard en arrière sur son compagnon qui s'attarde. Les deux héros sont nus : seulement un manteau flotte autour d'Ulysse, qui s'empresse, et une peau de lion pend sur le dos de Diomède. Le premier, dont la figure énergiquement dessinée est ce qui ressort le plus, donne à tout le tableau un mouvement, une vie qui ne contraste que trop peut-être avec l'attitude calme et pensive de Diomède.

Avec ce tableau nous sommes entrés dans la région spirituelle de l'art. On y a reculé des yeux tout ce qui n'est que la réalité vulgaire ; on n'y a mis que ce qui est vraiment significatif. Nous avançons d'un pas encore dans ce monde de l'imagination, avec une dernière peinture (n° 1), qui clôt dignement cette galerie des tableaux consacrés à Rhésus.

L'artiste précédent nous avait représenté le camp troyen, et nous renfermait dans un étroit espace, en bornant la scène par les murs de Troie. C'est une heureuse idée qu'a eue celui-ci de mettre les tentes et les vaisseaux des Grecs dans le fond du tableau, et par là il invite en quelque sorte notre imagination à sortir de son tableau même. Il élargit sa scène par une conception hardie; et nous embrassons tout d'une vue le théâtre de l'action et le but de la fuite.

Trois points de ce tableau, par différentes raisons, nous attirent sur-le-champ. L'œil, qui d'abord suit la lumière la plus vive, tombe sur un groupe pittoresque, habilement disposé et formant pyramide : ce sont quatre coursiers éclatants de blancheur, qu'Ulysse en cet instant même veut emmener. Il tourne le dos au spectateur; sa tête seule, légèrement retournée, regarde la scène. Son manteau, la crinière des chevaux, les housses qui les couvrent, flottent au vent. A ce groupe lumineux et vivement agité, l'artiste a opposé habilement, comme contraste, une masse sombre et immobile de corps étendus sans vie au premier plan, et dans le fond un lointain qui s'étend paisible et silencieux.

Une fois que cette première et forte impression, ce charme des sens s'affaiblit, l'esprit s'applique à chercher l'idée, et il la trouve, très-ingénieusement exprimée dans le milieu du tableau. Diomède, enveloppé d'une peau de lion, son écu dans la main gauche, est debout, près du char de Rhésus, qu'il saisit de la main droite comme s'il voulait se l'approprier. Près de la roue du char gît le cadavre, reconnaissable au casque couronné renversé près de lui : le corps est en raccourci, et d'un bel effet. Autant il y a de mouvement dans l'attitude d'Ulysse et dans le groupe des chevaux, autant Diomède est calme. Seulement il tourne le visage, d'un air mécontent, du côté de l'apparition, vers la gauche.

Là plane et descend Minerve, entourée de nuages; la taille est svelte et les formes belles. Elle étend la main droite, et fait signe aux deux héros qu'ils s'attardent, qu'il faut se hâter de partir. Le nuage au milieu duquel elle apparaît s'enroule d'une façon pittoresque, comme un torrent de vapeurs, autour du char de Rhésus, et enveloppe ainsi toute la scène de carnage d'une sorte de rideau mystérieux, qui s'ouvre seulement à droite pour laisser la vue s'étendre sur le camp et les vaisseaux des Grecs. Toutes les parties de ce tableau sont agréablement fondues entre elles : il y a harmonie de couleurs et d'ombres, de lumières et de reflets.

On éprouve en présence de ce tableau l'influence sereine de l'art, l'art véritable, inspiré par une imagination féconde. Tout y est choisi et disposé d'après des idées artistiques : pas un détail n'est emprunté à la réalité vulgaire ; tout y parle uniquement à la pensée, et n'a de réalité que pour elle et par elle.

Les deux sujets mis au concours offraient chacun un danger différent.

L'enlèvement des chevaux de Rhésus, à le considérer simplement comme un fait, n'est qu'une action indifférente et sans aucun intérêt pour le cœur : il fallait donc que l'imagination y montrât sa puissance, et que la pensée se substituât à l'objet réel. Si ce tableau n'était traité qu'avec une exactitude matérielle et une vérité purement naturelle, il était nécessairement vide et sans caractère. Or, cette exacte observation et la *vérité purement naturelle* est précisément la manie de notre siècle, et les Allemands en particulier ont bien de la peine à s'élever, par un libre et poétique essor, au-dessus de la réalité vulgaire. Il y avait donc à craindre, pour un artiste médiocrement doué, de ne pas tirer grand parti de ce sujet qui ne pouvait parler à son cœur ; et c'est précisément là ce qui paraît en avoir détourné la plupart des concurrents.

Les Adieux d'Hector, à ne considérer que le sujet en lui-même, et indépendamment de tout ce que peut y ajouter l'art, sont, au contraire, un objet touchant, et avec une médiocre dépense d'imagination, voire même en se contentant d'être naïvement vrai, on en pouvait faire un tableau expressif. Mais ici on avait à redouter la tendance *sentimentale* de notre pays et de notre temps, tendance qui, pour la véritable ruine des arts du dessin, a pris le dessus dans leur domaine aussi bien que dans celui de la poésie. Il était à craindre qu'on ne nous représentât un Hector larmoyant, une Andromaque pâmée de douleur ; et cela n'a pas manqué. Je n'indique point les tableaux : ils se reconnaissent aisément d'eux-mêmes.

Dans ce sujet, simple en apparence, il y avait à exprimer un double rapport : il fallait nous montrer dans Hector et l'amour conjugal et la tendresse paternelle. C'était un problème difficile d'exprimer pleinement chacun de ces deux rapports, sans violer l'unité du tableau. Il fallait nécessairement que l'un ou l'autre de ces caractères devînt l'objet principal, parce qu'il n'était pas permis de traiter deux actions d'égale importance ; et l'art consistait à choisir la plus intéressante et la plus féconde.

Quelques-uns des concurrents se sont contentés de représenter les adieux de l'époux et de l'épouse, et sont restés par conséquent au-dessous du programme. L'enfant sur les bras de la nourrice ou de la mère n'est là qu'un témoin de l'action. Hector lui-même a quelque chose de si jeune et de si peu viril, qu'on croit assister simplement à la séparation de deux amoureux. C'est là sans contredit l'idée la plus malencontreuse, celle qui s'éloigne le plus du sujet proposé ; car il n'y a pas moyen ici de songer le moins du monde au guerrier, au héros qui est appelé le rempart de sa patrie : on a cherché un genre d'émotion parfaitement étranger à ce que demandait ici le sujet.

D'autres ont pris la route opposée : chez eux le père est exclusivement occupé de son enfant ; et pendant ce temps-là l'épouse et la mère ne joue plus qu'un rôle secondaire. Ceux-ci s'éloignent moins de ce qu'exige le sujet, parce que l'expression du caractère paternel s'accorde fort bien avec la mâle gravité du héros. Et du moment que la mère pouvait par elle-même se mêler à l'action, il était impossible qu'elle fût insignifiante dans le tableau.

Dans un des plus remarquables morceaux de cette série, tableau à l'huile (n° 24), l'artiste semble s'être proposé de réunir la mère et l'enfant dans un même embrassement. Hector ouvre ses bras à l'enfant, que porte la nourrice, et qui, en le voyant, se rejette en arrière, tandis qu'Andromaque, placée entre ces deux bras qui s'étendent vers le petit Astyanax, se serre tout contre son époux ; mais Hector ne se montre nullement occupé d'elle : tout son mouvement n'a de rapport qu'à l'enfant ; elle fait l'effet d'un personnage superflu, et plutôt d'un obstacle.

Voici maintenant la seconde question qu'il s'agissait de résoudre : trouver pour le pathétique de la situation l'expression la plus vraie et en même temps la plus digne; car il fallait que ce fût l'adieu d'un héros, qui abandonne son épouse et son enfant pour aller s'exposer à un péril mortel : il fallait qu'on pressentît un dernier, un éternel adieu. D'un autre côté, le héros devait paraître supérieur à l'affliction, et Andromaque aussi, dans cette situation douloureuse, se montrer digne d'un tel époux : il fallait enfin non pas nous déchirer le cœur, mais le fortifier et l'élever par l'émotion même.

L'un des concurrents (n° 13), doué par la nature d'une âme sereine, d'une sensibilité heureuse et naïve, mais à qui il semble qu'elle ait refusé l'énergie et la profondeur du sentiment, s'est tiré de cette difficulté le plus simplement du monde, en réduisant son sujet à une scène d'intérieur, pleine de grâce et de tendresse, mais où l'intérêt tragique n'a laissé que peu ou point de traces. Hector s'occupe de l'enfant qui est posé sur le bras gauche de la nourrice et qui semble avoir peur de son père. La nourrice, par un mouvement expressif, indique le père, comme si elle voulait familiariser l'enfant avec lui. A la droite d'Hector, se tient Andromaque, appuyée contre lui : il lui abandonne amoureusement un de ses bras, tandis que l'autre est tendu vers l'enfant pour le caresser. Chacune de ces trois figures est animée d'une expression naïve, très-heureusement choisie : un tendre sourire se joue autour de la bouche du père, et le regard plein d'âme d'Andromaque flotte entre la joie sereine et les larmes[1]. Tout concourt à former un charmant, un aimable groupe; tout parle au cœur et sollicite vivement et franchement l'intérêt. On se relâche un moment de la rigueur des exigences de l'art, parce qu'on a devant soi une belle nature; et l'on en veut au critique lorsque, à bon droit, il trouve à reprendre au dessin, à la couleur, à toute l'ordonnance pittoresque, et qu'il nous signale en outre dans ce tableau une infinité de maladresses. Ainsi il semble que l'artiste, ne sachant mettre l'héroïsme dans l'action elle-même, l'ait cherché après

---

1. Homère, *Iliade*, IV, v. 484 : δακρυόεν γελάσασα.

coup autour de l'action; et c'est pourquoi il a surchargé le bord des remparts et des tours, au pied desquels se passe la scène, d'un million de Troyens armés de piques, qui regardent de là-haut ce tableau de famille.

Si le pathétique[1] fait entièrement défaut dans cette peinture, en revanche il est poussé à l'excès dans deux autres toiles très-habilement travaillées d'ailleurs, et l'on y a trop sacrifié du caractère héroïque d'Hector. Il s'ensuit que ces deux tableaux excitent en nous un certain sentiment pénible, et qu'on n'aimerait point à s'y arrêter trop longtemps. Il y a, en outre, dans l'un des deux, quelque chose qui blesse tout particulièrement : c'est l'attitude d'Hector, qui se détourne, et l'expression de douleur désespérée qui est dans son geste. Ce qui semble faire tort à l'autre (n° 19), c'est une certaine pâleur maladive, due à cette circonstance, que le dessin est colorié en partie, et marque quelque prétention à un effet de coloris, tandis que, pour l'autre partie, qui précisément exigeait des tons chauds, on a employé simplement la craie froide et morte.

Plusieurs maîtres, et ce sont les plus habiles, ont représenté Hector se tournant vers les dieux, et remettant son fils à leur protection. Cette disposition est convenable, très-expressive et noble. La confiance aux dieux permet de donner au héros une expression courageuse, sereine et calme jusque dans le sein de la passion ; et l'action prend ainsi un caractère solennel. L'enfant aux bras de son père, surtout lorsqu'il est soulevé et tenu un peu haut, comme on le voit dans les deux plus remarquables tableaux (n°˚ 25 et 26) de cette série, couronne heureusement le groupe, et lui donne un sens. Cet enfant devient en outre pour nous comme un symbole de Troie, désormais privée de secours. Hector semble les remettre l'un et l'autre entre les mains des dieux.

Je trouve deux tableaux en manière de bas-reliefs (n°˚ 20 et 21), où l'artiste, se conformant à l'esprit de la statuaire des anciens, n'a pas eu besoin de recourir au pathétique pour parler à l'esprit. Hector, revêtu de ses armes, descend, calme et

---

[1]. Schiller entend par ce mot non pas les émotions tendres, les douces larmes, les mouvements de sympathie ; mais les émotions fortes, profondes et tragiques. Voyez, dans le tome VIII, le *Traité du Pathétique*.

sérieux, les degrés de sa maison : son corps est déjà tourné vers les guerriers qui l'attendent avec son cheval de bataille. Le visage seul se retourne vers Andromaque, qui s'appuie sur lui avec une expression douloureuse, et ne veut pas le laisser aller. A côté d'elle se tient la nourrice, l'enfant sur les bras, et quelques autres jeunes femmes. L'artiste a parfaitement saisi le goût des anciens : cette manière sobre d'indiquer ce que l'on veut dire; il a su exprimer la situation plutôt par des signes symboliques que par l'imitation du réel. Toutes ces choses représentent plus à l'esprit qu'elles ne disent aux yeux. Chaque trait, outre sa signification propre, bien réelle, fait penser encore à quelque autre chose : c'est un emblème transparent sous lequel se cache un grand sens, comme l'esprit sous la lettre. Cette rangée de femmes avec l'enfant nous marque l'intérieur d'une maison que le père de famille est sur le point d'abandonner. En face, les guerriers avec leurs armes, et ce cheval de bataille qui attend son maître, nous rappellent au sentiment de l'implacable nécessité. La démarche du héros qui descend, grave, mais non point attristé, sied bien à son caractère : il n'a pas besoin des dieux, il se repose sur lui-même. La tendre inquiétude de l'épouse est bien d'accord avec l'ensemble. Seulement Andromaque elle-même est trop petite, trop maigre, auprès de la figure colossale du héros; et son air délicat, tout moderne, jure avec le caractère antique du tableau.

Il n'est pas jusqu'à la *nourrice*, considérée comme troisième personnage, dans l'exécution de laquelle ne se marque le génie particulier des différents artistes. Quelques-uns, qui ne pouvaient atteindre à la hauteur du sujet, ont du moins su rendre ce personnage qui rentrait dans la mesure de leur talent; et c'est elle qui est devenue alors la figure la mieux réussie du tableau. C'était sur ce personnage, en effet, que l'artiste pouvait s'abandonner avec le moins d'inconvénient, *in corpore vili*, à son amour pour la nature réelle, bien que le goût fît ici une loi de traiter cette figure même avec plus de noblesse. Depuis la plus stupide indifférence, jusqu'à la légèreté coquette, on l'a fait passer dans ces tableaux par toutes les expressions possibles. Ce dernier caractère est celui que lui prête l'auteur d'un dessin lavé à plusieurs teintes, que je ne veux vous désigner ici que par les deux malencontreuses colonnes plantées devant la porte comme pour la barricader. Le tableau est traité de la façon la plus agréable, à la manière bigarrée des gravures anglaises : la figure d'Andromaque est pleine de grâce ; mais la nourrice surtout est bien spirituellement conçue. Il n'y a que le personnage d'Hector que l'artiste n'ait pas su concevoir ; et en général, il n'a pas pu s'élever à la hauteur du sujet.

Tout au contraire, dans les deux tableaux dont j'ai déjà fait mention, ceux où Hector élève son fils vers le ciel, la nourrice forme réellement une partie intégrante et significative de l'action, et s'élève jusqu'à la dignité de l'ensemble. Dans l'un (le n° 25), son attitude est très-ingénieusement imaginée : elle se détourne, et l'artiste a précisément réussi à rendre d'autant plus touchant ce qu'il dérobait à nos regards. Dans l'autre tableau (n° 26), auquel je reviendrai tout à l'heure avec plus de détails, l'artiste lui a donné une signification plus grande encore, peut-être même trop grande.

Dans cette scène des adieux d'Hector, le lieu n'était pas une circonstance indifférente : c'était le seul moyen de faire parfaitement comprendre l'action. A moins d'user de la ressource arbitraire des symboles, l'artiste devait nécessairement placer la scène sous les portes ou près des portes de Troie ; et plus l'entourage aurait de signification par lui-même, plus l'action devenait expressive. Il ne faut donc pas excuser, dans certains tableaux, le mauvais choix fait par l'artiste, qui est allé placer la scène en un lieu tout à fait désert, n'importe où, près du mur de la ville. L'action y perd un fond qui par lui-même aurait eu sa valeur ; elle y perd son caractère d'action publique, à ciel ouvert, si conforme à ces âges antiques ; soit dit sans approuver l'excès contraire : l'artiste qui a étalé autour de son héros toute une suite royale, qui rappelle une scène d'opéra, mérite encore bien plus la censure.

On a toutes sortes de raisons pour se féliciter du soin, de l'habileté, du sentiment, de l'inspiration et du goût qu'a révélés cette exposition, et qui se trouvent plus ou moins réunis dans chacun de ces tableaux. Depuis l'émotion intime qui marque le premier degré de l'art, jusqu'à la sérénité d'imagination par laquelle il s'affranchit et proclame son originalité, jusqu'à la grâce inspirée qui y met la perfection, et qui, lui élargissant la voie, ramène l'art lui-même à la nature, il n'est aucune qualité esthétique dont les concurrents n'aient fait preuve. Plusieurs de ces tableaux forment vraiment un ensemble bien conçu : d'autres se recommandent par telle ou telle disposition heureuse, ou par une habileté acquise; quelques-uns par un talent accompli dans l'exécution pittoresque de certaines parties. Mais quand on les aura tous passés en revue dans leur ordre, on finira par revenir avec une satisfaction plus haute à l'œuvre de M. Nahls, au *dessin brun* (n° 26), comme l'appelait le public avant de savoir le nom de l'auteur : c'est aussi le tableau qui a tout d'abord attiré les regards.

Hector, avec un regard plein de sérénité, plein de confiance envers les dieux, élève son fils vers le ciel. Andromaque, belle figure dessinée dans le goût antique, s'appuie à la droite du héros, et semble se reposer sur lui comme sur son dieu : nulle expression de douleur n'altère la pureté de ses traits. A gauche d'Hector, mais un peu plus loin, et séparée de lui par le casque, qui est à terre, on voit la nourrice agenouillée et s'associant à la sereine prière du héros par des supplications douloureuses qui partent du fond d'un cœur plein d'angoisses. C'est sur cette femme, nature inférieure, que le sage artiste a vidé toute la coupe de douleur et de passion qu'il tenait en réserve pour cette scène ; mais son émotion n'a rien qui ne soit digne : elle n'est indiquée que par sa vivacité ardente. L'action se passe sous la porte de Troie, dont la noble architecture s'accorde dignement avec l'ensemble. Cette porte s'ouvre derrière la nourrice, en décrivant une courbe pleine d'aisance et de beauté. On aperçoit le char d'Hector, ses coursiers retenus par leur conducteur : un guerrier s'est approché et rattache la scène principale à l'action de l'arrière-plan.

Telle est la conception poétique de ce tableau; quant à la noblesse du style, à l'unité, quant à la légèreté du pinceau, quant à la pureté et à la grâce de l'exécution, il faut les avoir senties, éprouvées par ses yeux : cela ne peut s'exprimer par la parole. A le voir, on se sent plus d'activité, plus de lumière, plus de décision dans l'esprit; et c'est là assurément le plus bel effet que puisse se proposer l'art plastique. L'œil est attiré et récréé; l'imagination est animée, l'esprit éveillé; le cœur s'échauffe et s'embrase, et l'entendement est occupé et satisfait.

# APPENDICE

## OPUSCULES

NON CONTENUS DANS LES ÉDITIONS ALLEMANDES

DES ŒUVRES COMPLÈTES

# APPENDICE.

## LA VERTU

### CONSIDÉRÉE DANS SES EFFETS[1].

Duc très-auguste,
Auguste comtesse,

S'il est quelque chose qui soit capable d'échauffer un jeune cœur de l'amour de la vertu, c'est assurément la vue de ses effets sublimes. Toute âme sensible se consacrera avec un zèle ardent à la divine beauté de la vertu, quand une fois elle saura, avec une entière conviction, que ses seuls effets sont la perfection et la félicité (car où tend l'âme du jeune homme, si ce n'est à ce seul but?), quand elle aura conçu cette grande pensée, que la vertu fait seule de l'homme l'image de la divinité infinie (car où aspire l'âme du jeune homme, si ce n'est à cet idéal que jamais l'esprit humain n'embrassera?). Poser cette question : « Qu'est la vertu considérée dans ses effets? » est donc parfaitement digne de celui qui, semblable à un père au milieu de la jeunesse qui le bénit, a exprimé ce vœu divin : « Puissé-je les rendre tous heureux! » Répondre solennellement à cette question est chose parfaitement digne de cette fête de l'amitié.

Auguste comtesse,

Si nous considérons l'homme comme un citoyen du grand système de l'univers, nous n'avons, pour déterminer le mérite de ses actions, aucune

---

[1]. Voy. sur ce discours, qui s'est retrouvé, copié de la main de l'auteur, dans les papiers de la comtesse de Hohenheim, la *Vie de Schiller*, page 15. Dans le manuscrit autographe le titre est suivi de ces mots : *Discours composé par l'élève Schiller, sur l'ordre très-gracieux de Son Altesse Ducale, pour solenniser l'anniversaire de la naissance de Mme de Hohenheim, comtesse de l'Empire.*

mesure meilleure que l'influence qu'elles exercent sur la perfection de ce système. Si nous allons encore plus loin, si nous reconnaissons que tous les rouages de ce grand système ne s'engrènent si bien, que toutes les forces motrices ne s'accordent entre elles avec tant d'harmonie, qu'en vue d'un seul effet : je veux dire, pour que la partie spirituelle de la création devienne plus parfaite ; pour que la partie sensible sente avec plus d'énergie ; que la partie pensante ait des pensées plus hautes, plus vastes : alors nous pouvons priser ou condamner chaque action morale à proportion de la part plus ou moins grande qu'elle a eue à la perfection des êtres spirituels. Enfin, si nous montons encore plus haut, si nous reconnaissons que toute perfection des êtres spirituels a pour fin dernière l'imitation, le contentement, la glorification de la divinité : alors il faut que cette ressemblance, cet accord avec les attributs divins, ce contentement, cette glorification de la divinité soient la mesure de toutes les actions morales. Toute action donc d'un esprit, toute pensée, oui, je puis ajouter tout sentiment, deviennent dignes du nom vénérable de vertu, s'ils ont pour fin la perfection des esprits, s'ils sont conformes à l'essence de l'Être infini, d'accord avec ses vues, s'ils glorifient sa grandeur. Tous, au contraire, deviennent dignes du honteux nom de vice, s'ils rendent les esprits plus imparfaits, s'ils sont en désaccord avec les attributs de l'Être suprême, s'ils ne répondent pas à ses vues.... *Le premier effet de la vertu serait donc la perfection du monde des esprits.*

Il règne une autre loi, une loi éternelle, dans la nature pensante et sensible : c'est que la perfection de l'ensemble soit intimement liée à la félicité de chaque être en particulier. En vertu de cette loi, nous trouverons nécessairement toujours une jouissance dans ce qui rend l'ensemble plus parfait ; une douleur, dans ce qui rend l'ensemble plus imparfait. En conséquence, cet effet général, la *félicité de l'ensemble*, entraîne un second effet, un effet intérieur, la *félicité de l'individu* qui agit vertueusement.

Pour résumer tout ceci en peu de mots, nous pouvons dire : La vertu serait donc cet état par lequel un esprit pensant devient le plus capable de rendre les esprits plus parfaits, et d'être lui-même heureux par leur perfectionnement.... Et en quoi consistera cet état ?... Pour répondre à cette question d'une manière précise, inattaquable, il faudrait que mon regard eût plongé dans les profondeurs les plus impénétrables de l'âme humaine, il faudrait que mon intelligence eût embrassé et réuni toutes les pensées des hommes. Chaque philosophe peu s'en faut, que dis-je ? chaque être pensant se crée, avec son propre système de pensées, un édifice à part de vertu et de vice, et bien que tous ne tendent qu'à un même but, ils sont infiniment partagés sur la détermination de cet état par lequel ils y doivent atteindre.

Réussirai-je à renverser complètement tous les autres systèmes de vertu encore mal affermis, donnerai-je à la vertu son caractère fixe et éternel, si, avec les plus grands sages de ce siècle, je la nomme une *sage bienveillance*?

Nous dirons donc : 1° Un esprit sage et bienveillant rend le monde des esprits plus parfait, plus heureux : ce sont là les suites extérieures de la vertu. 2° Il se rend lui-même plus parfait, plus heureux : ce sont là les suites intérieures de la vertu.

Voilà les deux points de vue où je vais me placer pour essayer de développer la question qui m'a été très-gracieusement posée.

I

EFFETS DE LA VERTU PAR RAPPORT A L'ENSEMBLE
DES ÊTRES.

Autant est puissante, dans le monde des corps, la vertu, partout agissante, de l'attraction, qui fait tourner les mondes autour des mondes, et retient les soleils dans d'éternelles chaînes, autant, dis-je, est puissant, dans le monde des esprits, le lien de l'amour universel. C'est l'amour qui enchaîne les âmes aux âmes ; c'est l'amour qui incline le Créateur infini vers sa créature finie, et qui élève la créature finie vers l'infini Créateur; c'est l'amour qui réunit le monde immense des esprits en une seule famille et fait de tant de myriades d'esprits les innombrables fils d'un seul père. L'amour est le second souffle de vie dans la création ; l'amour est le grand lien qui unit toutes les natures pensantes. Si l'amour disparaissait de la vaste sphère de la création, ah! comme à l'instant même le lien des êtres serait déchiré! comme l'empire immense des esprits serait vite en proie à une révolte anarchique! de même que crouleraient tous les fondements du monde des corps, de même que s'arrêteraient à jamais tous les rouages de la nature, si la loi puissante de l'attraction était supprimée.

Les premières conséquences de cette connexion générale des esprits sont le développement réciproque des aptitudes de l'âme; l'achèvement, l'extension, le raffinement des idées; la direction de la volonté vers ce qui est parfait. Ainsi la science de l'un peut couler dans l'âme de l'autre; la pensée brute de l'un peut être polie par l'intelligence plus aiguisée de l'autre. Ainsi l'association d'un double entendement peut amener à maturité ce qui pour un seul était impénétrable [1]. Ainsi le feu juvénile d'un esprit fougueux peut être adouci, modéré, par les réflexions plus graves de l'homme mûr. Ainsi l'amour de la vertu qui s'éteint dans celui-ci peut s'enflammer de nouveau au contact de la passion pour le bien qui anime celui-là. Ainsi l'âme peut se refléter dans l'âme d'autrui; ainsi le Créateur lui-même peut reproduire sa grande image dans des âmes mortelles. Ainsi la joie de l'ami peut passer tout entière dans l'âme de son ami. La perfection de la plus noble force de l'esprit serait donc la conséquence de cette connexion.... *Cette connexion est l'effet de l'amour.*

Grands sont donc les effets de l'amour. Toute la sphère des esprits est

1. L'incohérence de la figure est dans l'original ; nous ne faisons que traduire fidèlement.

son domaine infini. Mais, quand ce domaine ne serai pas la sphère entière des esprits, l'amour peut du moins être actif dans une petite sphère, et par cette petite réagir sur la grande, sur l'infinie. L'amour qui unit le père à son fils, le fils à son père, qui fait d'un sage le maître d'un jeune homme, sans lui peut-être délaissé, peut agir puissamment sur l'harmonie de l'ensemble.

Si, dans la personne du jeune homme, il place sur le trône un Antonin, un Trajan, ou s'il crée un Lycurgue aux bords de l'Eurotas; si dans ce fils, il forme un Montesquieu, un Gellert, un Haller, un Addison : alors il peut éclairer de la lumière de la vérité toute une génération d'hommes. que dis-je? toute une série de générations, et les rapprocher de leur but sublime ; car la morale d'un Gellert, l'exemple d'un Addison, ramèneront peut-être encore à la vérité, dans les siècles futurs, des âmes égarées.... Mais le vice d'un seul peut tout aussi facilement insinuer son doux venin dans mille âmes mal gardées. Il peut détourner toute une série de générations humaines de leur haute destination, pour les replonger dans les vieilles ténèbres de la barbarie sauvage et bestiale. Ainsi l'esprit incomplet d'un Lamettrie, d'un Voltaire, s'est dressé, sur les ruines de mille esprits perdus par eux, une colonne d'infamie, monument immortel de leur méfait.

Mais rappelons encore une fois cette vérité féconde, plaçons-la encore une fois devant les yeux de notre âme : « Un esprit parfait peut perfectionner par son influence tout un monde d'esprits... » Mes amis! quel est ce soleil qui se lève devant mon âme étonnée? Ne vois-je pas une affluence de générations humaines qui se pressent autour de la tombe d'un prince, ah! d'un prince que je puis nommer du nom de père? ne les vois-je pas pleurer, se livrer à leurs transports, prier sur le monument funèbre du grand homme? Quoi ! tout un monde sur la tombe d'un seul ? Des milliers, des millions d'hommes, qui en bénissent un seul? C'est lui, lui seul, mes amis, qui invita une jeunesse sans culture à venir, de toutes les contrées du monde, se jeter dans ses bras paternels; qui fit pénétrer dans mille jeunes âmes les rayons de la sagesse; qui créa, pour chaque sphère de connaissances, des hommes solides et capables; qui enfin, si, parmi ces mille disciples, dix seulement gardent la noble empreinte de celui qui les éleva, offrira un jour à l'humanité de nouveaux Solons, de nouveaux Platons. Et, si un seul esprit accompli a, comme nous l'avons dit, une si grande sphère d'action, quelle influence n'a point exercée sur l'harmonie de l'ensemble, au moyen de la jeunesse qui lui doit sa culture, ce grand instituteur d'hommes ! Oui, lui, lui seul, parce qu'il tend toujours à devenir plus vertueux, parce qu'il est sur la terre l'imitateur de la divinité.... Vertu toute-puissante, qui es descendue dans le sein du prince et qui de là attires les cœurs des hommes, par ce seul cœur de prince tu t'es soumis un monde!

Et si enfin ce grand ami de la vertu s'est choisi une compagne pour l'aider dans son œuvre sublime.... si le doux et tendre intérêt de cette amie excellente assaisonne et rehausse ses joies, si, pleine de sympathie, elle souffre avec lui ses souffrances (car même les grands, même les plus éminents entre les grands, ont leurs souffrances, puisqu'ils sont hommes);

si, dis-je, elle enlève à sa douleur son aiguillon ; si, attentive à écouter ses leçons, elle unit sa vertu à la vertu de son auguste ami pour la félicité des hommes ; si elle.... Nos cœurs ne s'élèvent-ils pas tous à cette pensée? Le feu de la joie ne jaillit-il pas de tous les visages? Deux noms sacrés ne flottent-ils pas sur nos lèvres tremblantes?

Des larmes de reconnaissance sur vos cendres, mon père! des larmes de reconnaissance sur vos cendres, vous, la meilleure amie du père!

## II

### EFFETS DE LA VERTU PAR RAPPORT A L'HOMME VERTUEUX LUI-MÊME.

Tels sont les effets de la vertu quant à la perfection de l'ensemble du genre humain. Mais ils n'épuisent pas à eux seuls la notion de la vertu. Ils résonnent puissamment, il est vrai, à notre oreille ; leur éclat éblouissant rayonne à tous les yeux : mais, à cause de cela même, il n'est pas rare que l'œil émoussé de la plèbe les confonde avec le clinquant qui recouvre des actions condamnables. La félicité de l'ensemble peut germer aussi d'un sol impur et de cœurs qui sont loin d'être saints ; car la très-sage Providence est aussi puissante pour faire aboutir le vice d'un individu au bonheur du monde, que pour rendre le monde heureux par la vertu.

Il résulte de l'essence même de la vertu qu'elle laisse dans le cœur de l'homme vertueux des effets intérieurs, qui, lors même qu'ils échappent au regard des hommes, brillent d'un noble éclat aux yeux d'une plus haute sagesse ; des effets intérieurs dont serait privé ce conquérant fameux, fût-il allé, sur les pas de la Victoire ailée, d'une sphère à une autre sphère, aussi aisément qu'il a passé l'Indus ; des effets qui rendraient le sage heureux, quand il languirait dans des cachots sans fond. Si la vertu n'était accompagnée de ces effets intérieurs, avant-goût du ciel, combien peu adoreraient sa sainte image! Si le vice n'était accompagné de ces muets frissons de l'enfer, comme il serait facile au breuvage enivrant et magique de ses joies d'entraîner tous les cœurs ! Et quels sont donc ces effets intérieurs de la vertu? Chaque âme vertueuse préviendra ici ma réponse, chacune éprouvera tout bas, au dedans d'elle-même, que ces effets ne sont autre chose que le repos de l'âme dans tous les orages du destin, la vigueur de l'esprit dans toutes les scènes de désolation, la certitude, l'assurance personnelle au milieu des doutes et des ténèbres ; que c'est, pour le dire en peu de mots, un caractère toujours égal, inébranlable à tous les accidents de la vie humaine, un caractère qui émousse toute douleur, rend doublement sensible tout plaisir, qui mène un Régulus, sans troubler sa sérénité, au-devant des terreurs d'une mort cruelle, tandis que les Césars tremblent sous leur diadème conquis au prix du sang ; qui permet à un Sénèque de compter paisiblement chaque goutte de sa vie qui coule de ses veines, tandis que les tortures de la conscience poursuivent le tyran jusque sous son manteau de pourpre ; qui n'abandonne pas le sage de l'Inde, même sur le bûcher qui croule dans les flammes, tandis que le courage de l'Européen faiblit aux moindres frissons de la fièvre ; qui lui montre des paradis brillants quand ses yeux s'éteignent dans la mort, que, devant lui, la terre et le ciel s'évanouissent dans la nuit, et que l'âme et le corps se séparent à l'heure solennelle de la rupture fatale : oui, un caractère qui ne l'abandonnera pas dans les terreurs de ce jour redoutable où sous les Domitiens trembleront les trônes de la terre, où chaque sentiment du cœur (car aucun ne se dérobera aux yeux du vengeur suprême) s'élèvera contre l'impie comme un témoin menaçant.... où peut-être une seule pensée non étouffée décidera entre la mort et le ciel. Dans ce moment d'horreur, le tonnerre du jugement sera un chant de joie pour l'homme vertueux ; la voix du juge du monde, la voix du père qui appelle. Alors son œil brillera d'un rayon d'éternelle lumière, tandis que d'éternelles ténèbres tomberont sur l'œil du coupable.

Ainsi sont-ils grands, bienheureux, ineffables, ô mes amis, les effets intérieurs de la vertu. Ce sentiment, d'avoir rendu tout un monde heureux autour de soi.... Ce sentiment, d'avoir saisi quelques traits rayonnants de la divine ressemblance.. Ce sentiment, qu'on est élevé au-dessus de tous les éloges.... Ce sentiment....

AUGUSTE COMTESSE !

Les récompenses terrestres passent.... Les couronnes mortelles s'envolent avec un vain bruit.... Les chants les plus magnifiques de l'enthousiasme s'éteignent sur le cercueil.... Mais ce repos de l'âme, ô Francisca[1], cette sérénité céleste, maintenant répandue sur votre visage, m'annonce de la manière la plus éclatante le prix intérieur, le prix infini de la vertu.... Une seule larme de joie, Francisca, larme unique qui vaut tout un monde.... Francisca est digne de la pleurer !

1. *Francisca*, « Françoise, » était le prénom de la comtesse de Hohenheim.

# LES TROIS DEGRÉS

DE

# DÉVELOPPEMENT DE L'HUMANITÉ[1].

Ne pourrait-on pas appliquer aux progrès de la culture humaine ce que l'expérience nous enseigne, en toute occasion, des degrés par lesquels passe l'esprit ? Or ici l'on remarque trois degrés :

1° L'objet est tout entier devant nous, mais confus : les parties se fondent les unes dans les autres.

2° Nous détachons certains signes caractéristiques et nous distinguons. Notre connaissance est nette, mais partielle et bornée.

3° Nous unissons ce que nous avons détaché, et l'ensemble est de nouveau devant nous; mais maintenant, au lieu d'être confus comme avant, il est éclairé de toutes parts.

Les Grecs étaient dans la première période; nous sommes dans la seconde. La troisième donc est encore à attendre, et, quand elle sera venue, nous ne regretterons plus le temps des Grecs.

---

1. Guillaume de Humboldt avait envoyé, en 1793, son *Esquisse sur les Grecs* à Schiller, qui écrivit ses remarques à la marge du manuscrit. Parmi ces remarques était le morceau que nous traduisons ici, où Guillaume de Humboldt voyait « une idée de génie. » Il se trouve dans les pages où Varnhagen von Ense a caractérisé ce dernier (*Denkwürdigkeiten*, t. IV, p. 305).

# CRITIQUES

## EXTRAITES DU RÉPERTOIRE WURTEMBERGEOIS DE LITTÉRATURE[1].

### I

ALMANACH DES MUSES DE SOUABE POUR L'AN 1782.

(Publié par G. F. Stäudlin, chez Cotta.)

Vu la mode actuelle de faire des calendriers, mode que je n'ose appeler une *épidémie*, car l'on doute qu'il naisse des maladies que les anciens n'aient déjà eues avant nous, et l'on peut affirmer, je crois, qu'ils n'avaient point d'*Almanachs des Muses*.... mais enfin, vu cette mode et la température si sentimentale qui règne dans toute l'Allemagne, une Anthologie

1. Le premier cahier du *Répertoire wurtembergeois de littérature*, revue trimestrielle, publiée, comme nous l'avons dit, par Abel, Petersen et Schiller, se terminait par une sorte d'Appendice ayant pour titre : *Bibliothèque wurtembergeoise*, avec cette épigraphe :

   Hinc exaudiri gemitus ac sæva sonare
   Verbera....
   (Virgile, *Énéide*, vi. 557.)

   Parmi les articles de critique que contient cette *Bibliothèque*, il en est six qu'une note trouvée dans les papiers de Petersen attribue à Schiller, et dont nous donnons ici la traduction. De ces six articles cinq sont signés des lettres Gz, et un sixième est signé H. Averti par un mot de Kœrner, qui dit, dans sa *Notice sur la Vie de Schiller*, que notre auteur avait inséré quelques *récensions* dans le *Répertoire wurtembergeois*, M. Boas avait déjà donné par conjecture, dans son *Supplément aux Œuvres complètes*, les cinq morceaux signés Gz. C'est la petite boutade placée ici au cinquième rang qui est signée de la lettre H

wurtembergeoise n'est plus un phénomène. On accuse d'ordinaire les Souabes de commencer au moment où leurs voisins cessent et chôment, et à ce point de vue, béni soit l'avénement final et prophétique de l'*Almanach des Muses de Souabe!*

Des livres de ce genre ne peuvent être considérés que sous un des trois aspects que voici. Ou bien ils sont le lieu de refuge de timides débutants, qui derrière ce rideau attendent que la voix publique ou les appelle ou les repousse. On peut à cet égard les approuver : seulement il faut qu'on obéisse à l'ordre de se taire et qu'on ne présuppose pas l'encouragement.... Qu'on me permette ici toutefois, sans que je veuille rien préjuger, une simple question : Notre Klopstock, et quelques-uns de ses pareils, que je trouve aussi dans cette société, auraient-ils éprouvé de nouveau le désir de savoir la mesure de leur génie, et imiteraient-ils les vieux grenadiers qui, dans un âge avancé, se font mesurer encore une fois pour savoir de combien leur taille a baissé?... En second lieu, un almanach peut être le canal aux immondices par lequel affluent au nez du public les indigestions des Muses (fi du nôtre, s'il était cela !), ou peut-être une boutique pour écouler de vieilles marchandises, et, dans ce cas, j'admirerais la malice de nos beaux esprits qui, profitant de l'occasion, étalent encore sur ce dernier marché les fruits de leur verve émoussée, de même qu'on envoie à des ventes à l'enchère des meubles passés de mode et des vêtements usés, pour s'en défaire avec avantage.... Ou bien enfin, est-ce un présent qu'on veut faire au beau sexe? Dépense inutile ! un peu de savon, dissous dans de l'eau, fait le même effet. On n'a qu'à souffler dedans bien gentiment par un petit tuyau de paille, et il monte des bulles bleues, vertes, rouges, violettes, et les enfants, ohé ! se réjouissent.

Mais, qu'il en soit de tout cela ce qu'on voudra, le présent almanach n'est toujours pas le plus mauvais qu'on ait publié en Allemagne. J'ai déjà vu de ses camarades à qui de grands poëtes avaient donné leurs noms, leurs seuls noms, stériles et pauvres, tels qu'ils pourraient figurer sur leurs tombeaux. Si donc un Almanach des Muses doit être la mesure de la culture intellectuelle d'une province, la Souabe peut se placer avec confiance au niveau de la Saxe et des provinces rhénanes.... Mais le général des Muses souabes, M. Stäudlin, ceint son glaive, pour livrer une bataille générale à toute l'Allemagne non souabe, et cette bataille ne doit décider de rien moins que du génie de la province.

*Audaces fortuna juvat!*

Que l'étranger se retranche de son mieux.... les têtes chaudes du Nord sont gens dangereux !... Il plaît à l'éditeur de comparer sa propre personne à un jardinier qui tente un essai dans son climat septentrional, pour voir « si la magnifique plante du génie ne peut pas aussi y réussir. » Il est vrai, la douceur du climat est ici pour beaucoup ; c'est un grand, un très-grand point d'arroser, de mettre au soleil ; enfin, c'est encore beaucoup de tailler à propos.... Mais il ne faut pas que le jardinier espère obtenir des ananas.... d'un pepin de pommes sauvages!

Assez sur ce point. Dans le bruit de ce torrent de médiocrité, parmi les coassements des rimailleurs, on entend encore çà et là quelque vrai son de la lyre de Melpomène. La plupart des poëmes de M. Thill, la *Mélancolie* de l'éditeur lui-même, la *Laure* de l'auteur des *Brigands*[1], quelques travaux de Reinhardt et de Conz, quelques épigrammes de \*\*\*g, O. et Armbruster, méritent d'être placés auprès des meilleures productions du même genre. M. \*\*\*g est fait pour l'épigramme et ne devrait pas négliger ce talent. Armbruster est absolument sans culture, mais son esprit serait digne d'être cultivé. Les poésies de Reinhardt annoncent la plus grande délicatesse de sentiment et le plus aimable caractère : cet auteur s'est mis aussi à une traduction de Tibulle, et il y a tout lieu d'espérer qu'il y réussira. Conz a étudié Klopstock, et il a un ton mâle et hardi. Les autres forment la masse.

Au frontispice est une vignette qui représente le *Soleil se levant sur le pays de Souabe*. Morbleu ! Que ne voyons-nous pas, nous qui avons le bonheur de vivre dans cette dizaine d'années qui commence à 1780 ! L'almanach de Stäudlin la grande époque de la patrie !... Si ce phénomène n'est point, par une sorte de fatalité, une de ces aurores boréales qui, comme le soutiennent ceux qui connaissent le temps, prophétise le froid, qu'avec sa prétention de faire époque notre homme prenne bien garde que les rayons rouges et ardents de son astre matinal ne lui éblouissent les yeux, et qu'il n'aille lui-même, tâtonnant dans les ténèbres, s'enferrer dans les pointes aiguës des glaives de la critique.

II

NANINE OU LE PRÉJUGÉ VAINCU.

(Traduit du français de M. de Voltaire, par Pfr., chez Mäntler, Stuttgart, 1781.)

Le traducteur prouve par *Gœtz de Berlichingen*, par le *Précepteur* et par les *Brigands*, que *Nanine* est la seule comédie de son espèce. Au reste, la traduction n'est pas aussi mauvaise qu'on le pourrait conclure de la préface. Le traducteur est attaché au département des finances, et à ce titre il croit de son devoir de fournir de maculatures les commerçants de sa patrie.

1. C'est le poëme lyrique intitulé *l'Extase. à Laure*, qui se trouve dans le tome I<sup>er</sup> de notre traduction, p. 444. Il avait été publié d'abord, avec le même titre, dans l'*Almanach des Muses* de Stäudlin, et dans l'*Anthologie* sous un titre différent : *Les Heureux moments. à Laure*. Schiller, avant de l'insérer dans le Recueil de ses Poésies, en a retranché plusieurs strophes et y a fait divers autres changements.

## III

POÉSIES DE CIRCONSTANCE D'UN WURTEMBERGEOIS.

(Stuttgart, chez J. B. Mezler, 1782, 28 feuilles in-8°.)

Il faut apprécier ces poésies d'après le cercle auquel elles étaient originairement destinées : quiconque ne sait pas les relations et allusions locales, les jugera d'une manière étroite et injuste. L'auteur, homme d'un vrai mérite, a une verve originale et comique, qui incontestablement le rendrait propre à quelque chose de mieux que des poésies de circonstance, s'il se rendait suffisamment justice à lui-même. Il est dommage qu'il dépense son beau talent à cette matière stérile des noces et des funérailles vulgaires : nous pourrions attendre de sa plume un bon roman comique. Il a l'esprit éveillé et sait frapper juste; ses vers coulent avec aisance et harmonie; sa vive imagination sait trouver de l'intérêt au sujet le plus pauvre. Des poésies de circonstance de cette valeur pourraient, si l'on nous en donnait plus fréquemment de semblables, nous réconcilier avec ces filles bâtardes des Muses. L'auteur est moins heureux dans les élégies. Quand il veut être tragique, il devient souvent gothique et burlesque; et prosaïque, là où il faudrait être sublime. Dès le commencement du volume, le premier poëme, sur la mort de son père, est déjà une preuve de ce que je dis : quelles que soient la beauté et la hardiesse des pensées, la pièce çà et là, par les expressions bibliques et les locutions vulgaires, perd beaucoup de sa valeur poétique.

Cette même poésie toutefois a un début solennel et d'une grandeur pleine de deuil. Le poëte demande un chant à la douleur :

Un chant d'orphelin, non pas un de ceux où le deuil se pavane,
Où le chagrin s'affiche, où l'on se fait du crêpe une vaine parure,
Où près du caveau funèbre, tant que les lampes brûlent,
La Muse se lamente, comme se lamentent les pleureuses.

Mon père meurt! mon père! quelle perte!
O mon sang, change-toi, comme le sien, en froides cendres;
Toi, veine qui bats, deviens airain; et toi, œil de chair, sois pétrifié!
Sinon, ô Dieu!... souffre que je pleure!

Et toi.... toi, père! si là-haut il est des loisirs,
Oh! écoute à présent.... Que dis-je? non, n'écoute pas ton enfant,
Et continue de t'abreuver du chant divin.
Tu as volé trop haut, pour retomber dans l'abîme de la douleur.

Je me permets de signaler encore un endroit des poëmes élégiaques (quant aux pièces comiques, il les faut lire : ce serait un choix trop difficile d'extraire de tant de bonnes choses ce qu'il y a de mieux) : l'endroit dont je parle est tiré d'un long poëme narratif, où l'auteur décrit un voyage malheureux. La voiture avait versé, le cocher s'était cassé la jambe :

> Du bas du cocher
> Sortait l'os brisé.
>
> La fracture de l'os était double ;
> La parole du malheureux vous connaît le frisson :
> « Monsieur ! vous voyez mon pied.
> Dites s'il faut que je meure. »
>
> Puis, gémissant, il étend le bras,
> Pour me saisir : « Que Dieu ait pitié de moi !
> Sept enfants ! Ce pied !
> Croyez-vous qu'il me faille mourir? »

Ce poëme, ainsi que beaucoup d'autres, est riche en excellentes descriptions de ce genre. Cependant, en général, un choix plus sévère ne m'aurait pas déplu. L'auteur paraît avoir étudié les anciens, et donné peu de temps à la lecture des modernes. A-t-il tort ou raison de faire ainsi ? c'est ce que je ne décide pas. Ce qu'il y a de certain, c'est que par ce chemin il arrivera plus sûrement au but, que celui qui le précède dans cette *Bibliothèque* n'y atteindra par l'autre.

En finissant, je soumets aux lecteurs une question qu'on leur a déjà souvent faite : Pourquoi ici nos meilleures têtes étouffent-elles si souvent leur talent le plus heureux, avec la moitié duquel tel habitant d'une autre province ferait un merveilleux tapage?... Est-ce timidité soumbe? est-ce la contrainte de leur position ?

## IV

### POÉSIES MÊLÉES, ALLEMANDES ET FRANÇAISES.

(Édition augmentée et améliorée. Francfort et Leipzig [ou plus exactement, Stuttgart et Tubingue], 1782, in-8°, sept feuilles.)

De la première édition je n'ai rien vu ni entendu : je tiens donc, jusqu'à nouvel ordre, le livre pour nouveau. L'auteur anonyme n'a donné audience aux Muses que dans ses moments perdus ; il a pris plus de goût aux sciences solides, il a étudié les philosophes et les mathématiciens, et serait bien aise, à ce qu'il paraît, que ses lecteurs le sussent. Ainsi donc, tant qu'il déclarera qu'il n'appartient pas exclusivement à la poésie, ses vers demeureront louables et bons ; mais s'il voulait pousser plus loin ce qu'il appelle son ancienne vocation pour l'Hélicon, nous aurions à lui adresser quelques recommandations, que voici :

Sans doute ses poëmes sont versifiés purement, agréablement et d'une façon coulante. Le sentiment n'y manque pas, et tout aussi peu les pensées.... Mais ils ne sont pas précisément neufs, pas même dans la forme. Il est vrai, on n'exige pas de tout le monde l'originalité, mais du moins on veut avoir le plaisir de la surprise. Au premier regard que je jette sur le livre, je crois déjà l'avoir lu tout entier, et pourtant je puis assurer que je ne l'ai vu de ma vie. A part cela, je suis content du poëte. Il a un sentiment vrai, plutôt tendre que fort; l'essor de son imagination est doux et tempéré : ce n'est pas cet élan impétueux, ardent, de nos génies énergiques, qui vous renverse plutôt qu'il n'émeut. Il a fait de bonnes lectures et il a de l'oreille pour sentir le rhythme. Ses poëmes à sa Daphné sont pleins de sentiments doux et tendres, et ils méritent que tous les lisent et les sentent. Le public sans doute ne peut pas y prendre ce grand et vif intérêt qu'y a pris nécessairement la ménagère du poëte, comme il a soin d'en faire la remarque. L'ode intitulée *Voix de la Philosophie* a quelques strophes très-heureuses, que j'aurais presque envie de citer ici. L'épithalame de l'auteur, son *Existence*, et quelques épigrammes m'ont beaucoup plu, je l'avoue, n'eussent-ils plu qu'à moi.

Je ne comprends qu'à moitié ce que l'auteur entend par *Misogalles*[1]. De bonnes poésies françaises ne seront dédaignées d'aucun Allemand, si ce n'est tout au plus d'un de ces soi-disant patriotes robustes, qui, pour sauver le goût de leur patrie, s'arment du fléau à battre en grange.

Pour ce qui concerne les poésies françaises de notre auteur, j'avoue qu'il y a là quelque chose qui me paraît tant soit peu suspect. Il connaît, convenons-en, passablement son français.... Qui sait? peut-être est-ce précisément là ce qu'on a voulu nous apprendre en cette occasion.... mais il semble parfois que son recours à cette langue n'est qu'un habile artifice pour couvrir de paillettes gauloises des pensées banales :

> L'inconstance d'une belle
> N'est pas un petit malheur.

Voilà qui coule d'une manière charmante dans l'original! L'Allemand a la mauvaise habitude de dire rondement sa pensée : il rendra donc tout à fait sans façon ce vers élégant :

> Die Unbeständigkeit einer Schœnen
> Ist kein kleines Unglück [2].

Bien fin qui y trouvera la poésie!... Avançons d'un pas, et disons sans façon en allemand :

> Aber das Ding bei nahem besehen
> Bist du vielleicht, wenn man alles rechnet,
> Selbst die Ursache
> Ihrer Untreu.

---

1. « Gens qui haïssent les Gaulois, les Français. »
2. Je n'ai pas besoin de dire que c'est mot à mot la traduction des deux vers français, et que la platitude est la même dans les deux langues. Il en est exactement de même de la citation suivante.

Voilà l'affaire! cela n'aurait-il point meilleure tournure en français?

> Mais voyons de près la chose;
> Peut-être, tout bien compté,
> Tu seras toi-même cause
> De son infidélité.

J'ai remarqué en outre dans notre poëte qu'il suppose son public par trop simple et ignorant. Que ne nous explique-t-il pas dans sa préface et dans ses notes! Dans son poëme aux Genevois, il pousse trop loin la sollicitude : nous eût-il même fait grâce de sa note, on ne se serait pas révolté pour cela contre le Souverain. Enfin si la pensée de maltraiter J. J. Rousseau[1] est éclose dans l'église de Saint-Pierre à Genève, il faut que les opinions n'y soient pas toutes aussi romaines qu'il le dit.

## V.

### ÉTAT DES SCIENCES ET DES ARTS EN SOUABE.

#### TROISIÈME ARTICLE.

(Augsbourg, chez Stage, 1782, 17 feuilles in-8°.)

> Pardonnez à l'éditeur :
> Il ne le fera plus, et n'y reviendra pas.

## VI

### ANTHOLOGIE POUR L'AN 1782[2].

(Imprimée dans une imprimerie de Tobolsk, 18 feuilles in-8°, avec une jolie tête d'Apollon.)

Encore une anthologie wurtembergeoise?... Elles repoussent donc comme les têtes de l'hydre? A peine avons-nous abattu une tête de dessus les épaules, crac! en voilà déjà une seconde, grande et farouche, qui sort du tronc.... Et une anthologie de Tobolsk! De quoi ne s'avisent pas messieurs les entrepreneurs! Ils n'épargnent pas même le Nord et souil-

---

1. Dans le texte allemand : « Jakob Rousseau. »
2. C'est l'*Anthologie* dont il a été parlé dans la *Vie de Schiller* (p. 27 et suiv.), et dont le critique anonyme était lui-même l'éditeur et en très-grande partie l'auteur. Le titre de l'ouvrage porte : « Imprimé dans l'*imprimerie de Tobolsk.* »

lent de leur encre poétique jusqu'à l'innocente Sibérie. Pourquoi l'auteur de ce recueil renie-t-il sa patrie? c'est son affaire. Au reste, il embouche la trompette et se prône dans une épigraphe passablement brutale, si ce n'est point quelque allusion :

<blockquote>Tum primum radiis gelidi incaluere Triones[1].</blockquote>

Dans la préface, comme l'on devait s'y attendre, on se moque, et non sans raison, çà et là, des autres recueils consacrés aux Muses, et l'on jette obliquement un regard railleur sur l'almanach souabe, en sa qualité de confrère. L'éditeur paraîtrait n'être pas fort bien disposé pour M. Stædele, et le houspille tant qu'il peut : qu'il ait tort ou raison, cette querelle, niaise des deux parts, nous déplaît à nous. Le livre est dédié à la Mort, et l'auteur trahit sa profession de médecin.

Quant aux poésies mêmes, elles ne sont pas toutes d'un genre commun. Huit d'entre elles, adressées à Laure, écrites dans un ton tout particulier, avec une imagination ardente et un sentiment profond, se distinguent avantageusement des autres. Mais elles sont toutes outrées et trahissent une imagination trop indomptée ; je remarque aussi çà et là quelques passages d'une lubricité sensuelle, enveloppée dans un pathos platonique. Le poëme à *Rousseau*, les morceaux intitulés : *Élégie sur un jeune homme*, *au Soleil*, *à Dieu*, *Grandeur du monde*, *dans une Bataille*, *l'Amitié*, *Malédiction d'un jaloux*, *les Mauvais monarques*, etc., renferment des traits forts, hardis, et vraiment poétiques. Il y a une émotion tendre et beaucoup de sentiment dans *la Fille Infanticide*, dans *le Triomphe de l'Amour* (écrit vraisemblablement à l'occasion de la *Fête nocturne de Vénus* de Bürger), dans les pièces à *Ma colombe*, à *Minna*, *Fantaisie du matin*, *la Différence*, à *Fanny*, *au Printemps*. Dans quelques autres, par exemple dans le *Fragment à un Moraliste*, et particulièrement dans *les Castrats et les Hommes*, dans *la Comparaison* et dans certaines épigrammes, on est choqué d'une pointe d'esprit licencieuse, et d'inconvenances à la façon de Pétrone. Il y en a dans le nombre qui sont enjouées et satiriques, par exemple *Bacchus dans la cage tournante*[2], *Pluton hypocondriaque*, *la Vengeance des Muses*, *la Sérénade de paysan*, etc. Très-souvent toutefois l'esprit y est contraint et outré. En général, presque tous les poëmes sont trop longs, et le noyau même de la pensée est surchargé d'ornements insipides qui l'étouffent. La plupart des épigrammes ne paraissent guère être là que pour combler les vides entre les poëmes plus longs, et elles ne disent rien. Quelques-unes, *la Mort hospitalière*, *à écrire sur la potence*, *Spinoza*, *les Anciens et les Modernes*, et un petit nombre d'autres, sont frappantes et bonnes. Je remarque aussi qu'un même auteur s'est caché sous plusieurs initiales diverses. Pour plusieurs

---

1. Ovide, *Métamorphoses*, II, 171.
2. Dans quelques endroits de l'Allemagne, en punition de certains délits peu graves, on était enfermé dans une cage, appelée *Triller* ou mieux *Driller*, qui était placée sur un pivot, et que l'on faisait tourner, en raillant et huant le patient.

poëmes, il a bien fait de taire son nom; mais ce stratagème n'a pourtant pas été, en fin de compte, une bien habile finesse. Beaucoup de passages sont animés d'un noble esprit de liberté, et l'on ne trouve pas dans ce recueil des louanges vénales. Cependant il eût fallu absolument une lime plus sévère, et en général il y avait à faire entre les poésies mêmes un choix plus rigoureux.... Mais, que voulez-vous? il fallait que le volume fût gros, qu'il eût ses dix-huit feuilles : qu'importe à celui qui assemble le bouquet qu'il mêle çà et là aux narcisses et aux œillets quelques fleurs communes ou puantes[1]? Malgré tout cela, cette collection a éclipsé plus d'une de ses sœurs, et il serait à désirer que l'Allemagne n'en vît jamais paraître de pires. Plût à Dieu que nos jeunes écrivains se persuadassent que l'exagération n'est point la force, que la violation des règles du goût et de la bienséance n'est point la hardiesse ni l'originalité, que la fantaisie n'est point le sentiment; enfin qu'une jactance arrogante n'est point le talisman sur lequel se brisent et rebondissent sans effet les flèches de la critique. Plût à Dieu qu'ils retournassent à l'école chez les anciens, chez les Grecs et les Romains, et qu'ils se remissent à feuilleter le modeste Kleist, Uz et Gellert! Plût à Dieu.... Mais où s'arrêteraient mes souhaits? Nos écrivains à la mode savent fort bien ce qu'il faut qu'ils offrent au goût d'aujourd'hui pour avoir un accueil favorable.... Cette anthologie toutefois, si elle avait l'intention de plaire à tout le monde, me paraît singulièrement trompée dans son espoir; car le ton qui y règne est trop individuel, trop profond et trop viril, pour qu'il puisse convenir à nos bavards et bavardes sucrés.

1. Dans le texte allemand il y a deux noms particuliers de fleurs, deux noms que leur étymologie même déprécie : « des roses puantes, » et « des fleurs d'oie. » La « fleur d'oie » est le chrysanthème ou grande marguerite.

# DÉDICACE

## DE L'ANTHOLOGIE DE 1782[1].

### A MON PATRON ET MAÎTRE LE TRÉPAS.

CZAR TOUT-PUISSANT DE TOUTE CHAIR,
SANS CESSE OCCUPÉ A DIMINUER LE NOMBRE DE TES SUJETS,
ASSOUVISSANT ÉTERNELLEMENT DANS TOUTE LA NATURE
TA FAIM INSATIABLE !

C'est avec le plus respectueux frisson que je me risque à baiser les phalanges retentissantes de ta vorace Majesté, et à déposer ce petit livre devant ton talon sec, en toute humilité. La pratique constante de mes prédécesseurs a été de te faire passer devant le nez, dans la vue bien expresse, on peut le dire, de te vexer, leurs petits paquets et bagages, et de les expédier aux archives de l'immortalité : ils ne songeaient point que par là même ils t'en rendaient d'autant plus friand, car tu ne démens pas, toi non plus, le proverbe, que le pain volé et le fruit défendu ont bon goût.... Non! quant à moi, j'aime mieux te dédier mon livre : au moins serai-je sûr ainsi que tu n'en seras point avide et n'y toucheras pas de sitôt.

Mais trêve de plaisanterie!... Il m'est avis que nous nous connaissons, toi et moi, mieux que par ouï-dire. Incorporé dans cet ordre d'Esculape qui est le premier-né de la boîte de Pandore et aussi vieux que le péché, je me suis tenu devant ton autel, j'ai juré à la Nature, ton ennemie héréditaire, comme autrefois le fils d'Hamilcar à la ville des sept collines, une guerre éternelle; j'ai juré de l'assiéger avec tout l'appareil de guerre des médicaments, d'élever autour de l'*animisme* de Stahl un retranchement de

---

1. Pour compléter ce qui est relatif à l'*Anthologie de 1782*, nous plaçons à la suite de la critique que Schiller en a faite lui-même la singulière dédicace et la préface non moins étrange de ce recueil.

chars de combat, d'assaillir et mettre en déroute cette insolente théorie qui rogne tes épices et appauvrit tes finances, puis d'arborer bien haut sur le champ de bataille de l'*archée*[1] ta nocturne bannière.... En récompense (car un honneur en vaut un autre), tu me procureras le précieux talisman qui me fera passer sans égratignure et le poil intact par devant la potence et la roue :

*Jusque datum sceleri*[2].

Eh bien donc! fais cela, très-cher Mécène; car, vois-tu? je n'aimerais pas à partager le sort de nos téméraires collègues et cousins qui, armés de stylets et de pistolets de poche, tiennent leur cour dans de sombres ravins, ou qui mixtionnent, dans leur laboratoire souterrain, ces merveilleux sels polychrestes, lesquels, bien gentiment avalés, donnent au nez de nos hommes politiques ces démangeaisons qu'excitent les vacances de trônes et les fièvres de révolution.... Damiens et Ravaillac!... hou! hou! hou!... C'est une bonne chose d'avoir ses membres droits et entiers!

Mais as-tu bien aiguisé tes dents pour Pâques et la Saint-Michel? La grande épidémie de la foire aux livres, à Leipzig et à Francfort.... ho! ho! mon grand sec!... sera une royale frairie. Tes courtiers empressés, Ivresse et Luxure, te livrent, à pleines charretées, les produits étalés au marché de la vie.... L'Ambition, ta grand'mère, la Guerre, la Famine, le Feu et la Peste, tes violents chasseurs, ont déjà fait en ton honneur mainte grasse battue d'hommes.... L'Avarice et la Soif de l'or, tes puissants sommeliers, engouffrent à ta santé[3], dans la coupe bouillonnante de l'Océan, des villes flottantes tout entières.... Je sais en Europe une cuisine où l'on t'a servi pompeusement les mets les plus rares..... Et pourtant.... qui t'a jamais vu rassasié, ou t'a entendu te plaindre d'indigestion?... Ton estomac est de fer; tes entrailles sans fond.

Pouh!... J'aurais encore bien des choses à te dire, mais j'ai hâte de m'en aller.... Tu es un vilain camarade.... Va!... Tu comptes, me dit-on, faire un jour une grande collation générale, où petits et gros morceaux, planètes entières et lexiques, philosophies et articles de toilette, voleront ensemble dans ta vaste gueule.... Bon appétit, si les choses en viennent là!... Mais, loup affamé que tu es! prends garde que tu n'en prennes plus que tu n'en peux contenir, et que tu ne sois forcé de rendre par petits fragments tout ton régal, comme te l'a prédit un certain Athénien, qui ne te veut pas du tout de bien.

---

1. Terme employé par les anciens physiologistes pour désigner le principe de la vie.
2. Lucain, *Pharsale*, 1, 2.

## AVANT-PROPOS DE L'ANTHOLOGIE DE 1782.

Tobolsk, le 2 février.

*Tum primum radiis gelidi incaluere Triones* [1].

Des fleurs en Sibérie?... Il y a là-dessous quelque bonne friponnerie, ou bien il faut que le soleil brave le Nord. Dites ce que vous voudrez : quand vous vous mettriez la tête à l'envers, cela est ainsi.... Nous avons fait assez longtemps la chasse aux zibelines, laissez-nous tenter une fois une autre industrie, celle des fleurs.... N'a-t-on pas déjà vu chez nous, enfants déshérités du soleil, maint voyageur européen, qui bravement enfonçait dans notre neige de cent ans, pour cueillir quelque modeste fleurette? Honte à nos aïeux!... Nous les voulons cueillir nous-mêmes, et en expédier franco en Europe tout un panier.... Ne les foulez point aux pieds, vous, les fils d'un ciel plus doux !

Mais parlons sérieusement.... Pour enlever cette lourde masse, ce fâcheux préjugé qui pèse sur le Nord, il faudrait un plus fort levier que n'est l'enthousiasme d'une poignée d'hommes, et un plus solide *Aypomochlion* [2] que les épaules de deux ou trois patriotes. Toutefois, quand bien même cette Anthologie ne vous réconcilierait pas, délicats Européens que vous êtes, avec nous autres, hommes de neige, pas plus que ne le pourrait faire (passez-moi la supposition) notre *Almanach des Muses*, car enfin nous pourrions en avoir fait un, nous aussi...., elle aura tout au moins le mérite d'aider, en parfait accord, ses camarades, dans la lointaine Allemagne, à donner le coup de grâce, le coup de pouce (comme nous avons coutume de dire, nous autres gens de Tobolsk) au bon goût expirant.

Si vos Homères parlent en dormant, et si vos Hercules assomment avec leurs massues des mouches.... si, chez vous, chacun de ceux qui s'entendent à distiller en alexandrins funèbres leur douleur payée, prend cette habileté pour une vocation à monter sur l'Hélicon.... nous en voudra-t-on, à nous gens du Nord, de mêler aussi notre carillon aux sons de la lyre des Muses? Vos matadors prétendent avoir frappé de la monnaie d'argent quand ils ont marqué de leur buste de mauvais laiton.... et à Tobolsk les faux monnayeurs sont pendus. Chez nous aussi, vous pourrez souvent, j'en conviens, trouver du papier-monnaie au lieu de roubles russes, mais la guerre et la cherté des temps excusent tout.

1. Ovide, *Métamorph.*, II, 171. La leçon la plus ordinaire est *caluere*.
2. Mot grec qui signifie « point d'appui du levier. »

Pars donc pour un autre monde, Anthologie sibérienne.... Pars.... Tu feras le bonheur de maint petit-maître doucereux, tu seras par lui placée sur la table de nuit de sa bien-aimée, qui par reconnaissance livrera à son tendre baiser sa main d'albâtre, de lis, de neige. Va.... tu rempliras dans les assemblées et les visites plus d'un intervalle de bâillement et d'ennui, et peut-être relayeras-tu parfois une belle Circassienne[1] fatiguée de jouer son rôle dans une averse de médisance.... Va.... maint critique te reléguera, comme vieux papier, à la cuisine ; ils fuiront ta lumière, et, pareils aux petits de la chouette, se cacheront dans ton ombre.... Hou! hou! hou!... Déjà j'entends dans la forêt inhospitalière leurs cris qui déchirent l'oreille.... et je m'enveloppe, plein d'angoisse, dans ma pelisse de zibeline[2].

1. En français dans le texte.
2. Dans l'*Anthologie*, cet avant-propos, est signé, ainsi que la dédicace, de la lettre Y.

FIN.

# TABLE DES MATIÈRES.

LE VISIONNAIRE.................................................. Page 1

MÉLANGES.

   LA PROMENADE SOUS LES TILLEULS................................... 155
   UNE ACTION MAGNANIME (Récit tiré de l'histoire contemporaine)..... 165
   L'HOMME DEVENU CRIMINEL POUR AVOIR PERDU L'HONNEUR................ 171
   LE JEU DU SORT (Fragment d'une histoire véritable)............... 197
   DE LA CONNEXION DE LA NATURE ANIMALE DE L'HOMME AVEC SA NATURE
      SPIRITUELLE................................................... 211
   PHILOSOPHIE DE LA PHYSIOLOGIE.................................... 255
   SUR LE THÉÂTRE ALLEMAND D'À PRÉSENT.............................. 279
   LE THÉÂTRE CONSIDÉRÉ COMME UNE INSTITUTION MORALE (Dissertation lue
      à une séance publique de la Société allemande de l'électorat palatin,
      à Mannheim, le 26 juin de l'année 1784)....................... 291
   LETTRES PHILOSOPHIQUES........................................... 309
   SUR EGMONT, Tragédie de Goethe................................... 343
   DES POÉSIES DE BÜRGER............................................ 359
      RÉPONSE DE BÜRGER............................................. 379
      RÉPLIQUE DE SCHILLER.......................................... 385
   SUR LES POÉSIES DE MATTHISSON.................................... 393
   SUR LE CALENDRIER DES JARDINS DE 1795............................ 417
   A L'ÉDITEUR DES PROPYLÉES........................................ 429

APPENDICE.

   OPUSCULES NON CONTENUS DANS LES ÉDITIONS ALLEMANDES DES ŒUVRES.
      LA VERTU CONSIDÉRÉE DANS SES EFFETS.......................... 447
      LES TROIS DEGRÉS DE DÉVELOPPEMENT DE L'HUMANITÉ............... 453

CRITIQUES EXTRAITES DU RÉPERTOIRE WURTEMBERGEOIS DE LITTÉRATURE.

 I. Almanach des Muses de Souabe pour l'an 1782, publié par G. F. Stæudlin............................................. Page 454
 II. Nanine ou le Préjugé vaincu, traduit du français de M. de Voltaire, par Pffr............................................. 456
 III. Poésies de circonstance d'un Wurtembergeois................. 457
 IV. Poésies mêlées, allemandes et françaises..................... 458
 V. État des sciences et des arts en Souabe..................... 460
 VI. Anthologie pour l'an 1782, imprimée dans une imprimerie de Tobolsk.................................................. 460

DÉDICACE DE L'ANTHOLOGIE DE 1782................................ 463

AVANT-PROPOS DE L'ANTHOLOGIE DE 1782............................. 465

FIN DE LA TABLE DES MATIÈRES.

COULOMMIERS. — Typogr. A. MOUSSIN.

www.ingramcontent.com/pod-product-compliance
Lightning Source LLC
Chambersburg PA
CBHW072127220426
43664CB00013B/2163